HEINRICH THIES

Die verlorene Schwester

Elfriede und Erich Maria Remarque

atb aufbau taschenbuch

HEINRICH THIES, geboren 1953 als Bauernsohn in Hademstorf in der Lüneburger Heide, studierte Germanistik, Politik, Philosophie und Journalistik, war von 1989 bis 2015 Redakteur bei der Hannoverschen Allgemeinen Zeitung und trat als Autor von Biographien, Romanen, Sach- und Kinderbüchern hervor. 1991 wurde er mit dem Theodor-Wolff-Preis ausgezeichnet.

Die Nacht vom 24. auf den 25. November 1943, Strafgefängnis Berlin-Plötzensee: Stille liegt über dem Gemäuer. Elfriede Scholz sieht nur, dass sich der Nachthimmel durch den Widerschein ferner Feuersbrünste aufhellt, wenn sie durch das vergitterte Fenster blickt. Es ist, als graute bereits der Morgen. Ein Morgen, der in die ewige Nacht führt.
Die Damenschneiderin Elfriede Scholz wird zum Tode verurteilt. Wegen angeblicher Wehrkraftzersetzung, wohl aber auch stellvertretend für ihren berühmten Bruder: Erich Maria Remarque. Der Autor des Antikriegsromans »Im Westen nichts Neues« lebt, geflüchtet und ausgebürgert, als Emigrant der Luxusklasse in den USA und verkehrt mit Filmstars wie Marlene Dietrich und Greta Garbo – wohlhabend, aber entwurzelt.

HEINRICH THIES

Die verlorene Schwester

Elfriede und Erich Maria Remarque

DIE DOPPELBIOGRAPHIE

aufbau taschenbuch

MIX
Papier aus verantwortungsvollen Quellen
FSC® C083411
FSC
www.fsc.org

ISBN 978-3-7466-3907-9

Aufbau Taschenbuch ist eine Marke der
Aufbau Verlage GmbH & Co. KG

1. Auflage 2022

Umschlaggestaltung www.buerosued.de, München
unter Verwendung von Fotos von © picture alliance /
Everett Collection | Courtesy Everett Collection und dem
Erich Maria Remarque-Friedenszentrum Osnabrück
Gesetzt durch Greiner & Reichel, Köln
Druck und Binden CPI books GmbH, Leck, Germany
Printed in Germany

www.aufbau-verlage.de

Inhalt

1. Luxussuite und Todeszelle

Schneetreiben in Manhattan. Es ist kalt geworden in New York City, eisiger Wind fegt durch die Straßen. Aber im Hotel *Ambassador* ist es warm, vor allem nach einem Dinner mit Garnelencremesuppe, Rumpsteak und einem Pinot Noir aus Kalifornien. Die Birkenscheite im Kamin glühen von Flammen umlodert, und Wärme ganz eigener Art spendet der Scotch.

Erich Maria Remarque hat sich mit Natascha Paley und einer Flasche Whisky auf sein Eck-Appartement zurückgezogen. Die Russin erzählt von ihrem Mann. »Such dir einen andern Lover, Schätzchen«, habe der ihr gesagt. »Du bist in letzter Zeit immer so schlecht drauf.« Remarque lacht und schenkt sich nach. »Was soll ich dazu sagen?«

»Nichts. Lass dich nicht so hängen. Du musst mich mehr lieben. Leidenschaftlicher.«

»Ich tu, was ich kann, Süße.«

»Das ist zu wenig. Du trinkst zu viel.«

»Hör auf, Natascha. Du säufst mehr als ich.«

Remarque trinkt einen Schluck und legt eine Schallplatte auf. *Anything Goes* von Cole Porter.

»Cole Porter. Ausgerechnet. Der Lover meines Angetrauten.«

»Weiß ich doch, darum spiel ich den Quark ja.«

»Sehr witzig.«

Remarque zündet sich eine Zigarette an. Natascha leert ihr Glas in einem Zug. Sie trägt ein grau-grünes, ärmelloses Seidenkleid mit tiefem Dekolletee und eine doppelte weiße Perlenkette, das glänzende schwarze Haar ist in lockigen Wellen nach hinten gebürstet und legt eine hohe Stirn frei. Auch Remarque ist noch so elegant gekleidet wie beim vorangegangenen Dinner, die Jacke seines anthrazitfarbenen Anzugs immerhin ist aufgeknöpft. Die Weste ebenso. Als er aufsteht, um eine andere Platte aufzulegen, klingelt das Telefon. Die Vermittlung teilt mit, dass Marlene Dietrich in der Leitung ist. Okay. Er nimmt das Gespräch entgegen und weiht seine Zimmergenossin im verschwörerischen Flüsterton ein.

»Marlene.«

»Na, da nehm ich wohl erst mal ein Bad. Das dauert ja bekanntlich.«

Remarque stärkt sich mit einem weiteren Schluck und wendet sich mit hochgezogenen Augenbrauen der Anruferin zu, noch bevor Natascha im Bad verschwunden ist.

»Hi, Puma Darling.«

»Hi, Boni, du treulose Seele. Wo steckst du?«

Eine halbe Stunde später kommt Natascha aus dem Badezimmer; nackt, nach Rosenblüten duftend, wiegt sie sich kokett in den Hüften. Damit wird es für Remarque unmöglich, sich länger auf das Geplauder der fernen Anruferin zu konzentrieren. Er wirft Natascha eine Kusshand zu und fällt Marlene ins Wort: »Sorry, aber es klopft gerade an der Zimmertür. Das muss mein Agent sein, der wollte mich heute unbedingt noch sprechen. Du verstehst. Also, ein andermal mehr. We keep in touch, Darling.«

»Lügner, elender! Aber schlaf gut – mit wem auch immer.«

Es knackt in der Leitung.

Draußen kriecht die Nacht über die Dächer. In einem U-Bahn-Schacht fröstelt unter dicken Decken ein Obdachloser, aber im *Ambassador* ist es hell und warm.

Es ist die Nacht vom 24. auf den 25. November 1943. Tausende Meilen östlich von New York heulen in dieser Nacht wieder die Sirenen. Flugzeuge werfen ihre Bomben auf deutsche Städte, und Mietskasernen gehen ebenso in Flammen auf wie Krankenhäuser und Kirchen. Auch in Berlin herrscht Fliegeralarm; Mauern, die für die Ewigkeit gebaut waren, bersten unter der Wucht krachender Detonationen, und das Summen am Himmel verheißt neues Unheil.

Im Strafgefängnis Plötzensee ist von alldem nichts zu hören. Stille liegt über dem kreuzförmig angeordneten Gemäuer. Gespenstische Stille. Elfriede Scholz sieht nur, dass sich der Nachthimmel immer wieder durch den Widerschein ferner Feuersbrünste aufhellt, wenn sie durch das kleine vergitterte Fenster ihrer Zelle blickt. Es ist, als graute bereits der Morgen. Ein Morgen, der in die ewige Nacht führt. Für 5 Uhr ist ihre Hinrichtung festgesetzt – die Hinrichtung mit dem Fallbeil. Zu diesem Zweck sind ihr bereits die Haare hochgebunden worden. Auch die Hände hat man ihr gefesselt. Jeden Moment können sie kommen, um sie abzuholen. Vor Angst und Erschöpfung ist sie wie gelähmt. Bis zuletzt hat sie auf Begnadigung gehofft, aber alle Gesuche sind abgelehnt worden. Nach dem Bangen und Beten der vergangenen Tage und Wochen fühlt sie sich nun wie ausgebrannt. Ohnmächtig, müde, leer. Schon lange hat sie keine Tränen mehr. Nur die stille Hoffnung, dass es schnell gehen möge; blitzschnell, sodass dieser Alptraum endlich vorbei ist. Und vielleicht – ja vielleicht ist ja mit dem Tod doch nicht alles aus. Vielleicht gibt es wirklich so etwas wie Auferstehung und ewiges Leben. Der

Gedanke hat auf jeden Fall etwas Tröstliches. Ein katholischer Pfarrer, Buchholz heißt er wohl, hat sie in dem Glauben bestärkt. Der Priester ist vor einigen Stunden in ihre Zelle gekommen, um ihr seelsorgerlichen Beistand zu leisten. Das war vielleicht als Akt der Barmherzigkeit gedacht, hat ihr aber auch noch einmal vor Augen geführt, dass es kein Entrinnen mehr gibt.

Erst am Vortag ist sie vom Frauengefängnis in der Barnimstraße nach Plötzensee überführt worden. Die Sonne schien. Durch das Fenster des Gefangenentransporters sah sie, wie das Herbstlaub leuchtete. Gelb und golden. Wie verloren waren die Blätter durch die Luft gesegelt. Unwillkürlich waren ihr Verse von Rilke durch den Kopf gegangen:

Die Blätter fallen, fallen wie von weit,
als welkten in den Himmeln ferne Gärten;
sie fallen mit verneinender Gebärde.

Und in den Nächten fällt die schwere Erde
aus allen Sternen in die Einsamkeit …

Natürlich hat sie in der kurzen Nacht keinen Schlaf gefunden. Die Gedanken an Familienangehörige, Freunde, ihren Mann, Nachbarn, Kundinnen und ihre Peiniger sind ihr wie in den Tagen zuvor durch den Kopf gekreist wie panische Wespen, die den Weg ins Freie suchen, aber immer nur gegen Glasscheiben, unsichtbare Mauern, prallen und rasend vor Verzweiflung ihre letzten Kräfte verbrauchen.

Sie horcht auf: Schritte hallen durch den langen Gang. Kommen sie schon, um sie zu holen? Sie weiß nicht, wie spät es ist. Die Armbanduhr hat man ihr abgenommen. Ein Schlüssel wird von außen ins Türschloss gesteckt. Sie erstarrt, als die Tür aufgeht, kann zuerst nicht erkennen, wer eintritt, da noch alles dunkel ist. Als von außen das Licht eingeschaltet wird, ist sie wie geblendet, erkennt dann aber, dass es nur der bekannte Aufseher ist. Der Mann in der dunkelblauen Anstaltskluft bringt einen Stift und einen Briefbogen. »Falls Sie noch jemandem schreiben wollen. Ich lass das Licht eine Weile an.«

»Danke.«

»Aber denken Sie daran: Nichts über die Haft oder irgendwelche Klagen über Vollzugsbeamte und so, wenn Sie wollen, dass der Brief auch rausgeht.«

Sie nickt ergeben. Elfriede Scholz versteht blitzartig, dass damit auch ganz offiziell die letzte Phase eingeleitet ist, bedankt sich aber nochmals höflich und fragt nach der Uhrzeit.

»Gegen vier.«

»Dann, dann ist es …«

Sie bringt die Worte nicht über die Lippen.

»Keine Eile, lassen Sie sich Zeit mit dem Schreiben«, sagt der Aufseher und geht wieder.

Elfriede Scholz setzt sich sofort an den kleinen Tisch und nimmt den Stift. Ihre Arme sind zwar an den Handgelenken gefesselt, aber die Finger lassen sich trotzdem bewegen. Sie muss nicht lange überlegen, wem sie diesen letzten Brief schreiben soll: Erna, ihrer Schwester in Osnabrück – auch ihrem Schwager Ludwig, der Höflichkeit halber. Heinz, ihr Mann, ist ja Soldat, irgendwo an der Westfront. Außerdem will der sowieso nichts mehr von ihr wissen.

Sie atmet tief durch und müht sich, alles Lähmende abzuschütteln, ihre letzte Kraft zu bündeln, sich auf diese Zeilen zu konzentrieren. Es gelingt. Wie durch ein Wunder wird es wieder klarer in ihrem Kopf. Nur weiß sie beim besten Willen nicht mehr, welcher Tag gerade angebrochen ist. Jedes Gefühl für die Zeit ist ihr in der Haft verloren gegangen, ein Tag ist in den nächsten zerflossen. Sie entscheidet sich für den 23. November, obwohl es bereits der 25. ist. Egal. Das ist doch unwichtig, ganz unwichtig. Sie schreibt, schreibt mit gefesselten Händen und gekreuzten Handgelenken.

Donnerstag, den 23. Nov. 4 Uhr

Meine liebe Erna u. Ludwig!

In einer Stunde vielleicht auch früher ist meine Hinrichtung. Bitte grüße meinen Mann noch recht herzlich von mir. Er soll mir verzeihen, wenn ich je im Leben schlecht zu ihm war. Bitte teilt meine Lebensversicherung. Es ist mein letzter Wille, Alles andere ist für Euch. Mein Mann wird das auch gern so wollen. Ich bin ganz gefasst. Ein Priester wird bei mir sein. Grüße die Gräfin v. Finckenstein u. Fr. Wilke u. Istwan. Den Schmuck und die anderen Sachen soll Erna haben, fordert sie vom Gefängnis an. Noch einmal danke ich Euch für alles Liebe u. Güte. Grüßt bitte auch Vater und seine Frau recht herzlich.

Eure Elfriede

Sie legt Stift und Papier zur Seite und wartet. Erneut hört sie, wie Schritte durch den Korridor hallen. Doch die Schritte entfernen sich. Trotzdem kriecht die Angst wieder in ihr hoch, lässt sie beben und in kalten Schweiß ausbrechen. Sie faltet die Hände, betet zu Gott und horcht in die Nacht. Irgendwann hört sie weit entfernt das auf- und abschwellende Heulen einer Sirene, dann ist es wieder still. Die Minuten dehnen sich zu Ewigkeiten. Warum lässt man sie so lange warten? Warum quält man sie so?

Wieder Schritte, jetzt steckt erneut jemand einen Schlüssel ins Türschloss. Sie erschaudert, ist aber gleichzeitig auch etwas erleichtert, dass es mit dem schrecklichen Warten endlich vorbei sein wird.

Doch es ist wieder nur der Gefängnisbeamte. »Ich soll Ihnen sagen, dass die Herren vom Gericht nicht gekommen sind. Der Termin muss also verschoben werden.«

»Wie? Welche Herren vom Gericht?«

»Na, die zuständigen Vollstreckungsbeamten. Oder denken Sie, hier geht es zu wie bei den Hottentotten. Hier wird streng nach Recht und Gesetz verfahren, das können Sie mir glauben.«

»Aber warum ...«

»Ja, warum wohl. Warum?! Bei diesen ständigen Bombardierungen wagt sich natürlich keiner raus – vielleicht ist die Straße auch schon gar nicht mehr passierbar.«

»Natürlich. Aber – wann?«

»Woher soll ich das wissen? Vielleicht in einer Stunde, vielleicht erst morgen. Ich weiß es nicht.«

So geht für Elfriede Scholz das Warten weiter. Es wird allmählich hell, sie bekommt eine Scheibe Brot und dünnen Kaffee zum Frühstück und eine Wassersuppe zu Mittag. Sie beobachtet, wie eine Spinne in einer Mauerritze ihr Netz aufzieht, hört, wie schwere Türen ins Schloss fallen, ein Auto angelassen wird und wegfährt. Sie fröstelt und ist jedes Mal wie elektrisiert, wenn sich ihrer Zelle Schritte nähern. Aber die Schritte ihrer Henker sind es nicht. Geschieht vielleicht noch ein Wunder? Lässt man sie vielleicht doch am Leben? Eine schwache verzweifelte Hoffnung keimt in ihr auf, lässt sie flüsternd beten, aber auch die Angst vor dem Sterben wieder mächtiger werden.

Bald schon ist es erneut dunkel, eine weitere Nacht bricht herein. Niemand sagt ihr, dass bei einem Bombenangriff am Vortag große Aktenbestände des Volksgerichtshofs verbrannt sind – darunter auch Teile der Akte Elfriede Scholz mit dem Vollstreckungsbefehl.

Wehrkraftzersetzung. Immer wieder geht ihr dieses Wort durch den Kopf, das ihr zum Verhängnis geworden ist: *Wehrkraftzersetzung.* Dabei muss sie auch an ihren Bruder denken, dessen Name bei den Verhören und später im Volksgerichtshof so oft gefallen ist. Ja, der hat das, was sie *Wehrkraftzersetzung* nennen, mit seinem Buch im großen Stil betrieben, ist dafür beschimpft, geschmäht und bedroht worden. Aber der hat sich rechtzeitig aus dem Staub gemacht und nichts auszustehen. Der schwimmt geradezu im Geld nach seinem Welterfolg. Wo der wohl gerade sein mag?

Ja, Erich! Der hat immer schon hoch hinausgewollt, immer schon gern geschrieben. Aber leicht hat er es nicht gehabt. Was hat er nicht alles versucht, bevor er durch sein Buch berühmt geworden ist: Lehrer, Grabsteinverkäufer, Sportjournalist, Werbetexter … Unwillkürlich kommt ihr einer seiner Reklamesprüche in den Sinn, über den sie immer gelacht hat: *Warum in die Ferne schweifen, fahre lieber Conti-Reifen.*

2. Die gemeinsamen Wurzeln

Es war lange her, dass sie im selben Haus gelebt und den gleichen Namen getragen hatten: Remark. Ihr Bruder Erich hatte sich später an die französischen Vorfahren der Familie erinnert und sich Remarque geschrieben. Klang doch gleich viel eleganter. Auch seinen Vornamen hatte er geändert: aus *Erich Paul* hatte er *Erich Maria* gemacht – eine Verbeugung vor Rainer Maria Rilke, vielleicht auch der Versuch, selbst so zu werden wie dieser großartige Dichter.

Bei ihr war es umgekehrt: Sie war auf den Namen Elfriede Maria getauft worden, hatte sich später aber nur Elfriede nennen lassen. Eine Maria in der Familie reichte schließlich.

Ihr Name sollte ja auch nicht zu einem Markenzeichen werden, sich der Gegenwart und Nachwelt einprägen wie Johann Wolfgang von Goethe. Was hatte sie denn auch schon zu bieten? Damenkleider und Röcke. Nein, damit waren keine Lorbeeren zu ernten. Sie war keine Schriftstellerin, sondern Schneiderin und musste damit rechnen, dass die Erinnerungen an sie verblassten und sie mit der Zeit in Vergessenheit geriet.

So ist es nicht leicht, das Leben der Elfriede Scholz nachzuzeichnen. Während die Jahre ihres Bruders in Briefen, Tagebuchaufzeichnungen, Berichten, Interviews und Tausenden von Fotografien mit allen Eskapaden, Erfolgen und

Niederlagen detailliert dokumentiert sind, liegen weite Teile ihrer Geschichte im Dunkeln. Doch halten wir uns erst einmal an das Bekannte.

Geboren wird Elfriede Maria Remark am 25. März 1903 in der Herrenteichstraße 16 in Osnabrück als viertes und jüngstes Kind des Buchbinders Peter Franz Remark und seiner Ehefrau Anna Maria, geborene Stallknecht. Erich ist zu diesem Zeitpunkt schon fünf Jahre alt, ihr ältester Bruder Theodor Arthur, 1896 geboren, bereits drei Jahre tot. Näher als Erich steht ihr Erna, ihre drei Jahre ältere Schwester.

Das Geld im Elternhaus ist knapp. Die Remarks können es sich daher nicht leisten, ihre Kinder auf eine weiterführende Schule zu schicken. Auch Erich muss sich mit der Volksschule begnügen, wo seine Begabung kaum gewürdigt wird. Sein Klassenkamerad Heinrich Unland wird noch Jahrzehnte später diese Anekdote aus dem Deutschunterricht erzählen: »Der Lehrer liest der Klasse aus einem Aufsatz vor, den die Schüler über die kurz zuvor verlebten Sommerferien schreiben mussten: *Stolz und erhaben durchschneidet der weiße Segler Albatros die stahlblauen Fluten des weißen Meeres*.« Daraufhin lässt der Lehrer, das Heft in der zitternden Hand, seinen strengen Blick über die Klasse schweifen und nähert sich der Bank der Besten. Schließlich bleibt er vor Erich stehen, fordert den Zwölfjährigen auf, nach vorn zu kommen und schlägt dem Jungen sein Heft vor den Augen der Mitschüler, hochrot im Gesicht, mehrere Male um die Ohren. »Wo hast du das abgeschrieben?«, brüllt er seinen Schüler wutentbrannt an. Doch Erich gibt sich gelassen, wie sich sein früherer Mitschüler Heinrich erinnert: »Erich antwortet nicht sogleich, er ist verstockt, versteht nicht. Der Lehrer wütet, Erich lässt alles über sich ergehen, bleibt aber dabei, nichts abgeschrieben zu haben; so sei es an der See gewesen, so habe er seine Ferien verbracht, vier Wochen lang, und so müsse man zwölf Seiten damit füllen.«

An einem Gymnasium wäre Erichs Schreibtalent vermutlich früher erkannt worden. Doch der Besuch des Gymnasiums kommt für einen Spross der Familie des Buchbinders Remark schon wegen des Schulgelds nicht infrage – nicht für den Sohn und erst recht nicht für die Töchter. An allem muss gespart werden, vor allem an der Wohnung. Die Familie zieht immer wieder um: Möserstraße, Lindenstraße, Schinkelstraße, Klosterstraße, Herrenteich-, Gertruden- und Luisenstraße, Jahnstraße, Hakenstraße 3. Insgesamt zwölf Umzüge zwischen 1896 und 1917. Kaum haben sie sich eingelebt, müssen wieder die Koffer gepackt werden. Es sind immer nur Neubauten, in die Elfriede mit ihrer Familie einzieht – Wohnungen mit noch feuchten Wänden, die die Remarks zu einem günstigen Preis mieten, um sie »trocken« zu wohnen. Droht nach ein, zwei Jahren eine Mieterhöhung, ziehen sie weiter. Das ist auch für arme Leute wie die Remarks erschwinglich, aber nicht sehr gesund.

Da Elfriede schon als Kleinkind kränkelt, machen ihr die feuchten Wohnungen besonders zu schaffen. Sie lernt spät laufen, ist nach jeder Anstrengung schnell erschöpft. Die Ärzte sind ratlos, tippen auf eine schwere Rachitis. Erst später wird eine Knochenerweichung diagnostiziert, die auf perniziöse Anämie zurückgeht – einen Mangel an roten Blutkörperchen, verbunden mit einem Mangel an Vitamin B12 und Vitamin D. Diese chronische Krankheit führt dazu, dass sie zwei Jahre unter extremen Taubheitsgefühlen leidet und zeitweise gelähmt ist. Während andere Kinder ihres Alters auf der Straße herumtollen, muss sie im

Bett liegen oder im Rollstuhl sitzen. Jede Bewegung wird für sie zur Qual. Die Rückenschmerzen sind oft unerträglich. Glücklicherweise verordnet ihr ein Arzt schließlich die richtigen Medikamente, sodass die Knochen irgendwann erstarken und ihr das Laufen ermöglichen.

Ein Jahr später als üblich wird sie eingeschult. Wie ihr Bruder und ihre Schwester besucht sie die Domschule. Sie ist eine mustergültige Schülerin, verschlingt jedes Buch, das ihr Vater aus der Druckerei mit zum Binden nach Hause bringt.

Wie ein braves Mädchen verhält sie sich aber nicht immer. Ihre ältere Schwester Erna wird sie noch Jahrzehnte später als burschikos und ziemlich eigenwillig beschreiben. Wie um allen zu beweisen, dass sie ihre Krankheit überwunden, ihre Schwäche in Stärke verwandelt hat, setzt sie sich keck über häusliche Verbote hinweg und nimmt für ihre Streiche auch Schimpfe und Schläge in Kauf. Sie genießt es, wenn die Erwachsenen den Kopf über ihre ausgefallenen Ideen und Marotten schütteln. Zeitweise wählt sie sich zum Beispiel den Haushahn zum Kumpel. Sie führt den Gockel wie einen Hund auf der Straße spazieren, ruft ihn »Putt« und stellt ihn – zum Entsetzen ihrer Mutter – in die Kloschüssel, um ihm die dreckigen Füße zu waschen. Und wenn sie auch nicht verhindern kann, dass ihr gefiederter Freund irgendwann im Kochtopf endet, so bewahrt sie sich doch ihr Selbstbewusstsein.

Ein Foto zeigt sie im Alter von etwa zwölf Jahren als kleine Dame auf dem großen Stuhl eines Fotografen – die Hände in einem Muff aus weißem Hermelinfell vergraben, die Schultern mit dem gleichen weißen Fell eingehüllt, das Haupt von einem schwarzen Hut bedeckt, den Mantel akkurat bis obenhin geschlossen, die Beine übereinandergeschlagen, blickt die kleine Elfriede stolz und stilsicher in die Kamera. Ein Mädchen aus gutem Hause, so scheint es, dem Eleganz zur zweiten Natur geworden ist.

Wie ihr Bruder schließt sie ihre Schulzeit mit dem Abschlusszeugnis der Volksschule ab – immerhin als Beste ihres Jahrgangs. Das Ende der Schulzeit wird aber von einem traurigen Ereignis überschattet: Ihre Mutter erkrankt an Darmkrebs, wird immer schwächer und stirbt am 9. September 1917 im Marienhospital. Elfriede, sie ist vierzehn, hat sehr an ihrer Mutter gehangen; anders als ihr schroffer, kauziger und oft aufbrausender Vater ist die Mutter eine warmherzige Frau gewesen. Sie hat ihr Märchen vorgelesen, ihr Stricken, Sticken und Nähen beigebracht.

Anna Maria Remark wird auf dem Hasefriedhof in Osnabrück im Arme-Leute-Sektor beigesetzt. Nur ein kleiner Grabstein erinnert an sie.

Schon wenige Wochen nach dem Tod der Mutter verlässt Elfriede ihr Elternhaus in Osnabrück und geht im November 1917 in Duisburg als Dienstmädchen in Stellung. Dort lebende Verwandte haben ihr zu der Beschäftigung verholfen. Dass ihre Wahl auf das Ruhrgebiet fällt, hat aber auch damit zu tun, dass ihr Bruder Erich in Duisburg im Lazarett ist – bereits seit gut drei Monaten. Wegen des Todes der Mutter hatte man ihm Sonderurlaub zugestanden, so dass sich beide bei der Beerdigung in Osnabrück trafen. Besonders schwer schienen seine Verletzungen also nicht gewesen zu sein. »In Duisburg geht es mir gut«, vertraut er ihr gleich bei ihrem ersten Besuch in der Klinik an.

Am 21. November 1916, der Krieg war zu diesem Zeitpunkt längst verloren, wurde Erich eingezogen. Obwohl er nicht mal zwanzig war, hatte er zuvor bereits am Königlich-Katholischen Schullehrer-Seminar in Osnabrück studiert und probeweise Kinder unterrichtet. Doch der Schule trauerte er nicht nach. Mehr schon fehlte ihm die Osnabrücker Künstlerszene, die sich in jener Zeit um den Maler Fritz Hörstemeier scharte. In einer Dachstube in der Liebigstraße 3, die mit Blumen, Büsten und Gemälden dekoriert war, traf sich der Kreis, um zu singen, Verse zu lesen und über das Leben und die Kunst zu philosophieren. Zu den Attraktionen der Künstlerwohnung zählte ein Totenschädel, der die Versammelten stets an die Endlichkeit erinnerte, jedoch nicht in Trübsal stürzte. Im Gegenteil: Man lachte dem Tod ins beinerne Gesicht, wie Fotos zeigen. Erich griff in der *Traumbude* bisweilen auch in die Tasten eines Klaviers – was er schon als Schüler so gut beherrschte, dass er Kindern Unterricht geben konnte. In der *Traumbude* spielte er nicht etwa Mozart, sondern Ragtime. Die *Traumbude* probte den Aufstand gegen die Welt der Spießer. Mit Nacktkultur und freier Liebe. Natürlich wurde auch über den Krieg gesprochen, bei weitem nicht alle waren dagegen, manche sahen darin vor allem ein großes Abenteuer, einen Aufbruch aus dem Einerlei des Immergleichen. Aber der Hurra-Patriotismus, der anfangs noch das ganze Deutsche Reich entflammt hatte, wurde in der *Traumbude* schon bespöttelt. Anders als einige seiner Mitschüler hatte sich Erich ja auch nicht bereits mit sechzehn als Freiwilliger gemeldet. Zum Ausgleich musste er an Wehrübungen der Jugendwehr teilnehmen. Über seine Erlebnisse dort schrieb er seinen ersten veröffentlichten Artikel: »Von den Freuden und Mühen der Jugendwehr«. Da er damit an einem Wettbewerb zur Stärkung der schon allmählich erlahmenden Kriegsbegeisterung teilnahm, schilderte er seine Erfahrungen im Stil eines spannenden Abenteuerromans:

> Atemlos lauschend, mit geöffnetem Mund, stehen wir da und suchen mit stieren Augen das Dunkel zu durchdringen. Schatten, lang und gespenstisch, huschen unheimlich dahin. Am Himmel ziehen Wolken auf. Da! – Krach! Krach! Sst! Ruhig! Melancholisch pfeift der Wind und küsst die Blätter einer einsamen Weide an einem einsamen Teiche. Da! Wieder. Sst. Ich stehe in fiebernder Erregung an einem Eichenstamm, ich sauge mich im Dunkel fest. Da wieder. Krach! Krach …

Dann beginnt es ernst zu werden. Nach einer militärischen Ausbildung beim Infanterie-Regiment 78 in Osnabrück und Celle wird er am 12. Juni 1917 zur zweiten Kompanie der Feld-Rekruten an die Westfront im flandrischen Hem-Lenglet verlegt. Dort erlebt er mit, wie Bomben seine Einheit treffen und Kameraden, darunter Schulfreunde, sterben oder verwundet werden. Einen tödlich verletzten Schulfreund soll er sogar vom Schlachtfeld getragen haben. Bereits am 31. Juli 1917 trifft es ihn selbst. Granatsplitter durchbohren sein linkes Bein, den rechten Arm und den Hals. Damit ist sein Kriegseinsatz vorerst beendet. Am 25. August 1917 wird er vom Feldlazarett ins St.-Vinzenz-Hospital in Duisburg verlegt.

Den Klinikaufenthalt nutzt er, um seine Kriegserlebnisse aufzuzeichnen – Skizzen, die er gut zehn Jahre später in einem Roman verarbeitet, der ihn reich und berühmt machen wird.

Auch Elfriede erzählt er von seinen Erlebnissen, als sie ihn in der Klinik besucht. Und die gerade erst Vierzehnjährige kann jetzt mit eigenen Augen sehen, was der Krieg aus Menschen macht – Verwundete mit Kopfverbänden, die unter Schmerzen wimmern, junge Männer, denen Arme oder Beine amputiert worden sind.

Später würde ihr Bruder schreiben:

> Im Stockwerk tiefer liegen Bauch- und Rückenmarkschüsse, Kopfschüsse und beiderseitig Amputierte. Rechts im Flügel Kieferschüsse, Gaskranke, Nasen-, Ohren- und Halsschüsse. Links im Flügel Blinde und Lungenschüsse, Beckenschüsse, Gelenkschüsse, Nierenschüsse, Hodenschüsse, Magenschüsse. Man sieht hier erst, wo ein Mensch übel getroffen werden kann. Zwei Leute sterben an Wundstarrkrampf. Die Haut wird fahl, die Glieder erstarren, zuletzt leben – lange – nur noch die Augen. (…) Erst das Lazarett zeigt, was Krieg ist.

Erich hat das Bett immerhin wieder verlassen. Um ihn vor einem neuen Kriegseinsatz zu schonen, hat man ihm eine leichte Arbeit in der Schreibstube gegeben. Elfriede wundert sich, dass er bereits wieder zu Scherzen aufgelegt ist. In dieser Umgebung. Als eine hübsche Krankenschwester vorbeigeht, ruft er ihr nach: »Schon wieder unterwegs zu den jungen Helden von der Front, Helga? Da kann man ja neidisch werden. Wann massierst du mir mal wieder die Schulter? Bin schon ganz verspannt.«

Die Schwester dreht sich lachend um und ruft: »Simulant! Spiel lieber mal wieder was Hübsches auf dem Klavier für uns.«

Elfriede staunt. »Du spielst in diesem Elend Klavier? Auch vor den Kranken?«

»Warum nicht? Wenn sie das Bett verlassen können. Die sind ganz selig, wenn sie mal ein bisschen Musik hören dürfen in diesem sterilen, langweiligen Haus. Manchmal lese ich ihnen auch was vor.«

»Wie schön!«

Elfriede bewundert ihren großen Bruder. Schon zu Hause in Osnabrück hat sie zu ihm aufgeschaut. Der versteht es, aus jeder Situation das Beste zu machen, ist klug und hat immer einen Spruch auf den Lippen. Außerdem sieht er auch noch gut aus.

Sie dagegen. Derzeit arbeitet sie bei der Familie eines höheren Bahnbeamten als Mädchen für alles. Putzen, Kartoffeln schälen, Spülen, Waschen, Bügeln, Servieren. Was eben so anfällt. Ihre Aufgabe ist es, der Dame des Hauses zur Seite zu stehen. Aber oft hat sie das Gefühl, alles falsch zu machen, und sehnt sich nach ihrer Mutter, die sie auch mal in den Arm genommen hat. Hier muss sie sich schon von den Kindern Anweisungen erteilen lassen, und nur selten bedankt sich jemand bei ihr. Wenn sie dann nachts in ihrem winzigen Zimmer auf dem Dachboden im Bett liegt, kommt sie sich vor wie eine Verstoßene.

»Lass dir da mal nicht alles gefallen«, gibt Erich ihr nach dem kurzen Besuch mit auf den Weg. Aber das ist leicht gesagt.

Der Krieg geht in die letzte verheerende Phase. Die Hurrarufe sind verstummt, die Klagen der Witwen, Waisen und Invaliden übertönen die patriotischen Gesänge für Kaiser und Vaterland. Spätestens mit dem Eintritt der US-Armee ist der Krieg für Deutschland verloren, und der monatelange Stellungskrieg wird zu einer aussichtslosen Schlammschlacht, die Tag für Tag Tausende das Leben kostet.

Erich Remark beginnt im Herbst 1918 Tagebuch zu schreiben. Dabei steigert er sich immer mehr in seinen Ärger über die »verrottete Gesellschaft« und plädiert für einen Aufstand der Jugend. Seine Eintragung vom 24. August 1918 hat etwas von einem Manifest mit revolutionär anmutenden Forderungen:

> Sturm gegen die veralteten Erziehungsmethoden, evt. Boykottierung der Schulen, Kampf für bessere Lebensbedingunen des Volkes, Bodenreform, vor allem Kampf gegen die drohende Militarisierung der Jugend, gegen den Militarismus in jeder Form seiner Auswüchse. Geschlossene Auflehnung gegen das Gesetz, wenn es Auswüchse und Bedrückungen begünstigt. (…)
> Wir, die Jugend, die sich durch harte Lehrzeit die Mannesreife erworben hat (…), lehnen uns auf gegen Gesetz und Kunst, die uns wieder mit Kinderplätzchen u. Zuckerbonbons oder mit Zwangsjacken oder Stöcken kommen wollen. Wir verlangen Leben u. Kunst, die unserer würdig sind! Und erhalten wir sie nicht, so zerbrechen wir das Alte, und schaffen uns selber eine Form, in die wir hineinpassen! Auf, es gilt!

In seinem flammenden Aufruf lässt er seiner Empörung gegen die Verantwortlichen des Krieges freien Lauf:

> Bildet Euch nicht ein, dass Deutschlands Jugend aus Patriotismus für Kaiser und Reich stirbt. Das fegt nur aus Euern Gehirnen heraus! Patriotismus haben nur Kriegsgewinnler und Reklamierte.

Aber noch gehört er offiziell selbst der deutschen Reichswehr an. Er muss jeden Tag damit rechnen, an die Front zurückbeordert zu werden. Am 4. Oktober notiert er:

> Ich werde bald aus dem Lazarett entlassen, wieder ins Feld. Ich hatte mich schon sehr auf das Theater, die Konzerte und die schöne Arbeit an den lampenhellen Winterabenden gefreut. Nun werde ich dafür im Schützengraben auf eisigem Posten stehen müssen.

Dazu aber kommt es nicht mehr. Er hat schließlich vorgesorgt und mit Martha angebändelt, der Tochter des Lazarettinspektors, die für ihn immer wieder ein gutes Wort bei ihrem Vater einlegt, um ihn vor dem Krieg zu bewahren. Er wird zwar am 31. Oktober aus dem Lazarett entlassen, aber zum ersten Ersatz-Bataillon im Infanterie-Regiment 78 nach Osnabrück überstellt. Gut eine Woche später ist der Krieg vorbei. Erich Remark setzt sein Lehrerstudium fort und zieht wieder in der Hakenstraße Nr. 3 ein. Dort führt jetzt eine andere Frau den Haushalt. Sein Vater hat im Februar Maria Henrika Ballmann geheiratet. Den Kindern ist das zu schnell gegangen. Sie halten Distanz zu ihrer Stiefmutter, Erich ebenso wie Erna und Elfriede.

Der Kriegsheimkehrer vermisst in seiner Heimatstadt nicht nur seine Mutter, sondern vor allem seinen Freund und künstlerischen Mentor: Am 6. März 1918 ist der Maler Fritz Hörstemeier gestorben, der Vater der *Traumbude*. Bei der Trauerfeier spielt Erich Remark Orgel. »Alles so anders, Fritz tot«, schreibt er in sein Tagebuch. In seiner Trauer um den Freund steigert sich der zwanzigjährige Remark in seinen Tagebucheintragungen zu Elogen glühender Verehrung, die oft wie eine Zwiesprache mit dem Toten abgefasst sind. Zum Beispiel am 20. August 1918:

> Ja, Fritz, du wahrhaft bescheidener Mensch, du warst einer der heimlichen Könige, die in Bettlerkleidern scheinbar durch die Welt gehen – nur wenige sehen die unsichtbare Krone bei Lebzeiten, erst wenn sie gestorben sind, die heimlichen Könige, und Himmel und Erde um sie weinen und klagen. (…) Das unendliche Heimweh nach dir quillt wieder auf, Fritz.

Sicher spiegelt sich in diesen Erinnerungen auch die Sehnsucht nach dem künstlerisch so befruchtenden Austausch in der *Traumbude*, die unwiderruflich der Vergangenheit angehört. Bisweilen haben die Erinnerungen an das verstorbene Idol fast homoerotische Züge. So schreibt Remark am 10. September im Duisburger Lazarett:

> Herrgott, wenn ich an unsere wunderbaren Abende in Fritzens Dämmerklause denke – Da waren Jugend und Schönheit und Reife und Sehnsucht und Tiefe! Edelste! Eine heiße Sehnsucht schüttelt mich so oft. O, diese Abende, wo man ganz tief und glückvoll lauschend war, frei von Unrast, Streben und Sehnsucht! Fritz, Einziger, ich glaube oft, dass mein Leben doch noch zerbricht, weil du nicht mehr bei mir bist. Seit du tot bist, habe ich keine ruhetiefe Stunde gehabt. (…) Du bist meine Heimat gewesen, Fritz – und nun treibe ich auf dem Meere ziellos dahin. Ziellos = mit tausend Zielen.

Im Rückblick erscheint ihm der Verlust so groß, dass Gegenwart und Zukunft in seinen Fantasien zu einer trostlosen Mondlandschaft verkümmern.

> Zu keinem Menschen ein rechtes Verhältnis – alles schief, verschoben, zerbrochen – so fängt man jetzt ein Leben wieder an, das man einst so heiter und glückvoll verlassen hat. Einsam und zerrissen.

Die Welt ist buchstäblich aus den Fugen. Alles, was dem Leben wenige Jahre zuvor Halt und Orientierung gegeben hat, zerfällt zu Staub. Am 21. Oktober 1918 lastet die Schwermut so drückend auf ihm, dass er am liebsten sterben möchte:

> Dann aber ist alles wieder totenstill und man wartet nur noch auf das Ende. (…) Bald, früher oder später, kommt ja doch die Kugel geflogen, auf die man manchmal wie einen Erlöser hofft.

Erich Remark schließt zwar sein Lehrerstudium erfolgreich ab, stürzt sich aber in den Strudel der fröhlich-verzweifelten Anarchie. Dabei sorgt er für manchen Überraschungscoup. Obwohl er mit dem Militarismus hart ins Gericht geht und bei seiner Entlassung auf Orden verzichtet, heftet er sich zum Beispiel selbst das Eiserne Kreuz, EK 1, an die Brust, und wie um die Sache auf die Spitze zu treiben, spaziert er in Leutnantsuniform, mit noch weiteren (unverliehenen) Orden dekoriert, die Reitpeitsche schwingend, gemeinsam mit seinem Schäferhund namens Wolf durch die Straßen Osnabrücks und grüßt lachend alle, die sich über seinen Aufzug wundern. Bei einem Bier oder Wein erzählt er dann bereitwillig in der nächsten Kneipe, was er im Krieg angeblich alles an schrecklichen und verrückten Dingen erlebt hat. Dazu gehört auch die – nicht besonders glaubwürdige – Geschichte, dass er seinem »Wolf« an der Front das Leben gerettet hat. Bei aller Ernsthaftigkeit hat das äußere Erscheinungsbild für ihn einen hohen Stellenwert. »Wenn Du im Leben weiterkommen willst, musst Du größten Wert auf die Kleidung legen«, gibt er zum Beispiel seinem Osnabrücker Freund Hanns-Gerd Rabe mit auf den Weg, der sich noch viele Jahre später daran erinnert, dass Remark beim Spazierengehen oft einen echten Panamahut und große flatternde Künstlerschlipse trug. Manchmal macht es ihm aber auch einfach nur einen Heidenspaß, mit ausgefallenem Outfit die Blicke auf sich zu lenken – aufzufallen, sich abzuheben vom grauen Heer der Normalbürger.

Weniger lustig ist es für ihn, als er im August 1919 nach dem Examen als Aushilfslehrer aufs Land geschickt wird – zuerst acht Monate nach Lohne bei Lingen, dann vier Monate verbannt nach Klein Berßen in der Nähe von Emden und schließlich von August bis November 1920 abgeordnet in ein Dorf namens Nahne, das immerhin vor den Toren Osnabrücks liegt. Er hat keine feste Anstellung, sondern nur kranke oder in Kriegsgefangenschaft geratene Kollegen zu vertreten, er lebt in muffigen Räumen zur Untermiete und muss sich nicht nur mit übergroßen Schulklassen plagen, sondern auch mit den Sittenwächtern der katholischen Kirche und der Schulbehörde. Sogar eine Anzeige wegen »spartakistischer Umtriebe« macht ihm während seines Vorbereitungsdienstes zu schaffen. Die Schulbehörde hält ihm zudem vor, dass er unberechtigt eine Offiziersuniform getragen und sich mit nicht verliehenen Orden geschmückt hat. Er erhält einen Rüffel und wird ins hinterste Emsland strafversetzt, wo er sich fühlt wie am Ende der Welt. Der Bürgermeister des verarmten Dorfes Klein Berßen schreibt denn auch später: »Zu bemerken wäre noch, dass Lehrer Remark sich schwer in die ländlichen Verhältnisse einfügen konnte.« Trotzdem erinnert heute mitten im Ort eine Straße an den einstigen Dorfschulmeister.

Von solcher Wertschätzung ist Erich Remark damals noch weit entfernt. Er haust in einem winzigen Zimmer und muss sich die Anfeindungen eines katholischen Würdenträgers gefallen lassen, der freigeistige Pädagogik in seinem Amtsbezirk als Sünde brandmarkt. Hinzu kommt, dass Remark vom kulturellen Leben Osnabrücks abgeschnitten ist und nicht einmal mehr Zeit hat, die Kontakte zu seinen Saufkumpanen und Freundinnen zu pflegen. So bittet er schließlich am 20. November 1920 entnervt die Schulbehörde, ihn vom Dienst freizustellen. Selbstverständlich wird ihm der Wunsch erfüllt.

Seine Schwester Elfriede zieht in dieser Zeit ebenfalls häufig um. Doch anders als bei ihrem berühmten Bruder sind Einzelheiten darüber nicht bekannt. Weder hinterlässt sie Tagebücher und Briefe, noch erinnern sich Weggefährten aus jener Zeit an sie. Sicher ist, dass sie von Duisburg zu einer Familie ins fünfzig Kilometer entfernte Rheydt bei Mönchengladbach wechselt. Schon wenige Monate später bewirbt sie sich auf eine Anzeige aus Den Haag. Eine niederländische Kaufmannsfamilie sucht ein deutsches Dienstmädchen, das sich auch um die Kinder kümmern soll, um ihnen nebenbei ein wenig Deutsch beizubringen. Sie erhält die Stelle und ist glücklich, vom Ruhrgebiet an die Nordsee zu ziehen. Schon der besseren Luft wegen, denn sie ist wie schon als Kind schnell erschöpft und leidet unter Gliederschmerzen. Doch auch Sonntagsausflüge ins Seebad Scheveningen und die salzige Nordseeluft können ihr nicht helfen. Ihr Gesundheitszustand verschlimmert sich noch. Am Ende kommt sie kaum mehr aus dem Bett und muss ihre Stelle aufgeben. Sie packt, schleppt sich zum Bahnhof und fährt zurück nach Osnabrück.

Dort zieht sie notgedrungen wieder in ihr Elternhaus ein, wo nach wie vor die Stiefmutter das Regiment führt. Immerhin kommt sie in Osnabrück in ärztliche Behandlung – und so zu Kräften, dass sie am 1. Oktober 1919 bei der Osnabrücker Schneidermeisterin Stappenbeck eine Lehre als Schneiderin beginnen kann. Während der Lehre trifft sie auch wieder mit Erich zusammen, der sich nun in Osnabrück als Schriftsteller versucht und wie sie im Elternhaus wohnt. Neben mehreren Gedichten veröffentlicht ihr Bruder im *Verlag der Schönheit* in Dresden sogar einen ersten Roman: *Die Traumbude* – die Liebesgeschichte des dichtenden Malers Fritz Schramm. Der Erfolg hält sich in Grenzen. Wesentlich mehr Leser findet Erich Remark mit seinen Theater- und Opernkritiken für die *Osnabrücker Tages-Zeitung*. Elfriede bewundert ihren Bruder noch mehr und sieht in ihm schon den gefeierten Schriftsteller.

Erich hingegen ist an der Berufsausbildung seiner Schwester nicht sonderlich interessiert. Dabei beweist Elfriede großes Geschick als angehende Schneiderin. Sie sieht in ihrer Arbeit nicht nur ein profanes Handwerk, sondern auch so etwas wie Kunst. Wie ein Maler mit seinen Farben ein Bild gestaltet, so schneidert sie aus Stoffresten verblüffend schöne Kleider. Darauf ist sie stolz. Mit gutem Grund, die Kunden und ihre Meisterin loben sie in den höchsten Tönen, und am 8. November 1922 besteht sie die Gesellenprüfung mit der Gesamtnote *sehr gut*.

Danach beginnt für sie eine gute Zeit. Der Lohn, den sie jetzt als Schneiderin erhält, ist zwar nicht üppig, gibt ihr aber die Möglichkeit, sich auch mal Kekse oder ein Stück Kuchen zu kaufen. Natürlich liegt sie nun den Eltern nicht mehr auf der Tasche, sondern zahlt ihnen Kostgeld. Da das Geld täglich an Wert verliert, wird es sowieso immer wichtiger, sich mit Arbeit über Wasser zu halten. Sie schneidert auch nach Feierabend und erhält dafür Brot, Kohlen und Kartoffeln. Sogar zum Tanzen geht sie bisweilen, und ihr bleibt nicht verborgen, dass sich die jungen Männer nach ihr die Augen verdrehen. Denn sie ist hübsch und hat Witz.

Doch schon bald ist es vorbei mit der sorglosen Zeit: Elfriede wird schwanger. Wir wissen nicht, wie es dazu gekommen ist – ob Liebe im Spiel war oder einfach nur Unachtsamkeit. Sehr wahrscheinlich aber ist, dass ihre Eltern nicht eben erfreut waren, sondern die Schwangerschaft als

Schande betrachteten – vor allem Elfriedes Stiefmutter: Einfach mit einem Mann ins Bett zu steigen und sich ein Kind machen zu lassen. Das ist ehrlos! Eine Schande für die Familie! Elfriede spürt, dass nun für sie im Elternhaus kein Platz mehr ist. Sie zieht in das Osnabrücker Fürsorgeheim in der Turnerstraße 10. Dort bringt sie am 14. August 1923 eine Tochter zur Welt, die auf den Namen Ingeborg getauft wird. Plötzlich ist da ein kleines Wesen, für das sie sich verantwortlich fühlt. Das ist nicht leicht, gar nicht leicht – sie muss ja schon bald nach der Entbindung wieder Geld verdienen, unter den neuen Umständen mit Heimarbeit. Das ist vor allem deshalb nervenaufreibend, weil das Geld in diesen Monaten der galoppierenden Inflation stündlich an Wert verliert. Für ein einziges Ei sind im Oktober 1923 schon 100 Millionen Reichsmark zu bezahlen. Da müssen die Wäschekörbe mit Geldscheinen gefüllt sein, wenn man überhaupt noch etwas kaufen will. Und Ingeborg ist kein einfaches Kind. Sie braucht viel Zuwendung. Immerhin gibt es im Fürsorgeheim Frauen, die sich um die Kleine kümmern. Aber es ist auch schön, wenn sich das Baby an sie schmiegt und an ihrer Brust saugt. Manchmal kommt ihre Schwester Erna vorbei, die selbst verheiratet ist, aber keine Kinder hat. Ihr Vater missbilligt es zwar, dass sie ein uneheliches Kind zur Welt gebracht hat, schmilzt aber dahin, wenn die kleine Ingeborg an seinem Daumen lutscht.

Doch das Mutterglück währt nur kurz. Schon nach knapp vier Monaten stirbt das Kind. Die Todesurkunde ist auf den 4. Dezember 1923 ausgestellt und nennt als Todesursache Herzschwäche.

Das Mädchen wird in aller Stille zu Grabe getragen und neben seiner Großmutter beigesetzt.

Erich nimmt an der Trauerfeier nicht teil. Er hat zu diesem Zeitpunkt Osnabrück bereits wieder den Rücken gekehrt und arbeitet in Hannover für die Werbeabteilung der Reifenfirma Continental. Im Jahr zuvor hätte er zur Beisetzung noch einen Grabstein beisteuern können. Da war er als Handelsvertreter für den Osnabrücker Steinmetzbetrieb Gebrüder Vogt in der Süsterstraße 2 tätig und das durchaus erfolgreich, glaubt man seinen späteren Bekundungen. »Ich war mein Geld wert«, wird er drei Jahrzehnte später in einem Spiegel-Interview erzählen. »Mit der berühmten Kinderhand verkaufte ich die ältesten Ladenhüter. (...) Ich half mit, die Gegend durch Kriegerdenkmäler zu verschandeln.«

Nebenbei spielt er in diesen zwei Jahren auch noch jeden Sonntag in der Michaelis-Kapelle des Osnabrücker Landeskrankenhauses Orgel. Der Lohn besteht aus einem Mittagessen, was in den Zeiten der Inflation nicht zu verachten ist. Außerdem erhält der junge Organist Einblick in die Welt der Geisteskranken mit ihren Ängsten und Wahnvorstellungen – Eindrücke, die er später in seinem Roman *Der schwarze Obelisk* ebenso verarbeiten wird wie seine Erfahrungen als Handelsvertreter für Grabsteine. Schon jetzt nennt er sich Schriftsteller. Leben aber kann er vom Schreiben noch nicht. Hinzu kommen Zweifel, ob er überhaupt talentiert ist. Um ein bisschen mehr Klarheit zu gewinnen, schickt er am 22. Juni 1921 dem renommierten Autor Stefan Zweig einige Gedichte und einen langen, etwas schwülstigen Brief mit melodramatischer Selbstcharakterisierung:

> Ich bin 23 Jahre, war Prügeljunge meiner Eltern, Wandervogel, Schafhirt, Arbeiter, Soldat, Autodidakt, Lehrer. Ich befinde mich augenblicklich an einer solchen Ver-

knäulung des Schicksals (...), dass ich Menschen brauche, die mir helfen. Es ist mir schwer, in meinem maßlosen Stolz, das zu sagen; aber es gibt Stunden, wo man Menschen haben muss, und Wegstrecken, die man nicht allein gehen kann. (...) Sie sollen mir sagen, ob der Weg, den ich jetzt gehe, recht ist! Ich möchte Ihnen einige Bruchstücke schicken, die beim Ringen um das Werk absprangen, und möchte ihr Urteil.

Stefan Zweigs Antwort fällt durchaus ermutigend aus. Der Brief ist zwar nicht erhalten, überliefert ist aber, dass Remark sich darüber gefreut hat. Doch die Selbstzweifel bleiben.

Eine neue Perspektive zeichnet sich ab, als er kurze Zeit später Kontakt zu den Continental-Gummiwerken in Hannover aufnimmt und erste Artikel für die Betriebszeitung *Echo Continental* verfasst. Jetzt gibt er sich auch einen neuen, eleganter klingenden Namen: Briefe im Auftrag der Betriebszeitung unterzeichnet er neuerdings mit Erich-Maria Remarque.

Im April 1922 verlässt er Osnabrück ganz und zieht nach Hannover in die Nikolaistraße 11 – als Redakteur und Werbetexter bei Continental. *Warum in die Ferne schweifen, fahre lieber Conti-Reifen*, lautet jetzt sein Credo. Seine Artikel kennzeichnet er mit »Remarque«, »E.M.R.«, »...que« oder »Emerik«. In zwei Fällen signiert er mit einem fünfzackigen Stern. Schon nach einem Jahr steigt er auf zum Chefredakteur der Kunden- und Werkszeitung der Continental-Caoutchouc- und Gutta-Percha-Compagnie, die monatlich in einer Auflage von bis zu 100 000 Exemplaren erscheint und auch an zahlende Abonnenten vertrieben wird. Remarque avanciert zu einer »Autorität in Gummi«, wie er es später selbst ausdrückt, er schreibt und redigiert

Texte rund um die Themen Auto, Reifen, Reisen, Sport und Freizeit, begeistert sich für Technik und Geschwindigkeit. Später wird er sagen: »Bei Conti lernte ich das Redaktionshandwerk. Außerdem brachte es Geld, nahm mir meinen Dichterfimmel und schadete niemandem.«

Da Autofahren damals noch das Privileg einer wohlhabenden Oberschicht ist, schwingt in vielen seiner Geschichten ein Hauch von Luxus und Snobismus mit, und der Conti-Redakteur feiert die neue automobile Bewegungsfreiheit bisweilen als Freiheit schlechthin. Auch persönlich bringt diese Redakteurstätigkeit für ihn manche Annehmlichkeiten mit sich. So kann er auf Kosten von Continental für seine Reportagen über Urlaub mit dem Auto auf Reisen gehen – nach England, Italien, Belgien, sogar auf den Balkan und in die Türkei. Remarque genießt seine Dienstreisen und kommt in den Ruf eines Lebemanns: Er lässt sich in fernen Bars volllaufen und amüsiert sich mit den *Damen der Nacht*.

Selbstverständlich wird er vor allem dafür bezahlt, die Produkte der Firma Continental zu preisen und bei der Kundschaft um Vertrauen für das Unternehmen zu werben. Doch gleichzeitig ist es eben wichtig, die Menschen überhaupt erst einmal zu erreichen, an das Blatt zu binden und auf amüsante Weise zu unterhalten.

Zum Beispiel mit humoristischen Bildergeschichten. Besonders beliebt sind die Streiche der *Contibuben*, die an Max und Moritz von Wilhelm Busch erinnern. Die Bilder stammen von dem in Stuttgart und Schwerin lebenden Zeichner Hermann Schütz, Remarque füllt die Sprechblasen mit seinen Vierzeilern, prägnanten, aber nicht immer begnadeten Reimen. Das liest sich dann so:

Komprimierte Atmosphären
Aus den großen Conti-Werken
Sollten kürzlich sich bewähren
Und zwei müde Reifen stärken.

Deshalb trabten flott die kecken
Contibuben Fritz und Franz
Durch die Stadt bis an der Ecken
Lockend winkt ein Hundeschwanz.

In einem anderen Comic mit Remarques Texten gibt *Kapitän Priemke* den Ton an. Der beleibte Seemann fährt über die Weltmeere und lernt in Melanesien *Häuptling Okuhahayn* kennen, der über einen Stamm von Menschenfressern herrscht. Später kommt der »Neger« auch zu Besuch nach Deutschland und lernt in jeder Episode durch Kapitän Priemke ein anderes Produkt aus dem Hause Continental kennen und lieben: Reifen, Schläuche, Faltboote und Badekappen. Um seinem Volk die Zivilisation nahezubringen, kauft *Oku* schließlich sogar tausend Gummiknüppel. Da gewinnt der gereimte Werbetext fast satirische Züge:

Gummiknüppel, tausend Stück
»Kaufen wir«, ruft er voll Glück.
»Ich führ' ein in meinem Heer
Jetzt statt Schild und Pfeil und Speer
Nur der Gummiknüppel Kräfte –
Auf zum Kauf in die Geschäfte.«

Zum Abschluss lädt *Käpt'n Priemke* seinen Geschäftspartner ein, den Kauf mit Hochprozentigem zu begießen:

Oku! Schwarzes Trinkgenie!
Trinke oft! Heirate nie!
Besser als der Liebe Leiden
Sind des Kognaks klare Freuden! –
Und noch eins: Schwör' mir auf's neue:
Halte stets der Conti Treue!

Ob beim Saufen oder Geschäftemachen – immer drückt sich in solchen Bildergeschichten auch der herablassende Blick des weißen Mannes auf vermeintlich Unzivilisierte aus und spiegelt damit bei aller Absurdität den Rassismus des Kolonialzeitalters. In der siebzehnten und letzten Folge seiner Priemke-Comics macht Remarque die spöttische Unterwerfung seines »Negers« perfekt: Als *Oku* von seinem Stamm als Häuptling abgesetzt wird und zum Präsidenten gekürt werden soll, zieht er es vor, zusammen mit Priemke in seinem Inselreich eine Conti-Niederlassung zu gründen:

Priemke, guter, teurer Freund!
Komm, wir gründen jetzt vereint
Nach der jähen Staatsverwandlung
Schleunigst eine Reifenhandlung.
Deren erster Grundsatz sei:
»Immerfort der Conti treu.«

Später bemüht er sich, seine Arbeit in der Werbeabteilung von Continental herunterzuspielen, betont, er habe all den Quatsch nur geschrieben, »weil ich davon leben musste«. Aber er lebt nicht schlecht davon, kann schnelle Autos fahren und lernt die Welt kennen – vor allem hat er endgültig den Absprung aus Osnabrück geschafft. Und in Hannover reimt er nicht nur Werbetexte, sondern schreibt nebenbei auch seinen zweiten Roman und knüpft Kontakte zur örtlichen Kunstszene. Remarque gesellt sich zu den *Konstruktivisten.* Für einen Katalog zu einer Ausstellung der *Gruppe K* in den Räumen der Kestner-Gesellschaft schreibt er sogar das Vorwort. Auch bei den Titelseiten für das *Echo Continental* kommt ihm sein Kunstinteresse zugute. Er engagiert örtliche Grafiker und Plakatkünstler, deren Motive sich vom Expressionismus bis zur Neuen Sachlichkeit bewegen. Mit Erfolg. Es gelingt ihm, das Blatt während seiner Chefredakteurszeit aus den roten Zahlen in die Gewinnzone zu führen. Der Erfolg beflügelt ihn, über die Grenzen Hannovers hinauszublicken – insbesondere in Richtung Reichshauptstadt.

3. Nach Berlin

Auch Elfriede hält es nicht mehr lange in Osnabrück. Nach dem Tod der kleinen Ingeborg hat sich ein Schatten über ihr Leben gelegt. Wenn sie morgens aufwacht, sieht sie zu dem leeren Platz neben ihrem Bett, an dem kurz zuvor noch die Wiege gestanden hat, und weint still in sich hinein. Sie wirft sich vor, nicht alles Menschenmögliche für den kleinen Wurm getan zu haben. Viel früher zum Beispiel hätte sie einen Arzt aufsuchen müssen. Viel früher. Und natürlich wäre das Kind in einem Krankenhaus besser aufgehoben gewesen als in diesem engen Zimmer im Fürsorgeheim. Vielleicht hat sie sich deshalb nur so halbherzig um Ingeborg gekümmert, weil sie sich schämte, Mutter eines unehelichen Kindes zu sein. Sie hat sich ja nicht mal bemüht, den Vater zu informieren, der sich schon bald nach der Zeugung eine andere gesucht hatte und gar nichts von Ingeborg weiß. Ihre Stiefmutter machte ihr deswegen Vorhaltungen, aber sie brachte es einfach nicht über sich, diesem treulosen Kerl hinterherzulaufen.

Das war sicher dumm gewesen. Schon ihrer Tochter wegen hätte sie den Vater einweihen müssen. Sie wirft sich vor, alles falsch gemacht zu haben. Ja, sie war eine schlechte Mutter, die es nicht verdiente, ein Kind zu haben. Die Schuldvorwürfe schnüren ihr die Brust zu, lassen die alten Gliederschmerzen wieder stärker werden. Oft ist sie in der Schneiderwerkstatt schon am Mittag so kraftlos, dass ihr die Arbeit zur Qual wird. Außerdem ist ihr, als würden alle in der Stadt mit dem Finger auf sie zeigen, weil jeder von ihrer Schuld weiß.

Da horcht sie sofort auf, als eine Freundin ihr bei einem Osnabrück-Besuch von Berlin erzählt. Berlin! An keinem Tag habe sie es bereut, in diese brodelnde, quirlige Metropole zu gehen, schwärmt Else, die in Berlin Damenunterwäsche verkauft. »Jeden Abend ist da was los.« Auch wer nicht viel Geld habe, könne zum Tanzen gehen. »Da findet sich immer einer, der dich freihält, glaub mir.«

Die Entscheidung fällt, als Else ihr schreibt, eine Putzmacherin suche dringend eine geschickte Hilfskraft. Sie ist zwar Damenschneiderin, hat aber während ihrer Lehrzeit auch schon mal an Hüten herumgebastelt. Sie ist fest entschlossen, die Chance zu nutzen und den Absprung zu wagen. Sie fährt nach Berlin, bewirbt sich und erhält die Stelle – zumindest für eine Probezeit von einem halben Jahr. Ihre Chefin erleichtert ihr den Umzug, indem sie ihr gleich ein Zimmer zur Untermiete bei einer Bekannten in Charlottenburg vermittelt. So packt Elfriede im Oktober 1924 ihren Koffer in Osnabrück und siedelt um in die Suarezstraße 31 in Berlin. Schon die Luftveränderung hilft ihr, sich von dem Osnabrücker Kummer zu befreien.

Die neue Arbeit tut ein Übriges. Überrascht stellt sie fest, dass in der Putzmacherei nicht nur Hüte gemacht werden. Ihre Chefin vertraut ihr schon bald elegante Kleider aus Seide, Samt und Satin an, die sie mit modischen Accessoires wie Spitzenkragen oder Puffärmeln, Fransen und Tressen, Perlen und sogar Federn zu versehen hat, und sie lernt schnell. Mit kreativem Geschick gelingt es ihr, auch das langweiligste Sommerkleid in aufreizende Ballgarderobe zu verwandeln. »Sie sind ja eine richtige Künstlerin«, lobt eine Kundin, und ihre Chefin bezeichnet sie als »echten Gewinn«. Die Komplimente beflügeln sie, mehr zu wagen. Nebenbei erlernt sie auch noch das Hutmacherhandwerk.

Da sie nicht selten die Erwartungen der Kundschaft übertrifft, darf sie sich auch über Trinkgeld freuen. So ist sie gar nicht mehr auf spendierfreudige Kavaliere angewiesen, wenn sie abends mit ihrer Freundin zum Tanzen geht. Sie lässt sich die Haare kurz schneiden, trägt bunte Schals und schicke Armbänder und deutet mit verführerischem Lächeln an, dass sie nichts gegen ein kleines Abenteuer einzuwenden hat.

Gegen Ende des Jahres zieht es auch ihren Bruder nach Berlin. Erich-Maria hat gute Aussichten, Zweiter Redakteur bei *Sport im Bild* zu werden, einer *Illustrierten Wochenschrift für Sport, Gesellschaft und Theater*, wie sich das Lifestyle-Magazin selbst im Untertitel nennt. Auf die Dauer ist es doch etwas unbefriedigend, im Hauptberuf Werbetexte für eine Gummifirma zu schreiben. Nebenbei hat Remarque schon einiges getan, um seinen Traum vom Schriftstellerberuf Wirklichkeit werden zu lassen. Bereits zwei Romane sind von ihm erschienen: Noch in Osnabrück hat er ja 1920 den Künstlerroman *Die Traumbude* geschrieben, eine Reminiszenz an den verstorbenen Maler und Dichter Fritz Hörstemeier, der in der *Traumbude* Fritz Schramm heißt und wie das reale Vorbild einen Kreis junger kunstbewegter Menschen um sich schart. Doch dieses pathetisch-romantische Werk soll dem Autor später ziemlich peinlich gewesen sein. Das hatte sicher auch damit zu tun, dass in dem Roman bisweilen deutschnationale Sprüche laut werden und abfällig über Juden gesprochen wird. Sogar die Hauptfigur Fritz Schramm schwärmt von dem »Märchen und Wunder, das jedem echten Deutschen, ich meine keine verjudeten oder slawischen, im Blut sitzt«

(S. 22). Und dann erhebt der Maler sein Glas und »weiht« es »der Heimat, der deutschen Heimat!« Auch frauenfeindliche Sprüche mischen sich unter das Geschwätz der Akteure. Doch es wäre ungerecht, den Autor mit seinen Protagonisten gleichzusetzen, und allem zeitbedingten Geplapper zum Trotz spiegelt die *Traumbude* eben auch die Aufbruchstimmung wider, die Remarque im Kreise der Hörstemeier-Jünger erlebt hat. Vor allem aber ist es ein Künstlerroman, der um das Verhältnis von Kunst und Leben kreist und den kreativen Schöpfungsakt als Entgrenzung des Ichs preist.

Geld bringt ihm der Roman nicht ein. Um den Druck in der Zeitschrift *Die Schönheit* mitzufinanzieren, muss er sein geliebtes Klavier verkaufen.

Lorbeeren erntet er auch nicht mit seinem Roman *Gam*, den er in Hannover geschrieben hat. Die junge Frau Gam begegnet darin auf ihrer Reise durch vier Kontinente unterschiedlichen Männertypen und Lebensphilosophien und findet am Ende in der Zurückgezogenheit zu sich selbst. *Gam* wird erst 1998 in einem Sammelband seiner drei frühen Romane in einem Buch erscheinen und erst 2020 als Einzelausgabe. Schon während seiner Continental-Zeit in Hannover veröffentlicht Remarque dagegen rund hundert kurze Prosatexte in unterschiedlichen Zeitungen der Region, zum Beispiel das Essay *Über das Mixen kostbarer Schnäpse*, außerdem erscheinen weiter seine Gedichte in der *Schönheit*.

Bei all dem Schreiben findet er auch noch Zeit für Frauen. Ein heiter-erotisches Verhältnis verbindet ihn zum Beispiel mit Brigitte Neuner, die er in seinen Liebesbriefen *tapferer Heinrich* oder *mein Entzückender* nennt. Eine andere Frau ebnet ihm den Weg zu *Sport im Bild* in Berlin. Er heuert die Tochter des Chefredakteurs als freie Mitarbeiterin für sein *Echo Continental* an, und im Gegenzug lanciert er über Edith Doerry eigene Beiträge für das angesehene Berliner Gesellschaftsblatt an deren Vater. Mit Erfolg. Remarque wird im Oktober zu einem Vorstellungsgespräch nach Berlin eingeladen – und zum 1. Januar des darauffolgenden Jahres als Redakteur eingestellt.

Da seine Schwester in Berlin schon viele Kontakte geknüpft hat, lässt er sich von ihr bei der Zimmersuche helfen. Davon schreibt er am 18. Dezember 1924 auch Edith Doerry und bittet sie, mögliche Wohnungsangebote, die für ihn infrage kommen, an Elfriede weiterzuleiten. »Vielleicht ist es am zweckmäßigsten, wenn Sie die Adressen, die sie bekommen haben oder bekommen können, ihr telefonieren oder mitteilen. Sie wohnt bei b/Zernig, Charlottenburg, Suarezstr. 31, Telefon ist auch dort …«

Zur Jahreswende muss sich Remarque aber erst einmal in einer Berliner Pension einquartieren. Er ist seiner Schwester dankbar, als die ihn fragt, ob er nicht Lust habe, sie zu einer Silvesterparty zu begleiten, die eine ihrer Kundinnen feiert – eine wohlhabende Kundin mit Villa am Wannsee und vielen Freunden und Freundinnen aus der Berliner Künstlerszene – Musikern, Malern, Literaten, Schauspielern. Elfriede ist stolz, dass sie Erich endlich einmal etwas voraushat; ihn ihren Bekannten vorstellen kann wie einen armen Verwandten aus der Provinz, der in der Weltstadt Berlin noch fremd ist.

Doch Erich Maria beweist, dass er nicht auf den Mund gefallen ist, und spielt sich in dieser ungewöhnlich milden Silvesternacht schnell in den Vordergrund. Ein Meister der gehobenen Konversation: geistreich, witzig, schlagfertig und gleichzeitig in der Lage, seiner Umgebung mit hochgezogenen Augenbrauen und gespitztem Mund das

Gefühl zu vermitteln, dass er auch noch an dem banalsten Gewäsch interessiert ist und Anteil nimmt. »Oh wirklich, Sie malen Spreedampfer? Interessant, spannend.« Überdies ist er auch ziemlich trinkfest und nicht in Gefahr, schon beim dritten Glas Wein den Überblick zu verlieren. »Zum Wohlsein, meine Dame. Auch wenn es noch ein bisschen früh dafür ist: Auf das neue Jahr!«

Als er berichtet, dass er schon drei Romane geschrieben hat und in wenigen Tagen seine Redakteurstätigkeit bei *Sport im Bild* aufnimmt, horchen seine Gesprächspartner auf: Ein Kontaktmann bei der Zeitung ist für Künstler schließlich Gold wert, und Remarque lässt gnädig anklingen, dass er immer ein offenes Ohr für mitreißende Projekte und neue Ideen habe. »Nur keine Scheu! Rufen Sie ruhig bei mir an, wenn Sie was haben. Versprochen?«

Diskret verteilt er seine frisch gedruckten Visitenkarten.

Elfriede ist nicht traurig darüber, dass sie mal wieder im Schatten steht. Sie ist stolz auf ihren Bruder, den sie immer noch schlicht Erich nennt. Und um Mitternacht nehmen sich beide bei einem krachenden Feuerwerk am Wannsee-Ufer gegenseitig das feierliche Versprechen ab, künftig sehr viel engeren Kontakt zu halten. Räumlich betrachtet sind sich die beiden in Berlin ohnehin bald nah, denn Erich quartiert sich im Kaiserdamm 114 ein – nur zehn Fußminuten von Elfriedes Wohnung entfernt.

Aber sie ist auf die Gesellschaft ihres Bruders nicht angewiesen. Sie fühlt sich nicht einsam in Berlin. Im Hutgeschäft hat sie eine Frau mit Verbindungen kennengelernt, die ihr so manche Tür öffnet: Karla.

4. Ein Kleid für Karla

Zuerst war ihr nur diese dunkle, rauchige Stimme aufgefallen, dann stieg ihr der betörende, feine Duft in die Nase. Schließlich hob sie den Kopf und warf einen Blick auf die Dame, die sie mit ihrem wagenradgroßen Hut um einen halben Meter überragte. Eine Erscheinung wie aus einem Modemagazin erfüllt den Laden mit ihrer Aura. Vollendete Eleganz in Übergröße, eine Amazone mit ausladendem Busen in einem weißen fließenden Seidenkleid, unverkennbar Crêpe de Chine, umspielt von einer roten Kordel. Unter dem glockenförmigen, mit Kunstblumen geschmückten Hut kräuseln sich hellblonde Locken, die munteren Augen von ausgemalten Lidern und nachgezogenen Brauen betont, die Lippen korallenrot geschminkt, die Wangen mit einem Hauch Rouge diskret gepudert.

Die Chefin winkt Elfriede zu sich. »Elfriede, das ist Frau Neubauer«, sagt sie, indem sie die Augen zwinkernd hin und her gleiten lässt. »Ich habe der Dame erzählt, wie geschickt du bist, und sie wollte dich gleich kennenlernen. Frau Neubauer braucht nämlich einen neuen Hut, weißt du.«

»Ein bisschen kleiner als dieser hier, aber mit Pfiff«, fährt die Dame fort, indem sie sich ihre grauen Glacéhandschuhe abstreift. »Guten Tag, meine Liebe. Karla Neubauer.«

»Elfriede Remark«, erwidert Elfriede mit einer Verbeugung, während ihr Blick auf das Armband mit den funkelnden Rubinen fällt. Fast hätte sie einen Knicks gemacht.

»Sehr angenehm.«

Daraufhin erläutert die Dame, dass sie den Hut für alltägliche Besorgungen wie Einkäufe braucht. »Nicht zu auffällig, aber auch nicht langweilig, wissen Sie.«

Elfriede präsentiert Musterhüte, die den Vorstellungen der Kundin nahekommen, und macht auch gleich Vorschläge, wie man die Hüte aufpeppen könnte.

Karla Neubauer zeigt sich zufrieden und erteilt Elfriede den Auftrag. »Sie werden das schon machen. Da habe ich keine Sorge.«

Als sie den Hut eine Woche später in Augenschein nimmt, sieht sich die Dame bestätigt. »Wunderbar. Das haben Sie großartig gemacht. Sie sind wirklich eine kleine Künstlerin. Kompliment.«

»Danke.«

»Wo haben Sie das denn gelernt, sagen Sie mal?«

»Hier. Eigentlich bin ich Damenschneiderin.«

»Schneiderin! Da könnten Sie mir ja vielleicht auch mal ein Kleid zaubern. Was?«

»Gern. Aber natürlich nach Feierabend.«

»Natürlich, ich will ja nicht, dass Sie hier Ihre Stelle verlieren. Wir kommen sicher bald ins Geschäft. Ich könnte nämlich mal wieder einen hübschen Fummel gebrauchen.«

Tatsächlich kommt Karla Neubauer einige Tage später zurück und lädt Elfriede ein, sie zum Maßnehmen zu besuchen. Mit verschwörerischem Lächeln reicht sie ihr ihre Visitenkarte mit einer Adresse unweit vom Hackeschen Markt. »Da sind wir ungestört. Ich lebe nämlich allein, wissen Sie.«

Die Wohnung in der ersten Etage des Gründerzeithauses erscheint ihr wie ein kleiner Palast: drei große Zimmer mit stuckverzierten Decken, Parkettfußboden, Kachelofen, maritimen Bildern und modernem funktionalem Mobiliar im Stil der Neuen Sachlichkeit. In ihrem bequemen beigefarbenen Hauskleid wirkt Karla längst nicht mehr so unnahbar wie im Hutgeschäft. Sie fordert Elfriede freundlich auf, sich erst einmal zu setzen, serviert ihr Tee und Honigkuchen.

»Schön haben Sie es hier. Wirklich, sehr schön.«

»Schön, dass es Ihnen bei mir gefällt. Aber wollen wir nicht einfach zum *Du* übergehen? Das macht alles viel einfacher, finde ich. Also: Ich bin Karla.«

Wie bei einem Geschäftsabschluss streckt Karla ihr die manikürte Hand entgegen. Elfriede fühlt sich etwas überrumpelt, findet es eigentlich noch zu früh, zum vertraulichen *Du* zu wechseln, wagt aber nicht zu widersprechen.

»Elfriede«, erwidert sie leise.

Karla nimmt sie zur Bekräftigung in den Arm und küsst ihr die Stirn.

»Du bist wirklich eine ganz süße Maus, Elfriede. Und so begabt. Wir werden bestimmt wunderbar zusammenarbeiten.«

»Das glaube ich auch.«

»Aber bevor du maßnimmst und an mir rumfummelst, muss ich dir ein Geständnis machen, meine Süße.«

Geständnis? Was mag das sein? Elfriede wird allmählich unheimlich zumute.

»Also, meine liebe Elfriede: Ich habe noch einen zweiten Namen: Karl – einfach Karla ohne das letzte *a*.«

»Karl? Aber das ist doch ein …«

»Richtig, ein Männername. Und den habe ich nicht ohne Grund. Um es kurz zu machen: Ich bin in meinem früheren Leben ein Mann gewesen, genau genommen bin ich manchmal immer noch Karl statt Karla.«

Elfriede spürt, wie ihr die Hitze ins Gesicht schießt. Die Mitteilung macht sie sprachlos. Ja, sie hat schon gehört, dass es in Berlin Männer gibt, die sich wie Frauen kleiden. Aber diese Frau Neubauer kann doch kein Mann sein mit ihrem großen Busen und dem Frauengesicht. Oder doch? Die groben Wangenknochen und das kantige Gesicht verraten durchaus männliche Züge.

Karla, die Elfriedes Verwirrung bemerkt, springt auf und streicht ihr über die Schulter. »Tut mir leid, dass ich dich so geschockt habe. Aber das ist nichts Schlimmes, und ich tu dir auch nichts. Ich weiß natürlich nicht, ob du jetzt noch für mich arbeiten willst, wo du mein – äh – Geheimnis kennst.«

Elfriede schüttelt aber nur entgeistert den Kopf, ihre erste Reaktion ist ihr plötzlich ungeheuer peinlich. »Warum nicht? Damit hat sich ja gar nichts geändert. Warum auch? Die Maße bleiben doch die gleichen.«

Karla lacht erleichtert auf. »Genau. Die Maße ändern sich nicht. Leider. Ich wäre gern ein bisschen zierlicher.«

»Sie haben doch eine tolle Figur, aber wenn Sie zierlicher aussehen möchten, können wir das auch mit dem Kleid erreichen.«

»Elfriede, jetzt werde ich aber gleich böse. Wir waren doch schon beim *Du*.«

»Oh, Entschuldigung.«

»Akzeptiert. Aber was du sagst, ist natürlich prima. Ich freu mich schon auf Deinen Entwurf. Bevor wir damit loslegen, will ich dir noch ein bisschen von mir erzählen.«

Und dann erzählt Karla, dass sie aus einer Fabrikantenfamilie in Bayreuth stammt und vor etwa fünfzehn Jahren als Student nach Berlin gekommen ist. Schon als Kind habe sie sich mehr wie ein Mädchen gefühlt, und als sie dann nach Kriegsausbruch gemustert und eingezogen werden sollte, habe sie sich entschieden und der Musterungsbehörde ihre Neigungen gebeichtet. Sie sei wie erhofft ausgemustert worden, habe ihren Eltern aber den wahren Grund verschwiegen und ein Rückenleiden vorgetäuscht. Einige Jahre nach dem Krieg habe sie dann, bestärkt durch die Bekanntschaft mit anderen Männern und Frauen aus der Berliner Schwulen- und Lesbenszene, den Mut gefasst, in Frauenkleider zu schlüpfen und als Transvestit zu leben. Nur wenn sie Weihnachten und im Sommer ihre Eltern in Bayreuth besuche, verwandle sie sich in einen Mann zurück. »Du würdest mich garantiert nicht erkennen. Wenn ich in den Männerklamotten vorm Spiegel stehe, komme ich mir selbst schon fremd vor.«

Ihre Mutter habe sie inzwischen eingeweiht, sagt Karla. »Aber mein Papa ahnt immer noch nichts. Wahrscheinlich würde er mich sofort enterben, wenn er wüsste, dass sein Sohn eine Tochter geworden ist. So schickt er mir noch jeden Monat seinen Scheck – als Zuschuss zu meinem kleinen Immobiliengeschäft. Damit komme ich prima über die Runden, und die Fabrik in Bayreuth führt mein jüngerer Bruder weiter. Die produzieren übrigens im großen Stil Kloschüsseln mit Wasserspülung, machen also aus Scheiße Geld, wie man so sagt.«

Karla erzählt fast zwei Stunden lang. Die Geschichten sprudeln nur so aus ihr heraus. Elfriede erfährt zum Beispiel, dass Karla gelegentlich in einer Bar auftritt und Chansons singt und schon mit vielen Männern im Bett gewesen ist. »Die meisten sind gar nicht so unglücklich darüber, dass ich einen Schwanz habe. Ich such mir schon die richtigen aus. Da hab ich einen Blick für, glaub mir.« Eine Geschlechtsumwandlung sei darum für sie kein Thema. »Die Klöten bleiben dran. Man weiß ja nie.«

Elfriede ist verwirrt, hört aber gebannt zu. Je mehr sie von Karla erfährt, desto sympathischer wird ihr die Dame, und sie gibt sich alle Mühe, Karla ein Kleid zu schneidern, das sie noch damenhafter macht. Da ihr Zimmer viel zu eng ist und ihr auch die Werkzeuge fehlen, schneidert sie abends in der Putzmacherei oder gleich in der geräumigen Wohnung ihrer Kundin.

Karla jubelt, als sie sich mit dem fertigen Abendkleid im Spiegel betrachtet, einem Traum aus grünem Chiffon mit Schleife und abfallendem Saum. Begeistert nimmt sie Elfriede in den Arm und belohnt sie mit 300 Reichsmark – doppelt so viel wie vereinbart. Das Kleid ist der Beginn einer Freundschaft, die Elfriede Türen zu bisher unbekannten Welten öffnet. Sie lässt sich in eine Nachtbar entführen, in der Karla als Sängerin auftritt; sie geht mit ihrer eleganten Freundin zu Ausstellungseröffnungen und macht die Bekanntschaft von Malern und Malerinnen, sie besucht mit Karla Theatervorstellungen, Revuen und Konzerte und darf oft auch hinter die Kulissen blicken, weil Karla mit vielen Künstlern und Künstlerinnen befreundet ist. So lernt sie Claire Waldoff kennen, diese forsche Sängerin, der anscheinend ganz Berlin zu Füßen liegt, obwohl sie kein Hehl daraus macht, dass sie lesbisch ist und den Männern in ihren Liedern die Leviten liest: *Ach Gott, was sind die Männer dumm.*

Claire Waldoff schenkt Elfriede Freikarten zu ihren Konzerten, trifft sich mit ihr und Karla noch nach Mitternacht in einer Piano-Bar und lässt sich von ihr natürlich auch einen Hut kreieren. Deswegen lässt Elfriede nun aber nicht plötzlich alle Männer links liegen. Und es gibt manche, die ihr den Hof machen in dieser bunten Stadt. Auf keinen Fall will sie nach ihren Erfahrungen in Osnabrück noch einmal schwanger werden. Auch die Ärzte haben sie gewarnt: Solange ihr Mangel an Vitamin B nicht ausgeglichen sei, bestehe das Risiko einer Fehlgeburt, verbunden mit dem Risiko erheblicher, schlimmstenfalls lebensbedrohlicher Komplikationen. Wenn es denn mal zum Geschlechtsverkehr ohne Kondom kommt, spült sie möglichst schnell ihre Scheide mit Essigwasser aus. Eine entsprechende Klistierspritze führt sie immer bei sich. Wie andere Frauen ihrer Zeit vertraut sie dieser Verhütungstechnik voll und ganz.

5. Abseits der Spießerzonen

Berlin in der Mitte der Zwanzigerjahre – das Leben macht die verrücktesten Bocksprünge in dieser pulsierenden Metropole. Auto- und Radrennen, Boxkämpfe und Gesangswettbewerbe begeistern die Menschen ebenso wie die großen Revuen im Friedrichstadt-Palast und die dramatischen Stummfilme in den neuen Kinopalästen. Was im Kaiserreich noch als anstößig und verwerflich galt, ist plötzlich verwegen und schick. Schwule und Lesben bevölkern die Bars so selbstverständlich wie biedere Ehemänner oder lustige Witwen, Transvestiten wirbeln wie Paradiesvögel durch das Berliner Nachtleben. Erlaubt ist, was gefällt.

Gefallen finden die Berliner auch an Kulturangeboten, die alte Wahrnehmungsgewohnheiten durchbrechen und die Sinne für neue Kunsterlebnisse schärfen – in der Malerei, im Theater, in der Literatur, in der Musik. Immer mehr Künstler strömen nach Berlin, um diese quirlige Weltbühne für sich zu erobern und sich im kreativen Wettstreit zu behaupten. Bertolt Brecht kommt aus Augsburg, Heinrich Mann aus Lübeck, Lion Feuchtwanger aus München und Carl Zuckmayer aus Rheinhessen an die Spree. Erwin Piscator revolutioniert das Revuetheater. Max Reinhardt steigt auf zum Erneuerer der Schauspielkunst. Alfred Döblin praktiziert im Osten der Stadt als Arzt und verewigt die Mitte der Reichshauptstadt in seinem großen Roman *Berlin Alexanderplatz*. Kurt Weill vertont mit Erfolg Brechts *Dreigroschenoper* und den *Aufstieg und Fall der Stadt*

Mahagonny. Arnold Schönberg komponiert in irritierender Zwölftontechnik seine *Variationen für Orchester* und leitet eine Meisterklasse an der Akademie der Künste. Der Maler George Grosz hält den raffgierigen Bonzen und den eitlen Damen der Gesellschaft seinen entlarvenden Spiegel vor. Kurt Tucholsky und Erich Kästner porträtieren das Leben der Großstadt in witzigen Gedichten und Geschichten, und immer neue Zeitungen und Illustrierte richten ihre kritischen Blicke auf Bruchstellen der Weimarer Republik.

Elfriede Remark mischt auf ihre Weise im Berliner Kulturleben mit. Sie zaubert den Damen fantasievolle Hüte, gibt alten Kleidern neuen Pfiff und liefert schrille Boas, Broschen und Strapse. So ist sie bei ihren Kundinnen bald überaus geschätzt und darf sich fast als Künstlerin fühlen, wenn sie ihre Werke am lebenden Objekt betrachtet und feststellt, wie sich auch mit ihrem Handwerk Menschen verwandeln lassen. Karla hilft ihr dabei, zahlungskräftige und bisweilen auch prominente Kundinnen kennenzulernen, und zeigt ihr, welche Freuden das Leben bereithält, besonders abseits der Spießerzonen. So trifft sie weiterhin auf Menschen, die den gesellschaftlichen Normen trotzig und temperamentvoll Paroli bieten – zum Beispiel auf Erika und Klaus Mann, diese verrückten, aber hochtalentierten Dichterkinder, die wie entfesselte Derwische durch das nächtliche Berlin toben. Und ihre Freundin Claire Waldoff singt fröhlich, schrill und ausgelassen: *Wer schmeißt denn da mit Lehm, der sollte sich was schäm'*.

Bisweilen verabredet sie sich auch mit ihrem Bruder. Manchmal gelingt es ihr sogar, ihn in neue Szenelokale zu locken. Sie gibt ihm Tipps für Reportagen und ist stolz, wenn sie ihn mit schrägen, aber kreativen Typen bekannt machen kann, über die er dann in seiner Illustrierten schreibt oder schreiben lässt.

Ihre Stimmungen sind indessen starken Schwankungen unterworfen. Manchmal möchte sie vor Lebensfreude die Welt umarmen und die ganze Nacht durchtanzen, dann wieder überfällt sie lähmende Schwermut. In so einem Fall kann nicht einmal Karla sie aufmuntern. Verantwortlich für solche Melancholieschübe ist meist ihre Krankheit, da sind vor allem diese furchtbaren Rückenschmerzen. Um nicht ganz schlappzumachen, muss sie ständig teure Tabletten schlucken. Die Nebenwirkung der Dauermedikation besteht in einer fast ununterbrochenen Erschöpfung. Und wenn sie sich so müde und ausgelaugt fühlt, dass sie am liebsten nie mehr das Bett verlassen möchte, kommen auch die Gedanken an die verlorene Tochter wieder hoch, verbunden mit dem Gefühl, zur Mutter einfach nicht zu taugen. Dass es ihr immer wieder gelingt, sich aufzuraffen und neuen Lebensmut zu schöpfen, ist ihrer Arbeit zu verdanken. Die Bestätigung, die sie mit der Gestaltung von Hüten, Schals und neuerdings auch Kleidern erfährt, gibt ihr Kraft und nährt ihren Traum: sich einmal als Damenschneiderin selbstständig zu machen.

Seit Beginn des Jahres 1925 setzt sich auch Erich-Maria Remarque rund um das Brandenburger Tor in Szene – zunächst noch als Redakteur für *Sport im Bild*, bald als Schriftsteller, immer aber als Dandy, als Mann von Welt mit Frack, Stock und Melone. Sogar ein Monokel legt er sich zu, natürlich nicht als Sehhilfe, sondern um seine Noblesse noch zusätzlich zu unterstreichen. Passend zu seinem äußeren Erscheinungsbild verschafft er sich einen repräsentablen Adelstitel. Vom verarmten Freiherrn Hugo von Buchwald lässt er sich 1925 für 500 Reichsmark adoptieren und steigt auf diese Weise in den titulierten Adel auf. Klar, dass er seine Visitenkarten jetzt mit dem Namen

Erich-Maria Remarque, Freiherr von Buchwald neu drucken lässt. Denn in dieser Stadt ist es spielentscheidend, sich von der Masse abzuheben. Und der Schein zählt einfach mehr als das schlichte Sein. Da liegt er ganz auf einer Ebene mit seiner Schwester, der Damenschneiderin.

Einer Aufwertung etwas anderer Art kommt auch seine Eheschließung gleich. Am 14. Oktober 1925 heiratet er in Berlin die attraktive Tänzerin und Schauspielerin Jutta Zambona, an deren Seite jeder Mann bewundernde Blicke auf sich zieht und zum Gewinner wird. Die schlanke, hochgewachsene Dame, die später in Berlin zur Schönheitskönigin gekürt werden wird, ist erst zweiundzwanzig, als Remarque sie 1923 kennenlernt. Sie stammt aus Hildesheim, wo ihre Eltern eine chemische Fabrik betrieben haben, 1912 ist sie mit ihnen nach Hannover gezogen. Schon mit 18 hat sie das erste Mal geheiratet – einen jungen Mann namens Werner Winkelhoff, der als Juniorchef und Prokurist in der Fabrik ihres Vaters tätig war. Die Ehe ging in die Brüche, noch bevor sie Remarque kennenlernte. Die aufstrebende Schauspielerin war damit wieder frei, die Scheidung nur noch Formsache.

Obwohl katholisch getauft und erzogen, verzichten die Brautleute auf eine kirchliche Trauung. Elfriede ist bei diesem Fest selbstverständlich mit von der Partie. Immerhin hat sie der Braut das Hochzeitskleid geschneidert. Der Rest der Familie Remark bleibt – uneingeladen – in Osnabrück. Die Heirat wird im engsten Kreis mit Schnitzel und Bratkartoffeln gefeiert und zieht auch kein herkömmliches Eheleben nach sich. Beide nehmen sich weiterhin das Recht, mit anderen zu flirten oder das Bett zu teilen, was manche emotionale Krise nach sich zieht. Leni Riefenstahl, in den Zwanzigerjahren Tänzerin und Schauspielerin, später von Hitler bewunderte und umworbene

Regisseurin, erinnert sich in ihren Memoiren an einen denkwürdigen Abend, an dem die beiden Remarques und der Filmregisseur Walter Ruttmann bei ihr zu Gast waren: »Wir tranken Wein und Champagner. Frau Remarque benahm sich so verführerisch, dass sie Ruttmann völlig den Kopf verdrehte. Zuerst glaubte ich, dies sei alles nur ein Spiel, aber bei fortgeschrittener Stimmung erhoben sich Ruttmann und Frau Remarque und ließen mich mit ihrem Mann allein. Sie zogen sich in eine andere wenig beleuchtete Sitzecke zurück. Ich blieb bei Remarque, der seine Eifersucht im Trinken zu betäuben suchte.«

Später habe sich Frau Remarque von Ruttmann nach Hause bringen lassen, erzählt Leni Riefenstahl. Ihr Mann sei schluchzend bei ihr zurückgeblieben.

Auch Berliner Sportjournalisten erinnerten sich später an Remarque. »Wir mochten ihn nicht«, gesteht der einstige Kollege Curt Riess. »Wir hielten ihn für einen ›Fatzke‹, einen Angeber, immer geschniegelt, sich immer so gebend, als sei er etwas Besseres.«

Doch Remarque dürfte die Meinung solcher Kollegen kaltgelassen haben. Er sieht sich nicht in erster Linie als Sportjournalist, sondern als Schriftsteller, und er nutzt seine Stellung als verantwortlicher Redakteur bei *Sport im Bild*, diesem angesehenen Gesellschaftsblatt aus dem Hause Hugenberg, um den Lesern einen Fortsetzungsroman zu präsentieren. *Station am Horizont*, lautet der Titel der reichlich trivialen Geschichte um den Rennfahrer und Gutsbesitzer Kai, die von Autorennen, Spielcasinos und hübschen Frauen handelt und an den Sonnenstränden des Mittelmeers spielt. Wie eine journalistische Vorarbeit dazu liest sich eine Reportage, die Remarque noch am 5. Januar 1928 im *Echo Continental* veröffentlicht. Eine wahre Hymne auf Autorennen.

Unvergessliches Bild! Ein Himmel von blendendem, tiefem, italienischem Blau, zitternde Luft, warme, wellende, bebende Hitze, braune Gebirgsformationen, Menschen, Menschen, gedrängt, gepresst an Barrieren, atemlos vor Erwartung, und über allem die Erregung des Endkampfes, des tollen letzten Spurts, durchorgelt vom Brummen der Motoren, vom hochtourigen, hellen Singen der Kompressoren. Targa Florio!
Rennen! Sie haben eine einmalige, zwingende, wunderbare Atmosphäre! Sie sind der wahre Ausdruck des 20. Jahrhunderts …

Die Reportage erscheint auch in *Sport im Bild*. Der Roman wird dagegen als Buch nicht veröffentlicht. Kein Verlag will die Rennfahrerstory drucken.

6. Manifest einer verlorenen Generation

Bei seinem nächsten Romanprojekt stößt Remarque anfangs ebenfalls auf wenig Begeisterung. Der S. Fischer Verlag lehnt das Manuskript im März 1928 höflich, aber bestimmt ab. Niemand wolle mehr etwas über den letzten Krieg wissen, heißt es in der Begründung. Im Sommer 1927 hat Remarque nach Feierabend damit begonnen, eigene Kriegserfahrungen und die Berichte von verletzten Soldaten im Lazarett in Duisburg mit viel Fantasie zu einem Roman zu verschmelzen. Streng genommen hatte er schon 1917 in Duisburg mit dem Schreiben angefangen, war damals aber über eine Erzählung nicht hinausgekommen, die von einem Fahnenflüchtigen handelt. Andere Interessen überlagerten die Verarbeitung seiner Kriegseindrücke oder halfen ihm dabei, die traumatischen Erlebnisse in den Hintergrund zu drängen. Jetzt ist es anders. Endlich hat er ein Thema, das mehr ist als oberflächliches Amüsement oder L'art pour l'art, endlich hat er einen Stoff, der ihn aufwühlt, nie bewältigte Schrecken, Todesängste aufleben lässt. Er schreibt wie im Rausch, bis tief in die Nacht, an den Wochenenden ebenso wie an Feiertagen. Oft kommt er müde und ausgelaugt in die Redaktion, *Sport im Bild* wird dabei zur Nebensache.

Schon nach wenigen Wochen ist er am Schluss angelangt. Doch es ist nur ein vorläufiges Ende, nur eine erste Fassung. Er überarbeitet die Geschichte, schreibt sie noch zweimal um, bevor er sie abtippt und beim Verlag einreicht.

Im Kern geht es darum, dass junge Menschen, die gerade ins Leben treten, dem Sterben und massenhaften Töten ausgeliefert sind – und davon nicht mehr loskommen. Insofern ist das Buch das Manifest einer verlorenen Generation. Ein Gefreiter namens Paul Bäumer fungiert als Ich-Erzähler. Der junge Mann vermittelt dem Leser nicht nur seine dramatischen Erfahrungen an der Front und im Lazarett, sondern auch seine Gefühle und die im Krieg gereiften Lebensphilosophien.

Die Sätze sprudeln nur so aus ihm heraus, wuchtige Sätze voller Wut und Pathos, Sätze, die sich wie eine einzige bittere Anklage lesen:

> Wir waren achtzehn Jahre und begannen die Welt und das Dasein zu lieben; wir mussten darauf schießen.

An anderer Stelle verkündet der Ich-Erzähler anklagend:

> Ich bin jung, ich bin zwanzig Jahre alt; aber ich kenne vom Leben nichts anderes als die Verzweiflung, den Tod, die Angst und die Verkettung sinnlosester Oberflächlichkeit mit einem Abgrund des Leidens. Ich sehe, dass Völker gegeneinander getrieben werden und sich schweigend, unwissend, töricht, gehorsam, unschuldig töten. Ich sehe, dass die klügsten Gehirne der Welt Waffen und Worte erfinden, um das alles noch raffinierter und länger dauernd zu machen. Und mit mir sehen das alle Menschen meines Alters, hier und drüben, in der ganzen Welt, mit mir erlebt das meine Generation. Was werden unsere Väter tun, wenn wir einmal aufstehen und vor sie hintreten und Rechenschaft fordern? Was erwarten sie von uns, wenn eine Zeit kommt, wo kein Krieg ist?

Trotz aller Anklagen ist das Buch keine politische Kampfschrift. Der Autor ergreift nicht Partei für Sozialisten oder Kommunisten, sondern schildert in drastischen Szenen und Worten, was der Krieg aus dem Menschen macht. Trotzdem ist der Roman auch kein klassisches Antikriegsbuch, denn Remarque feiert in vielen Szenen die Kameradschaft, die bei all dem Leiden und Gemetzel etwas Anheimelndes und Tröstliches hat.

Nebenbei lässt er auch familiäre Erfahrungen einfließen. Die Mutter seines Helden stirbt wie seine Mutter an Krebs, Paul Bäumers Schwester heißt wie Remarques ältere Schwester Erna, die Familie lebt in einer Kleinstadt wie Osnabrück, und die Worte, mit denen Paul Bäumer die emotionale Beziehung zu seiner Familie beschreibt, könnten auch die Worte des Autors sein:

> Wir sind nie sehr zärtlich in der Familie gewesen, das ist nicht üblich bei armen Leuten, die viel arbeiten müssen und Sorgen haben.

Trotzdem ist Im *Westen nichts Neues* weder ein Tagebuch noch die Niederschrift von real Erlebtem, sondern ein gestaltetes Werk, »ein Mahnmal, das die Herzen ergreift, die Köpfe erfüllt, das kommenden Generationen das wahre Bild des furchtbarsten Krieges lebendig erhält«, wie die *Vossische Zeitung* in einem Werbetext schwärmen wird.

Wer aber interessiert sich 1928, gut zehn Jahre nach dem Ende des Krieges, noch für all das? Auch die Lektoren im Ullstein Verlag sind sich nicht sicher. Sie holen daher ein Gutachten ein und nehmen die darin geäußerten Kritikpunkte sehr ernst. Sie entschließen sich, das Werk trotzdem herauszubringen – allerdings unter der Bedingung, dass Remarque die pazifistische Tendenz etwas entschärft und die Werbekampagne in der *Vossischen Zeitung*, einem Blatt der Ullstein-Gruppe, unterstützt. Zum Marketingkonzept gehört es nämlich auch, dass *Im Westen nichts Neues* zunächst in der *Vossischen Zeitung* erscheint. Da ist es klar, dass man dem Leser keine bluttriefende Horrorgeschichte zum Frühstück präsentieren kann, und der Autor erklärt sich bereit, auch die politische Tendenz mit der allgemeinen Kritik am Krieg und seinen Profiteuren abzumildern. Besonders deutlich hatte Remarque ursprünglich im sogenannten Kaiser-Gespräch im neunten Kapitel seine Empörung zum Ausdruck gebracht. Nach dem Besuch des Kaisers lässt er zum Beispiel den Soldaten Katczinsky, im Zivilleben Schuster, klagen:

> »Ich sage Euch«, Kat wird nachdenklich, »es sind die Leute, die durch diesen Krieg verdienen wollen. Den Quatsch, der in der Zeitung steht, glaubt ja kein Mensch, die schreiben so, weil sie nicht anders dürfen. Bevor ich hierher kam, habe ich nie einen Franzosen gesehen, und so wird es den meisten Franzosen auch mit uns gehen. Ich käme gar nicht auf die Idee, einen totzuschlagen, wenn ich nicht müsste. Wisst Ihr, weshalb wir hier sind? Für nichts, für gar nichts! Das kann einen verrückt machen.« Und ein Kamerad ergänzt: »Vielleicht hätte der Mann, den ich erschieße, mein bester Freund werden können.«

Diese bitteren Anklagen sind in der Druckfassung gestrichen. Der Autor legt noch stärker den Fokus auf die individuellen Schicksale der Soldaten – und vermittelt damit den Eindruck, eigene Erfahrungen zu schildern. So wirbt die *Vossische Zeitung* am 8. November 1928 auf der Titelseite für den Fortsetzungsroman, indem sie den Verfasser ganz in den Mittelpunkt rückt:

Erich Maria Remarque, kein Schriftsteller von Beruf, ein junger Mensch in den Dreißigern, hat zugegriffen, hat plötzlich vor einigen Monaten den Drang und Zwang empfunden, das in Worte zu fassen, zu gestalten und innerlich zu überwinden, was ihm und seinen Schulkameraden, einer ganzen Klasse von jungen, lebenshungrigen Menschen, von denen keiner wiederkehrte, geschehen war.

Die Marketingstrategen des Ullstein-Verlags stilisieren Remarque zum »Sprachrohr einer stummen Generation« und den Roman zum »Denkmal unseres unbekannten Soldaten«. Das entspricht zwar nicht ganz der Wirklichkeit – Remarque ist ja durch seine Redakteurstätigkeit und diversen Prosatexte längst so etwas wie ein Profi und bei weitem nicht identisch mit seinem Ich-Erzähler –, aber die Anpreisung zieht, und das Marketingkonzept geht auf. Schon der Fortsetzungsroman, der vom 10. November bis 9. Dezember in der *Vossischen Zeitung* erscheint, erweist sich als bombastischer Erfolg. Die Auflage der Zeitung steigt sprunghaft an. Als der Roman dann am 29. Januar 1929 in Buchform aufgelegt wird, bricht die Resonanz sämtliche Rekorde: Nach elf Wochen sind 450 000 Exemplare verkauft, bereits im Juni ist die Millionengrenze überschritten. Noch im selben Jahr wird der Roman in 26 Sprachen übersetzt, und der deutsch-amerikanische Filmproduzent und Universal-Chef Carl Laemmle kauft die Filmrechte.

Der Autor ist ein gemachter Mann und darf sich endlich mit vollem Recht Schriftsteller nennen. Seine Redakteurstätigkeit gehört denn auch bald der Vergangenheit an. An Geld fehlt es ihm nun nicht mehr.

Aber Erfolg und Ruhm, die so plötzlich über ihn gekommen sind, wie Sternschnuppen vom Himmel fallen, haben auch ihre Schattenseiten. Denn das Buch stößt in Deutschland nicht nur auf Begeisterung. Nationale und militaristische Kreise halten Remarque die Herabwürdigung des deutschen Soldaten, Landesverrat und schmutzige Meinungsmache vor und bombardieren ihn mit übelsten Schimpfkanonaden. Ehre, Heldentum und Vaterlandsliebe, schreiben sie, werden in diesem »jüdischen Machwerk« in den Dreck getreten. Besonders heftig schlagen die erstarkende NSDAP und ihr Wortführer Joseph Goebbels auf das Buch ein.

Remarque trifft die Schelte. Ohnehin schockiert von dem plötzlichen Rummel um seine Person, gibt er sich anfangs überraschend kleinlaut und betont immer wieder, das Buch habe keine politische Ausrichtung. »Ich habe mich nicht berufen gefühlt, über den Krieg selbst zu argumentieren«, teilt er dem britischen General Ian Hamilton als Reaktion auf dessen höflich verpackte Kritik in einem Briefwechsel mit. »Das muss den Führern vorbehalten bleiben, die allein alles wissen, was zu wissen notwendig ist.« Nein, er sei kein Politiker, sondern Schriftsteller, beteuert er.

> Ich wollte lediglich Verständnis wecken für eine Generation, die mehr als andere Schwierigkeiten hatte, nach vier Jahren Tod, Kampf und Schrecken ihren Weg in die friedlichen Bereiche von Arbeit und Fortschritt zu finden.

Remarque betont in dem Brief auch, dass es nicht seine Absicht war, den Patriotismus oder Heroismus der Soldaten in den Dreck zu ziehen. Im Gegenteil. Denn »der einfache Heroismus des einfachen Soldaten« bestand für ihn »genau in der Tatsache, dass er nie darüber sprach, dass er vielleicht sich selbst dessen nicht einmal bewusst war – er sprach nur von ›Bohnen und Speck‹«.

Nicht einmal mit Blick auf die Nazis will er Farbe bekennen. Gefragt, wie er Adolf Hitler einschätze, antwortet er noch im Herbst 1929, dass er gar keine Meinung zu Hitler habe, da er viel zu wenig von diesem Mann wisse.

Kummer bereitet ihm, was viele angesehene Schriftstellerkollegen über seinen Bestseller schreiben. Wenn sie das Buch überhaupt würdigen, sind ihre Urteile meist herablassend. Was so erfolgreich ist, lassen sie durchklingen, kann nur trivial und billig sein. Als besonders kränkend empfindet er, mit welcher Geringschätzung der von ihm verehrte Thomas Mann ihn und sein Werk behandelt. Im Februar 1929 lässt Remarque seinem Ärger über die herabwürdigende Behandlung durch die Intellektuellen in einem Brief an seinen Osnabrücker Jugendfreund Hanns-Gerd Rabe freien Lauf:

> Ich hasse den Literaturklüngel, und du würdest ihn ebenso hassen, wenn du ihn hier sähest. Das spreizt sich und tanzt vor Eitelkeit und bespiegelt sich und gibt Interviews schon beim kleinsten Erfolge, dass es einen ankotzt.

Nur Stefan Zweig, der ihn schon viele Jahre vorher gerühmt und bestärkt hat, nimmt er von der Kollegenschelte aus. Er schickt ihm sogar ein Exemplar seines Buches und dankt Zweig in einem Begleitbrief für seinen frühen Zuspruch: »Sie haben mir damals, als ich kaum daran glaubte, dass ein Mensch freundlich aus Güte zu einem andern sein könnte, einen warmherzigen Brief geschrieben, den ich all die Jahre bis heute unter den wenigen Dingen, von denen ich mich nicht trennen konnte, aufgehoben habe. Er war mir ein Trost in den vielen Jahren der Depressionen.«

Im Übrigen ist Remarque stolz, dass sein Roman nicht nur von klassischen Bildungsbürgern gelesen wird. Der Grund dafür sei, dass er die »fundamentale Erfahrung« des Krieges als rein menschliche Erfahrung »ohne Rhetorik und Inanspruchnahme für politische Zwecke« geschildert habe, wie er dem britischen General Hamilton schreibt:

> Und dem ist, glaube ich, der Erfolg meines Buches zuzuschreiben, das in Deutschland nicht nur in literarischen Kreisen gelesen wurde, sondern auch von solchen Leuten, die fast nie ein Buch in die Hand nehmen – von Handwerkern, Arbeitern, Angestellten, Mechanikern, Postboten, Chauffeuren, Lehrlingen usw.; denn viele hundert Briefe sagen: *Es ist meine eigene Erfahrung*.

Der Erfolg hat seinen Preis. Die weltweiten Verhandlungen über Buch- und Filmrechte überfordern ihn bald. Er engagiert daher den Literaturagenten Otto Klement, Literaturvermittler und geschäftstüchtiger Kenner der Verlagsszene. Um dem Rummel und aufgeregten Literaturbetrieb zu entkommen, geht er auf Reisen, fährt nach Davos, Frankreich, Belgien und in die Niederlande und zieht sich im November 1929 krank und angeschlagen nach Osnabrück zurück, um in Ruhe an einem neuen Roman zu arbeiten, der unter dem Titel *Der Weg zurück* erscheinen wird und als eine Art Fortsetzungsroman von *Im Westen nichts Neues* gedacht ist. Seine Frau Jutta begleitet ihn zu diesem Zeitpunkt nicht mehr. Die Ehe ist in den hektischen Monaten nach Erscheinen des Buches in die Brüche gegangen. Remarque ist nicht mehr bereit und nervlich in der Lage, seiner Frau die zahlreichen Seitensprünge nachzusehen. Es kommt sogar vor, dass er Schlägertrupps bestellt, um die Nebenbuhler zur Räson zu bringen. In einem Fall schlägt er selbst zu: Als er seine Frau mit dem Drehbuchautor Franz Schulz (*Die Drei von der Tankstelle*) ertappt, gibt es für ihn kein Halten mehr. Schulz kommt nicht mit einem blauen Auge davon, sondern muss auch einen Arm in der Schlinge tragen. Remarque hat den Nebenbuhler, wie sich der Regisseur Billy Wilder noch viele Jahre später erinnern wird, »furchtbar vermöbelt«.

Remarque lässt sich noch zu weiteren Eifersuchtsausbrüchen hinreißen, bis er sich schließlich am 4. Januar 1930 von Jutta Zambona scheiden lässt. Zur Ruhe findet er dennoch nicht. Mit der Verfilmung von *Im Westen nichts Neues* bricht eine neue, politisch motivierte Welle der Anfeindungen los.

Bei der Deutschland-Premiere im Berliner Mozartsaal am 4. Dezember 1930 sind in einer geschlossenen Vorstellung noch geladene Gäste wie Alfred Döblin, Lion Feuchtwanger und George Grosz unter sich. Aber schon am nächsten Abend bei der zweiten öffentlichen Vorführung kommt es zu Krawallen und Gewaltexzessen. SA-Leute und NSDAP-Mitglieder schreien bereits nach wenigen Minuten dazwischen, brüllen wütende Beschimpfungen, werfen Stinkbomben und lassen Legionen weißer Mäuse los. Als die Vorstellung unterbrochen wird und das Licht angeht, fällt rasch auf, dass auch Joseph Goebbels unter den Zuschauern ist. Schon am 3. Dezember hat der damalige NSDAP-Gauleiter von Berlin in sein Tagebuch geschrieben, dass »den Eunuchen Mores gelehrt werden solle«. Goebbels nutzt die Unterbrechung, um eine Brandrede gegen das »widerliche Machwerk« und die »Schmutzfinken« im Hintergrund zu halten, und als die Vorstellung nach einem Gong fortgesetzt wird, setzen sich die Tumulte fort.

Jeder jüdisch aussehende Kinobesucher wird angerempelt, und die Besucher prügeln aufeinander ein, obwohl sechzehn Schutzpolizisten anwesend sind, um einen geregelten Ablauf zu gewährleisten. Bei einer anschließenden Personenkontrolle zücken etliche Zuschauer ihre Ausweise und geben sich als Reichstagsabgeordnete der NSDAP zu erkennen. Als auf dem Nollendorfplatz zeitgleich 1500 Demonstranten aufziehen, um das Theater zu stürmen, lässt die Polizei eine Hundertschaft aufmarschieren und vertreibt die aufgebrachte Menge mit Gummiknüppeln.

In den nächsten Tagen steigern sich die Tumulte und Schlägereien noch. Fanatisierte steigen auf das Kinodach, um Stromkabel zu kappen, Drohbriefe kündigen Handgranaten und Brandbomben an. Um dem Chaos ein Ende zu bereiten, erlässt die Polizei schließlich nach einer Woche ein Demonstrationsverbot – und die Oberprüfstelle ermittelt gegen *Im Westen nichts Neues* wegen der »Herabsetzung deutschen Ansehens«. In einer Anhörung führen Vertreter der Reichswehr eine lange Liste angeblicher Entgleisungen gegen den Film ins Feld: »Das jämmerliche Heulen und Schreien der Freiwilligen beim Trommelfeuer und ihre ständig angstverzerrten Gesichter. Ihr wildes, gieriges, unappetitliches Fressen ...« Das deutsche Volk befinde sich ohnehin »in einem Zustand so tiefer seelischer Not und innerer Zerrissenheit«, dass alles abzulehnen sei, was diesen Zwiespalt noch vertiefe, argumentiert die Reichswehr. Mit Erfolg. Der Film wird verboten, und Goebbels triumphiert: »Wir sind wieder einmal die eherne Spitze am bleiernen Keil. Die Öffentlichkeit ist diesmal auf meiner Seite. So kann's also losgehen!«

Tatsächlich geht es jetzt erst richtig los mit der Demontage der Demokratie und der bürgerlichen Freiheiten. Der Film wird zwar nach einem Dreivierteljahr – mit erheblichen Schnitten – wieder freigegeben, dann aber nach der Machtübernahme der Nazis endgültig aus den Kinos verbannt. In Amerika und England dagegen spielt *All Quiet on the Western Front* Rekordeinnahmen ein und wird zu einem der größten Erfolge der Filmgeschichte.

Als Hitler Ende Januar 1933 in die Reichskanzlei einzieht, hat Erich Maria Remarque Deutschland bereits verlassen. Der kleine Ort Porto Ronco im Tessin ist sein neuer Wohnsitz geworden. Mit einem Teil seiner Einnahmen aus *Im Westen nichts Neues*, der Kaufpreis wird auf 80 000 Schweizer Franken beziffert, hat er sich eine Villa an einem Hang über dem Lago Maggiore gekauft: Casa Monte Tabor – auf Anraten der Schauspielerin Ruth Albu, seiner neuen Geliebten, die ihm den Namen *Boni* gibt – nach dem gleichnamigen Grafen in der »Csárdásfürstin«. Die beiden haben sich Anfang 1930 in Berlin kennengelernt, Ruth Albu war damals noch mit Heinrich Schnitzler verheiratet, Sohn des Dramatikers Arthur Schnitzler. Remarque hat sie auf einer Feier seines Anwalts kennengelernt und am nächsten Tag angerufen. »Es sollte nicht lange dauern, bis ich für ihn meinen Gatten verließ«, sagte Ruth Albu später. »*Boni* sah umwerfend gut aus, für einen Mann vielleicht ein bisschen zu kurz (...) Damals war er die Liebe meines Lebens; ich glaubte nie wieder jemanden anders lieben zu können.«

Die hochgebildete Schauspielerin macht Remarque auch mit dem Kunsthändler Walter Feilchenfeldt bekannt, der ihm in den folgenden Jahren wertvolle Kunstwerke, vor allem Gemälde, vermitteln und verkaufen wird. Eine ganz besondere Gelegenheit bietet sich ihm im September 1933, als er sich mit Feilchenfeldt in Paris aufhält. Die österreichische Schauspielerin Tilla Durieux, die mit ihrem jüdischen Mann Ludwig Katzenellenbogen gerade nach

Frankreich geflüchtet ist, braucht dringend Geld, genau genommen 80 000 Schweizer Franken, und sie hofft, dieses Geld durch den Verkauf eines einzigen Bildes einzunehmen – natürlich nicht irgendeines x-beliebigen Bildes, sondern eines Gemäldes von van Gogh mit dem Titel *Bahnunterführung von Arles.* Als der Kunsthändler Feilchenfeldt davon hört, macht er sofort Remarque darauf aufmerksam und arrangiert ein Treffen mit Tilla Durieux und ihrem van Gogh. Als Remarque das geheimnisvolle Ölgemälde mit den verloren wirkenden Menschen an der Bahnunterführung betrachtet, ist er sofort begeistert. Aber kann er das Bild auch bezahlen? Er kommt gleich zur Sache.

»Wie viel?«

Als man ihm die Summe – exakt 80 000 Schweizer Franken – nennt, nickt er, ohne mit der Wimper zu zucken und sagt: »Dann kauf ich es.«

Er hat es nie bereut. Denn bald schon ist das Bild das Vielfache seines Kaufpreises wert, und ganz unabhängig vom Geldwert lernt er den immateriellen Wert dieses Kunstwerks immer mehr zu schätzen.

Neben Bildern von Cézanne, Toulouse-Lautrec und Renoir investiert er auch in erlesene persische Teppiche, in Bronzen und antike Vasen – immer gut beraten von seiner Ruth, die ihn auf Reisen begleitet und abschottet, wenn er in Berlin ist. Denn gerade in diesen Monaten, in denen sein Werk die Schlagzeilen beherrscht, sucht er die Einsamkeit. Obwohl sich sein Traum vom erfolgreichen Schriftsteller so grandios erfüllt hat, zieht er sich in seinen eigenen Trübsinn zurück, und er versinkt in melancholischen Selbstdiagnosen. Aus einem Urlaubsort an der niederländischen Nordseeküste schreibt er im Juni 1931 dem befreundeten Schriftsteller Emil Ludwig, der ebenfalls ins Tessin gezogen ist: »Ich lebe seit zwei Jahren in schweren

Depressionen und Verzweiflungsanfällen, ich flüchte vor den Menschen, vor mir selbst, vor dem Leben.«

An der Diskussion um seinen Roman beteiligt er sich nur selten. Lediglich Anfang 1931 steuert er zu einer Protestversammlung der Deutschen Liga für Menschenrechte, wo auch Carl Zuckmayer, Käthe Kollwitz und Heinrich Mann sprechen, eine schriftliche Erklärung bei, die bei der Kundgebung verlesen wird: »Niemand wird die ungeheure Leistung der deutschen Soldaten herabsetzen können und wollen«, heißt es darin. »Aber es muss mit aller Entschiedenheit dagegen Front gemacht werden (…), den Krieg zu verherrlichen und den grenzenlosen Jammer zu verkleinern, den er geschaffen hat.«

Das sind klare Worte, die seine Anhänger lange vermisst haben. Doch von eindeutiger Parteinahme ist Remarque nach wie vor weit entfernt. Er geht weiter auf Reisen und lässt sich dabei bisweilen von seiner Exfrau Jutta Zambona begleiten, von der er sich nie vollständig lösen wird.

Sein Entschluss, Berlin zu verlassen und ins Tessin überzusiedeln, geht aber auf Ruth Albu zurück. Die jüdischstämmige Schauspielerin warnt ihn vor dem Kommenden, und er ist gut beraten, auf sie zu hören. Anfang 1933 wird es für lange Zeit das letzte Mal sein, dass er einige Wochen in Berlin weilt. Am 29. Januar, einen Tag vor Hitlers Amtsantritt, steigt er an der Spree in seinen Lancia und fährt ohne längeren Aufenthalt durch bis zur Schweizer Grenze.

7. Im Mekka von Europas Modewelt

Elfriede hat Berlin zu dieser Zeit schon längst den Rücken gekehrt. Auf Dauer will sie ihren eigentlichen Beruf als Damenschneiderin schließlich nicht nur nach Feierabend ausüben und tagsüber Hüte anfertigen müssen. Sie entschließt sich daher im Herbst 1926, eine Stelle als Hausschneiderin in Leipzig anzunehmen und ihre Zelte in Berlin abzubrechen. Die Entscheidung fällt ihr nicht leicht, sie hat viele Freundinnen und Freunde rund um das Brandenburger Tor gewonnen, und besonders das Zusammensein mit Karla ist eine große Bereicherung für sie, wenngleich sie die turbulenten Abende oft auch sehr erschöpft haben und es ihr schwer machten, am nächsten Morgen aus dem Bett zu kommen und den Tag zu überstehen.

In Leipzig wird ihre bisherige Feierabendbeschäftigung wieder zum Hauptberuf. Sie geht in die Häuser ihrer wechselnden Kundinnen, um Kleider zu schneidern oder Änderungen vorzunehmen – nur nicht mehr in eigener Regie, sondern vermittelt von einer Agentur, bei der sie fest angestellt ist. Das hat den Vorteil, dass sie Frauen und Familien aus ganz unterschiedlichen Schichten und Milieus kennenlernt, eigenständig arbeiten kann, aber dennoch ein festes Gehalt bezieht. Durch ihre Kundinnen knüpft sie auch in Leipzig schon bald viele neue Kontakte.

Zu ihrem Bruder in Berlin hält sie weiter Verbindung. Fasziniert verfolgt sie, wie Erich im Sommer 1927 seine Kriegserinnerungen wachruft und einen Roman daraus spinnt. Sie kann sich noch gut an die Gespräche und Szenen im Duisburger Lazarett erinnern, wo sie ihn zehn Jahre zuvor besucht hat. Sie leidet mit ihm, als er vom S. Fischer Verlag eine Absage erhält, sie freut sich mit ihm, als der Ullstein Verlag das Buch endlich herausbringt. Schon den Fortsetzungsroman in der *Vossischen Zeitung* verschlingt sie Tag für Tag. Sie kauft sich jede Ausgabe, schneidet die Romanseiten aus, um sie aufzuheben und zu sammeln. Und dann dieser ungeheure Bucherfolg! In allen Zeitungen ist davon zu lesen. Elfriede gratuliert ihrem Bruder und versteht überhaupt nicht, warum er selbst keine Luftsprünge macht, sondern Trübsal bläst. Natürlich, allen gefällt der Roman nicht. Nein, das spürt sie schon bei ihren Kundinnen, wenn die spitzbekommen, dass es sich bei dem Verfasser von *Im Westen nichts Neues* um ihren Bruder handelt. »Dass der sich nicht schämt«, ist ein Spruch, den sie oft zu hören kriegt – vor allem von Männern. Kriegsteilnehmern. Aber das hält sie nicht davon ab, ihren Bruder und sein Buch zu verteidigen. Als der Film herauskommt, wird ihr dennoch angst und bange – besonders wenn sie von den wütenden Protesten, den Ausschreitungen, den Schlägereien liest. Sie sorgt sich um Erich. Und sie versteht, dass er das Weite sucht.

Sie selbst zieht ebenfalls noch einmal um. In Leipzig verliebt sich Elfriede in den Medizinstudenten Rudi, der wie sie aus Osnabrück stammt, und sie folgt ihm, als er an die Medizinische Fakultät in Dresden wechselt.

Den Umzug bereut sie nicht. Kein Ort der Welt, so scheint ihr, hat mehr Schönheiten zu bieten als diese Stadt am Rande des Elbsandsteingebirges. Sie genießt es, sich abends ganz allein durch die Altstadt treiben zu lassen und die wunderbare Atmosphäre der altehrwürdigen Bauten in sich aufzusaugen: die katholische Hofkirche, die Frauenkirche, der Zwinger, der Jüdenhof, die Semperoper, die Brühlsche Terrasse, die Rampische Straße mit ihren Barockfassaden, die Renaissance-Erker in der Schlossstraße und natürlich auch die Elbe, die den historischen Kern von der Inneren Neustadt mit dem Japanischen Palais, den schönen Villen und dem Goldenen Reiter trennt. Sie radelt zum Pillnitzer Schloss und streift durch die Gartenanlagen mit den stolzen Fontänen, sie spaziert zur Loschwitzhöhe und lässt ihre Augen über die Silhouette der Dächer und Türme schweifen.

Was sie mindestens ebenso begeistert wie die vielen schönen Bauwerke, ist der Umstand, dass Dresden in jener Zeit das Mekka der europäischen Modewelt ist. Dazu trägt vor allem die *Europäische Moden-Akademie* in der Nordstraße 20 bei, deren Schüler und Schülerinnen aus aller Welt kommen, um sich in den neuesten Techniken der Schneiderkunst unterweisen zu lassen. Schon bei der Weltausstellung 1893 in Chicago ist die Akademie für ihre Arbeit mit einer Goldmedaille ausgezeichnet worden. Auch die *Europäische Modezeitung*, die von der Akademie herausgegeben wird, lässt Dresdens Stern in der Modewelt noch heller strahlen.

Im Umfeld des renommierten Modetempels finden Modenschauen und Kongresse statt, und die Interessenverbände und Gesprächszirkel der Modemacher stehen auch Elfriede offen. Besonders gern geht sie zu den Zusammenkünften des *Internationalen Mode-Clubs für Damenschneider*, wo über internationale Trends gesprochen wird. Gern würde sie sich selbstständig machen. Für eine eigene Schneiderwerkstatt fehlt ihr allerdings noch das Geld.

Ihre erste Station in Dresden ist Schneidermeister Wilhelm Malschewski in der Bautzner Straße 52, bei dem sie auch zur Untermiete wohnt. Sehr schnell erwirbt sie sich den Respekt des Chefs und der Kolleginnen, weil sie nicht nur fix und geschickt ist, sondern eben auch originelle, verblüffende Ideen hat.

Die Damenmode der Dreißigerjahre ist betont feminin. Die Kleider sind aus fließenden Stoffen gearbeitet, wadenlang, taillenbetont und hüftschmal. Schrägschnitte, Drapierungen und Wickeleffekte unterstreichen die elegante Linie. Polster und Puffärmel heben die Schulterpartien hervor. Abendkleider gewinnen häufig mit einer kleinen Schleppe noch an festlichem Charakter. Da das Geld allerdings infolge der Weltwirtschaftskrise knapp ist, können sich viele Frauen neue Kleider gar nicht leisten, sondern freuen sich, wenn eine Schneiderin wie Elfriede ihre alten Kleider aufpeppt. Dabei lässt sie sich auch von Modetrends außerhalb Deutschlands inspirieren.

Rudi dagegen ist nicht sonderlich entzückt, wenn sie mit ihm über neueste Kreationen in Paris oder Florenz sprechen will. Ob hüftbetont oder glockig weit, mit Fransen besetzt oder mit Rüschen – das lässt ihn alles ziemlich kalt. All diese Kleiderfragen entlocken ihm nicht mehr als ein Gähnen. Sein Medizinstudium geht in die Endphase, und die Examensvorbereitungen beanspruchen ihn so, dass für die Liebe nicht mehr viel Zeit und Energie bleibt. Die Abstände zwischen den Verabredungen werden immer größer, und selbst die sexuellen Begegnungen verkümmern zu gewohnheitsmäßigen Pflichtübungen.

Während sich die Beziehung zu Rudi abkühlt, lernt Elfriede einen anderen Studenten kennen und lieben: den Kunststudenten Max Rosenlöcher, genannt *Maro*. Der angehende Maler, fünf Jahre jünger als sie selbst, studiert an der Kunstakademie an der Brühlschen Terrasse bei angesehenen Künstlern wie Ferdinand Dorsch und Max Feldbauer. *Maro* führt sie in die Dresdner Kunstszene ein.

Die beiden haben sich im Café Zuntz in der Prager Straße kennengelernt, der gemütlichen Filiale einer großen Kaffeerösterei mit breitem Sortiment an Kuchen, Likören und Zeitungen. Maler, Musiker, Schauspieler und Literaten treffen sich in der *Seligen Witwe*, wie das Café auch genannt wird. Die Tasse Kaffee kostet in diesem Künstlercafé zwanzig Pfennig. An den großen Tischen kommen die Gäste schon fast von selbst ins Gespräch mit ihren Nachbarn. Die *Selige Witwe* wird zum Stammlokal von Max und Elfriede. Dort lernen sie auch einen anderen Stammgast kennen: Otto Dix. Max Rosenlöcher ist dem berühmten Maler schon in der Kunstakademie über den Weg gelaufen, an der Dix seit 1927 als Professor lehrt. Einen Namen hat er sich bereits Jahre zuvor gemacht – mit seinen Collage-Bildern im Stil der Dadaisten, aber vor allem mit seinem frühen Hauptwerk *Schützengraben*, das zum bedeutendsten Antikriegsgemälde seiner Zeit geworden ist.

Als Max ihr von dem Gemälde erzählt, muss Elfriede gleich an ihren Bruder denken. Denn wie Erich hat auch Dix seine Kriegserfahrungen künstlerisch verarbeitet – und ist damit immer noch nicht fertig, wie sie jetzt erfährt.

Als sie ihren Namen nennt, horcht der Maler gleich auf.

»Remark? Sind Sie mit dem Schriftsteller verwandt?«

»Kann man so sagen: Ich bin seine jüngere Schwester. Die Maria hat er mir geklaut.«

»Unglaublich! Welche Ehre, Ihre Bekanntschaft zu machen. Ich bewundere Ihren Bruder. Hat ein tolles Buch geschrieben, ein sehr wichtiges, ergreifendes Buch. Richten Sie ihm aus, dass ich ganz begeistert davon bin.«

»Werd ich tun. Das wird ihn freuen. Er kennt Sie sicher auch.«

»Wir könnten uns zusammentun. Das Thema Krieg beschäftigt mich immer noch. Sie müssen mich mal in meinem Atelier besuchen. Da kann ich Ihnen was zeigen.«

An dieser Stelle mischt sich mit augenzwinkerndem Lächeln Max Rosenlöcher in das Gespräch ein: »Da würde ich aber gern mitkommen.«

»Wenn Frau Remark Sie mitnimmt, von mir aus gern.«

»Das muss ich mir noch mal überlegen«, erwidert Elfriede neckisch.

»Das finde ich auch«, sagt Dix lachend. »Aber vorher sollten wir feierlich zum Du übergehen. Alle drei.«

Wenige Tage später präsentiert Otto Dix in seinem Atelier Elfriede und Max seine neuen Arbeiten zum Thema Krieg und erläutert, dass am Ende ein Triptychon stehen soll. Wie gebannt starrt Elfriede auf die bereits fertige Mitteltafel. Sie ist im Stil der Alten Meister gemalt und zeigt eine verwüstete Landschaft, über die Leichen und Körperteile von Toten verstreut sind. Ein Soldat mit Gasmaske scheint der einzige Lebende auf diesem Schlachtfeld zu sein. Wie von selbst fallen ihr ähnliche Szenen aus *Im Westen nichts Neues* ein, und sofort ist sie sich mit Otto Dix einig, wie Buch und Bild einander entsprechen und sich ergänzen.

Es ist für sie ungeheuer spannend, mitzuerleben, wie das Triptychon immer mehr Gestalt annimmt. Doch bei aller Verehrung für Otto Dix steht sie Max natürlich näher. Rudi ist schnell vergessen, während die beiden ein Paar werden. Sie nennt ihn *Maro*, er nennt sie *Adrienne* – die aus dem Meer, aus der Adria Gestiegene, wie er ihr erklärt. Die Verliebten radeln entlang der Elbe in die Sächsische Schweiz, verbringen einige Tage und Nächte in Zeichen, nahe der Stadt Wehlen, und amüsieren sich bei Gauklerfesten. Oft besuchen sie auch die Tanzabende Gret Paluccas, dieser großartigen Ausdruckstänzerin, der schon Wassily Kandinsky in viel beachteten Aufsätzen gehuldigt und

Ernst Ludwig Kirchner in seinem *Tanzenden Frauenakt* ein Denkmal gesetzt hat. Elfriede bewundert diese Frau, wie sie durch den Raum schwebt, mit *Schritten, Sprüngen und Schwüngen* Sehnsüchte und innere Dämonen beschwört und Geschichten von Liebe und Tod mit ihrem Körper erzählt. Am liebsten würde sie die Schule besuchen, die Gret Palucca in Dresden leitet. Aber so viel Tanz lässt ihr gebrechlicher Körper nicht zu. Sie ist schon froh, wenn sie mit Max so etwas wie einen *Charleston* aufs Parkett legen kann. Am Tag darauf hat sie zwar oft starke Schmerzen, aber das ist es ihr wert. Sie will sich schließlich von ihren morschen Knochen nicht das Leben diktieren lassen, tanzt gegen ihre schlummernden Leiden an.

Viel Geld steht beiden nicht zur Verfügung, aber wenn sie in die Ferien fahren, malt *Maro* dem Wirt einfach ein schönes Bild und bezahlt damit für Kost und Logis. Max Rosenlöcher malt auch seine *Adrienne* – mit hochgeschlossener weißer Bluse und verträumten, aber dennoch selbstbewussten Augen, die der Porträtierten den Ausdruck einer trotzigen Melancholie verleihen. Elfriede ist zuerst etwas irritiert, aber freundet sich schnell mit dem Ölgemälde an. Sie findet sich darin wieder wie in einem Spiegelbild ihrer Seele.

Doch dann wird sie wieder krank. Der Rückfall hat sich schon seit zwei Wochen angekündigt. Immer müder ist sie geworden, immer erschöpfter, sodass sie nach der Arbeit keine Kraft mehr besitzt, noch etwas mit Max zu unternehmen. Schon bei der Arbeit kann sie sich nicht mehr auf den Beinen halten, muss immer wieder Pausen einlegen, sodass ihr Chef besorgt fragt, ob mit ihr etwas nicht stimmt. »Ach, ich hab schlecht geschlafen«, gibt sie zur Antwort und wischt die besorgten Fragen weg, indem sie sich tapfer wieder an die Arbeit macht.

Bald kommen die Schmerzen in den Beinen dazu, und schließlich geht es nicht mehr. Max ist entsetzt, als er sie am Abend kreidebleich im Bett findet, und Schneidermeister Malschewski, der zugleich ihr Vermieter ist, lässt sofort einen Arzt holen. Der gibt ihr eine Spritze, und nachdem sie ihre Krankengeschichte erzählt hat, drängt er sie, sich umgehend in ein Krankenhaus zu begeben. »Sonst kann ich für nichts garantieren. Nicht auszuschließen, dass das zu einer Querschnittslähmung führt, wenn man das schleifen lässt.«

Um Himmels willen. Nur das nicht! Sie kann sich noch gut erinnern, wie sie sich als Kind gefühlt hat: ausgeschlossen von der Welt der Gleichaltrigen, dazu verdammt, die Tage in der engen, muffigen Wohnung zu verbringen, die ihr wie ein Gefängnis vorgekommen war, gefangen in einem Körper, der ihr nicht mehr gehorchte.

Nein, das darf sich auf keinen Fall wiederholen. Nach ihrem letzten Zusammenbruch ist sie in die Berliner Charité eingewiesen worden. Den Aufenthalt hat sie noch in guter Erinnerung. Den Ärzten dort vertraut sie. Sie bittet Max, sie zu begleiten. Mit einer Kräftigungsspritze wird es schon gehen.

Gleich am nächsten Tag macht sie sich mit Max auf den Weg.

Ein grauer Märztag des Jahres 1932, Schneereste schmelzen auf den Bürgersteigen und bilden Rinnsale, die sich in Pfützen sammeln. Kühler Wind weht durch die Straßen. Berlin sitzt der lange Winter noch in den Knochen. Elfriede hat die Stadt anders in Erinnerung. Aber sie ist ja nicht gekommen, um auf den Bummel zu gehen.

Sie wird sofort stationär aufgenommen, und nach eingehender Untersuchung steht fest, dass eine Bluttransfusion mit Anschlussbehandlung erforderlich ist. Keine billige Therapie, aber eben unabdingbar.

Der eklatante Mangel an roten Blutkörperchen, bedingt durch einen Mangel an Vitamin B12, ist auf andere Weise nicht auszugleichen, und wie ihr erklärt wird, besteht die Gefahr, dass zentrale Nervenscheiden geschädigt werden – sodass die Nerven keine Impulse mehr senden oder empfangen könnten. Die Folge wäre ein kompletter Ausfall des Nervensystems und der motorischen Fähigkeiten.

Es gibt also keine Alternative. Da sich an den Klinikaufenthalt eine etwa zweiwöchige ambulante Behandlung anschließt, benötigt sie für diese Zeit ein Zimmer. Sie erinnert sich aus ihrer früheren Berliner Zeit an einige Pensionswirtinnen und bittet Max, ihr bei der Suche zu helfen. Er hat Erfolg und findet für sie eine Unterkunft in Wilmersdorf in der Laubenheimer Straße 5. Als sie aber aus der Charité entlassen wird, stellt sich heraus, dass ihr das Zimmer nur noch zwei Nächte zur Verfügung steht und sie woanders unterkommen muss. Karla wäre die Rettung gewesen, aber ihre Berliner Freundin ist ausgerechnet in diesen Tagen nicht erreichbar, und andere Bekannte haben kein Telefon. Obendrein fällt ihr das Laufen immer noch schwer. Durch die zermürbende Quartiersuche hat sie schon geschwollene Füße. Mit Hilfe ihrer Pensionswirtin findet sie schließlich ein Zimmer in Charlottenburg. Es kostet allerdings acht Reichsmark pro Tag und ist damit doppelt so teuer wie ihr bisheriges Logis. Aber was hilft es?

Sie zieht um und lässt sich in der Charité mit weiteren Spritzen aufpäppeln. Zudem verordnet ihr Arzt ihr ein neues Medikament zur Behandlung der perniziösen Anämie: Campolon. Das Präparat ist reich an Vitamin B12 und wird aus der Leber von Schlachttieren gewonnen. Das Problem besteht darin, dass Campolon gespritzt werden muss – und sehr teuer ist. Das Spritzen hat sie bald gelernt, aber die Aussicht, künftig fast hundert Reichsmark im Monat für Medikamente ausgeben zu müssen, stimmt sie ganz verzagt. Denn die Krankenkasse übernimmt nur einen Teil. Schon die Ausgaben für das Zimmer zehren ihre Ersparnisse auf, und Max, der inzwischen nach Dresden zurückgekehrt ist, kommt selbst nur schwer über die Runden.

In ihrer Not fällt ihr Erich ein. Sie weiß, wie viel er mit seinem Buch verdient. Er hat ihr ja geschrieben, wie die Tantiemen sprudeln. Leider lebt er inzwischen nicht mehr in Berlin, sondern im Tessin. Erst wenige Tage zuvor hat er seine Villa am Lago Maggiore bezogen. Sie kennt seine neue Adresse nicht genau, aber kürzlich hat er einmal geschrieben, dass er nach Ronco bei Ascona ziehen würde. Sie übernimmt die Ortsangabe, streicht sie dann wieder auf dem Kuvert durch und entscheidet sich schlicht für Locarno. Sie weiß, dass er dort ein Postfach hat. Die Nummer ist ihr unbekannt, aber da wird man den berühmten Neubürger schon kennen. So schreibt sie ihm am 13. April 1932 diesen Brief:

Lieber Erich,
Ich teile dir mit, dass ich seit einigen Tagen aus dem Krankenhaus entlassen bin. Ich hätte dir gern eher geschrieben, aber meine Wirtin hatte das Zimmer vergeben. Und so musste ich gleich auf die Wohnungssuche gehen, was mich natürlich sehr in Anspruch nimmt. Ich wohne in Berlin Charlottenburg, Rosinenstraße (heute Loschmidtstraße) 15, Portal 3 III. (...) In der Charité ist mir eine Bluttransfusion gemacht worden, die mir sehr gut getan hat. Nur hatte ich jetzt durch das viele Laufen ganz geschwollene Füße bekommen, so dass der Arzt aus der Charité schon wieder bei mir war. Er berichtet, dass es Wasser ist, indes muss ich abwarten. Im übrigen meinten die Herren könnte ich die vielen Pillen auch zu Hause einneh-

men, nur muss ich noch viel ruhen. Leider habe ich nur sehr wenig Geld und so möchte ich dich herzlich bitten, doch noch diesen einen Monat das Krankenkassengeld für mich zu bezahlen. Ich kann es wirklich nicht aufbringen, so sehr ich mich auch anstrenge und einrichte.
Im übrigen werde ich schon durchkommen. Ich soll sehr viel Rotwein trinken, aber es geht auch frisches Bier.
Übrigens danke ich dir nochmals herzlich und bleibe mit vielen Grüßen

Deine dankbare Elfriede

Gut drei Wochen später, Elfriede ist längst zurück in Dresden, liegt ihr Konto wieder im Plus. Erich hat fünfhundert Reichsmark überwiesen – versehen mit dem Vermerk *Krankengeld.*

Sie ist gerührt und schreibt ihrem Bruder voller Dankbarkeit gleich noch einmal. Auf die Dauer löst der Zuschuss aus dem Tessin ihre Geldprobleme aber nicht. Schon Miete und Arzneikosten zehren ihren Lohn nahezu auf. Erneut geistert wieder die Idee durch ihren Kopf, sich selbstständig zu machen. Aber wo soll sie etwas für die Schneiderwerkstatt borgen? Als sie mit Max darüber spricht, hat der gleich eine Antwort parat: »Du musst deinen Bruder fragen. Der schwimmt doch im Geld. Tausend Franken sind doch für den gar nichts.«

Daran hat Elfriede auch schon gedacht, doch die Vorstellung, Erich erneut um Geld anzubetteln, behagt ihr überhaupt nicht. Was soll der von ihr denken? Aber schließlich freundet sie sich mit dem Gedanken an, ihren Bruder um einen Kredit zu bitten – verbunden mit der Zusage, ihm den gesamten Betrag – vielleicht 1500 Reichsmark? – mit Zins und Zinseszins zurückzuzahlen, sobald ihre Schneiderei richtig läuft, und er weiß ja aus der gemeinsamen Berliner Zeit, wie tüchtig sie ist. Gleich am nächsten Tag frankiert sie den geschriebenen Brief mit einer Auslandsmarke und wirft ihn ein – diesmal mit der korrekten Anschrift: »Casa Monte Tabor in Porto Ronco/Ascona«.

Auf eine Antwort oder Anweisung wartet sie jedoch vergeblich. Als sie nach vier Wochen immer noch nichts von Erich gehört hat, macht Max ihr einen neuen Vorschlag: »Wir wissen ja, dass dein Bruder ein großer Kunstliebhaber ist. Wie wäre es, wenn ich ihm das Porträt, das ich von dir gemalt habe, zum Kauf anbiete? Den Kaufpreis überlasse ich dir. Damit wäre dir geholfen, und er kriegt etwas für sein Geld, das ihn immer an seine liebe Schwester erinnert.«

Warum nicht? Nun also wendet sich Max Rosenlöcher an Remarque, teilt ihm Größe und Machart des Porträts mit und sichert ihm bei Nichtgefallen ein Rückgaberecht zu.

8. Seeblick

Ein Abend im Mai 1933. Goldener Glanz liegt über dem Lago Maggiore, während die Abendsonne allmählich hinter den Bergen abtaucht. Gemächlich ziehen Fischerboote ihre Bahn, verfolgt von kreischenden Möwen und Dutzenden quakenden Enten. Hundert Meter über dem Wasserspiegel segelt still ein Seeadler und verfolgt das Geschehen, spähend aus sicherer Distanz, getragen von einem lauen Lüftchen, das sanft durch die Zypressen und Magnolienbäume streicht. Unten in Ascona flammen langsam die ersten Lichter auf. Rauch steigt auf aus den engen, steil ansteigenden Gassen mit den ockerfarbenen Fassaden; in den Töpfen köcheln Fisch, Kartoffeln und Polenta dem nahen Abendessen entgegen, während alte Frauen auf Holzbänken vor den Häusern sitzen und sich über die Gassen hinweg miteinander unterhalten.

In der Casa Monte Tabor steht das Abendessen schon auf dem Tisch: Felchen, fangfrisch aus dem See, mit Gurken-Dill-Risotto und Garnelensoße; dazu warme Baguettes und kühler Weißwein aus der Lombardei. Die kleine Gesellschaft sitzt auf der halbkreisförmigen Terrasse, die wie eine Opernloge weit vorgeschoben über dem See thront. Wie so oft hat Erich Maria Remarque Gäste geladen. Der Schriftsteller Emil Ludwig und seine Frau Elga, quasi Nachbarn, sitzen mit am Tisch, der Kunsthändler und Freund Walter Feilchenfeldt (*Feilchen*) ist mit von der Partie, noch ein weiterer Kunsthändler namens Grüning, die extrovertierte, aber mittellose Fanny Gräfin zu Reventlow und schließlich Jutta Zambona, die schon wieder seit einigen Wochen bei ihrem Ex-Mann lebt – Scheidung hin oder her, die beiden kommen trotz anderer Geliebter und Liebhaberinnen einfach nicht voneinander los.

Mit besonderem Interesse erkundigt sich Remarque bisweilen nach Juttas Schwester Edith. Die hat inzwischen Dr. Heinrich Göring geheiratet, den Halbbruder von Hitlers Reichsmarschall Hermann Göring. Die Schwägerin eines Obernazis also. Doch Heinrich Göring leitet in Wiesbaden eine Augenheilanstalt und steht den Nazis reserviert bis ablehnend gegenüber, was auch das Verhältnis zu seinem Bruder trübt. Görings Schwägerin im Tessin hat aber ohnehin nicht die Absicht, sich bei den Nazis lieb Kind zu machen. Trotz aller Affären fühlt sie sich ihrem Ex-Mann weiter verbunden.

Remarque erhebt sein Glas und lässt seinen aufmunternden Blick durch die Runde wandern. »Zum Wohlsein. Lasst es euch schmecken.«

Während des Essens jagen Schwalben nach Mücken, in das Tischgeplauder mischt sich das Flöten der Amseln und das Tuckern vorbeigleitender Fischerboote. Immer wieder muss der Hausherr Katzen und Hunde verscheuchen, wenn sie seinen Gästen allzu aufdringlich auf den Pelz rücken. Auf einem Tischchen vor der Balustrade ist die Skulptur einer modernen Seejungfrau aufgebaut, gnädig bestrahlt von der Abendsonne. Sie steht zum Verkauf. Kunsthändler Grüning hat Remarque das Werk zum »Sonderpreis« von 3000 Schweizer Franken angeboten, und der Hausherr bittet seine Gäste um ihre Meinung, vor allem *Feilchen*, seinen fachkundigen Freund, der ihm schon wesentlich teurere Kunstwerke verkauft hat. Sie schmücken die Wände der weißen Villa – darunter Bilder von Cézanne, Degas, Renoir und van Gogh. Die Parkettböden sind mit wertvollen Teppichen belegt, zum Teil doppelschichtig, weil sonst in dem kleinen Haus kein Platz für sie wäre. Auf Kommoden und Regalen drängen sich moderne Plastiken, antike Figuren und Vasen aus allen Winkeln der Welt. Den Mittelpunkt des Hauses bildet ein großer Kaminraum mit Bücherregalen, Sitzgarnitur, bodentiefem Panoramafenster und einem Schreibtisch, an dem Remarque tagsüber an den *Drei Kameraden* arbeitet, seinem neuesten Buchprojekt.

Ein Wäldchen trennt die Villa von Ronco, einem einstigen Bauerndorf. In der Uferstraße steht in einer in den Fels gehauenen Garage sein Lancia. Nach Ascona sind es nur zehn Minuten, Mailand liegt knapp zwei Autostunden entfernt. Noch näher sind die *Isole di Brissago*, die Brissago-Inseln, in fünf Minuten mit einem Boot zu erreichen, das unten am Steg liegt.

Nicht weit entfernt ist auch der *Monte Verità*, der Berg der Wahrheit, um die Jahrhundertwende von Aussteigern, Künstlern und Lebenskünstlern entdeckt, um abseits der Metropolen neue Lebensformen zu testen; fantasievoll bekleidet oder splitternackt, bestaunt und belächelt von den toleranten Einheimischen. Gesundheitsapostel und Vegetarier siedelten sich hier ebenso an wie Anarchisten, Nudisten und Anhänger einer skurrilen Rechtschreibreform; langhaarige Jünglinge lebten, Holzhaus an Holzhaus, mit extrovertierten Aristokratinnen, aber auch namhafte Schriftsteller wie Gerhart Hauptmann oder Hermann Hesse steuerten den Hügel bei Ascona an. Dem jungen Dichter Erich Mühsam gefiel es so gut dort, dass er den Ort Anfang des zwanzigsten Jahrhunderts zu seinem Dauerwohnsitz machen wollte. Dann aber kehrte er doch nach Deutschland zurück, um dort nach dem Ersten Weltkrieg die Revolution voranzutreiben.

Als Erich Maria Remarque das erste Mal den *Wahrheitsberg* besteigt, beherrscht schon ein Hotel die Szenerie, und die Zahl der Ausflügler und Touristen übersteigt die Zahl der bunt gescheckten Bewohner deutlich. Aber das hält ihn nicht davon ab, wiederzukehren und im Hotel *Semiramis* genüsslich zu speisen und bis in die Morgenstunden zu trinken.

An diesem Juliabend besteht kein Grund, die Casa Monte Tabor zu verlassen. Über dem See zieht Dunst auf, Nachtvögel melden sich zu Wort, es ist immer noch warm, und die Weinvorräte scheinen unerschöpflich. Man darf sich wie im Paradies fühlen – vor allem, wenn man an die Nachrichten aus Deutschland denkt.

Nach dem Reichstagsbrand in der Nacht zum 27. Februar 1933, der den Kommunisten angelastet wird, haben die Nazis mit unbarmherziger Härte die Hetzjagd auf Andersdenkende eröffnet. Auf Kommunisten, Anarchisten, Freidenker, Juden und bekennende Schwule. SA-Horden stürmen in Verlags- und Parteibüros, in Bars und Privatwohnungen, verprügeln und verhaften Tausende, die so unverfroren sind, sich eigene Gedanken zu machen oder einfach nur der arischen Durchschnittsnorm nicht entsprechen. Unter den Verhafteten der ersten Stunde ist der einstige Monte Verità-Pionier Erich Mühsam ebenso wie Carl von Ossietzky, Chefredakteur der linksliberalen *Weltbühne*. Andere Schriftsteller von Weltrang flüchten über die Grenze – darunter Thomas und Heinrich Mann, Bertolt Brecht, Arnold Zweig, Ernst Toller und Oskar Maria Graf. Verlage, Theater, Kabaretts und Bars werden dichtgemacht, und schließlich brennen am 10. Mai im Land der Dichter und Denker auch Bücher. Grölende Studenten errichten vor ihren Universitäten Scheiterhaufen und werfen die Werke der verfemten Dichter ins Feuer – verbunden mit markigen Sprüchen aus dem Reichspropagandaministerium von Joseph Goebbels. Auch *Im Westen nichts Neues* passt nicht in das neue Deutschland und muss brennen. »Gegen literarischen Verrat am Soldaten des Weltkriegs«, grölen sie. »Für Erziehung des Volkes im Geist der Wehrhaftigkeit! Ich übergebe dem Feuer die Schriften von Erich Maria Remarque.«

Als Emil Ludwig, Remarques Nachbar am Lago Maggiore, davon hört, lädt er seinen Freund noch in der gleichen Nacht ein, ein Glas mit ihm zu trinken. »Wir entkorkten unseren ältesten Rheinwein, drehten das Radio an und lauschten dem Knistern der Flammen, den Reden Hitlers und seiner Anhänger – und tranken auf die Zukunft«, wird Ludwig später berichten.

Jetzt, wo sich die erste Aufregung gelegt hat, sitzen sie wieder zusammen und stoßen auf den schönen Abend an. Es ist dunkel geworden, am Himmel glitzern Sterne, auf dem See bewegen sich zwischen Nebelschwaden die Lichtpunkte der Fischerboote.

In der großen Runde auf der Terrasse kreisen die Gespräche aber nicht nur um das Leben am Lago Maggiore, sondern auch um die Lage in Deutschland. Keine Woche vergeht, in der nicht ein Flüchtling in Ascona und Umgebung Zuflucht sucht. Auch bei Remarque klopft manch einer an, und der Hausherr müht sich, so gut es eben geht, zu helfen und Emigranten für den Übergang Asyl zu gewähren.

Weniger großzügig reagiert er auf die Bittbriefe seiner Schwestern. Als Elfriede krank war, war es für ihn noch selbstverständlich zu helfen. Aber die Bitte, ihr eine Schneiderwerkstatt zu finanzieren, hat ihn verstimmt. Ihr Kreditwunsch hat ihm das bittere Gefühl vermittelt, dass sie nur an seinem Geld interessiert ist. Und dann auch noch diesen komischen Maler vorzuschieben, der ihm sein Elfriede-Porträt andrehen will! Nein, man merkt die Absicht und ist gekränkt. Dabei hat er seine kleine kränkliche Schwester immer gerngehabt.

Auch Erna und ihr Mann Ludwig haben längst durchblicken lassen, dass sie sich über eine bescheidene Zuwendung aus der Schweiz freuen würden. Unverschämt. Die sollen für sich selbst sorgen.

Eine Riesensumme hat er schon vor einiger Zeit nach Deutschland überwiesen. Erzwungenermaßen. Das Amtsgericht Berlin-Mitte hatte schon im August 1932 einen Strafbefehl gegen ihn erlassen: 30 000 Reichsmark Geldstrafe oder 60 Tage Gefängnis. Er hatte die für das Jahr 1931 erhobene Krisensteuer nicht bezahlt. Daraufhin waren seine deutschen Konten beschlagnahmt worden, und es wäre ihm gar nicht mehr ohne weiteres möglich gewesen, Elfriede finanziell zu unterstützen. Schließlich hatte er notgedrungen 33 000 Reichsmark an die deutschen Finanzbehörden gezahlt, als Aufschlag für seine erfolglose Weigerung noch zehn Prozent mehr als ursprünglich verlangt. Ein hoher Preis für die deutsche Staatsbürgerschaft.

Aber diese Nacht ist zu schön, um sich über solche Banalitäten zu grämen. Er schenkt noch mal nach und zündet sich eine Zigarette an. Die Runde hat sich bereits gelichtet. Nur noch Emil Ludwig und Jutta Zambona sitzen mit ihm am Tisch. Und während er den Rauch in den Nachthimmel bläst, schiebt Jutta ihre Hand zu ihm herüber und streichelt über seine Finger. Eine stumme Geste, die wohl andeuten soll, dass sie zu ihm zurückkehren will. Aber möchte er das?

Die Beziehung zu Ruth Albu ist bereits wieder beendet. Die jüdische Schauspielerin hat Deutschland verlassen, ist über England in die Vereinigten Staaten gereist. Remarque reagierte mit zwiespältigen Gefühlen, in seinen Briefen an Ruth spiegeln sich Selbstzweifel. »Ich habe das Gefühl, auf einer Eisscholle zu treiben, die langsam schmilzt. (…) Ich wollte Klarheit und Glück, ich wollte leben«, schreibt er ihr zum Beispiel schon am 2. Juni 1932. »Aber jetzt sehe ich manchmal, dass dieses unerbittliche Abgleiten vielleicht nur eine Vorbereitung ist: auf die kahlen, trostlosen Gipfel der Arbeit. Ich hasse sie, sie hat mir alles zerschlagen, sie hat mir die Wärme genommen, sie nimmt mir die wenigen, die mich lieben.«

Ob Jutta Zambona zu denen gehört, die ihn lieben, weiß er nicht so recht. Manchmal argwöhnt er, dass auch sie nur auf sein Geld erpicht ist. Allein ihre Eifersucht auf Ruth Albu ist ihm mächtig auf die Nerven gegangen. Die beiden haben getrennte Schlafzimmer, aber oft schlüpft sie zu ihm ins Bett, und er wehrt sich nicht dagegen.

Gerade sagt sie, dass sie müde und betrunken ist und schlafen will, und nach einem Kuss auf seine Stirn torkelt sie ins Haus. Da erweist sich Emil Ludwig wieder mal als trinkfester. Bis zum Morgengrauen schöppelt und plaudert Erich Maria Remarque noch mit dem Schriftstellerkollegen auf seiner privaten Aussichtsterrasse über Romangeschichten und das Leben. Und wie der Nebel über dem Lago Maggiore legt sich auch Nebel über seine Probleme. Sanfter Alkoholsegen. Cin-cin, salute.

Wenige Stunden später, es geht auf zehn Uhr zu, wird er von seinem Hausmeister geweckt: Am Grabenrand hinterm Gartenzaun liegt ein Mann. Tot. Vermutlich erschlagen.

9. Gemeinschaft der Kaffeetrinker

Ein Abend, an dem man sich glücklich schätzen kann, ein Dach über dem Kopf zu haben. Ein kalter Wind weht durch die dunklen Straßen und treibt den Regen vor sich her. Das Haus ächzt unter den heftigen Böen, die schwere Tropfen gegen die Fensterscheiben peitschen. Elfriede hat sich gerade nach einem langen Arbeitstag und kurzem Abendessen mit einem Buch in ihren Sessel sinken lassen, da klopft es plötzlich. Wer mag das sein? Ein Blick auf die Armbanduhr verrät ihr, dass es schon auf halb zehn zugeht. Obwohl ihr nicht ganz geheuer ist, öffnet sie. Vor der Tür steht ein groß gewachsener Mann mit nassem Hut und durchweichtem Trenchcoat; trotz triefender Nässe eine elegante Erscheinung. Elfriede starrt den Besucher verwirrt an.

»Guten Abend, was, was kann ich für Sie …«

»Guten Abend, Frau Remark. Tut mir leid, dass ich Sie einfach so überfalle. Darf ich eintreten?«

»Natürlich, bitte, bei dem Wetter kann man ja niemanden draußen lassen.«

»Danke.« Der Fremde blickt sich um. »Nett haben Sie es hier. Eng, aber gemütlich.«

»Das freut mich, aber was führt Sie zu mir?«

»Eine alte Freundschaft.«

»Freundschaft? Aber, entschuldigen Sie, ich, ich kenne Sie gar nicht.«

»Ich glaube, da täuschen Sie sich. Bei unserer letzten Begegnung sah ich nur etwas anders aus.«

»Wie? Wer sind Sie?«

Der Mann nimmt seinen nassen Hut ab und verbeugt sich lächelnd. »Neubauer. Karl Neubauer.«

Da fällt es ihr wie Schuppen von den Augen. »Ach, bin ich bescheuert, natürlich: Karl, Karla.« Sie rückt ihm/ihr einen Stuhl heran. »Setz dich, Karla. Ich darf doch Karla sagen, oder? Ist mir vertrauter.«

»Mir auch«, erwidert Karla und lässt sich ächzend auf den Stuhl sinken.

»Darf ich dir einen Tee machen?«

»Gern.«

»Vielleicht solltest du auch die nassen Sachen ausziehen, du kannst sie zum Trocknen vor den Ofen hängen. Ich guck auch weg und gebe dir eine Wolldecke.«

»Danke, das ist nett. Aber ich glaube, ich werde auch so wieder trocken. Hier ist es ja warm.«

»Wo kommst du her – in diesem Aufzug?«

»Das ist eine gute Frage, die sich nur mit einer langen Geschichte beantworten lässt.«

»Dann mach ich dir erst mal Tee.«

Sie gießt ihm auch einen Schuss Rum ins Glas. Als er einen Schluck genommen hat, beginnt er: »Das tut gut, jetzt will ich aber deine Frage beantworten: Sie sind hinter mir her. Du hast vielleicht von dem neuen Gesetz gehört, das Homosexualität zum Straftatbestand erklärt hat, genau genommen ist es ein altes Gesetz, das mächtig verschärft worden ist. Paragraph 175, kennst du ja vielleicht. Danach wird *schwere Unzucht* mit Zuchthaus bis zu zehn Jahren bestraft, und mein bisheriges Leben war eine einzige *schwere Unzucht*, und da ich, wie du weißt, sogar öffentlich als Frau aufgetreten bin, hat mein *Vergehen* schnell die Runde gemacht. Ich bin wie andere aus der Bar angezeigt worden, und als ich hörte, dass die anderen schon abgeholt worden sind, habe ich mich schnell aus dem Staub gemacht. Ins Gefängnis will ich auf keinen Fall, lieber geh ich ins Wasser.«

Elfriede schüttelt entsetzt den Kopf. »Wie furchtbar! Du Ärmste, du tust mir ja so leid. Wenn ich wüsste, wie ich dir helfen kann.«

»Ach, erst mal ist es schon gut, dass ich mich ein bisschen aufwärmen kann. Natürlich kann ich bei dir nicht bleiben. Das wäre ja viel zu eng und würde deinen Nachbarn natürlich auch auffallen – und nicht nur mich in Gefahr bringen, sondern auch dich.«

»Wahrscheinlich hast du recht. Warum bist du denn überhaupt nach Dresden gekommen?«

»Ein sehr guter Freud lebt hier, auch aus der Modebranche. Er hat ein großes Haus, und wir haben uns telefonisch verabredet. Aber als ich angekommen bin, war er schon nicht mehr da – und das Haus ist verriegelt. Wahrscheinlich haben sie ihn auch hinter Schloss und Riegel gesetzt.«

»Furchtbar! Kannst du nicht zu deinen Eltern?«

»Meine Eltern? Nein, damit ist es vorbei. Mein Vater hat spitzgekriegt, dass ich als Frau lebe und …« Ein Hustenanfall unterbrach seine Schilderung. Nach einem Schluck Tee ging es ihm wieder besser. »Entschuldigung. Also: Mein Vater hat einen mittelschweren Herzanfall bekommen. Kaum davon erholt, hat er mir alle Unterstützung gestrichen und mit mir gebrochen. Der will mich nicht mehr sehn. Nie mehr! Mein lieber Bruder hat es ihm verraten. Aus Angst, dass er sein Erbe mit mir teilen muss.«

»Wie mies! Und wovon lebst du jetzt?«

»Bis vor einigen Tagen von meinem Immobiliengeschäft. Aber damit ist es jetzt auch vorbei. Ich werde versuchen, noch ein bisschen von dem Zeug zu Geld zu machen, und dann ab über die Grenze. Vielleicht nach Holland. Oder in die Schweiz – zu deinem Bruder ins Tessin.«

»Ich weiß nicht, aber …«

»Natürlich nur ein Witz. Irgendwas wird sich schon finden mit dem nötigen Zaster. Zum Glück habe ich noch einen Pass, der auf Karl Neumann ausgestellt ist. Wer weiß, wann sie meinen Namen auf die schwarze Liste setzen.«

»Heute Nacht kannst du auf jeden Fall hier schlafen.«

»Oh, danke. Das ist sehr lieb von dir. Ich hoffe, ich kann mich mal revanchieren.«

»Musst du nicht. Ich stehe ja in deiner Schuld.«

Kurze Zeit später hat sie dem Besucher auch schon ein provisorisches Nachtlager auf ihrem Sofa bereitet. Beide finden nur wenig Schlaf in dieser Nacht, und noch vor dem Frühstück schleicht sich Karl Neumann aus dem Haus.

Trotzdem bleibt der *Herrenbesuch* nicht unbemerkt. Ihr Chef und Vermieter fragt sie bei der Arbeit, wer denn noch so spät an ihre Tür geklopft hat. Elfriede schiebt ihren Freund Max vor, woraufhin Schneidermeister Malschewski zweifelnd die Stirn runzelt. »Hatte sich aber sehr schick gemacht bei dem Sauwetter.«

Elfriede steckt sich Nähnadeln in den Mund und beugt sich über den Rock auf ihren Knien.

Die Machtübernahme der Nationalsozialisten wirft ihren Schatten auch auf das Café Zuntz. Die Anzahl der Zeitungen verringert sich von Woche zu Woche, und bei den verbliebenen fällt auf, dass sich Schlagzeilen und Kommentare ähneln. Unter den Kaffeehaus-Mitarbeitern macht sich Nervosität breit. Das Unternehmen mit reichsweit 17 Kaffeestuben und 2200 Sitzplätzen ist seit den Tagen der *seligen Witwe* Rachel Zuntz in jüdischem Besitz, immerhin seit

1813. Schon einige Monate nach der Machtergreifung der Nationalsozialisten ist es durch die Aufnahme eines neuen Gesellschafters arisiert worden, gilt aber immer noch als »Judenkaschemme« und ist daher von den Boykottaktionen der Nazis bedroht. Auch vor dem Café Zuntz steht ein Schild mit der Aufschrift »Kauft nicht bei Juden«.

Nur wenige der Stammgäste lassen sich davon beeindrucken. Das Künstlercafé floriert weiter, wenngleich man bei den Gesprächen bisweilen die Stimme dämpft und sich ängstlich umblickt. Nach und nach bleibt dann doch mancher Stammgast weg, der nicht im Verdacht steht, mit den Nazis im Bunde zu stehen. Musiker, Maler, Modemacher und Schauspieler. Besonders vermisst Elfriede das vertraute Gesicht von Otto Dix. Der Maler hat schon bald nach Hitlers Amtsantritt seine Professur an der Kunsthochschule verloren und Dresden verlassen. Sogar seine Schüler wurden der Hochschule verwiesen. Der renommierte Maler wurde zudem aus der Preußischen Akademie der Künste ausgeschlossen, und bald schon sollten auch seine Werke als entartete Kunst gebrandmarkt werden – ausgestellt als »Spiegelbilder des Zerfalls«.

Elfriede geht weiter ins Café Zuntz. Meistens sonnabends nach der Arbeit, oft auch sonntags. Sie weiß, dass sie dort immer noch auf Gleichgesinnte trifft – Menschen, die den neuen Machthabern ebenso ablehnend gegenüber stehen wie sie. Eine verschworene Gemeinschaft der Kaffeetrinker. Dabei freundet sie sich auch mit Walter Gröninger an, Cellist der Dresdner Philharmonie. Der Musiker lässt sich von ihr eine Hose kürzen und ein Jackett umarbeiten und schenkt ihr dafür Freikarten für seine Konzerte. Da sich ihre Beziehung zu Max Rosenlöcher gelockert hat – der mittlerweile diplomierte Maler hat sich in sein Modell verliebt –, geht sie allein ins Konzert, und nach der

Fünften Sinfonie von Beethoven verbringt sie ihre erste Nacht mit dem Cellisten. Er erklärt ihr, wie die Schicksalsmelodie von c-Moll nach C-Dur voranschreitet und so den Weg von der Nacht zum Licht beschreibt, und sie gesteht ihm, wie sie ihn bewundert, wenn er diese wunderbare Musik zum Klingen bringt. Nur seine Krawatte sei ziemlich furchtbar, die stehe ihm gar nicht.

Da er über eine große Wohnung in der Dresdner Neustadt verfügt, zieht sie auch bald bei ihm ein. Endlich raus aus diesem engen Zimmer! Es reicht schon, dass sie ihre Arbeitstage bei Schneidermeister Malschewski verbringt, da muss sie mit dem Chef nicht noch unter einem Dach leben.

Jetzt kommt buchstäblich Musik in ihr Leben. Während Walter neue Stücke einstudiert, entwirft sie Kleider für ihre Privatkundinnen und paukt für die Meisterprüfung, die sie im Jahr darauf ablegen will. Durch Walter lernt sie viele Konzertmusiker aus der Dresdner Szene kennen. Eine muntere und anregende Gesellschaft, in der sich auch die eine oder andere neue Privatkundin findet. Doch nach einem Dreivierteljahr trennen sich die Wege der beiden bereits wieder. Walter Gröninger wechselt zum Berliner Rundfunk, und Elfriede will in Dresden unbedingt ihre Meisterprüfung ablegen, um sich so bald wie möglich selbstständig zu machen. Der Abschied fällt ihr nicht leicht. Die beiden wollen auf jeden Fall Kontakt halten, sie schreiben sich Briefe und besuchen einander. Doch die Entfernung führt – aller guten Vorsätze zum Trotz – dazu, dass sie sich auseinanderleben.

Außerdem tritt ein anderer Mann in Elfriedes Leben: der Stoffhändler Paul Wilke. Oberhalb seines Ladens hat Elfriede nach Walters Wegzug ein kleines Zimmer bezogen. Wilke lebt nebenan mit seiner Mutter in der großen Nachbarwohnung. Elfriede hat den Kaufmann schon durch ihre Arbeit als Schneiderin kennengelernt. Jetzt lädt er sie zum Essen ein und schenkt ihr Blumen und Konfekt. Sie fühlt sich geehrt, freut sich über die Aufmerksamkeiten, ist aber nicht glücklich über die Beziehung, die sich da anzubahnen scheint. Mit Liebe jedenfalls hat das alles nichts zu tun. Dafür ist ihr dieser Mann mit der gedrungenen Figur und Stirnglatze viel zu langweilig, eine Krämerseele – das genaue Gegenteil eines Künstlers wie Max oder auch Walter. Außerdem lebt er immer noch mit seiner Mutter zusammen, die sie trotz aller Höflichkeit argwöhnisch zu beäugen scheint.

Doch die Aussicht auf materielle Sicherheit hilft ihr, solche Bedenken beiseitezuschieben. Nach der Meisterprüfung will sie sich endlich ihren Traum von einer eigenen Schneiderwerkstatt erfüllen, und Paul verspricht, dabei zu helfen.

So gibt sie seinem verschämten Drängen nach und lässt ihn in ihr Bett. Sein eigenes Schlafzimmer ist für sie vorerst noch tabu; er fürchtet, seine Mutter könne etwas mitbekommen, wie er ihr drucksend gesteht.

Nein, von echter Vereinigung kann auch im Bett keine Rede sein, und das hat nichts damit zu tun, dass sie darauf besteht, ein Kondom zu benutzen. Er kommt sofort. Danach erlahmt sein Interesse schlagartig. Er streichelt sie zwar noch pflichtschuldig, ist mit den Gedanken aber offenbar schon wieder bei seinen Stoffen. Das ist ihr auch ganz recht. Sie brennt nicht gerade darauf, von diesem Mann in den siebten Himmel der Lust befördert zu werden. Trotzdem bestätigt sie, dass es *schön* gewesen sei.

Danach fühlt er sich häufiger ermutigt, mit ihr zu *schlafen*, wie er es nennt. Klaglos akzeptiert er, dass sie weiterhin auf *Gummi* besteht, und tröstet sich mit der Zukunft: »Wenn wir erst verheiratet sind, lassen wir das Ding weg.«

Tatsächlich nimmt die Idee einer Eheschließung schon bald Gestalt an. Selbst Pauls Mutter scheint sie allmählich mit gnädigeren Blicken zu betrachten. Sie lädt Elfriede zum Essen ein, unterhält sich mit ihr über neue Kleidermoden und fragt sie nach ihrer Familie aus. Dabei lässt sie zwar durchblicken, dass sie Erichs *Antikriegsroman* missbilligt – ihr Mann ist schließlich im Ersten Weltkrieg für sein Vaterland gefallen. Sie übergeht dieses Thema aber mit taktvollem Schweigen, und als sich Elfriede bereit erklärt, eines ihrer Kleider ein wenig zu weiten, ist der Bann gebrochen.

Damit gewöhnt sie sich allmählich auch an den Gedanken, in Pauls Wohnung überzusiedeln. Ihr kleines Zimmer nebenan kann sie ja als Rückzugsraum behalten. Pauls Mutter deutet an, dass sie dem Glück ihres Sohnes natürlich nicht im Wege stehen will und zu ihrer Schwester ziehen kann, die ganz in der Nähe wohnt. Den Ausschlag für Elfriedes »Ja« zum Heiratsplan gibt aber Pauls Angebot, ihr eine Schneiderwerkstatt zu finanzieren.

Dann ist es abgemacht: Im März 1934 gelobt Elfriede Remark dem Kaufmann Paul Wilke vor dem Standesamt in der Dresdener Neustadt ewige Treue. Obwohl sie katholisch erzogen ist, will sie von einer kirchlichen Trauung nichts wissen. Das hat weniger mit ihrem protestantischen Bräutigam zu tun als mit dem Empfinden, für die Besiegelung einer solchen Vernunftehe passe der feierliche Rahmen einer kirchlichen Trauung nicht. Die Hochzeit wird dann auch nur mit einem erweiterten Mittagessen im engen Familienkreis gefeiert. Von Elfriedes Seite kommen lediglich ihre Schwester und ihr Schwager, ihr Vater fühlt sich zu krank für eine Reise nach Dresden, und die Braut versucht auch gar nicht, ihn umzustimmen. Denn seit den Vorhaltungen wegen ihrer unehelichen Tochter hat sie sich von Vater und Stiefmutter entfremdet.

Nach der Hochzeitsnacht bestürmt Elfriede aber eine neue Sorge: Paul besteht jetzt darauf, das Kondom wegzulassen – und zwar mit dem ausdrücklichen Hintergedanken, ein Kind in die Welt zu setzen. »Dann wäre mein Glück vollkommen«, schwärmt er. »Auch Mutter«, verrät er, »träumt schon lange von einem Enkel, egal, ob Junge oder Mädchen.«

Elfriede hat das kommen sehen und Paul bisher noch nichts davon erzählt, dass die Ärzte sie vor einer neuen Schwangerschaft gewarnt haben. Sie verschweigt ihm auch jetzt noch, dass mit ihrem Körper etwas nicht stimmt. Dass ihr altes Leiden sie bisweilen für einige Tage lahmlegt, erklärt sie Paul mit den Folgen einer »Tropenkrankheit«, die sie sich als junges Mädchen bei einer Reise nach Italien zugezogen habe. Das ist zwar erfunden, verleiht der Krankheit aber immerhin so etwas wie exotischen Glanz. Gleichzeitig verliert sie auch ihre reale Verfassung nicht aus den Augen und müht sich, ihre Scheide nach jedem Geschlechtsakt mit Essigwasser auszuspülen. Ihr Klistier liegt immer griffbereit in der Nähe.

Aber vielleicht haben sich ja die Blutwerte inzwischen verbessert und die geschädigten Nervenzellen regeneriert. Jedenfalls nimmt sie sich vor, bei der nächsten Untersuchung den Doktor zu fragen. Doch das Ergebnis ist enttäuschend: Ihr Arzt rät ihr dringend von einer weiteren Schwangerschaft ab. Der Vitamin-B-Mangel sei keineswegs behoben, der Köper aufgrund der lädierten Nervenzellen nach wie vor geschwächt. »Damit besteht immer das Risiko einer Fehlgeburt und anderer Komplikationen – manchmal kann so was sogar lebensbedrohlich werden.«

Möglicherweise habe sie aufgrund ihrer Krankheit auch schon ihre Fruchtbarkeit eingebüßt, teilt ihr der Arzt in sachlichem Ton mit. »Aber ich würde es nicht darauf ankommen lassen.«

Danach ist Elfriede klar, dass sie keine Wahl mehr hat: Sie muss Paul einweihen.

10. Besuch aus Berlin

Der Tote hinterm Gartenzaun lässt dem Hausherrn der Casa Monte Tabor das Blut gefrieren. Die Polizei, die sofort anrückt, bestätigt den spontanen Eindruck des Hausmeisters: Der Mann sei vermutlich erschlagen worden, teilt ein Kriminalbeamter mit. Darauf deute eine Schädelfraktur hin. Bei näherer Untersuchung und weiteren Ermittlungen stellt sich jedoch heraus, dass es sich wahrscheinlich um einen Unfall gehandelt hat. Demnach ist der Mann auf dem Rückweg von Freunden in einen Graben gestürzt und hat sich dabei die tödlichen Verletzungen zugezogen. Diese Unfallversion übernehmen auch alle Tessiner Zeitungen.

Nach den mitgeführten Ausweispapieren handelt es sich bei dem Mann um den jüdischen Journalisten Felix Manuel Mendelssohn. Vermutlich hat der Journalist – wie manche jüdische Flüchtlinge vor ihm – versucht, bei Erich Maria Remarque Zuflucht und Hilfe zu finden, oder bereits bei ihm gewohnt.

Die Schweizer Polizei geht auch der Hypothese nach, ob Hitlers Mordbuben vielleicht ihre Hand im Spiel gehabt haben. Aber niemand hat etwas gesehen, und es wäre auch äußerst ungewöhnlich, wenn sich Schlägertrupps von SA oder Gestapo zu jener Zeit über die Schweizer Grenze gewagt hätten, um ihre Opfer zu ermorden.

Noch ein anderer Verdacht keimt auf: Als das Foto des Journalisten veröffentlicht wird, stellen viele sofort eine erstaunliche Ähnlichkeit mit Erich Maria Remarque fest. In Windeseile verbreitet sich daraufhin das Gerücht, der »Anschlag« habe womöglich dem Hausherrn der Casa Monte Tabor selbst gegolten, Mendelssohn sei einer tragischen Verwechslung zum Opfer gefallen.

In Wirklichkeit also doch ein Attentat auf Remarque?

Dieses Gerücht kommt auch Thomas Mann zu Ohren, der in dieser Zeit ebenfalls in der Schweiz im Exil lebt. Am 8. Mai 1933 schreibt der *Zauberberg*-Autor in sein Tagebuch:

> Neues über Scheußlichkeiten u. Moritaten in Deutschland u. sogar außerhalb. Der tödlich »verunglückte« junge Mendelssohn, den man wahrscheinlich für Remarque gehalten.

Wenngleich ihn dieser Verdacht beunruhigt, äußert sich Remarque in der Öffentlichkeit nicht über solche Spekulationen. Gegenüber der *Neuen Zürcher Zeitung* erklärt er schlicht, er kenne den Mann nicht. »Herr Mendelssohn hat nie bei mir gewohnt.«

Alles andere hätte ihm vermutlich auch Scherereien mit der Schweizer Fremdenpolizei beschert. Denn Remarque lebt als Tourist ohne dauerhafte Aufenthaltsgenehmigung in der Schweiz. Deutsche Flüchtlinge aufzunehmen, die illegal in die Schweiz gekommen sind, hätte daher mit hoher Wahrscheinlichkeit seine sofortige Ausweisung zur Folge gehabt. Die Schweiz sträubt sich mit allen Mitteln gegen die Aufnahme deutscher Flüchtlinge. Heinrich Rothermund, von 1919 bis 1955 Chef der eidgenössischen Immigrationsbehörde, erklärt:

> Hier und anderswo ist es nicht wünschenswert, dass die jüdische Bevölkerung eine gewisse Proportion übersteigt. Die Schweiz beabsichtigt nicht, sich von den Juden leiten zu lassen. Nicht mehr, als sie von einem anderen Ausländer geleitet werden möchte … Der Jude passt sich nicht leicht an … Auch darf man nicht vergessen, dass viele von ihnen eine Gefahr für unsere Institutionen sind.

Trotz der Ausweisungsgefahr hilft Remarque weiterhin Menschen, die Deutschland verlassen müssen. Gemeinsam mit Else Lasker-Schüler – auch die Schriftstellerin ist ins Tessin emigriert – organisiert er illegale Grenzübertritte, gibt Flüchtlingen Geld und unterstützt sie bei ihrer Weiterreise. In etlichen Eintragungen schildert er in seinem Tagebuch die Begegnungen mit den Emigranten, die nicht so gut gestellt sind wie er selbst. Zum Beispiel am 9. August 1936:

> Nachmittags ein Emigrant. Referendar, 34 Jahre alt, Jude, Ignaz Hain. (…) Geld gegeben, untergebracht, Fahrkarte nach Mailand. Ganzen Abend darüber nachgedacht. Traurig. Anständiger Mensch, vor dem Nichts, wahrscheinlich verloren. War froh, reden zu können. Kein Geld, – aber Anzug gut gehalten u. schneeweiß gekreidete Schuhe. Verfluchte Bande drüben.

Als eine Art Gegenleistung für seine Hilfe lässt sich Remarque von den Emigranten erzählen, was sie zur Flucht bewogen hat, wie sie in Deutschland gelebt und gelitten haben. Von diesem *Handel* profitieren beide Seiten: Remarque gibt den Flüchtlingen das Gefühl, dass sie für die ihnen zuteilgewordene Hilfe *bezahlen* und damit so etwas wie Würde zurückbekommen, und er selbst sammelt die gewonnenen Informationen, um sich ein authentisches Bild über die Lage in Deutschland, den Verfolgungsdruck, die Morde und Konzentrationslager zu machen und auch um besser abschätzen zu können, welche Lebensmöglichkeiten sich den Flüchtlingen noch in Europa bieten. Wertvolles Material für künftige Bücher wie den Roman *Liebe deinen Nächsten.*

Es besuchen ihn nicht nur Menschen, die aus Nazi-Deutschland geflüchtet sind; im November 1935 taucht in Porto Ronco auch ein führender Vertreter der braunen Machthaber auf: Kein Geringerer als Hermann Görings Staatssekretär Paul Körner lässt sich an diesem regnerischen Herbsttag zur Casa Monte Tabor chauffieren, um mit dem verfemten Autor zu sprechen. Körner, genannt Pilli, kommt im Auftrag von Propagandaminister Joseph Goebbels und will mit Remarque ein versöhnliches Gespräch führen. Der Schriftsteller, dessen Werke man wenige Jahre zuvor noch ins Feuer geworfen und als Nestbeschmutzer verunglimpft hat, soll zur Heimkehr nach Deutschland bewogen werden. Ausschlaggebend für diese Kehrtwendung sind die Olympischen Spiele, die im August 1936 in Deutschland stattfinden sollen. Hitler will alles tun, um dieses Sportereignis nicht durch drohende Boykottaufrufe zu gefährden und in ein propagandistisches Feuerwerk mit globaler Strahlkraft zu verwandeln. Alle Welt soll sehen, dass Deutschland unter seiner Führung ein aufstrebendes, friedliebendes und kulturell hochstehendes Land geworden ist. Niemand soll mehr davon sprechen, dass in diesem Deutschland kritische Geister eingekerkert oder aus dem Land getrieben werden. Gesucht sind daher Aushängeschilder, die alle *deutschfeindlichen Berichte* Lügen strafen. Da ist die Wahl auch auf den Verfasser von *Im Westen nichts Neues* gefallen, diesem in Deutschland verbotenen Buch, das erfolgreich verfilmt ist und auf allen Kontinenten verschlungen wird. Für den Autor spricht auch, dass sich Remarque im Gegensatz zu anderen emigrierten Autoren noch mit allzu feindseligen Kommentaren zu den Nationalsozialisten zurückgehalten hat.

Der Besuch kommt überraschend. Ohne jede Voranmeldung. Körners Mitarbeiter müssen Erkundigungen eingeholt haben, ob Remarque an jenem Novembertag überhaupt zu Hause sein würde. Aber sehr diskret.

Er meint seinen Ohren nicht zu trauen, als ihm seine Haushälterin meldet, dass vor der Tür ein elegant gekleideter Herr aus Berlin steht, irgendein hohes Tier aus einem Ministerium der Reichsregierung. Er ist so perplex, dass er gar nicht auf die Idee kommt, sich verleugnen zu lassen. Auch von einer gewissen Neugier getrieben, nimmt er den Besucher in Augenschein, der im dunklen Anzug vor ihm steht und geradezu devot seinen Hut lüftet, als sich der Hausherr zeigt. In der Hand einen großen Strauß Blumen.

»Gestatten, Körner, Staatssekretär im Preußischen Staatsministerium. Ich hoffe, ich komme nicht ungelegen. Ich würde gern ein paar Worte mit Ihnen wechseln, verehrter Herr Remarque.«

»Guten Tag. Ich muss gestehen, ich bin etwas überrascht über Ihren Besuch – gelinde gesagt.«

Der Besucher schmunzelt vieldeutig. »Das kann ich verstehen. Aber manchmal ändern sich die Zeiten, und als Mann des Wortes sind Sie ganz sicher offen für ein Gespräch unter Männern. Aber egal, wie Sie sich entscheiden: Die Dahlien dürfen sie behalten. Bitte sehr.«

Damit drückt Körner dem Hausherrn den Blumenstrauß in die Hand, und Remarque ist immer noch viel zu verdattert, um das duftende Gastgeschenk zurückzuweisen. Geleitet vom Kodex der Höflichkeit, bedankt er sich sogar.

»Na ja, dann kommen Sie mal rein, wo Sie schon so lange unterwegs sind.«

»Danke, Herr Remarque. Schön haben Sie es hier.«

»Ja, mir gefällt es hier auch.«

»Aber in Deutschland ist es auch sehr schön. Und genau darüber möchte ich mit Ihnen sprechen.«

Nachdem Körner im Kaminzimmer Platz genommen und einen ersten Schluck Tee getrunken hat, wird er deutlicher. Er schwärmt von Remarques Welterfolg (»Über den Inhalt wollen wir jetzt nicht reden«), er bittet zu verstehen, dass Wehrmacht und Reichsregierung Probleme mit seinem Kriegsroman hatten, man aber durchaus zu würdigen wisse, dass er nicht in den Chor der intellektuellen Hitlergegner mit ihren Hetztiraden eingestimmt habe. Nun, nach den Irritationen der ersten Wochen und Monate, müsse man sich aufeinander zubewegen und nach vorn blicken.

»Ich kann Ihnen versichern, lieber Herr Remarque, auch der Führer würde sich glücklich schätzen, wenn Sie in Ihr Heimatland zurückkehrten. Deutschland braucht kluge Köpfe wie Sie.«

»Das hörte sich in der Vergangenheit etwas anders an.«

»In der Vergangenheit, Sie sagen es. Aber wir müssen wie gesagt in die Zukunft blicken, lieber Herr Remarque. Und vor uns liegen zum Beispiel die Olympischen Spiele, bei denen wir die üble Feindpropaganda widerlegen und beweisen werden, wie weltoffen und friedlich unser Land ist.«

»Aha. Interessant.«

»Sie werden Ihre Heimkehr ganz sicher nicht bereuen, verehrter Herr Remarque. Alle Ihre Bücher werden wieder frei im Handel verfügbar sein, die Sperrung ihrer Konten wird aufgehoben, sofort, und wir sind Ihnen auch bei der Suche nach einem schönen Haus behilflich. Wie gesagt: Auch in Deutschland gibt es hübsche Ecken, auch in Berlin und Umgebung.«

»Und ich könnte schreiben, was ich wollte? Ich höre von Freunden, dass die Meinungsfreiheit extrem eingeschränkt ist, dass alle möglichen Bücher verboten sind.«

»Ach, das wird maßlos übertrieben. Alles nur Propaganda, alles nur Neid und Missgunst, weil man Deutschland nicht gönnt, was wir geleistet haben und noch schaffen werden. Übrigens auch in der Filmbranche. Hollywood ist ja sowieso schon fast deutsch.«

»Wie bitte?«

»Na, ich muss Ihnen doch wohl nicht sagen, dass fast alle führenden Köpfe da aus Deutschland stammen – von Billy Wilder bis Fritz Lang, von Erich Pommer bis hin zu dem Schwaben Carl Laemmle von den Universal Studios, der aus Laupheim stammt und *Im Westen nichts Neues* produziert hat, wie Sie wissen. Hat ja sogar einen Oscar dafür gekriegt.«

»Und Sie haben den Film verboten – und die jüdischen Regisseure und Produzenten, von denen Sie hier schwärmen, aus dem Land getrieben. Sagen Sie mal, wollen Sie mich auf den Arm nehmen?«

»Dazu fehlt mir, glaube ich die Kraft, aber ich würde Sie gern überzeugen. Glauben Sie mir, wir arbeiten mit Hollywood hervorragend zusammen.«

»Sie machen Witze.«

»Das würde ich mir nie erlauben.«

»Dann drücken Sie sich doch etwas klarer aus. Wie sieht denn Ihre Zusammenarbeit aus?«

»Über Details kann ich natürlich nicht sprechen. Aber wir haben einen sehr fähigen Mann in Hollywood: Georg Gyssling, den haben wir ans Konsulat nach Los Angeles versetzt, damit die Beziehungen noch besser werden und wir bei den Filmen auch ein Wörtchen mitreden können.«

»Warum sollten die Amerikaner das zulassen?«

Körner lacht. »Ganz einfach: Weil sie möchten, dass ihre Filme weiter in Deutschland gezeigt werden. Ein Geschäft auf Gegenseitigkeit. Ein Deal, wie die Amis sagen. Sie sehen, wir haben keine Berührungsängste. Und weil wir noch mehr mit den Filmleuten drüben kooperieren wollen, brauchen wir Leute wie Sie.«

»Eigentlich fühle ich mich hier ganz wohl.«

»Sie können die Villa hier ja behalten und als Feriendomizil nutzen. Aber ihren Hauptwohnsitz sollten sie zurück nach Deutschland verlegen – nach Berlin, an den Wannsee oder den Grunewaldsee zum Beispiel. Wir hätten da was Fabelhaftes für Sie – mit der Ufa quasi direkt vor der Haustür. Wäre das nicht großartig? Was sagen Sie dazu?«

»Nein.«

»Nein? Ohne Wenn und Aber?«

»Sie haben es erfasst.«

»Das ist aber schade. Sollte das wirklich Ihr letztes Wort sein?«

»Ja – und jetzt entschuldigen Sie mich bitte, Herr Staatssekretär. Ich muss wieder zurück an meinen Schreibtisch, so gern ich noch mit Ihnen geplaudert hätte – zum Beispiel über die vielen Menschen, die Sie ins Gefängnis gesteckt haben.«

Seufzend gibt der Besucher zu erkennen, dass sein Reservoir an Höflichkeitsfloskeln und Lockangeboten erschöpft ist, und schiebt Remarque seine Visitenkarte hinüber.

»Für den Fall, dass Sie es sich doch noch mal anders überlegen. Man weiß ja nie, und alles braucht seine Zeit.«

Damit ist das Gespräch beendet. Staatssekretär Körner ist weiter bemüht, Haltung zu bewahren, als Remarque ihn kühl zur Tür geleitet und in den dunstigen Garten und trüben Novembertag entlässt.

»Danke für die Blumen«, sind die letzten Worte Remarques. Ohne darauf zu reagieren, schreitet der Staatssekretär auf den wartenden Dienstwagen zu.

Trotz mancher Probleme, die in der Folgezeit auf ihn zukommen, wird Remarque diese Entscheidung niemals bereuen. In einem Interview in Paris sagt er später: »Was? Fünfundsechzig Millionen wollen hinaus und ich soll freiwillig zurückgehen? Nicht im Leben!«

Fast auf den Tag genau ein Jahr später kommen Besucher aus Deutschland nach Porto Ronco, die Remarque sehr viel näherstehen als der Staatssekretär: seine Schwester Erna und sein Schwager Ludwig. Erna hat in einem Brief um den Besuch gebeten – verbunden mit Andeutungen, die den Bruder alarmieren. Muss nun etwa seine Schwester für seine politische Haltung büßen? Ist das die Strafe für die Zurückweisung des Staatssekretärs, nachdem die Olympischen Spiele gelaufen sind und Höflichkeit und Diplomatie wieder in den Hintergrund treten? Er ist so besorgt, dass er Erna noch am gleichen Abend anruft und am 3. November 1936 in sein Tagebuch schreibt:

> Brief von Erna. Wollte kommen. Es sei ernstlich. Kopf zerbrochen, was los sein könnte. Nachmittags telegraphiert, ich würde abends anrufen. Wollte am Telefon

> nichts sagen. Geheimnisvoll. Unruhig, ob sie Schwierigkeiten hätten. Nochmal angerufen, – sollten sofort kommen, nicht erst Sonnabend. Erörtert, was es sein könnte.

Tatsächlich machen sich Erna und ihr Mann umgehend auf den Weg. Remarque holt die beiden mit seinem Lancia – er hat am Morgen noch eben mal eigenhändig einen neuen Auspuff eingebaut – vom Bahnhof in Locarno ab. Schon während der Fahrt nach Porto Ronco erkundigt er sich, ob die Nazis den beiden zusetzen. Doch Erna schüttelt nur den Kopf. »Damit haben wir keine Probleme. Die lassen uns in Ruhe.« Auch im weiteren Verlauf des Abends bestätigen sich Remarques Sorgen nicht. Die beiden haben in Osnabrück nichts auszustehen. Die dunklen Andeutungen beziehen sich nur auf die verschämte Hoffnung, vom unermesslichen Reichtum des berühmt-berüchtigten Bruders vielleicht ein bisschen abzubekommen, zumal eine kostspielige Hausrenovierung ansteht. Remarque durchschaut die Absicht – und ist verstimmt. Er wahrt zwar die Regeln der Höflichkeit, zeigt den beiden aber doch die kalte Schulter. Am Ende des nächsten Tages kommentiert er den Besuch in seinem Tagebuch so:

> Erna abgeholt. Kam mit ihrem Mann. Alle Sorge umsonst. Wollten nur mein Sperrmarkkonto haben, um Haus zu bauen. Tolle Gesellschaft. Deswegen die Aufregung.

Remarque ist so geladen, dass er die Gäste am Abend des zweiten Besuchstages in der Villa allein lässt. Statt sich mit Schwester und Schwager zu beschäftigen, fährt er mit seinem Freund Walter Feilchenfeldt zum Essen nach Lugano. »Um zwölf zurück mit Walter«, heißt es lapidar im

Tagebuch. »Fährt gut.« (gemeint ist der instand gesetzte Lancia).

Wenige Wochen später erscheint die erste Buchausgabe von *Drei Kameraden*, zunächst unter dem Titel *Three Comrades* in einer englischen Übersetzung für den amerikanischen Markt. Es geht um drei Freunde, die im Berlin der Zwanzigerjahre miteinander durch dick und dünn gehen, ihre Kriegserlebnisse zu überwinden versuchen – und von der Liebe durcheinandergewirbelt werden. Im Hintergrund scheint bereits der aufkommende Faschismus in Deutschland auf.

Schon ein halbes Jahr nach dem Erscheinen gelingt es seinem Agenten Otto Klement, die Filmrechte an Metro-Goldwyn-Mayer zu verkaufen.

»Telegramm Klement«, notiert er am 17. Juli 1936 in seinem Tagebuch. »Filmverkauf des Buches an Metro. Glaube noch nicht recht daran. Wäre prachtvoll. Vielleicht ein Cézanne drin.«

Der Weg zurück hat bereits Ende Juni in Amerika seine Weltpremiere unter dem Titel *The Road Back* erlebt. Auch dies beschert Remarque neue Einnahmen. Schwieriger ist es mit der Bewegungsfreiheit. Da an eine Verlängerung des deutschen Passes nicht zu denken ist, kauft er für sich und Jutta Zambona im Sommer 1937 einen Pass des Staates Panama.

Im Jahr darauf wird er ganz offiziell aus seinem Heimatland ausgebürgert. »Die Voraussetzungen für die Aberkennung der deutschen Staatsbürgerschaft sind gegeben«, teilt der »Reichsführer SS« dem Auswärtigen Amt auf Antrag der Gestapo mit.

> Erich Remark hat mit Unterstützung durch die jüdische Ullstein-Presse jahrelang in gemeinster und niederträchtigster Weise das Andenken an die Gefallenen des Weltkriegs beschmutzt und sich schon dadurch aus der deutschen Volksgemeinschaft ausgeschlossen. Mit dem auf diese Weise erworbenen Geld kaufte er sich eine Villa in der Schweiz. In Porto Ronco bei Locarno unterhielt er bis in die letzte Zeit einen regen Verkehr, der sich ausschließlich auf Emigranten, Juden und Kommunisten beschränkte.

Remarque erhält die Nachricht durch den Telefonanruf einer britischen Emigrantenorganisation: *Nachmittags Anruf aus London*, notiert er am 8. Juli 1938. *Ich sei auf der Ausbürgerungsliste.* Er reagiert mit Galgenhumor: »Na, wenn schon! Höchstens praktisch, man wird beim nächsten Krieg nicht sofort interniert.«

Am 19. November 1938 wird auch Jutta Zambona ausgebürgert. Dabei hilft ihr auch nicht, dass ihre Schwester mit Hermann Görings Halbbruder Heinrich verheiratet ist.

11. Eigenes Reich

Sie hätte tanzen, singen, die ganze Welt umarmen können vor lauter Glück. Aber sie steht nur stumm und starr da und lässt ihre Augen über all die schönen Dinge streifen, die jetzt ihr gehören – ihr allein: den großen Zuschneidetisch mit den Scheren und Maßbändern, die Schneiderbüste, den fahrbaren Kleiderständer, das elektrische Bügeleisen, das große und das kleine Bügelei mit dem Leinenbezug, die neigbare Bügelfläche, die Stoffballen, die Knopf- und Nadelschachteln, Nadelkissen, Malkreide, Stifte, die Schnittmusterkollektion – und das Schönste und Kostbarste von allem: die neue Singer-Nähmaschine.

Schon dieser wunderbare Duft, den die Stoffe verströmen! Unfassbar! Endlich hat sich ihr Traum verwirklicht, endlich verfügt sie über eine eigene Schneiderwerkstatt mit angeschlossenem Salon und Teeküche. Klein, aber fein. Sie hat dafür zwei Räume im Erdgeschoss der Dresdener Langemarckstraße 42 gemietet, mitten im Dresdner Studentenviertel, nur wenige hundert Meter von der Hettnerstraße 4 entfernt, wo ihr Bruder 1920 im *Verlag der Schönheit* sein erstes Buch, *Die Traumbude*, veröffentlicht hat. Die Miete ist erschwinglich, aber die Ausstattung einer Schneiderwerkstatt hat natürlich ihren Preis. Doch die Finanzierung ist plötzlich kein Problem mehr. Sie ist nicht über Nacht wie Sterntaler mit Goldstaub überrieselt worden, sondern hat einen Kredit aufgenommen – einen Kredit bei ihrem Ehemann. Dreitausend Reichsmark hat Paul ihr angewiesen. »Das bist du mir wert«, hat er gesagt. Eigentlich wollte er es ihr sogar schenken, aber das hat sie abgelehnt. »Ich zahl es dir zurück, wenn der Laden läuft«, hat sie gesagt. Dass der Laden laufen würde, war für sie keine Frage. Sie hatte schon nach Feierabend und an Wochenenden für Privatkundinnen gearbeitet, und alle waren begeistert, sie künftig in ihrer eigenen Werkstatt aufsuchen zu können, und versprachen, Werbung für sie zu machen.

Schon am ersten Tag hat sie kaum eine Verschnaufpause – von 9 bis 18 Uhr; nicht mal für ein Mittagessen bleibt Zeit. Sie nimmt Maß, blättert mit Kundinnen in Stoffkatalogen, skizziert Kleiderentwürfe, begutachtet mitgebrachte Mäntel, Röcke und Blusen, löst Säume und vernäht sie aufs Neue, und hin und wieder tritt sie in die Pedale der ratternden Nähmaschine. Aber allzu viel Zeit bleibt ihr dafür nicht. Denn eine Kundin nach der anderen schneit herein, um ihr zu der neuen Werkstatt zu gratulieren und kleinere oder größere Arbeiten in Auftrag zu geben. Am Abend ist sie umgeben von einem Meer von Blumen.

Kurz nach Feierabend schaut auch ihre Vermieterin Antonie Wentzel vorbei. »Na, das ging ja bei Ihnen zu wie im Taubenschlag«, sagt die aus Siebenbürgen stammende Hausbesitzerin. »Alle Achtung. Scheint ja gut anzulaufen.«

»Das finde ich auch, ich bin fix und fertig von den vielen Leuten, aber sehr froh«, erwidert Elfriede. »Mal sehen, wie es weitergeht.«

»Ja, da muss man schon ein paar Wochen abwarten, ob sich der Zuspruch hält oder ob der erste Ansturm nur ein Strohfeuer war.«

»Da haben Sie wohl recht.«

Elfriede meint, aus den Worten der zwanzig Jahre älteren Vermieterin Skepsis herauszuhören, vielleicht sogar

Argwohn. Die verkniffenen Augen, die sie mustern, vermitteln ihr das Gefühl, dass sie auf der Hut sein muss. Sie beeilt sich daher, ihre persönlichen Habseligkeiten in die Handtasche zu stopfen, und sagt, dass sie jetzt dringend nach Hause muss. Ihr Mann warte sicher schon auf sie – gespannt zu hören, wie es gelaufen sei.

Tatsächlich bestürmt Paul sie sofort mit Fragen, als sie zur Tür hereinkommt, und wie berauscht erzählt sie, wie phantastisch sich alles angelassen hat. Paul legt ihr anerkennend die Hände auf die Schultern. »Gratuliere, mein Schatz, ich bin stolz auf dich.«

Dann ruft die Schwiegermutter zum Abendessen. Deren angekündigter Auszug hat sich hinausgezögert. Emma Wilke herrscht weiterhin über die Küche und macht im Wohnzimmer ihre Handarbeiten. Elfriede und Paul haben nur ihr gemeinsames Schlafzimmer und Pauls früheres Arbeitszimmer für sich allein. Auch Emma Wilke erkundigt sich bei Elfriede nach dem Auftakt in der eigenen Werkstatt, lässt aber durchblicken, dass sie vom wirtschaftlichen Erfolg noch nicht überzeugt ist. »Na, Hauptsache, dass am Ende ein bisschen Geld in der Kasse ist«, wirft sie in sauertöpfischem Ton ein.

Elfriede ist klar, dass dabei die Sorge im Hintergrund steht, dass Paul sein Geld nicht zurückerhält, und nickt nur mit gequältem Lächeln. Zum Glück kommt Paul ihr zu Hilfe. »Da habe ich überhaupt keine Zweifel. Elfriede ist nicht nur eine tolle Schneiderin, sondern auch eine gute Geschäftsfrau.«

Paul steht ihr auch in anderen Situationen bei, immer wieder versichert er ihr, wie glücklich er mit ihr ist. Anders würde sie das enge Zusammenleben mit ihrer Schwiegermutter auch nicht ertragen. Doch so etwas wie Liebe empfindet sie immer noch nicht für diesen Mann, mit dem sie weder in Kunstausstellungen noch Konzerte gehen kann. Alles Künstlerische betrachtet Paul als Zeitverschwendung. Dazu kommt eine Sorge, die ihr manche Tage verdüstert und den Schlaf raubt: Nach wie vor hat sie es nicht gewagt, Paul zu beichten, dass sie kein Kind zur Welt bringen kann – und der träumt immer noch davon.

Das schlechte Gewissen breitet sich in ihr aus wie ein Krebsgeschwür. Besonders schlimm ist es in der Nacht nach ihrem ersten Tag in der eigenen Werkstatt. Wie konnte sie diesen sanftmütigen Mann, der so viel für sie getan hat, derart täuschen und betrügen?! Und schließlich, während Paul zärtlich ihre Klitoris streichelt, fasst sie einen Entschluss: Sie will auf die widerliche Waschung danach einfach verzichten. Es darauf ankommen lassen. Wahrscheinlich ist sie ja wirklich unfruchtbar. Dann würde gar nichts passieren. Im anderen Fall könnte es »Komplikationen« geben, möglicherweise sogar »lebensbedrohliche Komplikationen«, wie der Arzt gesagt hat. Aber wenn schon? Eine hauchdünne Chance besteht ja vielleicht. Sie wird es schon überleben.

Als Paul in dieser Nacht in sie eindringt, fühlt sie sich ihm nah wie nie zuvor – und erfüllt von einer ganz ungewohnten Leichtigkeit, hätte sie vor Lust am liebsten laut geschrien, wäre die Schwiegermutter nicht in Hörweite gewesen. Auch in den Nächten danach lernt der Kaufmann Paul Wilke seine Frau von einer ganz neuen Seite kennen.

Tatsächlich bleibt sechs Wochen danach die Regel aus. Mit besorgter Miene teilt der Hausarzt ihr kurze Zeit später mit, dass sie schwanger ist. Als sie ihrem Mann davon erzählt, kann der sein Glück kaum fassen. »Wunderbar«, sagt er nur immer wieder mit verklärtem Blick. »Wunderbar. Wir machen unser Kind zum glücklichsten Geschöpf der Welt.«

»Bestimmt«, erwidert sie. »Hoffentlich geht alles gut.«

Sie muss an die kleine Ingeborg denken und hätte fast geweint. Doch sie überspielt ihre Angst, gibt sich tapfer und zuversichtlich, und Paul sieht über ihre bekümmerten Blicke und angedeuteten Bedenken hinweg und schenkt ihr Lebertran und Apfelsinen, damit ihr Körper kräftiger und belastbarer wird, wie er sagt. Eines Abends, fünf Monate vor der angekündigten Entbindung, präsentiert er ihr sogar schon eine Wiege. Als sie das kleine, himmelblau bespannte Gestell sieht, bricht sie in Tränen aus. Paul ist zuerst bestürzt, führt den Ausbruch aber auf die hohe emotionale Anspannung und Hormonturbulenzen zurück, die bekanntermaßen mit einer Schwangerschaft einhergehen, und Elfriede bestärkt ihn darin, indem sie sich selbst eine *dumme Heulsuse* nennt. Sie macht aber kein Hehl daraus, dass sie die Anschaffung etwas voreilig findet. »So was bringt Unglück. Lass das Kind doch erstmal da sein, dann ist immer noch Zeit für so was.«

Daraufhin klärt er sie darüber auf, dass er selbst einmal in dieser Wiege gelegen hat. »Mutter hat mir gesagt, dass das Ding noch zwischen all dem Gerümpel auf dem Dachboden steht, und da habe ich es ein bisschen zurechtgemacht. Wir stellen es erst mal wieder auf den Boden zurück. In Ordnung?«

Emma Wilke teilt die Vorfreude ihres Sohnes. Sie fragt Elfriede, ob sich der kleine Fratz schon melde, gibt der werdenden Mutter Ernährungstipps und empfiehlt ihr, sich mehr zu schonen.

Elfriede empfindet diese Anteilnahme eher als belastend. Wenn von dem Wesen in ihrem Bauch die Rede ist, beschleicht sie immer diese dumpfe Angst. Sie atmet auf, wenn sie in ihre Werkstatt abtauchen kann, lässt sich von der Arbeit aufsaugen. Und an Arbeit herrscht kein

Mangel: Der Laden läuft nicht einfach nur, das Geschäft brummt. Es hat sich schnell herumgesprochen, wie geschickt und einfallsreich sie ist. Dass sie alte Lumpen in Festtagskleidung verwandeln und auch übergewichtigen Frauen mit dem passenden Kleid oder Mantel zu einem verführerischen Aussehen verhelfen kann. Kurz: Sie hat für nahezu alles eine Lösung und ist überdies noch preiswert. Schon bald stehen die Frauen Schlange, und sie ist in der luxuriösen Lage, eine Warteliste zu führen oder gar Absagen zu erteilen. Dadurch ist sie so beschäftigt, dass sie nur durch gelegentliche Klopfzeichen in ihrem Innern an ihren gesegneten Zustand erinnert wird. In den ersten Wochen ist ihr noch manchmal übel gewesen, aber mittlerweile fühlt sie sich wieder gut. An ihre Spritzen und Tabletten ist sie längst gewöhnt, und ihr Körper scheint sich mit dem wachsenden Embryo zu arrangieren. Doch das täuscht.

An einem heißen Julitag des Jahres 1935 spürt sie auf einmal diesen stechenden Schmerz in der Gebärmutter. Sie sitzt gerade an der Nähmaschine, als die inneren Dolchstöße sie durchbohren und ein furchtbarer Krampf ihren Körper sprengen will. Sie erhebt sich schwankend, spürt, wie ihr eine warme Flüssigkeit die Beine herunterläuft. Blut. Sie ist so entsetzt, dass sie um Luft ringt und sich nicht mehr auf den Beinen halten kann. Zum Glück kommt gerade eine Kundin in den Laden, die sofort den Ernst der Lage begreift. Sie hilft Elfriede, sich auf den Boden zu legen, schiebt ihr ein Kissen unter den Kopf und alarmiert die Vermieterin mit der dringenden Bitte, sofort einen Krankenwagen zu rufen.

Da die Blutung anhält, stopft sie Elfriede Stofflappen zwischen die Beine, sieht aber, dass sich das Knäuel rot färbt.

Als Notarzt und Sanitäter in die Werkstatt stürmen, ist sie bereits ohne Bewusstsein. Drei Tage kämpfen die Krankenhausärzte auf der Intensivstation um ihr Leben. Sie hat viel Blut verloren, innere Verletzungen; kurze Zeit hat sogar das Herz ausgesetzt. Mehrere Bluttransfusionen sind nötig, zudem muss sie künstlich beatmet werden. Das Baby ist selbstverständlich nicht zu retten. Als ihr Mann gleich am ersten Tag in der Klinik erscheint, machen ihm die Ärzte auch mit Blick auf Elfriede nicht viel Hoffnung. Ihr Zustand, sagen sie, sei *ernst, sehr ernst.* Doch allmählich beginnt sie sich wie durch ein Wunder zu erholen. Der Herzrhythmus stabilisiert sich, sie erwacht aus der Bewusstlosigkeit, atmet wieder gleichmäßiger, blickt verwirrt, aber ruhig um sich.

Bei seinem nächsten Besuch erhält Paul Wilke endlich die ersehnte Nachricht: »Ihre Frau ist überm Berg.« Jede mögliche Aufregung müsse aber noch von ihr ferngehalten werden. Man wisse nie so genau, wie ein geschwächter Körper reagiere. »Und der Körper Ihrer Frau ist extrem geschwächt.«

Paul Wilke beschränkt sich darauf, seiner Frau sanft die Hand zu drücken und ihr zuzuraunen, wie froh er ist, dass es ihr wieder besser geht. Sie flüstert: »Wird schon.«

Er besucht sie jeden Tag, schenkt ihr Blumen, Kirschen und Konfekt und bringt ihr Briefe mit Genesungswünschen, die besorgte Frauen in den Briefkasten vor der Werkstatt gesteckt haben. Die Kundinnen sind durch einen Aushang informiert worden und haben versprochen, ihr die Treue zu halten, wie er erzählt. Die Fehlgeburt klammert er zunächst noch aus.

Schließlich, sie ist bereits in ein Fünfbettzimmer auf der Normalstation verlegt worden, spricht er das tabuisierte Thema aber doch vorsichtig an. »Ich freu mich schon, wenn du nach Hause kommst, dann können wir uns wieder ganz nahe sein«, raunt er ihr mit einem sanften Lächeln zu. »Und vielleicht, so Gott will, klappt es ja noch ein zweites Mal. Das war bestimmt nicht die letzte Chance. Ganz bestimmt nicht.«

Kaum sind die Worte an ihr Ohr gedrungen, schüttelt sie auch schon heftig den Kopf. »Nein, nein, darauf darfst du nicht hoffen«, wispert sie erregt. »Das ist unmöglich, ganz unmöglich.«

»Warum? Wie kannst du da so sicher sein? Ich verstehe nicht.«

Dann erklärt sie ihm, was sie ihm so lange vorenthalten hat, und entschuldigt sich weinend für ihre Feigheit. Ihren Betrug. Sie nimmt jetzt kein Blatt mehr vor den Mund, gesteht auch, dass sie sich lange Zeit nach dem Geschlechtsakt immer schnell ausgewaschen hat, um seine Samenzellen von ihrer Gebärmutter fernzuhalten. »Immer heimlich, immer in der Angst, dass du was merken könntest.«

Ihm ist anzusehen, dass für ihn eine Welt zusammenbricht. Er müht sich erst gar nicht, seine Enttäuschung zu verbergen. Fassungslos murmelt er: »Und das hast du die ganze Zeit gewusst und mir kein Wort gesagt? Wie – wie konntest du mir das verheimlichen?«

Anders als sonst gibt er ihr diesmal keinen Kuss, als er geht. Nicht einmal ihre Hand drückt er. Sein *Wiedersehen* steht kühl und knapp im Raum, als er die Tür hinter sich zuzieht.

Auch bei den wenigen Besuchen, die sich anschließen, ist von seiner früheren Zärtlichkeit nichts mehr zu spüren. Kühl, fast geschäftsmäßig berichtet er vom Leben außerhalb der Klinik und richtet Grüße seiner Mutter aus, die in Elfriedes Ohren wie unausgesprochene Vorwürfe klingen. Viel mehr Wärme liegt in den Besuchen ihrer Kundinnen;

und besonders Erna, die eigens aus Osnabrück anreist, findet herzlichere Worte für sie als Paul.

Die Verstimmung hält auch an, als sie entlassen wird. Nun kommt noch das lähmende Gefühl hinzu, dass er sich mit seiner Mutter gegen sie verbündet hat. Sie fühlt sich wie eine überführte Hochstaplerin, und aus bissig hingeworfenen Andeutungen gewinnt sie den Eindruck, dass ihre Schwiegermutter ihren Sohn regelrecht gegen sie aufhetzt. Da ist hinter vorgehaltener Hand sicher auch schon davon die Rede, dass sie sich den Werkstatt-Kredit unter Vorspiegelung falscher Tatsachen erschlichen habe. Im Ehebett kommt es nun nicht mehr oft zu Zärtlichkeiten. Paul nimmt sie zwar bisweilen noch, dreht sich aber sofort ab, wenn er befriedigt ist. Frosthauch, so scheint ihr, weht ihr plötzlich entgegen. Sie flüchtet, wenn irgend möglich, aus der gemeinsamen Wohnung, zieht sich in ihr kleines Zimmer auf der Etage zurück und ist froh, als sie endlich wieder arbeiten kann.

Gesprochen wird über den Grund der Verstimmung nicht. Schließlich ist sie aber so wütend über die demütigende Behandlung, dass es mit aller Bitterkeit aus ihr herausbricht: »Tut mir wirklich leid, dass ich dich so enttäuscht habe und nicht die Zuchtstute bin, die du dir erträumt hast. Tut mir leid, dass ich keinen Nachwuchs für Volk und Vaterland in die Welt setze, wie Hitler sich das von der deutschen Frau wünscht, und als Kandidatin für das deutsche Mutterkreuz komme ich wohl leider auch nicht infrage.«

»Unsinn«, erwidert er unwirsch. »Was du mir da unterstellst! Und lass den Führer aus dem Spiel. Ja?!«

Immer mehr wird ihr jetzt bewusst, dass diese Ehe ein Fehler war. Wirklich geliebt hat sie diesen Mann nie. Jetzt spürt sie, wie sie ihn zu hassen beginnt und nicht einmal mehr für gelegentliche Anwandlungen von Zärtlichkeit und Versöhnung offen ist.

Ein Lichtblick in dieser schweren Zeit ist ein Brief, den ihr früherer Vermieter und Chef, Malschewski, an sie weiterleitet. Auf dem Umschlag klebt eine niederländische Briefmarke, die Post kommt aus Amsterdam. Der Absender: K. Neubauer. Elfriede ist sofort klar, von wem der Brief stammt, und als sie ihn liest, kann sie sich endlich wieder freuen. Karla schreibt ihr, dass sie sich in Amsterdam ein neues Leben aufgebaut hat. »Meine Wohnung ist längst nicht so groß wie in Berlin, aber man muss ja auch nicht immer in der Wohnung hocken. Die Stadt hat so viele schöne Kneipen und Cafés, dass man es in den eigenen vier Wänden gar nicht aushält. Es gibt Pfannkuchen in allen Variationen, und die nötigen Gulden verdiene ich mir in einer Bar als Sängerin und in einer Kunsthandlung. Mal bin ich Karla und mal Karl. Ich kann sogar schon ein bisschen Niederländisch. *Ik hou van je.* Heißt: *Ich liebe dich …*«

Sie schreibt ihr noch am gleichen Abend zurück und schwärmt von ihrer eigenen Werkstatt. Ihre Ehe erwähnt sie nicht. In einem Brief an ihre Schwester macht sie dagegen aus ihrem Herzen keine Mördergrube und gesteht, wie sie sich von Paul gedemütigt fühlt. Bevor Erna auf den Brief antwortet, erhält sie von ihr eine Ansichtskarte – mit »herzlichen Grüßen vom Lago Maggiore«. »Hier ist es traumhaft«, schreibt Erna. »Man sieht vom Haus aus direkt auf den großen See, und obwohl schon Novembernebel aufsteigen, ist es hier noch ganz mild.« Einige Tage später berichtet Erna ausführlicher von ihrem Besuch in Porto Ronco. Der Brief klingt nicht mehr ganz so begeistert wie die Karte. Erich sei etwas überarbeitet und gereizt gewesen und habe wenig Zeit für sie und ihren Mann gehabt, schreibt sie. »Aber das Haus ist eine Wucht. Auf dem Boden stapeln sich die kostbarsten Teppiche der Welt, und an den Wänden hängen Kunstwerke von berühmten Malern. Sehr gemütlich ist auch der Kamin.« Mit Geld habe Erich aber nicht gerade um sich geworfen, fast könne man ihn als *knausrig* bezeichnen, und leider seien seine deutschen Konten noch gesperrt, sodass es wohl auch mit dem Überweisen nach Deutschland schwierig sei. Am Ende geht Erna auf Elfriedes jüngsten Brief ein. Sie schreibt, dass sie von Paul so etwas nicht erwartet habe und sich gut vorstellen könne, wie Elfriede sich fühle. Sie solle aber die Hoffnung nicht aufgeben. »Wenn erst der Schock überwunden ist, kommt er schon zur Besinnung. Das renkt sich bestimmt wieder ein.«

Zum Glück kennt sie auch in Dresden Menschen, denen sie sich anvertrauen kann. Nach der Arbeit geht sie bisweilen ins Café Zuntz, es ist nicht mehr das gleiche Künstlercafé wie vor 33, aber sie trifft doch hin und wieder alte Freunde wie Max Rosenlöcher. Manchmal verabredet sie sich mit Kundinnen, die zu Freudinnen geworden sind. Besonders nah steht ihr die Frau eines Bestattungsunternehmers namens Inge Strubel. Die lebenslustige Frau mit den blond gefärbten Haaren, die bei ihr ein knallrotes Ballkleid in Auftrag gegeben hat, überredet sie sogar, mit ihr zum Tanzen zu gehen. »Du musst dich da doch nicht einkerkern lassen, du hast nichts verbrochen. Es gibt auch noch andere Männer.« Elfriede zögert zunächst, sagt dann aber Ja. Gemeinsam mit Inge geht sie daraufhin in ein Tanzcafé zum *Fünf-Uhr-Tee* und lässt sich von der fröhlichen Musik mitreißen: *Ich kauf mir 'ne Rakete* oder *Ramba, Zamba* oder *Das gibt's nur einmal, das kommt nicht wieder*. Am Ende ist sie so ausgelassen, dass sie sich zum Sekt einladen lässt, ein Glas nach dem andern, und gar nichts dagegen hat, dass ihr Kavalier sie nach Hause bringt. Sie ist so beduselt, dass sie allein den Weg wahrscheinlich gar nicht mehr gefunden hätte. Dummerweise wird sie ausgerechnet in dem Augenblick beobachtet, als der Begleiter ihr vor dem Haus einen Kuss auf die Stirn drückt. Zufällig steht gerade ihre Schwiegermutter hinterm Fenster.

12. Begegnung am Lido

Paris, Ende September 1938. Ein kühler Wind treibt erstes Herbstlaub über die Champs-Élysées. Eicheln und Kastanien prasseln auf Bürgersteige und Cafétische. Die Stadt ist voll von Gestrandeten, Menschen, die vor den Nazis geflüchtet sind – vor allem deutschsprachige Juden, darunter Musiker, Maler, Schriftsteller, Regisseure und Schauspieler. Fast drängt sich einem der Eindruck auf, der Kurfürstendamm sei an die Seine verlegt worden. Man trifft auf bekannte Gesichter wie Richard Tauber oder Heinrich Mann. Den meisten geht es allerdings nicht gut, gar nicht gut. Sie fürchten, ausgewiesen oder interniert zu werden, sind arbeitslos und knapp bei Kasse, kämpfen um Visum und Ticket für die Vereinigten Staaten und leben wie der Schriftsteller Joseph Roth in muffigen Zimmern oder überfüllten Hotels. Besonders viele Künstler drängen sich in der Rue de Saigon, einer Nebenstraße unweit des Arc de Triomphe, im Hotel *Ansonia*, das seit Jahren von der ersten Etage bis zum Dachgeschoss mit deutschen Emigranten belegt ist. Auch der Regisseur Billy Wilder und der Komponist Friedrich Hollaender haben dort schon gehaust. Sie hatten das Glück, einen Deckplatz auf einem der Atlantikriesen zu ergattern, der sie in die USA beförderte. Vielen war das nicht vergönnt.

Auch Erich Maria Remarque, dem gerade die deutsche Staatsbürgerschaft aberkannt worden ist, lebt in Paris. Materielle Nöte quälen ihn im Unterschied zu den anderen Emigranten nicht. Aus aller Welt fließen ihm nach wie vor Tantiemen für seinen Bestseller *Im Westen nichts Neues* zu, einem der erfolgreichsten Bücher aller Zeiten, das auch als Film in den Kinos außerhalb Deutschlands zum Kassenschlager geworden ist. Seine Romane *Der Weg zurück* und *Drei Kameraden* sind inzwischen ebenfalls verfilmt worden. Glücklich ist er trotzdem nicht. Es ist nicht nur die Unzufriedenheit darüber, dass ihm nach seinem Welterfolg kein zweiter so großer Wurf gelingen will, vor allem Liebeskummer ist es, der einen Schatten auf seine Tage in Paris wirft – ein Kummer, der einen glanzvollen Namen trägt: Marlene Dietrich. Ihretwegen ist seine Villa in Porto Ronco am Lago Maggiore verwaist, ihretwegen hat er sich im noblen Hotel *George V.* in Paris einquartiert, ihretwegen verwandelt sich sein Leben fortan in ein Getriebensein voller Enttäuschungen und Demütigungen – trotz allem Luxus mit Gourmetmenüs, Champagner und Maßanzügen von Chanel.

Kennengelernt hat er die Diva Anfang September 1937 in Venedig. Er hatte gerade mit Hedy Lamarr – Filmstar und Erfinderin – Schluss gemacht, eine seiner zahlreichen, aber bedeutungslosen Affären, da sah er sie am Lido. Sie saß mit ihrem Regisseur Josef von Sternberg beim Mittagessen in einem Restaurant unter einem großen Sonnenschirm, als er auf sie zukam. Nein, die Chance konnte er sich nicht entgehen lassen.

»Herr von Sternberg? Gnädige Frau?«

Marlene Dietrich hat später immer wieder erzählt, wie sich die folgenreiche Begegnung abgespielt hat – natürlich auch ihrer Tochter, und Maria Riva hat alles in ihrem Buch *Meine Mutter Marlene* nacherzählt, als sei sie dabei gewesen:

Obwohl es meine Mutter gar nicht mochte, dass Fremde sie ansprachen, war sie doch von seiner tiefen kultivierten Stimme fasziniert. Sie betrachtete seine feinen Gesichtszüge, seinen sensiblen Mund und seine Raubvogelaugen, deren Blick sanft wurde, als er sich vor ihr verneigte.

»Darf ich mich vorstellen: Erich Maria Remarque.«

Meine Mutter streckte ihm die Hand entgegen, und er gab ihr einen vollendeten Handkuss. Von Sternberg ließ mit einer Geste einen weiteren Stuhl bringen und sagte: »Wollen Sie sich nicht zu uns setzen?«

»Danke. Wenn Sie es erlauben, gnädige Frau.«

Entzückt über seine tadellosen Manieren lächelte meine Mutter leise und lud ihn mit einem Nicken ein, Platz zu nehmen.

»Sie sehen viel zu jung aus, um eines der größten Bücher unserer Zeit geschrieben zu haben.« Sie hatte sein Gesicht nicht aus den Augen gelassen.

»Vielleicht habe ich es nur geschrieben, um einmal ihre zauberhafte Stimme diese Worte sagen zu hören.« Er zückte sein goldenes Feuerzeug und reichte ihr Feuer, sie hielt ihre blassen Hände schützend um seine braungebrannte Hand, nahm einen tiefen Zug von ihrer Zigarette und schob mit ihrer Zungenspitze einen Tabakkrümel von der Unterlippe.

Sternberg, Marlenes langjähriger Regisseur und Liebhaber, habe sich daraufhin bald zurückgezogen und die beiden allein zurückgelassen, berichtet Maria Riva. »Er erkannte eine Liebesszene auf den ersten Blick.«

Tatsächlich funkte es zwischen den beiden. Glaubt man Marlene Dietrich, spielte Sex dabei keine große Rolle:

> Remarque und ich, wir sprachen bis zum Morgengrauen! Es war wunderbar! Dann sah er mich ganz ernst an und sagte: »Ich muss Ihnen etwas gestehen – ich bin impotent.« Und ich schaute zu ihm auf und sagte: »Ach, wie wunderschön!« Ich sagte es mit einer solchen Erleichterung! Ich war so glücklich! Wir würden einfach nur reden und schlafen, zärtlich sein, alles so wunderbar leicht.

Wir wissen nicht, ob Marlenes Erinnerung der Wahrheit entspricht – sie hat ihr Leben in ihren Autobiografien nicht selten umgedichtet und zur Legende stilisiert. Remarques Wünschen entspricht der Sexverzicht jedenfalls nicht. Seine Liebe zu Marlene ist voll sehnsüchtiger Leidenschaft, wie die vielen Liebesbriefe dokumentieren, die er der Angebeteten schreibt, als diese nach Beverly Hills zurückgekehrt ist. Zum Beispiel am 24. Dezember 1937:

> Liebling – ich weiß gar nicht, was das werden soll, ich will es auch gar nicht. Ich kann mir nicht denken, dass ich jemals noch einen andern Menschen lieben kann. Ich meine nicht so wie dich. (…) Ich habe nichts mehr übrig. Es ist alles bei dir. Nicht nur die Liebe. Auch alles, was an Leben hinter meinen Augen zittert. Meine Hände sind deine Hände, meine Stirn ist deine Stirn, und alle meine Gedanken sind von dir durchtränkt wie das weiße Leinen der Kopten von tausendjährigem, unverbleichbarem Purpur und der kaiserlichen Farbe des goldenen Safrans.

Nach vielen heißblütigen Briefen und Telefonaten treffen die beiden im Sommer 1938 in Cap d'Antibes an der Côte d'Azur wieder leibhaftig aufeinander. Marlene ist mit ihrer

Tochter Maria, ihrem Mann Rudi und dessen Liebhaberin Tami, im *du Cap-Eden-Roc* abgestiegen und hat Remarque eingeladen, ihr Gesellschaft zu leisten. Der zögert keine Sekunde, der Einladung zu folgen, ist aber zu seinem Leidwesen nicht der Einzige, dem die Geliebte in dem luxuriösen Badeort schöne Augen macht. Marlenes Ehemann muss er nicht fürchten. Rudi Sieber hat seine Tami, Marias früheres Kindermädchen, eine staatenlose Russin, die einst als Tänzerin nach Berlin gekommen ist. Marlene ist für Rudi mehr so etwas wie eine vertraute Schwester, die er *Mami* oder *Mutti* nennt. Ganz ungehemmt flirtet die Schauspielerin dagegen mit einem Whiskyfabrikanten; auch mit Joseph Kennedy, dem Vater des späteren US-Präsidenten, der sich mit seiner großen Familie im Hotel einquartiert hat. Mehr noch als männliche Nebenbuhler aber verdüstert ein weiblicher Mitbewerber Remarques Urlaubsstimmung: die Millionenerbin Barbara (Joe) Carstairs. Die Frau mit Männerfrisur und weißer Kapitänsuniform, die nicht nur eine Yacht, sondern auch eine Insel ihr Eigen nennt, erobert Marlene im Sturm und teilt bald das Bett mit ihr. Remarque vertraut seinem Tagebuch an, welche Höllenqualen er leidet. Marlene, die er *das Puma* nennt, macht ihn schier krank:

»*Das Puma* seit einigen Tagen völlig einer Frau verfallen«, schreibt er am 31. August 1938. Und einen Tag später: »Ich lache u. mein Leben geht vielleicht kaputt. (. .) Hatte Herzklopfen. Schweiß. War wirklich angeschlagen.«

Joe ist Marlene jetzt auch nach Paris gefolgt. Sie wohnt im selben Hotel. Am 14. September kommt es im Lift zu einem *Zwischenfall*, den Remarque ebenfalls in seinem Tagebuch vermerkt:

> Der Boy fragte: Quatrième? Ich sagte: Sixième. Puma im selben Moment: Cinquième. Ich etwas ärgerlich: Ich wollte dich nur bis zur Tür bringen. Sei nicht so vorsichtig. Sie erklärte, sie wolle nur mal Jo (Joe Carstairs) sehen.

Remarque schluckt seinen Frust herunter, macht gute Miene zum bösen Spiel und ist sich auch nicht zu schade, seine Angehimmelte im Bett mit Öl einzureiben, während sie am Telefon hängt und mit Joe turtelt.

Wenn er sich dagegen selbst mit anderen Frauen treffen will, macht sie ihm eine Szene. Oder sie zieht die Notbremse. Am 18. September 1938 notiert er zum Beispiel:

> Sagte ihr, dass ich um 2 Uhr Ruth Albu treffen würde. Sie erstarrte etwas. Ging. Als ich ins Schlafzimmer ging, stand sie hinter der Tür. Später sah ich, dass sie alle Schuhe versteckt hatte, damit ich nicht gehen sollte.

Mit völligem Unverständnis reagierte Marlene auch darauf, dass er seine geschiedene Frau Jutta Zambona am 22. Januar 1938 in St. Moritz ein zweites Mal geheiratet hatte, um deren drohende Ausweisung aus der Schweiz zu verhindern. Denn trotz Scheidung lebte Jutta nach wie vor in seiner Villa im Tessin – und klagte darüber, dass ihr Ex-Mann zu wenig Unterhalt zahlte. Mit der zweiten Heirat hat sich am realen Verhältnis der beiden nichts geändert. Remarque hält weiter Distanz zu seiner neuen alten Gemahlin. Das sieht Marlene allerdings etwas anders. Es ist nicht leicht mit ihr.

Zu allem Überfluss kommt auch noch Mercedes de Acosta nach Paris, eine der hartnäckigsten Geliebten Marlenes, eine Drehbuchautorin, die in ihrem Äußeren etwas von einem Vampir hat. Immerhin findet Mercedes, dass Remarque der passende Umgang für Marlene ist – was immer das zu bedeuten hat.

Marlene gefällt es auf jeden Fall, dass ihr der Bestsellerautor in Paris folgt wie ein Hündchen – ob beim Einkaufen in den teuren Boutiquen rund um die Champs-Élysées, zur Anprobe bei *Knize* oder *Chanel*, zum Juwelier *van Cleef*, zum Coiffeur, zum Kaffee (mit Pernod) ins *Ritz*, zum Abendessen ins *Fouquets* und zum nächtlichen Umtrunk und Tanz ins *Maxim* oder *Monte Christo*. Mit seinen vollendeten Manieren und seinem eleganten Erscheinungsbild kann sie sich mit diesem Mann auch in den nobelsten Lokalen der Modemetropole blicken lassen, und sein Ruhm in der Welt der Literatur hilft, dass sich um ihren Tisch auch andere Starautoren versammeln. Remarque berichtet zum Beispiel von einem gemeinsamen Dinner mit Marcel Pagnol und Georges Simenon. Solche Begegnungen trösten Marlene Dietrich dann auch ein wenig darüber hinweg, dass ihr Stern in Hollywood so tief gesunken ist, dass die Kinobetreiber sie als *Kassengift* bezeichnen und Verträge mit ihr gekündigt werden. Ihr Begleiter immerhin himmelt sie an, als wäre sie noch die Leinwandkönigin von einst, und er sieht darüber hinweg, wenn sie nach einem reichhaltigen Menü bei *Fouquet*s alles wieder auskotzt: »Das Puma nahm Natron. Machte das sehr anmutig. Alles wieder raus, den Preßkaviar, das Apfelmus, das Fleisch.«

Remarque genießt es, sich mit dieser schönen, berühmten Frau zu zeigen und sonnt sich in ihrem Glanz. Enttäuschend, oft auch schlimm sind die Nächte. Dies spiegelt sich in vielen Tagebuchnotizen wider:

30. Sept. 1938, Paris

Gegen zwei nach Hause. Ich sagte, ich hätte den Eindruck, sie wolle allein schlafen. Sie wich halb aus: Du weißt wieder mal alles – etc. Sagte also nicht nein. Ich brachte ihr noch Zahnpulver und sowas. Blieb. Sagte, wolle es ihr nicht so leicht machen. Sie halb müde, unlustig. Lag still für sich. Nicht in meinem Arm. Ich sagte: Komm in den Arm. Sie legte sich etwas heran. Ich: Unbequem? Etwas zum Schlafen. Ich: Gut. Schob sie weg. Sie zankte: Ich kann das nicht haben, dieses Schieben und Stoßen … Es ist eine sanfte Hölle jetzt. Ich werde wirklich von allen Seiten gebraten, – über heißem und über mildem Feuer. Muss weg. So geht das nicht. Fürchte mich vor dem Abend. Diese Gleichgültigkeit ist entsetzlich … Los vom Puma! Los, Los! Es hat keinen Zweck mehr. Hatte einen, dass ich gründlich für frühere Sachen gebüßt habe … Arbeite, Soldat, vergiss und arbeite!

Aber Remarque bringt es einfach nicht übers Herz, sich von seinem *Puma* loszureißen.

2. Oktober 1938, Paris

Gestern mittag Puma zum Coiffeur. Ich blieb im Hotel, badete, schlief. Um drei das Puma. Wir gingen etwas einkaufen, durch die Stadt. Gute Stimmung … Ins Hotel mit dem Puma, das sich nicht gut fühlte, heiß badete. Ich massierte es, machte ihm irgendeine Creme in die Haare, alles war gut, zuhause spielen, noch eine Velomaske fürs Gesicht. Dann fing das Puma plötzlich von den Sachen mit der Jeanne an; – ich liebe sie noch, sonst ließe ich mir das alles nicht gefallen und begann aufzurechnen – die Heirat, Zusammensein in Paris, St. Moritz etc. Hatte in vielem recht. Wurde aber auch ungerecht.

Große Szene. Ich hätte mit Jeanne was gehabt, sei schwach usw. usw. Sie hätte mich dafür, dass ich die letzte Zeit gewesen sei, wie ich bin, auf tausend Throne gehoben, – aber es sei nur Gleichgültigkeit und Schwäche gewesen … Ich ging und sagte, ich käme nicht wieder. Sagte dann irgendwas. Blieb schließlich. Redeten im Bett weiter. Sie wurde wild, hätte Kopfschmerzen etc., ich stand auf, ihr etwas zum Einnehmen zu geben etc., sie schrie, sie wolle allein sein. Ich zog mich an. Bevor ich ging, sagte ich, sie solle mir telefonieren, wenn sie was brauche. Legte ihr die Hand auf die Stirn, sagte, würde Kopfschmerzen wegmachen. Tat es. Sie wurde ruhig, kam mit ihrer Hand. Sagte, ich solle bleiben. Legte sich in meinen Arm. Ganze Nacht. Bis morgens. Kam. Es. Ich wollte eigentlich nicht. Dann ja.

Am einfachsten ist es, wenn er sich in einen kleinen Jungen verwandelt und wie ein Kind mit dem *Puma* im Bett schmust. Das liebt *Tante Lena*.

Als Marlene im November 1938 nach Kalifornien reist, kehrt er zurück in seine stille Villa im Tessin und beginnt einen neuen Roman, der unter Emigranten in Paris spielt und seine Erfahrungen mit Marlene verarbeitet – seine Haupt- und Identifikationsfigur nennt er Ravic, Züge von Marlene spiegeln sich in Joan Madou. Manchmal verwandelt er sich dann auch in seinen Briefen in den siebenjährigen Alfred, der Marlene, er nennt sie *Tante Lena*, in holprigem Deutsch und kindlichen Briefen von *Onkel Ravic* berichtet und ihr verrät: »*Tante Lena*, ich glaube, er vermisst dich.« Und von Tag zu Tag verblassen seine Erinnerungen an die Streitereien und qualvollen Nächte in Paris immer mehr, und die leidenschaftliche Liebe entflammt neu wie die aufgehende Sonne:

»Ich war heute ganz gelähmt vor Sehnsucht nach dir«, schreibt er ihr zum Beispiel am 6. Januar 1939. »Ich dachte, ich könnte meine Arme nicht gerade biegen, so sehr wollten sie dich haben, und ich war so, dass ich glaubte, meine Hände und meine Brust würden sich öffnen und bluten.«

Wie ein roter Faden, wie ein Mantra, wie eine magische Beschwörung zieht sich ein inbrünstiges Flehen durch alle Briefe, die er Marlene von Porto Ronco nach Beverly Hills schickt: »Liebe mich, ach liebe mich.« Und wie am 25. Januar 1939 zerfließt dieses Flehen in leidenschaftliche Wortmusik: »Liebe mich, und meine Hände werden blühen, liebe mich und meine Stirn wird glühen, Liebe, liebe mich …«

Zwischendurch arbeitet er weiter an einem schon vor längerer Zeit begonnenen Roman, der unter dem Titel *Liebe deinen Nächsten* erscheinen wird.

Seine Frau Jutta lebt derweil in Paris. Dass sie ihm ankündigt, nach Porto Ronco zurückzukehren, stimmt ihn gar nicht glücklich. Es hat eher etwas von einer Drohung: »Sagte, ich müsse arbeiten. Das Übliche … Aber der Gedanke, dass sie hier sitzt, vorwurfsvoll, beobachtend, – und ich will arbeiten – fast unmöglich!«

Ganz anders klingt es, wenn er Marlene am 4. Februar in einem Telegramm schreibt: »Ach *Puma*, ich bin es müde, Bücher zu schreiben ohne Dich. Die Zeit ist kurz.«

Wenige Wochen später packt er dann auch schon seine Koffer und besteigt nach einem Zwischenaufenthalt in Paris am 18. März 1939 die *Queen Mary* und reist von New York aus gleich weiter nach Kalifornien, um sich in Beverly Hills in unmittelbarer Nähe der Geliebten einzuquartieren. Aber wie schon im Jahr zuvor wird die reale Begegnung mit Marlene zu einer Serie von Enttäuschungen und Kränkungen, und auch das oberflächliche Leben in Hollywood mit den vielen Partys und lärmenden Filmpremieren vermag seine Stimmung nicht zu heben: »Getue, weiter nichts. Alles ist dauernd in Pose.«

Er ist froh, dass *das Puma* zumindest in dieser Hinsicht ähnlich denkt, und als der Dietrich-Clan im Juni beschließt, nach Europa zurückzukehren, ist er sofort dabei. Gemeinsam mit Marlene, Rudi, Tami und Maria steuert er wieder Paris an, erhält dank Marlenes Hilfe nach kurzer Wartezeit seine Carte d'Identité, wartet aber vergeblich darauf, dass Marlene seine Träume von einem erfüllten Liebesleben wahrmacht. Ende Juli 1939 reist er mit dem Dietrich-Tross ein zweites Mal nach Cap d'Antibes. Doch Marlene verwöhnt ihn auch an der Côte d'Azur nicht mit Zärtlichkeit und Hingabe. Er ist schließlich nicht der Einzige, der um sie buhlt. Joe Carstairs lockt sie weiter auf ihre Luxusyacht und ins Bett, und auch Josef von Sternberg scheut die Reise an die französische Mittelmeerküste nicht, um seinen *Blauen Engel* zurückzugewinnen. Das alte Spiel.

13. Begegnung am Neumarkt

Dresden im März 1938, sechs Uhr abends. Glockengeläut von allen Seiten. Die Kreuzkirche, die Frauenkirche, die Annenkirche und die Hofkirche liefern sich um diese Stunde wie an jedem Tag einen wahren Wettstreit, um sich Gehör zu verschaffen. Dazwischen gurren Tauben, flöten Amseln, hupen Autos, wiehern Pferde, und Zeitungsverkäufer rufen die Schlagzeilen der Abendzeitungen aus: *Österreich wird deutsch, Hitler auf dem Heldenplatz, Franco auf dem Weg zum Mittelmeer, Luis Trenker besteigt Fünftausender, Zarah Leander zu neuen Ufern.*

Der Abend dämmert schon. Die ersten Straßenlaternen flammen auf und tauchen die Altstadt in ein warmes Licht. In diesem Zwielicht nehmen sich sogar die Hakenkreuzfahnen beschaulich aus, die seit einigen Jahren vor den ehrwürdigen Häuserfassaden hängen. Elfriede hat gerade noch einige Besorgungen gemacht, als sie gedankenverloren auf die Straßenbahnhaltestelle zueilt. Plötzlich wird sie jäh gebremst. Der Aufprall ist nicht besonders hart, raubt ihr aber einen kurzen Moment lang die Besinnung und bringt sie fast zu Fall.

Als sie die Augen aufschlägt, sieht sie, dass sie einem Riesen gegenübersteht. Doch der dunkelblonde Riese in der gesteppten Winterjacke beugt sich sofort zu ihr herab, um sie zu stützen. »Oh, I'm sorry Madam, sorry, entschuldigen Sie bitte.«

Elfriede, immer noch leicht benommen von dem Zusammenstoß, wehrt ab. »Kein Grund. Ich muss mich entschuldigen, weiß gar nicht, wo ich meine Augen hatte.«

Der Zweimeterkerl lacht. »Wir hatten es wohl beide ziemlich eilig. Trotzdem hätte ich Sie sehen müssen. Tut mir leid.«

»Ach was, schon gut. Ist ja nichts passiert.«

Der Hüne reicht ihr die Hand. »Theo.«

»Elfriede.«

Sie ist etwas irritiert, dass der Mann ihr gleich den Vornamen entlockt hat, aber schließlich sind sie sich ja bei ihrer Karambolage schon ganz nahe gekommen. Zum *Du* kann sie sich trotzdem nicht durchringen.

»Theo?«, hakt sie nach. »Ein deutscher Name, aber Sie klingen, als würden sie aus England kommen.«

»Aus Amerika, Milwaukee in Wisconsin, eigentlich heiße ich Theodore, aber so nennen mich nur meine Eltern.«

»Was machen Sie hier in Dresden?«

»Studieren.«

»Interessant. Und – was?«

»Maschinenbau.«

»Kann man das nicht in Amerika?«

»Ja, schon. Aber in Dresden lernt man mehr. Hier an der Technischen Hochschule sind die besten Experten der Welt.«

»Oh, das wusste ich nicht.«

»Und Sie?«

»Ich? Ich bin Schneiderin. Damenschneidermeisterin.«

»Wunderbar. Da sind Sie bestimmt sehr geschickt.«

»Ich gebe mir Mühe.«

Allmählich kommt sie zur Ruhe und findet Gefallen an der Zufallsbegegnung. »Wie kommt es, dass Sie so gut Deutsch sprechen?«

»Mein Großvater stammt aus Deutschland und hat dafür gesorgt, dass seine Kinder und Enkelkinder Deutsch gelernt haben. Wahrscheinlich bin ich deshalb auch hierhergeraten.«

»Ich hoffe, Sie haben es nicht bereut.«

»Oh nein, vor allem wenn ich auf so nette Menschen treffe wie Sie. Aber ein bisschen ungemütlich hier auf der Straße. Wollen wir nicht einen Kaffee trinken? Ich lade Sie ein.«

Elfriede schüttelt zuerst den Kopf, entschuldigt sich, dass sie noch viel zu tun habe, lässt sich dann aber von dem Riesen mit dem amerikanischen Akzent doch überreden. Natürlich besteht sie darauf, selbst zu bezahlen.

Das ist der Beginn einer langen Freundschaft. Bald besucht Theo sie auch in ihrer Werkstatt, erzählt ihr von seiner Heimat am Lake Michigan, seinen deutschen Vorfahren, seinem Studentenleben in Dresden, und Elfriede verrät ihm, dass sie sich gerade von ihrem Mann getrennt hat. Nachdem ihre Schwiegermutter sie mit dem fremden Kerl vor dem Haus gesehen hatte, war das Ende ihrer Ehe so gut wie besiegelt. Paul hatte ihr vorgehalten, dass sie ihn betrüge, und sie hatte erst gar nicht versucht, ihn eines Besseren zu belehren, sondern erwidert, dass er ja wohl nichts anderes erwarten könne bei seinem abscheulichen Verhalten. Daraufhin ist sie nie mehr in die gemeinsame Wohnung zurückgekehrt, sondern hat sich bald eine Drei-Zimmer-Wohnung neben ihrer Werkstatt bei Antonie Wentzel gemietet – eine fast herrschaftliche Wohnung mit Salon, Flügel und Herrenzimmer. Die Miete ist jetzt mit zusammen 200 Mark hoch, aber bei der guten Auftragslage sicher zu bewältigen. Paul hat inzwischen schon die Scheidung beantragt und damit begonnen, schmutzige Wäsche zu waschen. Über seinen Anwalt hat er angedeutet, seine

Frau sei vermutlich Morphinistin. Wie anders sei es zu erklären, dass sie sich täglich spritze. Das ist zwar eigentlich nur ein schlechter Witz, aber dennoch verletzend. Elfriede hat den Verdacht, dass die meisten Anschuldigungen, die Paul plötzlich gegen sie vorbringt, von seiner Mutter kommen. Doch trotz aller Kränkungen ist es ihr recht, dass mit der Scheidung endlich ein Schlussstrich unter diese Ehe gezogen wird, die nicht einmal mehr Vernunftehe genannt werden kann.

»Nur schade, dass ich meinen Namen aufgegeben habe und jetzt *Wilke* heiße.«

»Vielleicht kannst du den Namen ja wieder loswerden. Wie hast du denn vorher geheißen?«

»Remark, Elfriede Remark.«

»Remark? Kenne ich irgendwoher.«

Elfriede lächelt. »Vielleicht von meinem Bruder: Erich Maria Remarque.«

»Oh, natürlich. *All Quiet on the Western Front*. Ich habe den Film gesehen. Great! Und grausam.«

»Ist hier in Deutschland leider verboten. Du glaubst nicht, was Goebbels und seine Leute für einen Zirkus veranstaltet haben, als der Film bei uns in die Kinos gekommen ist. Massen von Mäusen haben sie in die Lichtspielhäuser geworfen – schon vor 1933. Jetzt darf nicht mal mehr das Buch verkauft werden. Sie haben es öffentlich verbrannt, wie andere Bücher auch. Eine Schande.«

Theo nickt. »Und dein Bruder?«

»Der hat Deutschland schon vor 33 verlassen und ist in die Schweiz gezogen. Aber ich habe in letzter Zeit den Kontakt zu ihm verloren. Auf jeden Fall ist er durch *Im Westen nichts Neues* sehr reich geworden und reist in der Welt herum. Ich glaube, in Amerika war er auch schon.«

»Wahrscheinlich in Kalifornien. In Hollywood.«

»Vielleicht.«

»Wäre Amerika nicht auch was für dich?«

»Oh nein, was soll ich da? Hier habe ich meine Arbeit, meine Familie und meine Freundinnen. Ich kann ja nicht mal Englisch.«

»Das kann ich dir beibringen.«

»Thank you very much.«

Amerika. Das liegt so weit außerhalb ihrer Vorstellungskraft, dass es ihr vollkommen undenkbar erscheint, dort zu leben. Aber je näher sie Theo kennenlernt, desto näher kommt ihr auch dieses ferne Land der scheinbar unbegrenzten Möglichkeiten. Als Theo für sich und Elfriede in der *Elbschänke* ein Bier bestellt, erzählt er, dass sein Großvater Henry Brown – geboren als Heinrich Braun im Allgäu – in Milwaukee eine Brauerei gegründet hat. Zuerst ganz klein, mittlerweile riesig. »Die Amerikaner lieben deutsches Bier.«

»Warum braust du dann nicht auch Bier?«

»Ich trinke es lieber. Prost! Nein, die Brauerei übernimmt mein älterer Bruder. Da musste ich mir was anderes einfallen lassen.«

Und von Deutschland habe er immer schon geträumt. »Wenn mein Großvater davon erzählt hat, dann hörte es sich an, als würde er vom Paradies sprechen. Dabei war er im Allgäu ein armer Schlucker, Braumeister zwar, aber ohne Kohle, wie man bei euch sagt.«

Auch sein Vater schwärme für Deutschland – vor allem seit er ihn vor zwei Jahren nach Dresden begleitet habe. Nicht mal die Nazis hätten ihn abgeschreckt.

Elfriede macht ihren amerikanischen Bekannten auch mit ihrer Freundin Inge bekannt, und Theo kann es anfangs nicht glauben, dass diese heitere Frau tagsüber Leichen wäscht und für eine letzte Begegnung mit ihren

Hinterbliebenen hübsch macht. Wenn die drei am Wochenende tanzen gehen, gesellt sich oft Robert dazu, Theos deutscher Kommilitone. Die beiden Studenten führen die Frauen auch in ein Tanzlokal, wo etwas andere Musik gespielt wird als beim *Fünf-Uhr-Tee* oder im *Starken August*. Swing. Elfriede ist begeistert von den fetzigen Jazzrhythmen und lässt sich von Theo *Lindy Hop* und *Shimmy* beibringen. Sogar einen *Black Bottom* legen die beiden aufs Parkett. Dabei lassen sie ihre Becken wollüstig vor- und zurückschwingen und juchzen, wenn sich ihre Hinterteile berühren. Der Größenunterschied macht es ihr zwar nicht gerade leichter, aber Elfriede ist eine sehr gelehrige Schülerin und stolz, von diesem gut aussehenden jungen Mann herumgewirbelt zu werden. Dass ihr oft danach die Gelenke schmerzen, behält sie für sich.

Das Lokal nennt sich *Blauer Mond*, aber für alle, die hier verkehren, ist es das *Blue Moon*. Die Gäste begrüßen sich scherzend mit *Swing Heil* und sprechen sich mit englischen Vornamen an, nennen sich *Bobby* und *Johnny*, *Jane* und *Mary*. Theo erklärt ihr flüsternd, dass im *Blue Moon* die sogenannte *Swing-Jugend* verkehrt, junge Leute, die für die Hitlerjugend nur Spott und Verachtung übrighaben und ganz bewusst eine Art Gegenkultur zur herrschenden Gleichschaltung praktizieren. *Lindy Hop* statt Gleichschritt. »Das wird natürlich von der Partei gar nicht gern gesehen. Deswegen schicken sie uns auch jede Menge Spitzel.«

Elfriede kommt aus dem Staunen gar nicht mehr heraus, als Theo ihr erzählt, auf welch witzige Weise die jazzbegeisterten Jugendcliquen den braunen Marschierern Paroli bieten. »Alles Uniforme ist ihnen verhasst«, erklärt der amerikanische Riese. »Schon bei ihren Namen legen sie Wert auf Unterscheidbarkeit. In Berlin nennen sie sich *Swingheinis*, in Leipzig, Halle und Erfurt *Meuten*, in München *Blasen* und hier in Dresden *Mobs*. Eine Gruppe nennt sich *Fleischermob*, eine andere *Hechtmob*. Das sind meist noch ganz junge Lehrlinge, so zwischen vierzehn und sechzehn. Und besonderen Spaß macht es den *Kids*, sich über die Typen von der Hitlerjugend lustig zu machen, was die natürlich gar nicht witzig finden.«

»*Mobs*? Die bezeichnen sich hier in Dresden selbst als Mob?«

»Ja, so wie *Pöbel* oder *Gesindel*. Ist natürlich ein Joke. Ein Witz. Oder wie sagt man auf Deutsch? Selbstironie?«

»Genau! Kluges Kerlchen. Was du alles weißt.«

Die Kapelle spielt ein neues Stück an, das Elfriede sofort in geradezu euphorische Schwingungen versetzt. »Phantastisch! Dazu müssen wir unbedingt tanzen.«

»*In the Mood*. Ist in Amerika ein Riesenhit.«

»Zu recht. Eine Schande, dass man das nicht auch in Deutschland überall hört.«

Elfriede beobachtet eine junge Frau in kurzem Rock, die sich selbstbewusst auf einen Barhocker schwingt, lachend einer Freundin zuwinkt und sich eine Zigarette anzündet, die in einer langen Zigarettenspitze steckt. Ein junger Mann in kariertem weitem Sakko mit fast schulterlangen Haaren hebt lässig die Hand zum Gruß und ruft den beiden im Vorbeigehen mit verschwörerischem Lächeln »Heil Hotler« zu. Elfriede freut sich über den spöttischen Gruß, versteht aber nicht ganz, wieso Hitler darin zu »Hotler« wird. Theo erklärt ihr auch dies: »Das kommt von hotten. Das heißt bei den Swings so viel wie tanzen – von hot music, also Jazz.«

»Verrückt! Dann sollten wir jetzt auch ein bisschen hotten.«

Obwohl Theo zehn Jahre jünger ist, werden die beiden bald ein Paar. Er bringt ihr amerikanische Tänze bei, und sie nimmt ihn mit zu Modeschauen und führt ihn in Galerien und Museen, manchmal sogar in klassische Konzerte der Dresdner Philharmonie. Oft besucht der junge Amerikaner sie auch in ihrer Schneiderwerkstatt in der Langemarckstraße, die gar nicht weit von Theos Studentenwohnung entfernt ist. Anders als Paul ist Theo für alles offen und teilt bald ihre Begeisterung für die Malerei. Dabei hat er in Milwaukee in seiner Freizeit vor allem Football gespielt und ist mit Vater und Bruder manchmal zur Jagd in die Wälder der Umgebung gefahren, um Rehe, Hirsche oder Bären zu schießen – Dinge, die er in Dresden bei aller Liebe zu dieser alten Stadt doch ein bisschen vermisst.

Aber Elfriede ersetzt ihm vieles, und sie genießt es, von ihm geliebt zu werden. Fast jede Nacht von Samstag auf Sonntag verbringt sie mit ihm im Bett in seiner geräumigen Zwei-Zimmer-Wohnung. Sie hat ihn gleich darüber aufgeklärt, dass sie seit einer noch nicht lange zurückliegenden Notoperation nicht mehr schwanger werden kann, und seine Reaktion wird von einem breiten Lächeln untermalt: »Wunderbar. Dann können wir ja unserer Lust freien Lauf lassen.«

Da ihre Vermieterin Herrenbesuch nur mit ausdrücklicher Genehmigung billigt und die Wände dünn sind, ist es für sie unmöglich, Theo in ihrem Zimmer übernachten zu lassen. Oft kommt er dagegen in ihren Schneidersalon, um sie abzuholen oder einfach nur einen Kaffee mit ihr zu trinken. Er sieht ihr auch gern bei der Arbeit zu. Auf diese Weise lernt er einige ihrer Stammkundinnen kennen – zum Beispiel die Studentin Monica von Schönberg, die sich bei Elfriede gerade ein Sommerkleid schneidern lässt. Wenn die junge Dame zur Anprobe erscheint, geht es nicht nur um die optimale Passform, sondern auch um

Stadttratsch und Fragen der Tagespolitik. Elfriede findet schnell heraus, dass ihre Kundin den Nationalsozialisten ebenso kritisch gegenübersteht wie sie selbst. Beide haben jüdische Freunde und Freundinnen, beide sind entsetzt, dass diese Menschen, deren Vorfahren seit Generationen als ehrbare Menschen in Deutschland lebten, plötzlich zu Volksfeinden erklärt und wie Ungeziefer verfolgt werden. Elfriedes jüdische Kundinnen haben Dresden inzwischen verlassen. Eine Arztfrau hat ihr erzählt, dass ihr Mann von SA-Leuten zusammengeschlagen wurde, als er gerade von seiner letzten Nachtschicht aus dem Krankenhaus zurückkehrte. In ihrer Not hat die Frau aus einem Wintermantel zwei kleine Mäntel für ihre beiden Töchter schneidern lassen. Damit es ihnen nicht kalt werden sollte auf der langen Reise nach Amerika, die der Familie bevorstand. Das komplette Mobiliar und der Großteil ihres Vermögens wurden enteignet. »Was für eine bodenlose Gemeinheit!« Darüber ist sich Elfriede mit Monica absolut einig. Und es wird immer schlimmer. Mit Sorge beobachten die beiden Frauen, dass alles auf einen neuen Krieg zuläuft. Theo stimmt ihnen zu, sodass sie in seiner Gegenwart kein Blatt vor den Mund nehmen müssen. Die elegante Aristokratentochter erzählt auch von ihrem Vater, der als höherer Ministerialbeamter schon beim örtlichen Gauleiter in Ungnade gefallen sei, nur weil er praktizierender Katholik ist und ehemaliger Angehöriger der Zentrumspartei. Deshalb kommt es für Monica nicht infrage, Elfriede zu sich nach Hause einzuladen. Bei diesem Bruder! Trotzdem werden die beiden gute Freundinnen.

Auf dem Zuschneidetisch liegt die aktuelle Ausgabe der *Dresdner Neuesten Nachrichten*. Das Blatt vermeldet, dass Hitler über seinen Außenminister Joachim von Ribbentrop mit Stalin einen Nichtangriffspakt geschlossen hat.

Monica angelt sich die Zeitung und überfliegt die Hauptgeschichte auf der Titelseite. »Was hat das zu bedeuten?«, fragt sie Elfriede. »Der Beginn einer neuen Freundschaft zwischen Nazis und Bolschewiken? Werden jetzt die Waffen für immer schweigen?«

Elfriede zuckt die Achseln. »Kann ich mir nicht vorstellen. Wenn solche Machtsüchtigen wie Hitler und Stalin so was beschließen, dann haben sie bestimmt irgendwelche Hintergedanken.«

»Wahrscheinlich hast du recht. Die Polen jedenfalls sind nicht beglückt über die neue Allianz. Die sehen darin nur einen Schachzug, damit sich die mächtigen Nachbarn in Ruhe über ihr kleines, schwaches Land hermachen können.«

Theo ist an diesem Augusttag des Jahres 1939 schon nicht mehr in Dresden. Er ist drei Wochen zuvor zu seinen Verwandten ins Allgäu gereist, um während der Semesterferien in den Alpen zu wandern. Eigentlich wollte er zu seinen Eltern nach Amerika, doch für eine Schiffspassage über den Atlantik ist die Lage augenblicklich zu unsicher. Irgendwann wird er ja sowieso zurückkehren, aber zwei Jahre benötigt er noch bis zum Diplom.

Hatte er doch wirklich gefragt, ob sie ihn dann nicht nach Amerika begleiten wolle. Aber Elfriede hatte nur den Kopf geschüttelt. Das könne ja wohl nicht sein Ernst sein. »Was soll denn aus der Schneiderwerkstatt werden? Was würden meine Kundinnen sagen? Ich kann doch hier nicht alles stehen und liegen lassen.«

»Das habe ich mir schon gedacht«, war seine Antwort gewesen, die er lächelnd mit einem Kuss bekräftigte. Später wurde ihr klar, dass es von ihm sicher gar nicht ernst gemeint war. Trotzdem hatte sie seine Frage nachdenklich gestimmt. Vielleicht war es ja wirklich keine so dumme

Idee, diesem Deutschland den Rücken zu kehren und auf der anderen Seite des Atlantiks noch mal von vorn anzufangen. Gute Schneiderinnen brächten es sicher auch in Amerika zu etwas, und für ein kleines Startkapital würde Theos reiche Bierbrauerfamilie wohl sorgen.

14. Ein bisschen Mückentanz

Cap d'Antibes im August 1939. Das Meer ist so blau wie der Himmel. Und blau in einem ganz anderen Sinne ist auch Erich-Maria Remarque. Dabei ist über der Côte d'Azur längst die Sonne aufgegangen. Die ersten Fischerboote kehren tuckernd in die Bucht zurück, umkreist von gackernden Möwen. Die Wellen schlagen in regelmäßigem Rhythmus auf den Strand auf, wuchtig, aber sanft auslaufend. Der schwere Atem der See. Ein leichter Wind weht Lavendelduft auf den Balkon. Sommerduft. Das *Hôtel du Cap-Eden-Roc* erstrahlt in seinem Weiß vor der Felsenküste von Antibes wie ein Schloss.

Es könnte eine perfekte Urlaubskulisse sein, aber Remarque brummt der Schädel, und je länger er auf dem Balkon steht, um Frischluft zu tanken, desto mehr fühlt er sich geblendet von all dem gleißenden Licht, kotzübel von den süßen Düften des Gartens. Die Nacht war wieder lang, furchtbar lang. Und so verworren, dass er gar nicht gemerkt hat, wie der Morgen graute. Schon bald nach dem Dinner war er mit seinem Lancia fortgefahren, um ein wenig allein mit sich zu sein. Die vielen Menschen im Hotel sind auf Dauer doch sehr anstrengend: Marlene, meist schlecht gelaunt, oft unausstehlich tyrannisch; ihr Mann Rudi Sieber, der mit Tami ein eigenes Zimmer bewohnt, trotzdem aber beim Essen oder am Strand – meistens gekränkt – über seine Frau wacht; Marlenes 14-jährige Tochter Maria, Josef von Sternberg, der Kennedy-Clan mit den neun jugendlichen oder halb erwachsenen Kindern und dann vor allem diese furchtbare Joe mit dem flachen Busen und der Herrenfrisur, die Marlene ständig auf ihre Suite oder Luxusyacht entführt. Eine kräftezehrende Gesellschaft!

Wie so oft schon in den vergangenen drei Wochen ist er also nach dem Dinner nach Nizza gefahren, hat dort im Casino ein bisschen gespielt und getrunken, ist weiter in seine Stammkneipe gezogen und dort versumpft. Irgendwann, er kann beim besten Willen nicht sagen, wie spät es gewesen ist, stand Rudi vor ihm – begleitet von einem Hotelangestellten. »Marlene schickt mich«, sagte der Typ in seiner weißen Hose. »Mami macht sich Sorgen. Wir sollen dich abholen.«

»Aber wieso denn?«, protestierte er. »Was soll der Fürsorgescheiß? Ich komm schon noch allein wieder nach Hause!«

»Fragt sich nur wie. Wahrscheinlich im Leichenwagen.«

»Blödsinn.«

Aber Rudi ließ nicht locker und bestand darauf, dass der Hotelmitarbeiter Erichs Lancia steuerte und der Fahrzeughalter auf dem Beifahrersitz Platz nahm. So war Remarque im Morgengrauen nach Antibes zurückgekehrt. Auf ein verwaistes Zimmer. Marlene lag wahrscheinlich schon wieder bei ihrer Joe im Bett. Klar, dass er diese Enttäuschung erst mal mit einem Wodka runterspülen musste.

Auf der Hotelterrasse sind die Kellner dabei, für das Frühstück einzudecken. Ein Frühaufsteher sitzt schon an einem der Tische und lässt sich Kaffee einschenken. Als sich der Mann umblickt, winkt er Remarque auf dem Balkon zu. Es ist Joseph Kennedy, der alte Whiskypanscher, der gerade als Botschafter in London residiert und trotzdem unverhohlen seine Sympathien für Hitler bekundet. Wie schon im vergangenen Jahr hat sich der Kerl mit seiner Family im *Eden Roc* einquartiert und nutzt jede Gelegenheit, Marlene unauffällig auffällig hinten wie vorne zu begrapschen und mit ihr auffällig unauffällig zu verschwinden.

Remarque winkt mit gezwungenem Lächeln, kehrt darauf aber gleich aufs Zimmer zurück und zieht den schweren Vorhang vor Balkontür und Panoramafenster.

Viele Blumen schmücken das prunkvolle Zimmer mit den weiß-roten Möbeln – Feuerlilien, Gladiolen, Rosen, Kamelien. Blumen für Marlene, zum größten Teil von Joe. Remarque hat das Gefühl, dass ihm die Blumen die Luft zum Atmen rauben, und öffnet ein Fenster hinter dem Vorhang. Immerhin hat er in dem gemeinsamen Zimmer auch einen kleinen dekorativen Akzent gesetzt: An der Wand hängt ein Aquarell von Cézanne; eine Neuerwerbung: *Arbre et pont – Baum und Brücke*. Die verwischten Farben wirken wie gehaucht. Sehr schön. Aber jetzt hat er keinen Blick dafür. Er zieht sich ächzend aus und wirft sich aufs Bett.

Obwohl er müde und erschöpft ist, findet er keinen Schlaf. Zu den Kopfschmerzen kommt ein Schwindelgefühl. Bilder der Nacht und des vorangegangenen Abends kreisen ihm durch den Schädel. Der Streit mit Marlene über Ziegenkäse, den sie vermisste.

»Manchmal ist es wirklich ein Krieg mit dem Biest«, hat er schon vor einem Jahr, als sie in Antibes waren, in sein Tagebuch geschrieben. Dem ist nichts hinzuzufügen. Vielleicht sollte er besser in seiner schönen Villa in Porto Ronco im Tessin sein, bei Jutta Zambona, seiner Frau. Aber das wäre natürlich auch hirnrissig. Denn mit Liebe hat die Zweitauflage dieser Ehe nicht das Geringste zu tun. Nur um ihre Ausweisung aus der Schweiz nach Deutschland zu verhindern, hat er *Peter* zum zweiten Mal das Jawort gegeben.

dieser Zicke. Zum Dank macht sie ihm jetzt Vorhaltungen, dass er sie nicht an die Côte d'Azur mitgenommen hat.

Das hätte gerade noch gefehlt! Nein, es ist alles unglaublich schwierig und nur mit viel Alkohol zu ertragen. Dumm nur, dass unter der Sauferei sein Schreiben leidet. Mit seinem Ravic-Roman wollte er eigentlich schon viel weiter sein. Ihm ist, als drehe er sich im Kreis. Dabei liefert ihm die merkwürdige Atmosphäre in diesem Hotel in diesen Augusttagen des Jahres 1939 eigentlich wunderbaren Stoff. Während man sich hier am Mittelmeer wie im Paradies fühlen darf, braut sich andernorts etwas zusammen, das zu einer Katastrophe führen kann. Mitunter mischen sich sogar schon Alarmsignale in die Ansichtskartenidylle von Cap d'Antibes. Als er am Abend zuvor auf der Strandstraße nach Nizza gefahren ist, hat er diese bleigrauen Kriegsschiffe gesehen und den Geschützdonner gehört. Noch schießen sie nur zu Übungszwecken, aber schon bald wird sicher Ernst daraus werden. Er überlegt, wie sich seine Eindrücke in den Roman einbauen lassen, kommt aber zu keinem befriedigenden Ergebnis und schläft irgendwann ein.

Später, nach vielen weiteren entnervenden Überlegungen und zusammengeknüllten Seiten, würde sich dann dieser Absatz in *Arc de Triomphe* finden:

> Über Frankreich hing der Regen, über Europa brauste der Sturm – aber diese schmale Küste schien von all dem nichts zu wissen. (…) Und während das Land hinter ihr schon grau vom Nebel der Not, der Vorahnung und der Gefahr war, schien hier noch die Sonne, und sie war heiter, und in ihrem Leuchten sammelte sich der letzte Schaum einer sterbenden Welt.

Ein bisschen Motten- und Mückentanz um das letzte Licht – belanglos wie jeder Mückentanz; töricht wie die leichte Musik von den Cafés her – eine überflüssig gewordene Welt wie Schmetterlinge im Oktober, den Frost schon in den kleinen Sommerherzen, so tanzte, schwätzte, flirtete, liebte, betrog und gaukelte das noch ein wenig, bevor die Sensen und die großen Winde kamen.

15. Marschwalzer

Der Krieg begann im Morgengrauen. Um 4.47 Uhr eröffnete das Schulschiff »Schleswig-Holstein« das Feuer auf ein befestigtes Munitionslager vor der Freien Stadt Danzig. Zehn Minuten krachten an diesem 1. September 1939 schwere Salven über der Ostseeküste. Nach dem Feuerschlag in Richtung Westerplatte stürmten deutsche Marinesoldaten die polnische Festung. Fast zur selben Zeit warfen Kampfflugzeuge der Reichswehr Bomben über der zentralpolnischen Kleinstadt Wieluń ab und brachten Hunderten von Einwohnern, die noch schlafend in ihren Betten lagen, den Tod.

Hitler mühte sich noch am selben Tag in einer Reichstagsrede den Angriff als Vergeltungsschlag zu rechtfertigen. Immer wieder wurden die entscheidenden Worte im Rundfunk übertragen:

»Seit 5.45 Uhr wird jetzt zurückgeschossen! Und von jetzt ab wird Bombe mit Bombe vergolten!«

Elfriede erstarrt, als in ihrer Schneiderwerkstatt die Stimme des Führers aus dem Volksempfänger röhrt. Sie sitzt gerade an der Nähmaschine und ist dabei, eine neue Garnrolle einzulegen. Sie ist so benommen, dass sie ganz vergisst, was sie in der Hand hält. Mit hämmerndem Herzen starrt sie ins Leere. Kurze Zeit später tönen Militärmärsche aus dem Radio. Unerträglich. Sie springt auf, um dem kriegerischen Getöse ein Ende zu bereiten. Da kommt Ingeborg

Rietzel zur Tür herein, eine fünfzehn Jahre jüngere Frau aus dem Dresdner Stadtteil Blasewitz, die oft alte, stockfleckige Kleider, Röcke und Blusen anschleppt, um daraus für wenig Geld etwas Tragbares schneidern zu lassen. Jetzt hat sie einen abgewetzten Mantel dabei, den Elfriede *aufhübschen* soll, wie sie sagt. Als sie »Preußens Gloria« aus dem Volksempfänger scheppern hört, läuft ein Lächeln über ihr Gesicht.

»Hast du das auch gehört? Jetzt wird den Polacken endlich der Marsch geblasen. Jetzt werden wir den Verbrechern mal zeigen, wo der Hammer hängt.«

»Wie bitte? Was sagst du?«

»Da fragst du noch. Hast du nicht gehört oder in deiner Zeitung gelesen, was sich die Polen da an der Grenze rausgenommen haben? Wie sie Volksdeutsche malträtieren und zuletzt der Überfall auf den Sender Gleiwitz, das war doch wohl die Höhe. Das kann sich ja wohl kein Staat der Welt gefallen lassen.«

Elfriede ist sprachlos. Als sie sich halbwegs gefasst hat, beginnt sie: »Aber das ist doch alles Propaganda. Das glaub ich nicht im Traum. Das haben Hitler und seine Leute schon lange klammheimlich ausbaldowert, und jetzt schieben sie den Polen die Schuld in die Schuhe.«

»Sehr interessant. Wie kommst du denn auf so was? Hörst du etwa ausländische Sender? Oder hat dir das deine herrschaftliche Freundin zugeflüstert?«

Elfriede ist klar, dass damit Monica von Schönberg gemeint ist. Sie übergeht die Frage. »Wenn man nicht mit Scheuklappen durch die Welt rennt, dann kann man schon bezweifeln, dass diese Naziprüche wirklich der Wahrheit entsprechen.«

»Naziprüche?! Pass bloß auf, dass das keiner hört.«

Elfriede stellt das Radio ab, sodass einen Moment Ruhe einkehrt.

»Aber Sorgen mach ich mir natürlich«, fährt Ingeborg fort, »wahrscheinlich wird Hans-Jürgen jetzt auch in Marsch gesetzt.« Elfriede weiß, dass Hans-Jürgen Rietzel Berufssoldat ist, Hauptmann der Artillerie. »Bestimmt ist der Spuk schon in ein paar Tagen beendet«, fügt Ingeborg an. »Die Polen haben doch nicht die geringste Chance gegen uns.«

Elfriede spürt, dass es sinnlos ist, weiter mit der jungen Offiziersfrau zu diskutieren. Sie schaltet um auf Geschäftliches. »Was kann ich denn für dich tun?«

Obwohl es ihr zu denken gibt, dass Ingeborg Rietzel den Nationalsozialisten nahesteht, mag sie die gebürtige Dresdnerin mit den kurz geschnittenen blonden Haaren, die wie wenige andere Kundinnen zu ihrer Freundin geworden ist. Wenn die Politik ausgeklammert bleibt, kann sie mit ihr über alles Mögliche scherzen und lachen. Ingeborg hat ihr mit ihren lockeren Sprüchen auch über den Kummer während der Scheidungsverhandlungen mit Paul hinweggeholfen, bei denen es vor allem um die Rückzahlung des Kredits ging, den der Verflossene ihr gewährt hatte. Immerhin ist die Scheidung endlich offiziell besiegelt, und Ingeborg sorgt dafür, dass sie sich nicht langweilt. Manchmal geht sie mit der Hauptmannsfrau sogar zum Tanzen; vor allem jetzt, wo Theo das Allgäu durchstreift und ihre Freundin Inge Strubel gerade mit einer Tochter niedergekommen ist. »Endlich mal ein Baby zwischen all den Leichen«, hat sie gewitzelt.

Die Verstimmung über den Angriff auf Polen ist denn auch bald verflogen. Als Ingeborg eine Woche später ihren grunderneuerten Mantel abholt, vermeiden es beide, den Streit wieder aufflammen zu lassen. Dabei sieht sich Elfriede in ihrer Sorge über drohendes Unheil mehr als bestätigt. England und Frankreich haben Deutschland als

Reaktion auf den Einmarsch in Polen den Krieg erklärt. Hans-Jürgen Rietzel ist, wie seine Frau mit bekümmerter Miene erzählt, wie erwartet, in Richtung Polen abkommandiert worden. Elfriede sieht sich daher veranlasst, die Freundin ein bisschen aufzumuntern. »Wird schon wiederkommen. Unkraut vergeht nicht.« Vielleicht könne man ja mal wieder was unternehmen. Sie sei schließlich auch unbemannt. Um auf andere Gedanken zu kommen, beschließen die beiden, zum Tanzen zu gehen. Sie entscheiden sich für den *Starken August*, Elfriede ist schon lange nicht mehr dort gewesen. Ihr gefällt die Hausband, die neben Swing auch Schlager spielt.

Aber manches hat sich seit ihrem vorigen Besuch mit Theo verändert. Schon der Name der Band: Die fünf Tanzmusiker nennen sich jetzt nicht mehr *Night Owls*, sondern »Nachteulen«; auch das Programm ist eingedeutscht. Ingeborg weiß zu berichten, dass die Partei die Tanzmusiker »an die Kandare« genommen hat, um die »Negermusik«, den amerikanischen Jazz, aus deutschen Tanzsälen zu verdrängen. Auch die Tanzschulen haben Anweisung, der Jugend deutschen Schliff beizubringen und ihnen das wilde, frivole Gehopse, die »undeutschen Hottentottentänze«, abzugewöhnen. Jetzt wird vor allem Walzer getanzt, in allen Variationen, und wenn ein Tango gespielt wird, dann ist der Bewegungsablauf der Tänzer so eckig und zackig reglementiert, als führe ein unsichtbarer Feldwebel Regie. Selbstverständlich hat der Mann wieder wie zu Kaisers Zeiten die Führung zu übernehmen. Der Tanzsaal ist zum Exerzierplatz geworden.

Dieser Eindruck drängt sich Elfriede vor allem auf, als die »Nachteulen« zum »Marschwalzer« aufspielen und mit dem Rhythmus auch der Partner oder die Partnerin gewechselt werden muss. Der Schneewalzer gefällt ihr noch ganz gut. Da lässt sie es sich sogar gefallen, von einem übergewichtigen Glatzkopf, der stark nach Schweiß und Schnaps riecht, holprig geführt zu werden. Als dann aber die Kapelle zum Marsch wechselt, würde sie am liebsten die Flucht ergreifen. Männer und Frauen marschieren stampfend in getrennten Kreisen und singen dazu wie Soldaten auf dem Kasernenhof: »In einem Polenstädtchen, da wohnte einst ein Mädchen …«

Die Männer, die Finger in die Schultern des Vordermanns gekrallt, grölen, als würden sie aufgeputscht in die nächste Schlacht marschieren. Was sind das plötzlich für Leute, unter die sie da geraten ist? Wo ist der *Blaue Mond* geblieben? Ja, *Blue Moon* ist tot, die *Swing Jugend*, von der Theo so geschwärmt hat, scheint sich in abgelegene Kaschemmen verkrochen zu haben, wenn sie nicht auch schon in den Krieg gehetzt worden ist. Ihr fällt auf, dass etliche SA-Männer in ihren braunen Uniformen mit von der Partie sind. Und nach einem Walzer stampfen sie wieder los und grölen: »Heute wollen wir marschier'n, einen neuen Marsch probier'n, in den schönen Westerwald, ja da pfeift der Wind so kalt …«

Sie fühlt sich erschöpft und hundeelend, als ihr letzter Tanzpartner sie schließlich zur Sektbar führt, ein Gemüsehändler, bei dem sie schon oft eingekauft hat. »Prima Stimmung, was?«, fragt er sie, gegen den hohen Lärmpegel anbrüllend. Sie kann nur stumm nicken und ist froh, dass sich der Kerl bald einer Frau zuwendet, mit der er offenbar verheiratet ist. Ingeborg prostet ihr zu. Als sie ihr sagt, wie unbehaglich sie sich bei diesem Marschwalzer gefühlt hat, gesteht die Freundin, dass diese Art zu tanzen auch nicht ihr Ding sei, man das Ganze aber nicht so tierisch ernst nehmen müsse. Es kämen auch noch andere Stücke.

Tatsächlich spielen die »Nachteulen« als nächstes einen

Block mit Schlagern, die auch Elfriede gefallen. *Veronika, der Lenz ist da* oder *Was macht der Mayer am Himalaya.* Das hat schon Claire Waldoff in Berlin gesungen. Was aus der wohl geworden ist?

In der Pause kommt der Schlagzeuger der »Nachteulen« auf sie zu. »Na, lange nicht gesehen«, begrüßt sie der rotblonde Mann mit der untersetzten Statur.

»Und doch wiedererkannt«, erwidert Elfriede. »Obwohl sich ja manches geändert hat.«

»Gezwungenermaßen. Wir sollen auf Linie gebracht werden. Deutscher Name, deutsche Stücke, deutsche Tänze. Furchtbar.«

»Kann man wohl sagen, vor allem dieser Marschwalzer.«

»Die richtige Einstimmung auf den Krieg. Wer weiß, wann sie uns in die Schlacht schicken.«

Der Gedanke ist ihr noch gar nicht gekommen. Aber sicher werden sie bald auch die Musiker einziehen und ihnen ihre Stahlhelme aufdrücken.

»Da trommle ich doch lieber den Leuten hier im *Starken August* den Marsch«, fährt der Schlagzeuger fort. »Und je weiter der Abend voranschreitet, desto mehr können wir uns erlauben. Die Aufpasser von der Partei sind doch immer als Erste besoffen.«

»Dann lohnt es sich ja vielleicht durchzuhalten.«

»Auf jeden Fall.«

Jemand reicht dem Schlagzeuger ein Bier, und wie selbstverständlich erhält auch Elfriede ein Glas mit frisch Gezapftem. Ihr Gegenüber stößt mit ihr an. »Zum Wohlsein. Ich heiße übrigens Heinz.«

»Elfriede.«

Dann muss Heinz wieder seinen Platz hinter seiner *Schießbude* einnehmen, und der Tanz im *Starken August* geht in die nächste Runde. Das Ausharren lohnt sich. Kurz vor Mitternacht spielen die »Nachteulen« tatsächlich noch einen *Boogie-Woogie*, den sie als »Wilden Wassermann« ankündigen. Elfriede wechselt mit ihrem Partner, den sie schon von früher kennt, ein verschwörerisches Lächeln, und beide tanzen wie befreit eine Art *Lindy Hop*. Die steife Atmosphäre scheint aufzubrechen. Sogar die wenigen SA-Männer, die sich noch auf den Beinen halten, lassen sich von dem beschwingten Rhythmus mitreißen. Es folgen weitere Swing-Stücke, die die »Nachteulen« eingedeutscht haben – zumindest dem Namen nach.

Elfriede muss an Theo denken. Mit wem der wohl gerade tanzt? Sie hat schon seit drei Wochen nichts mehr von ihm gehört. Anfangs hat er ihr noch Telegramme geschickt. Dann ist ein vier Seiten langer Brief gekommen – mit langen Schilderungen von Wanderungen, der Arbeit auf dem Bauernhof seiner bayerischen Verwandten, Dorffesten im Bierzelt und etwas abgedroschenen Liebesbeteuerungen. Und nun wartet sie schon eine Weile vergebens auf Post aus dem Allgäu. Ob der amerikanische Riese sie vergessen hat? Unsinn. Bald kehrt er ja nach Dresden zurück und ist ihr wieder nahe. Mehr als vor seiner Abreise denkt sie gegenwärtig darüber nach, ihn vielleicht doch in zwei, drei Jahren nach Amerika zu begleiten. Um für immer dortzubleiben.

Trotzdem geht sie mit Ingeborg samstagabends weiter in den *Starken August*, lässt die Marschwalzer über sich ergehen und freut sich, wenn die »Nachteulen« ihre Swing-Nummern spielen. Heinz, der mit Nachnamen Scholz heißt, winkt ihr nun schon zu, wenn sie den Tanzsaal betritt. In den Pausen setzt er sich ganz selbstverständlich neben sie und erzählt, wie entsetzt seine in Hamburg-Harburg lebenden Eltern gewesen sind, als er sein Jurastudium abgebrochen hat, um in einer Tanzkapelle zu trommeln. Und er ist ganz Ohr, als sie ihm von ihrer Schneiderwerkstatt berichtet, mit der es immer weiter aufwärtsgeht. Er lädt sie auch ein, mal am Sonntagnachmittag mit ihm über die Elbhänge zu spazieren. Doch sie weist solche Annäherungsversuche zurück und lässt durchblicken, dass sie *vergeben* ist.

16. Der Tanz mit dem Puma

Unterwegs mit der *Queen Mary*, unterwegs von Cherbourg nach New York. Die *Queen Mary* ist ein prachtvolles Schiff, ein schwimmendes Luxushotel mit Schwimmbad, Kino, Musikkapelle, Bibliothek, etlichen Bars und Restaurants im Stil des Art déco und zumeist noblen holzvertäfelten Kabinen für mehr als 2000 Passagiere. Der Stolz des British Empire. Doch bei dieser Überfahrt Anfang September 1939 erinnert die *Queen Mary* nur noch entfernt an einen Luxusliner. Das Schiff ist hoffnungslos überfüllt. Dreimal so viele Menschen wie üblich drängen sich auf den Decks. Das Wasser des Swimmingpools ist abgelassen, sodass darin Feldbetten aufgestellt werden können. Ein Speisesaal ist zum Schlafsaal umfunktioniert, und wer in die Bibliothek kommt, sieht dort keine Bücher mehr, sondern nur noch Pritschen. Es soll sogar darüber nachgedacht worden sein, die Billardtische in Schlafstätten zu verwandeln.

Die Nachrichten vom drohenden Kriegsbeginn haben Hunderttausende veranlasst, Europa und besonders Deutschland den Rücken zu kehren, und einige Glückliche haben Zuflucht auf der *Queen Mary* gefunden.

Unter den Passagieren ist auch Erich Maria Remarque, begleitet von der Familie Marlene Dietrichs – deren Ehemann Rudi Sieber, Tochter Maria und Tami, Rudis Geliebter, die nach mehreren Abtreibungen unter psychischen Problemen leidet und Angst vor der Überfahrt hat. Marlene ist bereits vorausgeeilt, um in Hollywood einen neuen

Film zu drehen: *Destry Rides Again* (*Der große Bluff*), ihren ersten Western.

Nervosität und Angst drücken die Stimmung an Bord. Die Passagiere laufen mit angespannten Mienen herum und können es gar nicht mehr abwarten, endlich die amerikanische Küste zu erreichen. Die Nachricht vom deutschen Überfall auf Polen hat bereits Entsetzen ausgelöst, und am zweiten Tag auf hoher See verkünden Lautsprecherdurchsagen auch noch, dass Großbritannien und Frankreich Deutschland den Krieg erklärt haben. Als sich Remarque daraufhin einen Cognac genehmigt, fällt ihm auf, wie still es in der Lounge ist. »Langsam kriechender Beginn des Krieges«, wird er einige Tage später in sein Tagebuch schreiben.

Ängstlich halten die Passagiere Ausschau, ob verräterische Ausguckrohre aus den Wellen auftauchen. Denn mit einem Mal ist es vorstellbar geworden, dass deutsche U-Boote das Schiff angreifen. Tägliche Übungen an den Rettungsbooten werden zur Routine. Damit das Schiff nicht geortet werden kann, hat der Kapitän Funkstille befohlen. Um mögliche Angreifer zu verwirren, lässt er den Dampfer im Zickzackkurs fahren Als Begleitschutz der *Queen Mary* sind bereits Kriegsschiffe im Gespräch gewesen, die Idee ist aber wieder verworfen worden. Es geht sogar das Gerücht, die *Queen Mary* laufe nicht wie geplant New York an, sondern einen Hafen in Kanada. Ein Täuschungsmanöver? Eingehüllt in Zigarettenqualm, diskutieren feine Herren am Kartentisch darüber, was davon zu halten ist und wie Deutschland am besten in seinem Wahn gestoppt werden kann. Jüdische Familien hocken sich in großen Gruppen zusammen und sprechen mit sorgenvollen Mienen über Familienmitglieder, die sie zurücklassen mussten. Manche weinen still in sich hinein.

Erich Maria Remarque taucht unterdessen in den Qualm seiner vorerst letzten Zigarre ein und überfliegt einige Seiten seines Emigrantenromans *Liebe deinen Nächsten*, der teilweise schon als Vorabdruck in *Collier's Weekly* erschienen ist. Im September sollte der Roman bereits als Buch herauskommen – und zwar in Amerika. Mittlerweile ist klar, dass der Termin nicht zu halten ist, weil ein Teil noch gar nicht übersetzt vorliegt. Immerhin hat der Autor in seiner kleinen Kabine ein wenig Ruhe gefunden, um Bilder und Szenen dieses Schiffes in sein Manuskript einzuarbeiten. Denn manche der Passagiere könnten gut im Roman vorkommen. Die Unruhe und das Gewimmel an Bord gehen ihm allerdings mehr und mehr auf die Nerven. Auch das Essen lässt zu wünschen übrig. Kein Vergleich mit den Erste-Klasse-Menüs, die ihm bei seiner Überfahrt vor einem halben Jahr serviert worden sind. Sehr viel besser schmeckt der schottische Whisky, den er abends zusammen mit Rudi Sieber trinkt.

Mit an Bord ist auch Joe Carstairs, Marlenes neue Flamme. Die Millionärin logiert mit ihrem Tross in zwei nebeneinanderliegenden Suiten und wird von einem eigenen Steward bewirtet. Die drangvolle Enge an Bord bleibt ihr so erspart.

Als das Schiff unter dem Jubel seiner Passagiere schließlich doch New York anläuft, warten am Pier schon Joes Leute, um ihre vielen Koffer in Empfang zu nehmen.

Remarque ist froh, dass die Einreisebeamten seinen Pass akzeptieren, den er sich zwei Jahre zuvor für einen Haufen Geld auf Umwegen über die Republik Panama besorgt hat. Joe Carstairs hat es nicht nur bei der Einreise leichter. Sie verfügt auch über Kleingeld und Kontakte, um sich schneller als Remarque nach Los Angeles zu Marlene chauffieren zu lassen. Remarque dagegen ist an Marlenes

Family gekettet, die es mit der Weiterreise nicht eilig hat. Und als Marlene schließlich anruft, will sie vor allem wissen, wie Maria untergebracht ist und ob Tami schon wieder schwanger ist oder andere Probleme hat. Völlig unverständlich ist für sie, dass Rudi keinesfalls ohne seine Tami nach Amerika kommen wollte. Remarque versucht ihr zu erklären, dass Tami gedroht habe, mit einem Russen durchzubrennen, der sie in den zurückliegenden Wochen bestürmte, sie zu heiraten und mit ihm nach Berlin zu gehen. Aber das ist für Marlene alles nur »Quatsch mit Soße«.

Remarque fühlt sich von der Liebsten, der er ein zweites Mal über den Atlantik gefolgt ist, nicht ernst genommen. Es beschleicht ihn das dumme Gefühl, dass sie sich für ihn überhaupt nicht interessiert.

So schreibt er in der Nacht vom 4. auf den 5. September 1939 in New York in sein Tagebuch:

> Abends wurde ich allmählich ziemlich wütend über den Empfang. Als *das Puma* nachts anrief, beschimpfte ich es gründlich. Es weinte, erklärte, es sei missverstanden etc. Morgens noch einmal telefoniert. Die sogenannte Aussprache. Fast nicht geschlafen.

Gegen Abend ruft er die Angebetete noch mal in Los Angeles an. Aber diesmal ist sie nicht allein, sondern zusammen mit Josef von Sternberg, ihrem früheren Regisseur, von dem sie sich eigentlich längst getrennt hat. Auch jetzt macht Remarque wieder seinem Ärger Luft, indem er sich dem Tagebuch anvertraut:

> Ich rief *das Puma* verabredetermaßen an. Es quasselte irgendwas, dann erschien Sternberg am Telefon, erklärte, der Krieg sei wunderbar, reinigend etc., nun wolle er

mit dem *Puma* essen gehen. Ich möge ihm Adieu sagen. Ich tat es und kotzte fast.

So geht es auch am nächsten Tag weiter. »Vormittags mit dem *Puma* telefoniert. Derselbe unerträgliche Kram.«

Besser versteht er sich dieser Tage mit Marlenes Tochter Maria. Er geht mit *Kater* am Nachmittag ins Kino und am Abend in den *Cotton Club* am Broadway, wo er sogar mit dem entzückten Mädchen tanzt und die beiden einem Konzert mit schwarzen Jazzmusikern beiwohnen. Die Vierzehnjährige ist schier aus dem Häuschen vor Begeisterung – vor allem darüber, dass ihr Freund *Boni* die halbe Nacht mit ihr verbringt. Wenn ihr Vater über sie wacht, muss sie abends früh ins Bett.

Wie schon im März des selben Jahres ist Remarque wieder im Waldorf-Astoria abgestiegen, »schön und trotz Wolkenkratzerformat intim«, wie er notiert. Vor allem genießt er die Aussicht: »Wunderbare Rundsicht: Hudson u. East River, dazwischen die Stadt, vieltürmig, kathedralen- und domhaft. Die Autos unten Spielzeuge. Das Schönste aber der Ton der Stadt – wie der dunkel donnernde Ton eines Rennmotors.«

Die Arbeit am Roman hat er erst einmal wieder auf Eis gelegt. Er stürzt sich ins New Yorker Nachtleben, verabredet sich mit einem Freund zum Roquefort mit Cognac im französischen Restaurant *Chambord*, besucht in Harlem Shows, Revuen, Jazzlokale und Schwulenkneipen, wo es überall hoch hergeht.

Einige Tage nach der Ankunft geht es mit dem Zug weiter über Chicago nach Los Angeles. Die Reise im Schlafwagen Deluxe mit dem *Southwest Chief* führt durch acht Staaten; durch Weizenfelder und Wüsten, durch Canyons und Prärien. Starke Regenfälle in Arizona haben die Schienen unterspült, sodass der Zug nur noch im Schneckentempo vorankommt. Das hat den Vorteil, dass er viel Muße hat, den Menschen in die Augen zu sehen, an denen der Zug vorbeirollt – zum Beispiel diesen Indianerfrauen, die in Yuma am Boden kauern. »Große wunderbare Gesichter. Jeder eines – nicht wie in der Stadt, flüchtig nach einer schlechten Schablone gemacht.«

Und dann geht es weiter durch die Wüste. »Endlos. Am Horizont das Gebirge. Rötlich, blau. Palmen … Man hat das Gefühl, wir kommen nie hin. … Viel gelacht. Viel verworfen, viel vergessen. Weiß nicht, was kommen wird. Sehe nicht klar; – auch über mich nicht.«

Das Ziel ist erreicht. Los Angeles. Marlene Dietrich. Remarque lässt sich von ihr bekochen, geht mit ihr aus, schläft mit ihr, besucht sie bei den Dreharbeiten. Aber die Querelen dauern an. Marlene ist launisch und oft auch mit anderen Partnern oder Partnerinnen wie Joe Carstairs oder Mercedes de Acosta zusammen. Remarque tobt innerlich vor Wut und Eifersucht, und fast alle seine Tagebucheintragungen der nächsten Monate kreisen nur um eine einzige Person: Marlene. »Warum schreibe ich eigentlich all diesen Mist?«, fragt er sich am 15. September 1939. »Immer, wo dieses Weib auftaucht, ist Gequatsche, Gerede und Zank.« Bei den Streitereien kommt es sogar zu Handgreiflichkeiten. »Jedenfalls war das Ende, dass ich ihr eine Ohrfeige gab u. sie mich in die Hand biss«, bilanziert er am 6. Oktober. Immer wieder die Frage, warum er so schwach ist und sich das alles bieten lässt, anstatt sich endlich von der *Hexe* zu lösen.

Da erscheint ihm zwischenzeitlich sogar seine Ehefrau in freundlicherem Licht. Jutta Zambona kommt im Oktober 1939 ebenfalls nach Amerika, wird aber erst einmal für eine Woche auf Ellis Island interniert, weil ihr panamesischer Pass seine Gültigkeit verloren hat. Als Remarque durch einen Anwalt eine kurzfristige Aufenthaltserlaubnis für die Staatenlose erwirkt, bedrängt ihn Marlene verärgert, sich endlich und endgültig scheiden zu lassen. Doch Remarque fühlt sich seiner Jutta, die er immer noch *Peter* nennt, so verbunden wie lange nicht. »Viel besser als *das Puma*, das zum Teufel gehen soll«, notiert er am 23. November. Und auch noch vier Wochen später findet er: »*Peter* war nicht so bösartig wie dieses ekelhafte Biest.«

Doch die Beziehung zu Jutta Zambona trübt sich wieder ein – seine Ex hält ihm mal wieder vor, sich zu wenig um sie zu kümmern, was er zutiefst ungerecht findet. Und wenn er seiner *schwierigen* Marlene einen Brief schreibt, dann scheint seine Liebe zu der *Diva* wieder grenzenlos, und in zarte Töne getauchte Erinnerungen an schöne Tage legen sich wie Rosenblüten über die hässlichen Zankereien der Jetztzeit. Kurz: Frauen tragen nicht eben zum inneren Frieden Remarques bei, der sich im Übrigen bei Filmpremieren und Studiopartys im Kreis der Hollywood-Prominenz bewegt und berühmte Emigranten aus Deutschland trifft. Ganze Nächte zum Beispiel verbringt er mit Carl Zuckmayer. Thomas Mann dagegen zeigt ihm weiter die kalte Schulter.

Materiell zumindest hat er weiter keinen Grund zu klagen. Auch sein neuer Roman wird verfilmt. *So Ends Our Night* ist der Titel des Films unter der Regie von John Cromwell, der schon am 21. Januar 1941 in New York in die Kinos kommt – noch bevor die amerikanische Buchausgabe von *Flotsam* (Strandgut) erscheint.

Marlene Dietrich nimmt an der Premierenfeier nicht teil. Im November 1940 haben sich die beiden getrennt.

Drei Wochen zuvor hat Remarque sich bereits in eine andere Frau verliebt: Natalie (*Natascha*) Pawlowna Paley, eine russische Gräfin aus dem Hause Romanov, deren Vater der Bruder von Zar Alexander III. war. Als Natascha 1919 ihren Vater verlor, war sie gerade vierzehn. Der Großfürst wurde zusammen mit seinen Vettern von den Bolschewiken erschossen. Natascha floh daraufhin mit ihrer Mutter und Schwester über Finnland nach Frankreich. Aber diese Dinge gehören einer Welt an, die Natascha hinter sich gelassen hat. Die Gegenwart bietet Aufregungen anderer Art. Die 35 Jahre junge Schauspielerin ist zwar verheiratet, aber ihr Mann, ein schwuler Filmproduzent, lässt ihr alle Freiheiten. Frei von Stolpersteinen ist aber auch die neue Liaison nicht – denn noch andere Frauen kreuzen den Weg des Emigranten aus Osnabrück.

17. Ein neuer Versuch

Dresden zu Beginn des neuen Jahrzehnts. Die Mode entwickelt sich in Deutschland während des Krieges nur wenig weiter. Stoffknappheit und staatliche Einschränkungen zwingen zu häufigem Umarbeiten und Erfindungsreichtum. »Alles verwenden, nichts verschwenden«, lautet die Maxime. Die Damenkleidung ist einfach und zweckgerichtet. Gedeckte Farben, wenig Aufputz. Wie schon in den Dreißigerjahren sind die Kleider eng tailliert, hochgeschlossen und mit gepolsterten Schulterpartien versehen. Die Röcke umspielen nur eben noch das Knie und sind damit deutlich kürzer als in der Vorkriegszeit. Insgesamt gibt sich die Damenmode betont feminin, doch häufig schmücken Uniformdetails Jacken und Mäntel.

Elfriede spannt das Schulterstück des dunkelgrünen Baumwollkleides über ihr Bügelei und streicht behutsam mit dem Bügeleisen darüber. Feiner Dampf steigt auf. Sie mag diesen Duft, er signalisiert ihr, dass ein Kleid mal wieder so gut wie fertig ist. Der Kleiderstapel auf dem Nebentisch erinnert sie daran, wie viel Arbeit noch auf sie wartet. Oft schon hat sie überlegt, eine Gesellin einzustellen, den Gedanken aber mit Blick auf ihre kleine Werkstatt wieder verworfen. Aus dem Radio tönt ein Walzer. *Donau so blau, so blau.* Sie bügelt im Walzertakt.

Gemessen an den Turbulenzen in der schillernden Welt ihres Bruders, verläuft ihr Leben weiter in ruhigen Bahnen. Die Schneiderwerkstatt hält sie von morgens bis abends in

Trab. Sie kann sich vor Aufträgen kaum retten. Zum Glück hat sie ihre Tabletten und Spritzen, die sie vor dem stets drohenden Rückfall und körperlichen Zusammenbruch bewahren. Die Gesundheit ist für sie das alles entscheidende Betriebskapital. Ihre schlummernden Leiden erklärt sie nach wie vor mit den Folgen einer »Tropenkrankheit« – eine Erklärung, die von ihrem schwachen Körper ablenkt und den Eindruck vermittelt, dass sie schon weit herumgekommen ist in der Welt. Wenn auch nicht ganz so weit wie ihr Bruder.

Sie ist gefragt wie nie. Immer mehr spricht sich herum, wie geschickt und fantasievoll sie alte Lumpen in schicke Kleider verwandeln kann. Sie trennt Säume auf, zerlegt Mäntel und Kleider, kehrt die Unterseite nach oben und näht die Einzelteile, frisch gebügelt, wieder zusammen, sodass die Sachen wie neu aussehen. Das macht zwar viel Arbeit, ist aber das Gebot der Stunde, um in diesen Zeiten als Schneiderin zu überleben. Und wenn sie bei ihren Preisen auch weiter bescheiden bleibt, so sprudeln doch die Einnahmen, was in dieser Kriegszeit keinesfalls selbstverständlich ist. Den Kredit ihres Ex-Manns kann sie so schon bald komplett zurückzahlen und sich sogar eine zweite Nähmaschine, Stoffe und neue Schnittmuster leisten.

Die Zeitung überschlägt sich mit Erfolgsmeldungen von der Eroberung Polens und den weltweiten Triumphen des Führers, im Radio wird das Programm jetzt immerzu von der Siegesfanfare unterbrochen, die die Meldungen des Oberkommandos der Wehrmacht einleitet. Die Rede ist von neuem »Lebensraum im Osten« und »Blitzkrieg«. Doch Elfriede misstraut den Siegesmeldungen, mag ihre Freundin Ingeborg noch so jubeln und von den übermütigen, siegestrunkenen Feldpostbriefen ihres Mannes erzählen. Sie muss an das Buch ihres Bruders denken, das sie immer noch wie ein Heiligtum verwahrt, obwohl es schon lange verboten ist. Sie weiß nicht, dass Erich inzwischen ein neues Buch geschrieben hat, in dem ein Flüchtling aus Dresden eine Hauptrolle spielt: Ludwig Kern, der Sohn eines jüdischen Parfümherstellers, der »wegen staatsgefährdender Reden bei der Gestapo denunziert« worden ist, wie es in dem Roman heißt, einem Roman, der erst viel später unter dem Titel *Liebe deinen Nächsten* in Deutschland erscheinen wird. Ihr Bruder beschreibt darin, was sie selbst schon in manchen Varianten durch die Erzählungen ihrer Freundinnen mitbekommen hat: Wie ein jüdischer Kaufmann in Dresden gezwungen wird, für einen lächerlichen Preis seine Fabrik zu verkaufen, ausgewiesen wird und flüchten muss. Eine »Flucht ohne Ende. Von Dresden nach Prag; von Prag nach Brünn; von da nachts über die Grenze nach Österreich …«

Immer wieder bekommt sie von ihren Kundinnen hinter vorgehaltener Hand in Andeutungen zu hören, wie es denen ergeht, die nicht rechtzeitig das Weite suchen und sich noch in irgendwelchen Schlupflöchern verkriechen. Die armen Menschen! Sie tun ihr leid, ihre Leidensgeschichten verstärken ihren Groll. Oft überlegt sie, wie auch sie etwas tun kann, um diesen Verfolgten zu helfen.

Anfang Oktober an einem sonnigen Herbsttag kehrt Theo aus Bayern zurück. Er schließt sie in die Arme und präsentiert ihr lachend ein Paket mit Wurst und Käse aus dem Allgäu. Aber sie spürt schnell, dass das Lachen aufgesetzt ist, allzu durchsichtig eine seltsame Unsicherheit verbirgt, die sie von dem amerikanischen Hünen nicht kennt. Selbst wenn er von seinen schönen Ausflügen zum Bodensee spricht, klingt er bekümmert. Das hat sicher auch mit dem

Krieg zu tun, der seine Ferien überschattet und seine Eltern in Amerika in Angst und Schrecken versetzt hat. Aber da ist noch etwas.

Bereits am Abend seiner Heimkehr lüftet er das Geheimnis. Er beichtet Elfriede, dass er sich verliebt hat – in ein Mädchen aus einem Dorf bei Kempten, das bei einem Familienfest zu Gast war. Anna heißt die Glückliche, noch drei Jahre jünger als er selbst und damit vierzehn Jahre jünger als Elfriede. Einen Tag vor der Abreise habe er sich mit dem Mädchen heimlich verlobt, sagt er.

Jetzt sieht sie auch seinen Ring.

»Gratuliere«, sagt Elfriede im Ton unverhohlener Enttäuschung. »Deine Anna ist bestimmt hübsch.«

»Das bist du auch – und ich habe dich auch weiter sehr, sehr gern.«

Er will ihr zur Bekräftigung einen Kuss geben, doch sie dreht ihren Kopf zur Seite. »Gib dir keine Mühe, du Casanova. Ich versteh schon, dass dir so ein junges Ding aus den Bergen lieber ist als eine alte Schachtel vom platten Land wie ich.«

»Du bist keine alte Schachtel, du bist immer noch eine Schönheit, und ich hab dich genauso lieb wie vorher.«

»Ach, hör auf mit dem Süßholzgeraspel, du Sonnyboy. Aber nett von dir, dass du mir wenigstens reinen Wein einschenkst. Ich habe mich schon gewundert, dass du so wenig schreibst.«

»Tut mir leid, aber jetzt bin ich ja wieder hier, und so viel muss sich ja gar nicht ändern zwischen uns.«

»Meinst du, du Pascha.«

»Auf jeden Fall können wir wieder zum Tanzen gehen. Keine tanzt so toll *Lindy Hop* wie du.«

»*Lindy Hop* war einmal, jetzt wird in Deutschland Marschwalzer getanzt.«

»Auch gut.«

»Nein, furchtbar! Aber zwischendurch spielen sie auch mal ein bisschen Swing, natürlich alles eingedeutscht, arisiert. Ich nehm dich gern mal mit in den *Starken August*, da heizen jetzt die ›Nachteulen‹ ein. Die sind nicht schlecht – vor allem der Schlagzeuger.«

Tatsächlich geht Theo schon am nächsten Sonnabend mit Elfriede und Ingeborg in den *Starken August*. Doch Elfriede vermeidet jeden engeren Körperkontakt. Als in der Pause Heinz zu ihr kommt, nimmt sie ihn dagegen demonstrativ in den Arm und stellt ihm Theo vor.

»Der Knabe kommt aus Amerika und hat sich gerade im Allgäu verlobt. Deutsch-amerikanische Freundschaft. Was gibt es Schöneres in diesen Kriegstagen!«

Heinz gibt Theo lachend die Hand. »Glückwunsch, Mister, und willkommen im Club.«

Damit ist eine neue Phase zwischen der Schneiderin und dem Schlagzeuger eingeleitet. Elfriede geht nun immer häufiger ohne Theo in den *Starken August* und lässt sich tief in der Nacht von Heinz nach Hause bringen. Sonntags kehren die beiden im Café Zuntz ein oder spazieren an der Elbe entlang. Dabei erfährt Elfriede, dass Heinz Scholz, der vier Jahre jünger ist als sie, aus Gotha stammt und sein Jurastudium im fünften Semester abgebrochen hat, um Musik zu machen. Schon als Schüler spielte er Schlagzeug und wollte eigentlich Musik studieren. Aber das haben seine Eltern nicht erlaubt. Sein Vater war Direktor der Gothaer Gummifabrik, ist dann mit seiner Familie nach Magdeburg übergesiedelt und schließlich als Prokurist der Phoenix-Gummiwerke in Hamburg-Harburg gelandet. Heinz' jüngerer Bruder lebt ebenfalls in Hamburg.

Als Elfriede ihm gesteht, dass sie geschieden ist, berichtet er ihr, dass er gleichfalls eine kurze Ehe hinter sich hat.

»Da sind wir ja beide keine unerfahrenen Backfische mehr«, kommentiert sie keck.

Doch so heiter und unbeschwert verlaufen nicht alle Plaudereien. Selbst wenn sie auf der Sonnenterrasse eines Ausflugslokals mit Elbblick sitzen, holt sie der lange Schatten des Krieges ein. Heinz fürchtet, bald eingezogen zu werden, und Elfriede versteht, dass diese Furcht seine Stimmung auch bei schönstem Sonnenschein eintrübt. Bedrückt erzählt Heinz auch, dass der jüdische Akkordeonspieler der Band zusammengeschlagen und verhaftet worden ist, weil er bei einem Konzert Scherze über die Nazis gemacht hat.

Je mehr sie sich von Theo entfernt, desto näher kommt sie Heinz. Schließlich zieht der Schlagzeuger zu ihr in die Langemarckstraße. Die Wohnung ist groß genug. Da sie ihrer Vermieterin wegen des höheren Wasserverbrauchs 20 Reichsmark mehr Miete anbietet, erklärt sich Antonie Wentzel nach einem kurzen Aufschrei einverstanden und sieht über ihre moralischen Bedenken wegen des noch fehlenden Trauscheins großmütig hinweg.

Doch ein längeres Zusammenleben ist den beiden ohnehin nicht vergönnt. Am 1. Dezember 1940 wird Heinz Scholz zur Kriegsmarine eingezogen. Von einem Fronteinsatz bleibt der Musiker einstweilen verschont. Nach der kurzen Ausbildung auf einem Kriegsschiff wird er zu einer Militärkapelle abkommandiert, die bei feierlichen Anlässen wie Ministerbesuchen, Ehrungen oder Trauerfeiern vielerorts in Norddeutschland spielt. So schließt Heinz Scholz allmählich seinen Frieden mit dem Tschingderassabum der Militärmärsche, und da ihm Blut, Dreck und Geschützfeuer erspart bleiben, arrangiert er sich sogar mit dem Krieg, dessen Klangfarbe sich für ihn nur zwischen dem Radetzkymarsch und »Ich hatt' einen Kameraden« bewegt.

zwischen dem Dur der Siegeszuversicht und aufgeputschten Kampfmoral und dem Moll romantisierender Trauerfeiern. Mit einem Mal spricht auch er davon, dass jeder seine vaterländische Pflicht zu erfüllen habe und Deutschland in dieser Zeit der Prüfung und Bedrohung zusammenstehen müsse wie ein Mann.

Elfriede kann er damit nicht überzeugen. Sie fühlt sich durch eine Stammkundin bestätigt, die schon im ersten Kriegsjahr Witwe geworden ist; sie hört geradezu das Wimmern der Sterbenden und Verletzten, wenn das Oberkommando des Heeres in seinem Propagandagetöse von triumphalen Schlachten und dem ungebrochenen Vormarsch der Wehrmacht tönt. Ganz hautnah hat der Verlobte ihrer Freundin Monica die Grausamkeit des Krieges kennengelernt. Hans Graf von Finckenstein ist von Granatsplittern durchsiebt worden und dem Tode näher als dem Leben, als man ihn in Dresden ins Lazarett einliefert. Zwei Jahre muss er dort behandelt werden. Eine Hüfte ist zertrümmert, ein Knie bleibt steif. Aber immerhin führt die Verletzung dazu, dass er nicht wieder zurück an die Ostfront kommandiert wird, wo sich die Tage in Alpträume verwandeln. Besonders entsetzt ist Elfriede, als ihre Freundin von den Verbrechen der Deutschen erzählt. »Sogar altgediente Berufssoldaten sind schockiert.«

Heinz Scholz hält dagegen, dass in einem Krieg auf allen Seiten schlimme Dinge passieren und man nicht auf einseitige Feindpropaganda hereinfallen darf. »Wo gehobelt wird, fallen Späne« ist sein Motto. »Aber hier fallen keine Späne«, hält Elfriede dagegen, »hier fallen Menschen, und hier sterben nicht nur Soldaten, sondern auch Frauen und Kinder«.

Trotz ihrer Meinungsverschiedenheiten geben sich die beiden am 13. Mai 1941 in Dresden das Jawort. Während eines Fronturlaubs hat Heinz Scholz kurz entschlossen Elfriede gefragt, ob sie seine Frau werden will. »Wer weiß, wie es uns noch ergeht in diesem Krieg? Wer weiß, ob sie mich nicht auch bald ins Feld schicken?«

Das überzeugt Elfriede. Sie bittet ihre Schwester Erna, ihr vor dem Standesamt in Dresden als Trauzeugin zur Seite zu stehen. Für eine kirchliche Trauung und große Feier ist die Zeit zu knapp. Immerhin schlüpft Elfriede diesmal in ein richtiges Brautkleid. Sie hat es selbst geschneidert. Und umgearbeitet. Denn es ist schon von einer anderen Braut getragen worden. Da die Kundin eine ähnliche Figur hat wie sie, hat Elfriede mit ihr ausgehandelt, dass sie in dem Prachtstück aus weißer Spitze gegen einen nachträglichen Rabatt selbst noch einmal das Gelöbnis der Ehe abgeben darf.

In diesen unruhigen Tagen wird viel geheiratet in Deutschland, sodass sie fast ebenso viele Brautkleider wie Alltagskleider in Arbeit hat. Ein Grund für den ungewöhnlichen Heiratsdrang ist nicht nur der einwöchige Sonderurlaub für den Bräutigam, sondern auch die Sorge der Männer, dass ihnen ihre Frauen während der langen Abwesenheit untreu werden könnten. Völlig unbesorgt kehrt auch Heinz Scholz nicht zu seiner Kompanie zurück. Denn nebenbei hat Elfriede ihm einige Tage nach der Hochzeit anvertraut, dass Theo mal wieder zu Besuch war.

18. Spaziergänge mit Greta

Dieser Spaziergang scheint kein Ende zu nehmen. Bergauf, bergab. Mit Fernsicht auf den Pazifik und düstere Täler. Palmen, Pinien, blühende Gärten. Schicke Villen mit glitzernden Pools, großkotzige Betonklötze, verbarrikadiert wie Festungen. Seelenlose Auffahrten, die vor verschlossenen Toren und hohen Mauern enden. Endlose breite Asphaltstraßen, dann aber wieder lauschige Spazierwege mit Oleanderduft und Meeresrauschen. Es dämmert bereits, als Erich Maria Remarque mit seiner leichtfüßigen Begleiterin den knapp drei Kilometer langen Heimweg einschlägt. Nebel wabert über dem Tal. Er hat längst die Orientierung verloren, vertraut aber auf seine Begleiterin, die jeden Pfad zu kennen scheint. Greta Garbo. Die Göttliche. Die Sonne hat sich schon rot glühend im Meer versenkt, da ziehen auf einmal blaugraue Wolken auf, die den Abend zusätzlich verdüstern. Wind kommt auf, und dem Wind folgt Regen. Zuerst nur wenige Tropfen, aber dann schüttet es plötzlich wie aus Kübeln. Ein Wolkenbruch, der die Sandwege in Sturzbäche verwandelt. Da der Himmel fast wolkenlos war, als die beiden am Nachmittag aufgebrochen sind, hat niemand an einen Regenschirm gedacht. Schnell sind beide bis auf die Haut durchweicht. »Regen, Nebel, Wind«, wird Remarque später in sein Tagebuch schreiben. »Nass wie die Katzen. Ich besonders. Hosen klatschnass. Schwappende Schuhe, nasser Regenmantel. Lachten.«

Die Wimperntusche läuft der Garbo in die Augen, sodass sie ständig reiben und wischen muss, weil es so fürchterlich brennt. Auch die Schminke auf den Wangen zerläuft. Nur die rot gemalten Lippen halten dem Regen stand. Doch Greta Garbo lacht und macht Scherze über ihren aufgeweichten Begleiter, der das alles nicht so lustig findet, die schöne Schwedin aber dennoch nach Hause begleitet. Kavalier bei jedem Wetter. Er wird belohnt, Greta lässt Badewasser ein und lädt ihn zu sich in die große Wanne ein. Danach trinken beide einen Cognac. *Alkoholfrottage*, wie Remarque das nennt.

Es ist eine Ehre, von der Garbo ins Haus gelassen zu werden. Nur wenigen wird dieses Privileg zuteil. Die weltberühmte Schauspielerin mit den Spitzengagen lässt kaum jemanden in ihre Villa auf dem Hang, wo draußen vom Pool aus das Meer zu sehen ist.

Schon in ihren Stummfilmen ist sie zum Weltstar geworden. *Anna Karenina, Königin Christine, Mata Hari, Die Kameliendame, Ninotschka, Das göttliche Weib, Eine schamlose Frau*: Große, bewegende Frauenfiguren haben sie zur Leinwandlegende gemacht. Doch an diesem 3. April des Jahres 1941 liegt der Zenit ihrer Karriere bereits hinter ihr, obwohl sie erst 35 ist. Ihre zuletzt gedrehten Filme spielten deutlich weniger ein als erwartet. Deswegen haben sie die Kinobesitzer in einer Anzeigenkampagne als *Kassengift* bezeichnet, ebenso wie Marlene Dietrich, die in ihrer Nachbarschaft wohnt und oft mit ihr verglichen wird. Schließlich haben die beiden zum Teil mit den gleichen Regisseuren gearbeitet, sich dieselben Liebhaber geangelt und in ähnlichen Rollen als *Femme fatale* brilliert. Aber natürlich ist Greta Garbo der festen Überzeugung, dass es in Hollywood nur eine Göttin gibt. Und dass es sich dabei nicht um Marlene handelt. In Kürze wird sie einen neuen

Film drehen, *Die Frau mit den zwei Gesichtern*. Es wird ihr letzter Film sein.

Erich Maria Remarque hatte sie im Januar auf einer Vernissage in New York getroffen. Wochen später, nach einer kurzen Begegnung am Botanischen Garten in Los Angeles, ergriff sie die Initiative, rief an und lud ihn ins Kino ein. *Lord Nelsons letzte Liebe* mit Vivian Leigh und Laurence Olivier. Er war gerührt, als sie beim Tod von Admiral Nelson weinte, und schob ihr zum Trost die Popcorntüte rüber. Nach dem Film spazierte er mit ihr durch die Dämmerung. Jeden Hund, der ihnen über den Weg lief, rief sie mit Namen und tätschelte ihn. *Sie kannte alle Hunde.* Am nächsten Tag, es war der 1. April 1941, wieder ein Anruf und ein weiterer Spaziergang über Berg und Tal. Danach lud er sie ein, ihn zu seinem Bungalow zu begleiten. Er legte einige Platten auf – Lieder von Richard Tauber, ungarische Geigenmusik – und hielt alles genau in seinem Tagebuch fest: »Gegessen zusammen. Hamburger u. dann Eiscream mit heißer Chocoladensauße. Am Feuer gesessen. Platten. Die glatte, weiche Haut.«

Gegen zehn klingelt das Telefon. Am Apparat ist *das Puma*, Marlene Dietrich.

»Willst du nicht rüberkommen, Boni. Ich bin so allein.«

»Geht leider nicht.«

»Warum? Bist du krank?«

»Nein, ich habe Besuch.«

»Besuch? Wer ist es denn?«

»Das kann dir doch egal sein. Ich frag dich doch auch nicht, wer dir Gesellschaft leistet.«

»Was soll der Quatsch? Ich mach kein Geheimnis um meine Besucher. Also, wer ist es?«

»Das kann, das darf ich dir nicht sagen.«

»Das wird ja immer schöner! Ich dachte, du vertraust mir.«

»Meinst du das im Ernst?«

»Nein, trotzdem musst du nicht so tun, als wäre ich eine Fremde. Also: Wen hast du dir da angelacht?«

»Greta Garbo.«

»Wie bitte?«

»Du hast richtig gehört: Die Garbo. Wir haben einen Spaziergang gemacht, und da habe ich sie noch auf einen Drink eingeladen.«

»Boni, bitte! Nimm dich in Acht vor dieser Dame. Ich könnte dir da einiges erzählen …«

»Aber nicht jetzt. Ich melde mich später noch mal.«

Er kann ihr Seufzen hören, als sie auflegt. Die Reaktion lässt ihn schmunzeln und erfüllt ihn mit Genugtuung. Wie oft ist es andersherum gewesen? Wie oft hat sie ihn mit ihren Besuchern und Besucherinnen gequält! Und jetzt auf einmal diese Eifersucht von ihrer Seite – wo sie sich eigentlich schon von ihm getrennt hat. Und er von ihr. »Ging mit einem gewissen Vergnügen zurück«, schreibt er in sein Tagebuch.

> Garbo im Garten. Dunkel. Sterne. Brachte sie nach Hause. Gartenpforte. Weg. Dunkles Haus. Saßen auf der Terrasse. Berge. Verhüllter Mond. Tappten zum Swimmingpool herunter. Sie brachte mich zurück. Lehnte über die Pforte. Ging langsam zurück.

Daraufhin ruft er beim *Puma* zurück. Glaubt man seinem Tagebuch, telefonieren die beiden drei Stunden miteinander. Eine einzige Suada von Beschimpfungen bricht währenddessen aus dem *Puma* heraus:

Es erklärte, Garbo habe Syphilis und Brustkrebs. Sei schmutzig, gebe an etc. Eine Entladung von Eifersucht, Wut, Tränen, Erklärungen, was es für mich getan habe u. wie es mich geliebt habe. Ich lachte ziemlich viel. Erklärte mich bereit, ihm Optalidon (Schmerztabletten) zu bringen. Tat es.

Es sind nur wenige Meter zu ihrem Haus. Trotz der Trennung hat er ihren Schlüssel behalten. Sie liegt im Bett, als er ins Haus kommt. »Müde und munter. Legte wieder los.«

Aber dann geht sie schließlich in die Küche und macht ein paar Sandwiches mit Hühnerfleisch, die sie ihm mit einem Glas Champagner serviert. »Für mich sei ihm nichts zu schade. Machte türkischen Kaffee. War zärtlich. Ich ging um fünf.«

Zwei Tage später spaziert er wieder mit der Garbo über Berg und Tal, klatschnass von jenem unverhofften Regenguss, und am Abend genießt er die *Alkoholfrottage* in ihrer Villa auf dem Hang, wo vom Pool aus das Meer zu sehen ist.

Greta Garbo und Marlene Dietrich sind nicht die einzigen Frauen, die ihn dieser Tage umtreiben. Er flirtet mit Olivia de Havilland, Kay Francis, Sylvia Fairbanks, Luise Rainer und anderen weiblichen Hollywood-Stars, und er erhält aus New York Briefe und Telegramme von seiner neuen Liebe Natascha Paley, für die er einstweilen keine Zeit hat. Auch Männer leisten ihm Gesellschaft. Er verabredet sich mit den Regisseuren Ernst Lubitsch und Max Reinhardt zum Essen, trifft sich mit seinem Agenten Otto Klement, plaudert mit Igor Strawinsky, lauscht privaten Klavierkonzerten Arthur Rubinsteins und greift in seinem Übermut auch selbst in die Tasten. Das wagt er jedoch nur, wenn er genügend Alkohol im Blut hat, was nicht selten der Fall ist. Sein Leben wird zu einer ständigen Abfolge von Partys mit Frauen und Besäufnissen. Er macht die Nacht zum Tage, und wenn er aus dem Rausch erwacht und in seiner Katerstimmung über brachliegende Buchprojekte nachsinnt, plagen ihn Selbstzweifel. Immerhin kann er die ersten Exemplare von *Flotsam* (Strandgut) in Empfang nehmen, seinem neuen Roman, der jetzt endlich in Amerika erschienen ist. In Begeisterung versetzt ihn aber auch dies nicht. »Nicht so ganz richtig manchmal übersetzt«, kommentiert er in seinem Tagebuch.

Bei all den Zerstreuungen in seiner kalifornischen Wahlheimat hält er sich auch über den Krieg auf dem Laufenden. Dafür sorgen schon die vielen Aussprachen mit deutschen Emigranten, die immer noch nach Amerika strömen und neue Gräuelgeschichten aus Deutschland und anderen Teilen Europas mitbringen. Durch fast alle Gespräche zieht sich die quälende Frage: Wie lange noch? Eine neue Situation ergibt sich, als die Kaiserlich Japanischen Marineluftstreitkräfte am 7. Dezember 1941 die in Pearl Harbor auf Hawaii vor Anker liegende Pazifikflotte der USA unter Beschuss nehmen und die Vereinigten Staaten schon einen Tag später Japan den Krieg erklären. Plötzlich müssen sich auch die Emigranten argwöhnische Blicke und Fragen gefallen lassen, weil sie als Deutsche heimlich mit dem Kriegsfeind im Bunde stehen könnten. Den Nachtschwärmer Remarque trifft es besonders hart, dass jetzt für die Deutschen in Amerika eine nächtliche Ausgangssperre verfügt wird.

19. Blaues Wunder

Elfriede Scholz. Der Name steht jetzt in ihrem Pass und auf dem Klingelschild vor ihrer Schneiderwerkstatt. Aber sie muss sich noch daran gewöhnen. Es klingt fremd in ihren Ohren, wenn sie jemand mit *Frau Scholz* anspricht. Ähnlich fremd ist ihr der Mann geblieben, der ihr zu dem neuen Namen verholfen hat. Nach seinem Hochzeitsurlaub ist Heinz Scholz gleich wieder ausgerückt. Diesmal nach Kiel. Der Abschied verlief merkwürdig kühl. Wahrscheinlich hätte sie ihm nicht sagen dürfen, dass Theo sie gelegentlich besucht. »Mein Hausfreund«, hatte sie augenzwinkernd gesagt, um drohender Eifersucht von vornherein den Boden zu entziehen. Aber das Manöver war ihr nicht geglückt. Unübersehbar, wie eine Woge der Empörung in ihm aufstieg, seine Hände sich zu Fäusten ballten. »Na dann«, war alles, was er erwiderte. Nur dieses frostige »Na dann«. Sie war viel zu beschäftigt, um lange darüber nachzugrübeln.

Schließlich kann sie sich vor Arbeit kaum retten. Gerade ist sie dabei, ein Kostüm aufzutrennen und Kinderkleidung daraus zu schneidern. »Wann soll ich das anziehen?«, hat die Besitzerin gesagt. »Man macht sich ja heute schon verdächtig, wenn man elegant durch die Stadt spaziert. Nein, die Kinder brauchen die Hosen und Jacken dringender als ich dieses Kostüm.«

Was viele Kundinnen unterschätzen, ist die Arbeit, die das Umarbeiten erfordert. Viel Arbeit für wenig Geld.

Aus dem Volksempfänger scheppert wieder Marschmusik. Der Reichssender Berlin stimmt seine Hörer auf den Krieg ein. Sie springt auf und sucht eine andere Rundfunkstation. Dieser stampfende Rhythmus. Unerträglich! Schlimm genug, dass Heinz jetzt in so einer Militärkapelle mitspielt. Es knistert und rauscht aus dem runden Lautsprecher. Plötzlich hört sie Jazzklänge. Irgendeinen Boogie. Ein Glücksgefühl durchrieselt sie. Sie schließt die Augen und fühlt sich zu einem dieser schönen Tanzabende mit Theo versetzt. Sie schlägt den Takt mit den Füßen, würde am liebsten tanzen. Aber sie muss natürlich weiterarbeiten. Schon am nächsten Morgen will die Kundin die Kinderkleidung abholen, und auf einem Tisch in der hinteren Ecke stapeln sich Kleider, die ebenfalls darauf warten, neu in Form gebracht zu werden – darunter Sachen, die sie von einer jüdischen Professorenfrau bekommen hat. Die Frau hat sie ihr geschenkt. »Ich kann das Zeug sowieso nicht mitnehmen«, hat die Frau gesagt. »Vielleicht findet sich jemand, der Verwendung dafür hat.«

Eine Durchsage unterbricht die Jazzmusik. Ein Frontbericht der etwas anderen Art. Elfriede ist bewusst, dass es sich um einen sogenannten Feindsender handelt. Wahrscheinlich BBC. Aber wenn schon. Sie ist ja allein. Und man muss doch wissen, was an den Fronten wirklich geschieht. Jetzt ist vom Kriegsgeschehen in der Sowjetunion die Rede. Minsk sei von den deutschen Truppen eingeschlossen und besetzt worden, doch der Vormarsch stocke. Auch Stalin habe mobilgemacht. Sie horcht auf, als von Verbrechen der Deutschen die Rede ist. Eine SS-Einheit soll in der Nähe von Minsk Hunderte von Juden und Partisanen erschossen haben. Eine groß angelegte Racheaktion, bei der sich die Opfer ihr Massengrab selbst schaufeln mussten. Auch Frauen und zwei Jungen im Alter von fünfzehn Jahren sollen unter den Niedergemetzelten sein.

Zorn flammt in ihr auf. Ohnmächtige Wut. Sie spürt das dringende Bedürfnis, etwas zu tun – erinnert sich, dass ihre Freundin Monica von einem Arzt erzählt hat, der heimlich versteckte Juden und Kommunisten behandelt und falsche Pässe besorgt. Vielleicht kann sie mal nach dessen Adresse fragen und sie gegebenenfalls weitergeben, falls sie von Bedürftigen hört. Man muss doch etwas tun. Das kann man doch nicht einfach alles so geschehen lassen.

Es klingelt an der Haustür. Sie stellt das Radio ab, aber es ist nur der Briefträger. Ein Brief aus Amsterdam. Von K. Neubauer. Elfriede hat schon lange nichts mehr von ihrer Freundin gehört und sich bereits Sorgen gemacht. Sie reißt den Brief sofort auf und liest. Karla schreibt, dass sich die Situation in den Niederlanden seit der deutschen Besetzung im vergangenen Jahr von Tag zu Tag verdüstert. »Fast alle Menschen hier, die ich kenne, hassen die Nazis, aber die Behörden arbeiten mit ihnen zusammen«, schreibt Karla. »Sie sind gerade dabei, für die Deutschen eine Auflistung aller jüdischen Geschäfte und Unternehmen zusammenzustellen.«

Karla schreibt, dass sie gern nach England reisen würde, aber das sei fast unmöglich geworden – allein schon, weil ihr Pass abgelaufen sei. Wenn sie in einem deutschen Konsulat um eine Verlängerung nachsuche, würde man sie bestimmt gleich verhaften und in irgendein Lager für Menschen mit rosa Winkel stecken. Sie habe schon einiges gehört in dieser Richtung.

Es klopft an der Tür zum inneren Treppenhaus. Elfriede schreckt zusammen, ruft aber trotzdem mechanisch »Ja, bitte«. Die Vermieterin betritt die Werkstatt.

»Ich hoffe, ich störe nicht gerade bei der Arbeit«, sagt Antonie Wentzel in unterwürfigem Ton. »Ist mir sehr unangenehm, aber ich hätte eine kleine Bitte: Könnten Sie mir wohl drei Eier leihen. Meine Tochter kommt zu Besuch, wissen Sie, und da würde ich ihr gern Pfannkuchen backen.«

»Natürlich. Drei Eier müsste ich noch haben. Aber natürlich nicht in der Werkstatt.«

»Natürlich nicht. Vielleicht können Sie mir die Eier ja rüberbringen, wenn Sie Mittagspause machen, wenn es Ihnen keine Umstände bereitet.«

»Das mache ich. Aber eine Mittagspause kann ich mir heute nicht leisten. Reicht's auch heute Abend?«

»Aber natürlich.«

Elfriede bemerkt, dass Frau Wentzel auf das Briefkuvert blickt, das sie gerade geöffnet hat.

»Post vom Gatten?«, fragt sie denn auch gleich.

»Nein, von einer Freundin. Aus Amsterdam.«

Sie beißt sich fast auf die Zunge, als ihr bewusst wird, was sie gerade gesagt hat. Aber selbstverständlich hat ihre Vermieterin gesehen, dass kein Feldpostbrief vor ihr liegt.

»Amsterdam«, wiederholt Antonie Wentzel mit künstlichem Lächeln und schwärmerischem Augenaufschlag. »Da würde ich auch gern mal hin. Ist jetzt ja praktisch deutsch.«

»Das kann man so wohl nicht sagen. Die Deutschen haben das Land besetzt, da werden die Holländer ja nicht gleich Deutsche.«

»Nein, sicher nicht, aber ist doch schön, dass die jetzt auch zu uns gehören. Vielleicht kriegen wir dann auch mal wieder echten Edamer zu essen.«

Sie spürt, dass sie bei dieser Frau auf der Hut sein muss. Mal erweckt die Wentzel den Anschein, als würde sie Hitler und seine Leute für die größten Verbrecher halten, dann wieder plappert sie brav jeden Propagandaspruch nach und erklärt auch die leiseste Kritik schon zu aufrührerischem

Gerede. Dabei führt sie bisweilen ihren Ex-Mann als mahnendes Beispiel an, der sich schon 1933 mit den Nazis angelegt und dafür die Quittung bekommen habe, wie es die Vermieterin ausdrückt. Elfriede redet ihr trotzdem nicht nach dem Mund.

»Wenn dieser schreckliche Krieg endlich vorbei ist, haben wir auch wieder genug eigenen Käse.«

»Der Führer wird's schon richten.«

»Na, hoffentlich.«

Damit ist das Gespräch auch schon beendet. Elfriede ärgert sich, dass sie dieser Frau drei Eier versprochen hat. Die Hausbesitzerin hat mehrfach bissige Bemerkungen darüber gemacht, dass die Schneiderwerkstatt so gut floriere und es ihrer Mieterin offenbar an nichts fehle, während bei ihr Schmalhans Küchenmeister sei, wie sie es ausdrückte. Elfriede hat das Gefühl, dass aus der früheren Hotelbetreiberin Neid und Missgunst sprechen. Aber dann fragt sie sich wieder, ob sie ihrer Vermieterin nicht Unrecht tut. Denn die herzkranke Frau ist schließlich schon seit 1934 geschieden und gezwungen, ihr Leben aus eigener Kraft zu bewältigen, was in diesen Tagen nicht leicht ist.

Am nächsten Tag erreicht Elfriede ein Feldpostbrief. Heinz kündigt an, dass er am Wochenende für einige Tage auf Urlaub kommt.

Die Sonne brennt noch heiß an diesem Augusttag des Jahres 1941, als der Soldat in seiner Uniform vor der Tür steht. Elfriede muss sich eingestehen, wie tadellos ihm die dunkelblaue Kluft der Kriegsmarine steht. Schneidig! Sie genießt es, dass er sie in den Arm nimmt und herumwirbelt. »Gut siehst du aus«, sind seine ersten Worte.

»Du aber auch.«

Nach einem Begrüßungsessen mit Kohlrouladen und Bratkartoffeln – seiner Lieblingsspeise – lädt er sie ins Kino ein. Als die Wochenschau von den Fronten berichtet und den umjubelten Führer bei einer Kundgebung zeigt, stößt sie mehrere Seufzer aus und wendet demonstrativ die Augen von der Leinwand. Heinz wirft ihr einen missbilligenden Seitenblick zu. Sie ist froh, als endlich der Hauptfilm anläuft: *Hauptsache glücklich* mit Heinz Rühmann, eine Ehegeschichte, die zwar mit einer Scheidung endet, aber auch mit dem Versprechen der Ehepartner, ein zweites Mal zu heiraten. Elfriede erinnert die Geschichte an ihren Bruder, von dem sie gehört hat, dass auch er wieder mit seiner Ex-Frau verheiratet ist. Als sie später beim Bier Heinz davon erzählt, entfährt dem ein verächtliches Schnauben. »Das sieht dem ähnlich, diesem Lebemann.«

Elfriede macht sich gar nicht erst die Mühe, ihren Bruder zu verteidigen, sondern fragt Heinz, wie es ihm in Kiel ergeht. »Wir halten die Stellung, rüsten uns für neue Luftangriffe und machen Musik«, lautet die Antwort. »Ansonsten ist es meist sterbenslangweilig.«

»Sei froh«, erwidert Elfriede. »Anderswo ist es nicht so friedlich.« Doch ihr Mann geht nicht darauf ein. Sie überlegt, ob sie mit ihm über die Erschießungen in Minsk sprechen soll, verkneift es sich aber. Wahrscheinlich wird er sowieso wieder alles als Feindpropaganda abtun.

Da er Uniform trägt, grüßen ihn andere Uniformträger wie einen Kameraden, zumindest Gleichgesinnten – manche mit gestrecktem Arm. Sie ist froh, dass er den Hitlergruß nicht mit gestrecktem Arm erwidert. Doch gleichwohl murmelt er nicht ohne Stolz »Heil Hitler«.

Sie gehen früh ins Bett. Er erzählt ihr, wie er sich nach ihr gesehnt hat, und sie gibt sich ihm hin und genießt es, wieder leidenschaftlich geliebt zu werden. Doch als er ihr vor dem Einschlafen gesteht, dass er sich ein Kind von ihr wünscht, kippt ihre Stimmung schlagartig um. Wird er wie Paul reagieren, wenn sie ihm reinen Wein einschenkt? Sie nimmt sich vor, ihn gleich am nächsten Morgen aufzuklären, und liegt lange wach.

Beim Frühstück sagt er ihr, wie schön es mit ihr war und wie glücklich er wäre, wenn ein »kleiner Fratz« dabei herauskäme. »Wer weiß, ob ich diesen Krieg überlebe, und in einem Kind lebt man doch irgendwie weiter.«

Jetzt muss sie es ihm sagen. »Da muss ich dich leider enttäuschen«, beginnt sie. »Ich …« Ihr stockt die Stimme, sie weint.

Er nimmt sie in den Arm und drückt ihr tränennasses Gesicht an seine Brust. »Das ist natürlich schade, aber kein Grund zum Weinen.«

Trotz dieses Tröstungsversuchs schlägt ihm die Mitteilung offenbar auf den Magen. Ihm ist anzusehen, wie enttäuscht er ist.

Für den Sonntagnachmittag haben die beiden einen Elbspaziergang Richtung *Blaues Wunde*r geplant. Da es sehr warm ist, will er die Uniform gegen leichte Sommerkleidung tauschen und geht daher in den Keller, wo er seine Kleidung und verschiedene Wertsachen eingelagert hat. Elfriede, die sich schon umgezogen hat, wartet fast eine halbe Stunde auf ihn. Als er zu ihr zurückkehrt, wirkt er völlig verändert. Er starrt mit zusammengepressten Lippen an ihr vorbei ins Leere und atmet schwer.

»Was ist denn los?«

Er zögert eine Weile, bevor er sie anfaucht. »Kannst du dir ja wohl denken.«

»Wie bitte? Was ist denn?«

»Jemand ist bei meinen Sachen gewesen. Da fehlt einiges – die goldenen Manschettenknöpfe zum Beispiel.«

»Vielleicht hast du die Sachen so gut versteckt, dass du sie nicht wiederfindest.«

»Ich habe alles abgesucht. Da ist nichts mehr.«

»Aber wer soll sich denn an deinen Sachen vergriffen haben?«

»Was weiß ich.«

»Also, ich habe deine Manschettenknöpfe nicht geklaut, falls du das denkst.«

»Habe ich das behauptet?«

»Dann ist ja gut. Können wir jetzt?«

»Von mir aus.«

Die Verstimmung begleitet sie auch noch auf ihrem Spaziergang. Schweigend gehen sie von der Neustadt über die Augustusbrücke und lassen den Blick über die Türme der Altstadt schweifen. Die Brühlsche Terrasse ist belebt wie zu Friedenszeiten. Vom Wasser her weht ein frisches Lüftchen.

»Ganz ungewohnt, mal wieder in Zivil rumzulaufen«, sagt er schließlich.

»Bestimmt bequemer.«

»Auf jeden Fall nicht so warm bei der Hitze.«

»Die Uniform steht dir aber nicht schlecht.«

»Danke.«

»Trotzdem ist es mir lieber, mit einem Zivilisten spazieren zu gehen als mit einem Soldaten.«

»Warum?«

»Weil sonst alle denken, dass ich stolz darauf bin, dass mein Mann Soldat ist. Dabei ist es mir eher ein bisschen peinlich.«

»Peinlich? Warum das denn?«

»Weil ich diesen Krieg schrecklich finde.«

»Krieg ist immer irgendwie schrecklich, aber ich hab mir das auch nicht ausgesucht, ich erfülle einfach nur meine Pflicht.«

»Ja, alle erfüllen nur ihre Pflicht.«

In Loschwitz kehren sie in einem Ausflugslokal mit Elbblick ein. Elfriede erzählt von ihren Kundinnen und Freundinnen – von Inge, der fröhlichen Bestatterin, von Ingeborg und von Monica, die sich mit einem Grafen verlobt hat und bald selbst Gräfin sein wird. Im Flüsterton spricht sie auch von der jüdischen Arztfrau, die plötzlich mit ihrer Familie verschwunden ist. »Ja, traurig«, erwidert Heinz leise, beginnt dann aber, von seinem Einsatz in Kiel zu sprechen, und erzählt, dass er vor einigen Tagen sogar bei einem Tanzvergnügen gespielt hat. Die untergehende Sonne wirft einen rötlichen Schein auf die Elbe und taucht die angrenzenden Hänge in goldenes Licht. Elfriedes Blick bleibt an einer Weide haften, die ihre Zweige bis auf den Boden senkt und ihren Stamm dahinter versteckt, als sei sie in tiefes Nachdenken versunken und wolle mit sich allein sein.

Als sie zurück in die Langemarckstraße kommen, begrüßt sie vor der Tür Antonie Wentzel mit »Heil Hitler«.

»Ist das nicht ein wunderbarer Abend«, schwärmt die Frau mit dem züchtigen Haarknoten, wendet sich dann aber gleich mit gedämpfter Stimme an Elfriede. »Hier ist ein Herr gewesen, der nach Ihnen gefragt hat.«

»Was denn für ein Herr.«

»Na ja, dieser Amerikaner, Sie wissen schon, der lange Lulatsch.«

»Danke.«

Heinz Scholz ist anzusehen, wie ihn die Mitteilung aufregt. Schnaubend stürzt er ins Haus und stellt Elfriede sofort aufgebracht zur Rede, als sie die Tür hinter sich geschlossen hat. »Dein Hausfreund, was? War sicher traurig, dass er dich nicht angetroffen hat.«

Elfriede versucht, ihn zu beschwichtigen. »Der kommt öfter mal vorbei und plaudert mit mir. Aber keine Angst:

Theo geht mir nicht an die Wäsche. Der ist verlobt und weiß, dass ich verheiratet bin.«

»Du kannst mir viel erzählen.«

»Heißt das, du glaubst mir nicht?«

»Ich mach mir einfach nur meine Gedanken. Ich weiß ja, dass ihr mal zusammen wart. Da wär es doch seltsam, wenn dieser Ami nicht die Gunst der Stunde nutzen würde.«

Elfriede spürt, dass es sinnlos ist, dagegen anzureden. Das Misstrauen kränkt und verletzt sie. »Wenn du so schlecht von mir denkst, solltest du dir vielleicht eine andere Gesellschaft suchen«, sagt sie resigniert.

»Willst du mich vor die Tür setzen? Das wird ja immer schöner. Ich dachte, du freust dich, wenn ich zu Besuch komme.«

»Das habe ich auch, aber …«

»Aber du kommst mit deinem Amigo scheinbar besser klar. Schon deine abschätzigen Bemerkungen über meine Uniform und das Militär. Da hat man doch wieder das Gefühl, dass dein verehrter Bruder aus dir spricht, dieser Pazifist und Nestbeschmutzer.«

»Von meinem Bruder habe ich schon lange nichts mehr gehört. Aber was er in seinem Roman beschreibt, ist allem Anschein nach nicht ganz falsch – vielleicht ist es heutzutage noch schlimmer als damals.«

»Was willst du damit sagen?«

Dann erzählt sie ihm, was sie im Radio gehört hat, und er weist die »gemeinen Reden« empört zurück, hält ihr ein weiteres Mal vor, auf »widerliche Feindpropaganda« hereinzufallen. »Ich hör mir das nicht mehr länger mit an«, herrscht er sie an. »Morgen früh bist du mich los, ich fahre zu meinen Eltern nach Harburg.«

Er macht seine Ankündigung tatsächlich wahr. Eine

Woche später erhält sie von ihm einen Brief, in dem er mitteilt, dass es wohl besser ist, die Ehe aufzulösen.

Anfangs ist sie wie versteinert und fühlt sich elend. Denn trotz aller Meinungsverschiedenheiten liebt sie ihren Mann und weiß, dass er vor seiner Einberufung vieles anders gesehen hat. Sie kann sich daher nicht vorstellen, dass es tatsächlich keine Alternative zu einer Scheidung gibt. Doch die Arbeit hilft, über den Kummer hinwegzukommen.

Auch Theo hilft ihr. Er besucht sie weiter und teilt ihre Sorgen über die Verhältnisse in Dresden und andernorts im Deutschen Reich. An der Hochschule haben die braunen Machthaber ebenfalls aufgeräumt. Theo weiß von etlichen Professoren, die von der Hochschule entfernt worden sind. Dazu zählt der Medizinprofessor Rainer Fetscher, von dem sie schon von Monica gehört hat. Obwohl Fetscher Rassenbiologie lehrte, sei er bei den Nazis wegen seiner Kritik an der Judenverfolgung in Ungnade gefallen, sagt Theo, und er bestätigt, dass Fetscher in seiner Praxis Illegale behandelt und Menschen hilft, die auf der Flucht sind. Theo gibt ihr Fetschers Adresse, verbunden mit der Mahnung, sie gut versteckt zu halten und keineswegs den Namen dazuzuschreiben. Sie dürfe die Adresse nur absolut vertrauenswürdigen Leuten geben. Das müsse sie ihm versprechen.

Sie verbürgt sich dafür und hebt lächelnd die Hand zum Schwur.

Theo sagt ihr auch, dass seine Eltern um ihn bangen und ihn schon seit langem bedrängen, nach Amerika zurückzukehren. Aber er wolle auf jeden Fall noch sein Diplom machen, außerdem gebe es derzeit auch gar keine sicheren Schiffsverbindungen mehr.

Die Situation ändert sich erst, als Amerika Deutschland den Krieg erklärt. Jetzt müssen alle amerikanischen Studenten Deutschland verlassen. An einem frostklirrenden Dezembertag verabschiedet sich Theo von Elfriede, bevor er zu einer langen Zugreise nach Portugal aufbricht, wo er ein Schiff in Richtung New York besteigen wird. Seine Verlobte bleibt einstweilen noch im Allgäu.

20. Party ohne Ende

New York. Die Party ist schon in vollem Gange, als er gegen zehn Uhr den Salon der Werfels betritt. Am Klavier sitzt ein Mann mit Hut und aufgekrempelten Ärmeln und spielt einen Boogie. Orson Welles, offenbar schon ziemlich blau, schreit gegen die Musik an, indem er einem Kreis von deutschen Emigranten von irgendwelchen verrückten Dreharbeiten erzählt. Die Zuhörer hängen ihm an den Lippen, lachen und mimen Begeisterung, bemüht, sich den Meisterregisseur gewogen zu halten. Ein Job in der Filmbranche ist schließlich ganz einträglich. Die Luft ist zum Schneiden dick, bläuliche Schwaden aus Alkoholdunst und Zigarettenqualm. Erich Maria Remarque passt sich der Umgebung an, indem er sich eine Zigarette anzündet und ein Glas Wodka einschenkt. Seine Anreise hat sich etwas verzögert, weil der Taxifahrer ihn anfangs nicht einsteigen lassen wollte. »Kraut?«, hat der Mann nach einem kurzen Blickwechsel gefragt und auf die nächtliche Ausgangssperre für Japaner, Italiener und Deutsche hingewiesen. »No Krauts in the evening, I'm sorry Sir«. Seit Pearl Harbor, seit dem Kriegseintritt der Amerikaner im Dezember 1941, werden Menschen mit dem Pass der Kriegsgegner in den USA wie Aliens behandelt. Egal, auf welcher Seite sie stehen, egal, ob sie erst wenige Monate zuvor vor den Nazis geflohen oder schon in Lagern gefoltert worden sind, alle werden als potenzielle U-Boote oder gar Attentäter betrachtet. Zum Glück konnte er den Taxifahrer am

Ende mit Hilfe einer zusätzlichen Zehndollarnote überzeugen.

Die Vorstellung, die Nacht in seinem engen Hotelzimmer zubringen zu müssen, war ihm unerträglich. Er sehnte sich danach, unter Menschen zu kommen, die seine Sprache sprachen und sein Schicksal teilten; es half ihm, all den inneren Ballast abzuwerfen, wenn er sich gemeinsam mit diesen munter-verzweifelten Leuten betrank. Je höher der Alkoholpegel, desto intelligenter und witziger die Konversation. Besonders ausgelassen ist die Stimmung, wenn auch noch hübsche Frauen dabei sind.

»Hi, *Boni*«, begrüßen sie ihn.

»Hi, Darling. Hi, Maestro«, erwidert er winkend.

Dabei sind ihm durchaus nicht alle sympathisch. Zum Beispiel Lion Feuchtwanger, dieser »komische Wichtigtuer«, wie er ihn später im Tagebuch nennt. Es sind immer die gleichen Geschichten, mit denen dieser *Brillenheini* aus gutem Hause sich in den Mittelpunkt schiebt. Wie *Feuchtbacke* nach Moskau gereist und von Stalin persönlich empfangen worden ist, wie er in Frankreich im Internierungslager gelitten hat, wie er – als Frau verkleidet – von amerikanischen Konsulatsmitarbeitern herausgeschmuggelt und außer Landes gebracht wurde. Klar, alles spannende, unterhaltsame Geschichten. Ohne Frage. Aber wer hat in diesen Zeiten keine packende Story zu erzählen?

Auch die Gastgeber, Alma und Franz Werfel, haben einiges erlebt, bevor sie im sicheren Hafen Amerika ankamen. Als die deutsche Wehrmacht in Frankreich einfiel, verließen sie Hals über Kopf Sanary-sur-Mer, ihren Zufluchtsort am Mittelmeer, gemeinsam mit Heinrich, Nelly und Golo Mann und flüchteten über die Pyrenäen nach Spanien. Zu Fuß. Und als sie die spanische Küste erreichten, eilten sie gleich weiter nach Portugal, um mit dem griechischen Dampfer Nea Hellas den Atlantik zu überqueren.

Zum Glück sind sie in Beverly Hills halbwegs zur Ruhe gekommen. Sie haben sogar schon die amerikanische Staatsbürgerschaft erhalten. So schnell geht es sonst nicht. Aber Geld und ein klingender Name können Wunder bewirken. Einen neuen Grund zum Feiern gibt es, weil Hollywood *Das Lied von Bernadette*, Werfels gerade erst fertiggestellten Roman, verfilmen will. Das verspricht noch mehr Geld und Ruhm.

»Prost, *Boni*.«

»Cheers, Franz.«

»Wie geht's deinem *Puma*?«, fragt Alma Werfel.

»Kümmert sich um die deutsch-französische Freundschaft.«

»Ah, ihre neue Eroberung, dieser Herzensbrecher mit dem herben Charme. Sind die beiden immer noch zusammen?«

»Sieht so aus.«

»Scheint nicht dein Freund zu sein, dieser Monsieur Gabin.«

»Warum sollte er?«

»Sei nicht gleich so zickig. Aber ich habe das Gefühl, du bist nicht so gut zu sprechen auf deinen *Puma* und ihren Lover.«

»Hör auf, du weißt doch, dass es vorbei ist, du Lästerzunge.«

Alma Werfel nimmt die Whiskyflasche und streckt sie ihm mit hämischem Lächeln entgegen. »Komm, Schätzchen, trink noch einen. Ich glaub, du bist einfach noch zu nüchtern.«

Remarque hält scheinbar gleichgültig sein Glas hin, lässt sich einschenken und trinkt. »Da hast du wahrscheinlich recht. Das hier ist doch nur auszuhalten, wenn man einen in der Krone hat – und am besten nicht nur einen.«

»Ich glaube, es gibt in dieser Stunde Millionen von Menschen, die davon träumen, in unserer Lage zu sein.«

»Da kann ich natürlich nicht widersprechen.«

»Wie geht es eigentlich deiner Familie in Deutschland?«

»Meiner Familie? Keine Ahnung. Aber wahrscheinlich wird es langsam auch für sie ungemütlich. Ich habe heute morgen gelesen, dass die Engländer 50 000 Bomben über Osnabrück abgeworfen haben, meiner Heimatstadt, weißt du. Meine Schwestern sind, glaube ich, immer noch da. Hoffentlich ist ihnen nichts passiert.«

Der Gedanke belastet ihn so, dass er am 19. August 1942 ins Tagebuch schreibt: »An vieles gedacht. Wie viel mehr ich hätte tun können für sie (Erna und Elfriede); – u. für meinen Vater.«

Auch seine Heimatstadt Osnabrück macht ihm Sorgen. »Nicht auszudenken, wie es da jetzt aussieht«, vertraut er Alma Werfel an. »Der Dom, die Katharinenkirche, die Wälle, unsere Schulen – wahrscheinlich alles nur noch Ruinen.«

»Ist doch in Ordnung. Wenn die Deutschen so einen Krieg anzetteln, dann ist es doch nur gerecht, wenn sie ein bisschen Feuer unterm Arsch kriegen und ihre eigenen Puppenstuben einstürzen.«

»Wahrscheinlich trifft es wieder die Falschen.«

In diesem Moment betritt ein kleiner weißhaariger Herr den Raum, der sofort alle Blicke auf sich zieht: Charlie Chaplin – Hand in Hand mit seiner neuesten Eroberung: Oona O'Neill, der Tochter des Dramatiker Eugene O'Neill, die bald seine Frau werden wird. Während er die junge Dame vorstellt, küsst er sie immer wieder ungeniert – auf die Stirn, auf die Wangen, auf den Mund. Jeder soll wohl sehen, wie verliebt und fit er ist, und seine siebenunddreißig Jahre jüngere Geliebte schmilzt förmlich vor Stolz dahin, von diesem berühmten Kerl so angehimmelt zu werden.

»Der alte Charmeur«, raunt Remarque der Gastgeberin zu. »Weißt du, wie alt seine Braut ist? Siebzehn!«

»Na und? Wirkt schon sehr reif, die Lady, finde ich.«

»Eine reife Frucht für einen Vierundfünfzigjährigen.«

»Spiel mal nicht den Moralapostel. Du machst doch auch nicht halt vor jungem Gemüse.«

»Geht das schon wieder los. Ich halt dir doch deine diversen Ehen und Liebschaften auch nicht vor.«

Tatsächlich war Alma vor ihrer Ehe mit dem Schriftsteller Franz Werfel bereits zweimal verheiratet: von 1902 bis 1911 mit dem Komponisten Gustav Mahler und von 1915 bis 1920 mit dem Bauhaus-Architekten Walter Gropius. Zwischendurch hatte sie eine Affäre mit dem Maler Oskar Kokoschka und schon einmal eine mit Werfel. Obwohl sie die Beachtung genießt, die ihr durch ihre berühmten Männer zuteil wird, ist es ihr wichtig, um ihrer selbst willen gewürdigt zu werden. Komponieren kann sie schließlich auch. Einige ihrer Lieder sind immerhin schon öffentlich gespielt worden. Es wurmt sie, dass Remarque sie aufs Neue als lustige Witwe verhöhnt und so tut, als habe sie selbst überhaupt nichts zu bieten.

»Ich verstecke meinen Mann jedenfalls nicht«, schlägt sie zurück. »So wie du deine Jutta.«

»Du weißt ja gar nicht, wovon du sprichst, Darling.«

»Na, dann wird es wohl Zeit, dass ich dich mit meinem Gerede verschone und meine anderen Gäste belästige.«

Damit wendet sich Alma ab, und Remarque beobachtet, wie sie sich Chaplin und seiner jungen Frau zuwendet. Obwohl ihr Alkoholpegel beständig ansteigt, hält sie sich als kultivierte Schönheit weiter aufrecht und huscht mit ihrem leicht ironischen Lächeln von einem zum andern. Zwischendurch erteilt sie ihrem Mann in harschem Ton irgendwelche Kommandos. Sie behandelt ihn, so scheint es Remarque, nicht besser als einen Kammerdiener. Dabei sieht Franz Werfel ohnehin schon blass und angeschlagen aus. Remarque spricht Alma darauf zu vorgerückter Stunde unverhohlen an, worauf diese für ihre Verhältnisse ungewöhnlich laut wird. »Kümmer dich um deinen eigenen Dreck«, faucht sie ihn an. Damit wird es für ihn endgültig Zeit, die Party zu verlassen.

Noch in der Nacht macht er seinem Ärger Luft, indem er in sein Tagebuch schreibt:

> Ein wildes, blondes Weib, gewalttätig, saufend. Hat bereits Mahler unter die Erde gebracht. War mit Gropius u. Kokoschka, die ihr scheinbar entkommen sind. Werfel nicht. Wir soffen. Sie pfiff Werfel wie einen Hund, war stolz darauf; er kam auch. Das erboste mich und wodkaumflossen sagte ich ihr die Meinung.

Am nächsten Tag ist der Ärger verraucht. In seiner Katerstimmung bereut er es, mal wieder im Suff zu weit gegangen zu sein. Er nimmt sich vor, Alma um Entschuldigung zu bitten. Schließlich zählen die kluge, schöne Frau und ihr Mann in diesem Land zu seinen besten Freunden. Sowie es ihm wieder besser geht, sendet er Alma Werfel *mit höchster Verehrung* eine Flasche russischen Wodka in einen riesigen Blumenstrauß gehüllt – aus seinen *liquiden Schätzen*, wie er im Begleitschreiben hervorhebt.

21. Begegnung auf Helgoland

Schwere, graue Wellen brechen sich am Schiffsrumpf und schwappen über das Unterdeck. Wenn sie, von einer Bö getrieben, zerplatzen, trifft ihr Sprühregen auch die Passagiere auf den oberen Decks. Dabei ist es nicht besonders stürmisch, der Seegang normal bei Temperaturen um drei Grad. Doch der Wind versetzt das Schiff in ächzende Schaukelbewegungen, sanftes Wiegen. Eine Wiege auf hoher See.

Ein Februartag des Jahres 1942. Der Krieg zieht immer weitere Kreise, die ganze Welt ist in Waffen, von Java bis Kreta, von Grönland bis zur Sahara, vom Südpazifik bis zum Nordmeer. Elfriede ist auf dem Weg nach Helgoland, auf dem Weg zu ihrem Mann. Heinz Scholz hat zwar mittlerweile die Scheidung eingereicht, aber vielleicht lässt sich ja doch noch etwas retten. Zumindest ist er gesprächsbereit, hat angeboten, sie auf der Insel zu empfangen, wo er gerade als Marinesoldat stationiert ist.

Das Schiff heißt ironischerweise *Alte Liebe*. Die Hakenkreuzfahne hat sich um einen Schiffsschornstein gewickelt. »Kraft durch Freude« ist auf einer schon etwas verblassten Aufschrift auf der Schiffsbrücke zu lesen, die Erinnerung an eine Zeit, als das Schiff noch ausgelassene Pauschaltouristen im Dienst der NS-Urlaubsorganisation über die Nordsee getragen hat. Die meisten KdF-Dampfer transportieren jetzt Soldaten. »Kraft durch Freude.« Elfriede ist kotzübel. Schwer atmend steht sie an der Reling und starrt aufs Meer. Der Magen in Aufruhr, das Gesicht kreidebleich. Jeden Moment kann es ihr hochkommen, da ist es gut, dem Wasser nahe zu sein, wenn der Wind auch kalt ist und die Gischt ihr ins Gesicht spritzt. Aber vielleicht hält sie ja durch. Gut zweieinhalb Stunden ist sie schon unterwegs, seitdem das Schiff in der Morgendämmerung in Cuxhaven abgelegt hat. Die gesamte Fahrtzeit ist mit rund vier Stunden angegeben.

Mit an Bord ist – ungewöhnlich für die Kriegszeit – auch eine Schulklasse. Als die Kinder aufs Schiff gestürmt sind, haben sie noch gealbert und gelacht, jetzt lacht niemand mehr. Auch den Kindern ist offenbar schlecht geworden. »Wenn die bunten Fahnen wehen, geht die Fahrt wohl übers Meer«, hat der Lehrer vor einiger Zeit angestimmt, aber er musste fast allein singen. »Gut, dass die Kinder mal auf andere Gedanken kommen«, raunt ihr der Mann mit der Stirnglatze und dem grauen Haarkranz zu. »Drei haben schon ihren Vater verloren. Ein Mädchen hat erst vor drei Tagen erfahren, dass ihr Papa gefallen ist. Die Mutter hat sie trotzdem mitgeschickt. Warum auch nicht? Eine Bombe kann einen auch auf dem Festland treffen.« Der Lehrer hebt den Kopf in Richtung eines Mädchens, das ihr schon vorher durch ihren bekümmerten Ausdruck aufgefallen ist. Als sich der Mann von Elfriede entfernt, sieht sie, dass er ein Bein nachzieht. Wahrscheinlich ein Holzbein, bleibendes Andenken an den vorigen Krieg.

Bei jedem noch so fernen Donnern blicken die Passagiere ängstlich zum Himmel. Luftangriffe sind nicht ausgeschlossen, auch hier in der Deutschen Bucht nicht. Schließlich haben die Briten Helgoland schon im Dezember 1939 bombardiert. Die ersten britischen Bomben sind ausgerechnet auf deutschen Boden gefallen, der noch vor gar nicht so langer Zeit britisch war. Bis 1890 gehörte Helgoland zum Vereinigten Königreich, und die Bindungen rissen nie ganz ab. Aber bei dem Bombenabwurf ist niemand zu Schaden gekommen, und seither war es recht ruhig – sieht man einmal von dem Fliegeralarm ab, der die Sirenen aufheulen lässt, wenn britische Kampfbomber vorbei an Helgoland in Richtung Festland fliegen. »Brauchst keine Angst zu haben«, hat Heinz ihr geschrieben. »Die Insel ist gut gesichert.«

Nein, mehr als ein möglicher Luftangriff macht ihr die Begegnung mit ihrem Mann Angst. Wird er noch offen für ein versöhnliches Gespräch sein? Sie ist sich plötzlich nicht mehr sicher. Vielleicht war es doch keine so gute Idee, auf diese lange Reise mit unbekanntem Ausgang zu gehen. Denn eigentlich wollte er nur noch über die Einzelheiten der Scheidung sprechen. Die Zweifel machen ihr ebenso zu schaffen wie die Seekrankheit.

Allmählich stiehlt sich die Sonne durch die grauen Wolken. Schließlich kommt die Insel in Sicht, ein schmaler Streifen im Dunst. Elfriede fühlt sich immer noch elend, aber sie ist froh, dass sich die Überfahrt dem Ende nähert. Die rote Felsenküste leuchtet in der Sonne. Sie sieht aus wie gemalt. Aber der abenteuerlichste Teil der Reise steht noch bevor. Da das große Schiff nicht auf Helgoland anlegen kann, werden die Passagiere mit großen Holzkähnen abgeholt, sogenannten Börtebooten, die den Wellen noch mehr ausgesetzt sind als der Dampfer. Als Elfriede sieht, wie einer nach dem anderen auf die schwankende Barke springt, kann sie ihren Brechreiz nicht mehr unterdrücken. Das noch fast unverdaute Frühstück schießt ihr aus dem Hals wie heiße Lava aus einem Vulkan. Da alle auf das Ausbooten konzentriert sind, fällt es zum Glück nicht besonders auf. Danach geht es ihr besser. Als sie gemeinsam mit einem halben Dutzend anderen Passagieren auf dem

Motorboot der Küste zutuckert, kann sie endlich wieder befreit durchatmen.

Schon vom Wasser aus hat sie die U-Boot-Bunker gesehen, die sich in die Felsküste eingraben wie Löcher im Käse. Im Hafen liegen Dutzende von Kriegsschiffen und Minensuchbooten. In das Gekreisch der Möwen mischt sich Baulärm: Hämmern, Sägen, aufheulende Motoren. Als sie endlich festen Boden unter den Füßen hat, folgt sie dem Strom der Schulklasse und der wenigen erwachsenen Besucher in die Kaiserstraße, eine schmucke Fußgängerzone mit Andenkenläden, Cafés und Hotels. Doch die meisten Geschäfte und Kaffeestuben sind geschlossen. Keine Saison für Feriengäste. Auf der Straße wimmelt es von Soldaten. Rund 4000 Uniformierte bevölkern zu dieser Zeit die Insel.

Ihr Mann hat für sie eine Übernachtung in der *Pension Mailänder* gebucht, einem erst vor wenigen Jahren erbauten Gästehaus an der Felskante im Oberland. Vom Unterland zum vierzig Meter höher gelegenen Plateau kann man über eine Treppe steigen oder einen Fahrstuhl nehmen. Da sie friert und sich auch noch etwas schwach auf den Beinen fühlt, entscheidet sie sich für den Aufzug. Im Oberland weht der Wind noch kräftiger, zum Glück findet sie die Adresse schnell: Am Falm 85. Sie atmet auf, als sie endlich im zweiten Stock ihr Zimmer betritt und sich erschöpft im Bett ausstrecken kann. Viel Zeit zum Schlafen bleibt jedoch nicht. Für drei Uhr am Nachmittag ist sie mit Heinz im Café verabredet, das direkt neben der Pension liegt.

Im Zimmer ist es kalt, eine Heizung gibt es nicht. Nach einer halbstündigen Ruhepause steht sie auch schon in ihrem hochgeschlossenen grünen Baumwollkleid vor dem Spiegel. Sie findet, dass sie immer noch ramponiert aussieht, schminkt sich daher etwas, legt Make-up auf, färbt die Lider und malt sich die spröden Lippen rot. Eigentlich müsste sie sich noch die verfilzten Haare waschen, aber dafür ist keine Zeit mehr. Sie betupft sich mit Kölnischwasser, zieht ihren Mantel über und geht runter.

Das Café mit den rosafarbenen Sesseln, runden Kirschholztischen und Nippfiguren ist nahezu leer, aber immerhin warm. Ein großes Panoramafenster gibt den Blick auf das aufgewühlte Meer frei, über dem ein trüber, zerzauster Himmel hängt.

Heinz ist pünktlich. Kaum hat sie Platz genommen, kommt er auch schon zur Tür herein – wieder in seiner adretten Ausgehuniform.

Er begrüßt sie wie einen Geschäftsfreund mit kaltem Händedruck. »Tag, Elfriede. Ich hoffe, du hattest eine gute Anreise.«

»Guten Tag, Heinz. Ganz schön, aber bisschen schlecht ist mir schon geworden.«

»Scheinst es ja gut überstanden zu haben, grün im Gesicht bist du jedenfalls nicht mehr. Siehst gut aus.«

»Danke.«

Nach dem ersten Geplänkel kommt ein schon älterer Kellner an den Tisch gehumpelt. »Heil Hitler. Was darf's sein, die Herrschaften?«

Sie bestellt Käsekuchen, er Marzipantorte.

Gefragt nach seinem Inselleben, schildert er ihr, wie seine Soldatentage auf Helgoland verlaufen. Sie sind vor allem bestimmt durch seine zahlreichen Konzerte mit der Militärkapelle – vom sogenannten Kurkonzert am Morgen bis zum Großen Zapfenstreich. »Manchmal spielen wir sogar zum Tanz auf«, erzählt er. »Wenn zu wenig Frauen da sind, tanzen einfach die Soldaten miteinander.«

Auch außerhalb der Dienstzeit werde es ihm auf der Insel nur selten langweilig, schwärmt Heinz. »Hier ist immer was los. Theater, Konzerte, Kino, geselliges Beisammensein. Was weiß ich.«

Ob er denn keine Angst vor Luftangriffen habe. O nein, die Insel sei gut geschützt. Überall Flakgeschütze, Flugabwehrkanonen in alle Himmelsrichtungen. »Und für den Notfall gibt es Bunker, auch für die Zivilisten. Eine richtige Unterwelt haben wir hier.«

Auch sie erzählt von ihrem Alltag, lässt nebenbei einfließen, dass Theo ja nun nach Amerika zurückgekehrt ist, vermeidet es aber, ihn durch Streitthemen wie ihre Einstellung zum Krieg oder verfolgte Juden zu provozieren. Nach dem Kaffeetrinken gehen die beiden spazieren. Ein Hotel reiht sich an das andere, manche haben immer noch Namen wie *Stadt London* oder *Empress of India*, die an die britische Vergangenheit erinnern, an diesem Februartag sind die meisten verriegelt. Nicht weit entfernt beherrschen schmucklose Kasernengebäude das Bild. Heinz zeigt ihr, wo er selbst untergebracht ist; aber nur aus der Ferne, denn die Kasernenanlagen sind wie der größte Teil der Insel für Zivilisten gesperrt. Auch Hafen und Leuchtturm liegen im Sperrgebiet. Zu besichtigen immerhin ist das moderne Hindenburg-Denkmal, der Kopf des Reichsfeldmarschalls wächst aus einem Adler heraus. Die Kirche, der Friedhof mit dem Grab der Schauspielerin Malwine Erck, die auf Helgoland im August 1853 beim Baden vom Blitz erschlagen worden ist, sie war gerade mal 27 Jahre alt geworden. Die häufigsten Namen auf den Grabsteinen sind Rickmers, Siemers und Krüss. Weiter zum Unterland. Diesmal lässt sich Elfriede von ihrem Mann die Treppe hinunterführen. Der Wind frischt auf. Sie zieht ihre Wollmütze tiefer, klappt den Mantelkragen hoch. Heinz, der wohl sieht, wie sie friert, legt schützend einen Arm um ihre Hüfte. Schlagartig wird ihr warm.

In den verwinkelten Gassen drängen sich kleine weiße Fischerhütten aneinander. Großzügiger ist die Bebauung auf der Kurpromenade und in der Kaiserstraße. Neben dem Conversationshaus gibt es sogar ein Theater. Ein weiteres Denkmal erinnert an Hoffmann von Fallersleben, der einst auf Helgoland *Das Lied der Deutschen* geschrieben hat. *Deutschland, Deutschland über alles, über alles in der Welt …* Elfriede muss an Verse des Schriftstellers denken, die sie im Helgoland-Prospekt der Pension gefunden hat:

Lass die wilden Wogen toben,
um den Felsen dort und hier,
auf dem Felsen wohn ich droben
und der Frieden wohnt in mir.

Leider ist sie selbst von innerem Frieden weit entfernt. Je länger sie mit Heinz zusammen ist, desto mehr beunruhigt sie die bevorstehende Aussprache. Aber schließlich ist auch Hoffmann von Fallersleben von Liebeskummer auf die Insel getrieben worden.

Gern hätte sie einen Blick auf die *Lange Anna* geworfen, die berühmte Felsennadel aus rotem Buntsandstein, das Wahrzeichen Helgolands. Doch bei dem kalten Wind ist der Weg zum Brandungspfeiler an der Nordspitze der Insel zu ungemütlich. Außerdem wird es bald dunkel, und Heinz muss um einundzwanzig Uhr wieder in der Kaserne sein.

Sie entscheiden daher, im *Pottchen*, einem Gasthaus am Treppenaufgang einzukehren. Heinz hat gehört, dass man in dem Traditionsgasthaus frischen Fisch von den wenigen Helgoländer Fischern bekommt, die in diesen Kriegstagen noch ihre Netze auswerfen. Sie bestellen Scholle mit warmem Kartoffelsalat. Köstlich! Wenn Elfriede auch Probleme mit den Gräten hat, so schmilzt sie beim Verzehr des Fischgerichts förmlich dahin. Das Bier versetzt sie obendrein in eine Stimmung, die sie vergessen lässt, einem Mann gegenüberzusitzen, der sich von ihr scheiden lassen will. Und als Heinz stolz erzählt, dass deutsche U-Boote schon so manches britische Handelsschiff versenkt haben, erinnert sie sich an die Historie der Insel Helgolands, deren Bewohner vor gar nicht so langer Zeit Briten waren. »Schon seltsam, dass man jetzt von hier aus Krieg gegen die Tommys führt.«

»Das haben sich die Tommys selbst zuzuschreiben«, entgegnet Heinz brüsk. »Die haben uns den Krieg zuerst erklärt.«

»Na ja, nach dem Überfall auf Polen.«

»Überfall?!«

Heinz wiederholt das Wort so laut und anklagend, dass die vier Soldaten am Nachbartisch wie durch ein Zauberwort verstummen und vorwurfsvoll in ihre Richtung blicken.

»Geht das schon wieder los«, herrscht Heinz sie im strengen Flüsterton an.

»Entschuldigung«, erwidert sie ebenso leise. »Ich hab vergessen, dass man nicht mehr seine Meinung sagen darf.«

»Was heißt hier Meinung? Das ist Feindpropaganda, das habe ich dir schon in Dresden gesagt.«

Feindpropaganda! Natürlich. Sie spürt, dass jedes weitere Wort den Streit nur noch mehr anheizen würde, und dafür ist sie nicht gekommen. Doch es gibt kein Zurück. Die Stimmung ist umgeschlagen. Er zündet sich schweigend eine Zigarette an, saugt den Rauch ein und bläst ihn nachdenklich wieder aus.

»Wir wollten ja über was anderes sprechen«, beginnt er. »Die Scheidung. Ich fände es gut, wenn wir wie kultivierte Menschen auseinandergehen und nicht im Zank.«

Sie schluckt, ihr ist, als würde sich alles in ihr verkrampfen. »Müssen wir denn – auseinandergehen?«

»Ich weiß, das klingt hart: Aber ich sehe keine andere Lösung. Wir haben ja gerade wieder erlebt, wie weit wir auseinander sind. Aber du weißt, dass da noch mehr ist, was mich bedrückt.«

»Ja, aber das ist alles …« Sie sucht nach Worten, schüttelt aber nur fahrig den Kopf und nippt an ihrem Bier. »Das ist …«

»Das ist Einbildung, willst du sagen?«

»Wenn du es so ausdrücken willst, meinetwegen. Deine Vorwürfe sind jedenfalls ungerecht. Ich bin dir treu geblieben.«

»Treu nennst du das, wenn du jedes Wochenende mit einem andern losziehst?!«

»Das ist doch Unsinn. Wie kommst du denn darauf?«

»Ich habe da so meine Quellen in Dresden.«

»Deine Quellen? Was denn für Quellen?«

»Darüber möchte ich nicht sprechen. Gibt schließlich so was wie Informantenschutz.«

»Wäre aber schön, wenn ich wüsste, wo du den Blödsinn herhast, damit ich mich wehren kann. Denn diese Anschuldigungen sind wirklich hundsgemein. Wenn ich in letzter Zeit zum Tanzen war, dann mit Ingeborg.«

»Das schließt ja nicht aus, dass du dir einen anlachst, der dich nach Hause bringt und so weiter.«

»Unsinn! Aber ich kann mir schon denken, wo du das herhast. Das hat dir bestimmt wieder meine Vermieterin geschrieben, diese falsche Hexe.«

Heinz zieht schweigend an seiner Zigarette und gibt damit zu verstehen, dass sie nicht ganz falschliegt.

»Diese Wentzel hat schon den Quatsch über Theo erzählt. Dabei war lange Schluss mit ihm. Der hat mich nur noch auf einen Kaffee besucht und mit mir geplaudert wie ein guter Freund – hatte sich ja in Bayern verlobt. Und längst ist er wieder in Amerika, zum Glück heil angekommen.«

»Sicher gibt es in Dresden noch andere Männer – Männer, die es geschafft haben, sich vor dem Wehrdienst zu drücken.«

»Ach, hör doch auf.«

Heinz trinkt sein Bier aus und gibt dem Kellner mit erhobenem leerem Glas und Handzeichen zu verstehen, dass er eine weitere Runde für Elfriede und sich wünscht. »Du hast recht«, erwidert er mit gesenkter Stimme. »Bringt wirklich nichts, in alten Wunden rumzustochern. Aber irgendwie muss ich dir ja begreiflich machen, dass es so für mich nicht weitergeht. Ich habe einfach das verloren, was für eine gute Ehe unabdingbar ist: mein Vertrauen zu dir.«

»Aber doch alles nur wegen dieser Hirngespinste – und Verleumdungen.«

»Da ist einfach zu viel zusammengekommen, zu viel für mich. Wahrscheinlich war unsere Heirat zu übereilt, wir haben uns ja kaum gekannt. Ich wollte einfach, dass du abgesichert bist und ich so etwas wie ein Zuhause habe, einen Ankerpunkt, weißt du, einen Menschen, der auf mich wartet – und vielleicht auch um mich weint, wenn es mich treffen sollte. Und ehrlich gesagt, hatte ich auch gehofft, dass ich mit dir ein Kind in die Welt setzen könnte. Einen Jungen oder ein Mädchen, in dem man fortlebt, wenn es einen nicht mehr gibt, was in diesen Zeiten ganz schnell gehen kann. Ganz schnell.«

Ein neuer Tiefschlag. Die Anspielung auf ihre Unfruchtbarkeit macht sie sprachlos. Schon wieder ein Mann, der sich eine Mutter für seine ungeborenen Kinder wünscht. Schon wieder einer, den sie enttäuscht, weil sie keine vollwertige Frau ist. Tränen sickern ihr aus den Augen, sie schluchzt auf und wischt sich mit der Serviette übers Gesicht. Wieder blicken die Soldaten vom Nachbartisch auf, tuscheln grinsend miteinander.

Heinz drückt ihre Hand. »Tut mir leid, ich wollte dir nicht wehtun, Elfriede. Aber es bringt auch nichts, wenn wir mit dem, was uns auf der Seele liegt, hinterm Berg halten.«

»Schon gut. Da hast du wohl recht.«

Er drückt seine Zigarette aus und zündet sich gleich eine neue an. »Dann sollten wir uns jetzt wirklich wie vernünftige Menschen benehmen.«

Und dann erklärt er ihr, wie er sich die Scheidung vorstellt. Dass niemand die alleinige Schuld zugesprochen bekommt, sondern alles auf eine einvernehmliche Trennung ohne Hauen und Stechen hinausläuft. Sie sagt zu allem Ja und ist froh, als sie das Lokal endlich verlassen und ins Oberland zurückkehren. Es ist stockdunkel. Am mondlosen Himmel funkeln die Sterne, und die Straßenlaternen gießen ihr gelbes zittriges Licht über die Gassen der meerumtosten Felseninsel. Der Wind ist noch stärker geworden, aber Elfriede spürt ihn kaum.

22. Heiße Tage

Der Sommer 1943 ist heiß in New York. Der Asphalt glüht zwischen den Häuserschluchten. Sengende Hitze lähmt das Leben, in der Bronx wie auf der Fifth Avenue. Auch der Central Park hat sich in einen Glutofen verwandelt. Nur die Nächte bieten noch etwas Abkühlung. »Die Wolkenkratzer schmelzen sanft in der Julihitze, und ich bin immer noch hier«, schreibt Erich Maria Remarque in einem Brief an Alma und Franz Werfel. Es dränge ihn nicht, vor November nach Hollywood zu kommen, und dann werde er schnell vor Gericht seine Steuersache klären und gleich nach New York zurückkehren. Denn diese Stadt versetze ihn trotz der sommerlichen Hitze in Hochstimmung:

> Der Wind riecht wieder nach Erdbeeren, aus dem Asphalt blühen Kamelien, die Horizonte singen und unter der wilden Hysterie blauester Himmel ist jemand wieder achtzehn Jahre alt geworden und vergeudet seine Zeit nicht damit, Gefühle in Buchkonserven einzumachen.

Der leidgeprüfte Liebhaber ist mal wieder bis über beide Ohren verliebt und jubelt, dass seine Liebe endlich erwidert wird.

> Gott hat mich belohnt dafür, dass ich es mit dem kochenden Küchen-Vamp (gemeint ist Marlene Dietrich) in überirdischer Geduld so lange ausgehalten hatte.

Es ist Natascha Paley, die ihn in diesen heißen Tagen zusätzlich entflammt. Noch lieber als die Tage sind ihm die Nächte, und das Schöne ist, dass die Ausgangssperre an der Ostküste nicht so streng überwacht wird wie in Kalifornien. Denn Natascha ist nicht die Einzige, die ihm Gesellschaft leistet; auch bedeutende Männer kreuzen seinen Weg. New York ist zum Treffpunkt europäischer Emigranten von Weltruf geworden. Remarque trifft Fritz Lang, Arthur Rubinstein, Carl Zuckmayer und Ernst Bloch. Franz und Alma Werfel kommen gelegentlich von Beverly Hills mit dem Zug herüber. An diesem Abend ist er zum Dinner eingeladen, zusammen mit Max Reinhardt und Gemahlin, seinem amerikanischen Verleger Ben Huebsch, dem österreichischen Schauspieler Hans Jaray, Ex-Liebhaber Marlene Dietrichs, und der Baronesse Clarisse Rothschild. Doch bald verliert er den Überblick. »Trank wieder eine Flasche Cognac«, notiert er in seinem Tagebuch. »Ziemlich blau.« Im Alkoholrausch – »ohne es zu wissen« – bringt er eine Freundin nach Hause, kehrt noch in einer Bar ein und lässt sich von einem Taxifahrer zum Edelbordell von Bee bringen. Die schon etwas ältere *Madame in schwarzem Samt* telefoniert gerade, als er zur Tür hereinkommt. Einige Tage später hält er den Besuch in seinem Tagebuch fest.

> Ich schlief halb. Ein Mädchen Toni, eine halbe Kreolin, die ich für jüdisch hielt, kam. Zwischendurch kochte Bee Kaffee. Ich lag friedlich halb schlafend. Die beiden Damen, jede auf einem Bett sich gegenübersitzend, Kaffee trinkend, erörterten die Weltsituation vom Standpunkte der Madame u. des Sexes aus. Bee war sehr elegisch, – ihr Wunsch, ein Etablissement mit Spiegeln, Möbeln, guten Customers, solid, bürgerlich u. chic. Das

alles während durch Ritzen in den Vorhängen u. Jalousien der Morgen strahlend aufstieg.

Immer wieder landet er in diesem Sommer in Bees Bordell, wo er wie ein Stammgast empfangen und bewirtet wird. Die Damen haben sich daran gewöhnt, dass er nicht unbedingt mit ihnen schlafen will, sondern vor allem nette Gesellschaft sucht. Dabei fehlt es ihm nicht an Frauen. Mit Greta Garbo trifft er sich nur noch selten, dafür intensiviert sich die Beziehung zu Natascha Paley, mit der er heiße Liebesnächte verbringt und Briefe wechselt – wie vor gar nicht so langer Zeit mit Marlene Dietrich. Am 28. Mai 1942 schreibt er ihr nach einem Telefonat:

> Natasha, Deine Stimme kam so klar durch das Telephon, als ob Du im Nebenzimmer wärst. (…) Ich bedecke meine Ohren ein wenig, um sie länger in meinen Träumen hinter meinem Schädel zu behalten – und hinter meinen Augen sehe ich Deine grauen, wunderschönen, fragenden Katzenaugen – und ich nehme mein Herz und werfe es in die Nacht, und ich gehe zum Fenster und sehe hinab auf die verbotene Stadt und fühle den Wind auf meinem Gesicht, und plötzlich denke ich wieder und wieder, wie wunderbar es ist, am Leben zu sein und in deinen Gedanken und in Deinem Herzen zu sein.

Solche Glücksmomente sind schnell verflogen. Auf Nächte vor offenem Fenster folgt Katerstimmung mit Selbstzweifeln und hämmernden Kopfschmerzen, und an die Stelle von Liebesbeteuerungen treten Flüche und Verwünschungen. Dann geht ihm die Anteilnahme der Geliebten nur noch auf die Nerven – vor allem, wenn sie ihn nachts aufstört. So schreibt er am 6. Juli 1943:

Nachts Anruf Natashas. Dasselbe – sie wird langsam etwas verrückt, – wie ausgebrannt, faul ich sei, nehme sie und alles for granted, mache keine efforts etc. Sie will russisches Drama. Ich sagte ihr, es sei besser, nicht mehr zu sprechen, – es wäre Wiederholung u. Agonie. Wenn sie es so wolle, gut. Ich habe andere Ansichten, wolle durch diese Zeit mit dem geringsten effort kommen, um Nerven parat zu haben für die kommenden Jahre. Mein leeres Leben sei besser denn ihr ausgefülltes sociales, das mich fruchtlos machen würde.

23. Ein Brautkleid für die Gräfin

Dresden. Die Ironie des Schicksals treibt weitere seltsame Blüten. Während Elfriedes zweite kurze Ehe der Auflösung entgegentaumelt, bereitet sich ihre Freundin Monica auf ihre Hochzeit vor und beauftragt Elfriede, ein Brautkleid für sie zu schneidern. Ein Traum aus Tüll, Taft und Spitze soll es werden, mit perlen- und paillettenbesetztem Oberteil, bodenlang, fließend, ärmellos und hochgeschlossen. Wie eine Königin soll Monica darin aussehen, denn immerhin wird sie ja durch die Heirat mit Hans Graf Finck von Finckenstein zur Gräfin. Und das will sie an ihrem Hochzeitstag nicht verbergen.

Stundenlang hat Elfriede mit ihrer liebsten Kundin in Brautmodenprospekten und alten Zeitschriften geblättert, vom Schönsten das Allerschönste herausdestilliert und auf einen großen Bogen Papier skizziert. Edle Stoffe sind zwar rar, aber da Geld in diesem Fall nur eine untergeordnete Rolle spielt, wendet sich Elfriede an einen Stoffimporteur, der noch Brüsseler Spitze und einige wenige Ballen Tüll und Taft auf Lager hat. Das Brautkleid beschäftigt sie derart, dass sie zeitweise zwei Gehilfinnen anstellen muss, die sich um die Routinearbeiten kümmern. Sie will ja die anderen Kundinnen nicht verlieren. Jetzt bewährt sich die Anschaffung der zweiten Nähmaschine.

Nach jedem Fertigungsabschnitt muss Monica zur Anprobe kommen, insgesamt fünfmal. Zum Glück passt es immer halbwegs und entspricht auch den Vorstellungen der Auftraggeberin, die ihr jedes Mal von den Hochzeitsvorbereitungen berichtet. Die Feier soll auf Schloss Nieder-Schönbrunn bei Görlitz stattfinden, dem künftigen Wohnsitz des Brautpaars in Niederschlesien. Trotz der widrigen Umstände soll es ein rauschendes, ein glanzvolles Fest werden. Die Voraussetzungen sind günstig: Obwohl im Laufe des Krieges fast alles knapp geworden ist, herrscht bei den Finckensteins kein Mangel. Die Grafenfamilie bewirtschaftet ein Gut, erzeugt immer noch im großen Stil Fleisch, Milch, Kartoffeln und Gemüse und kann die selbst produzierten Lebensmittel gegen Luxusartikel wie Wein, Zigaretten oder Süßwaren tauschen. Auch Elfriede wird auf eigenen Wunsch vor allem in Naturalien bezahlt. Wenn Monica sie mit dem Auto besuchen kommt, hat sie immer Eier, Speck, Wurst oder Kartoffeln dabei, einmal sogar einen Sack mit Briketts. Das Schöne ist, dass Elfriede die Arbeit an dem Brautkleid auch ein wenig von ihren Auseinandersetzungen mit Heinz ablenkt, der im April 1943 beim Landgericht Dresden offiziell die Scheidungsklage eingereicht hat und ihr immer neue Tiefschläge versetzt. Vor einigen Tagen hat er ihr sogar vorgeworfen, dass sie ihn bestohlen habe. Nach einer Bestandsaufnahme durch Elfriedes Vermieterin im Keller – er hat ihr den Schlüssel zu seinem Lagerraum geschickt – vermisst er nicht nur die goldenen Manschettenknöpfe, sondern auch eine wertvolle Armbanduhr. Elfriede habe die Sachen versetzt, um noch mehr Inventar für ihren Schneidersalon anzuschaffen, klagt er. Die Anschuldigungen machen sie fassungslos.

Hinzu kommt, dass der Krieg immer näher heranrückt. Immer häufiger heulen jetzt in deutschen Städten die Sirenen, um vor Luftangriffen zu warnen. Lübeck, Köln, Hamburg, Hannover. Am 20. Juni 1942 hat es Osnabrück getroffen. Elfriede sorgt sich um ihre Schwester, von der sie lange nichts gehört hat. Schließlich schreibt ihr Erna, dass auf dem Nachbargrundstück eine Bombe eingeschlagen ist. Während sie im Luftschutzkeller gewesen sei, hätten Rauch, Hitze- und Druckwelle auch ihre Wohnung beschädigt. »Die Wände sind schwarz, die Schränke angesengt und ein Teil der Kleidung ist nicht mehr zu gebrauchen«, schreibt sie. Ob sie mal in Dresden vorbeikommen könne. Elfriede habe vielleicht noch ein paar Sachen, die sie ihr geben könne.

Elfriede antwortet prompt und lädt ihre Schwester sofort ein. Selbstverständlich werde sie ihr in dieser Lage helfen. Drei Tage später ist Erna schon bei ihr in der Langemarckstraße. Sie ist blass und abgemagert und erzählt unter Tränen, wie viele es in Osnabrück noch härter getroffen hat als sie. Mindestens zehn Menschen, darunter auch Kinder, sind tot, andere schwer verletzt. Dankbar nimmt sie Mantel, Winterkleid, Wollstrümpfe und Unterwäsche entgegen, die Elfriede für sie zusammensucht. Bald, sagt sie, werde sie vielleicht Osnabrück verlassen und in ein Dorf im Thüringer Wald ziehen. Dort wolle sie einem Bauern im Haushalt helfen. Der Vater der Geschwister ist schon einige Jahre zuvor nach Bad Rothenfelde gezogen, Ernas Mann Ludwig steht im Feld – irgendwo auf dem Balkan.

Elfriede hört weiterhin Feindsender, um über den Kriegsverlauf auf dem Laufenden zu sein. Seit Februar 1942 sendet auch *Voice of America* in deutscher Sprache, die Stimme Amerikas.

So erfährt sie, dass in der Nähe von Kiew in Babyn Jar 30 000 Juden erschossen worden sind, und sie hört, dass Wehrmacht und SS ihren Vernichtungsfeldzug in der Sowjetunion fortsetzen. Manchmal kommt es vor, dass sie den Volksempfänger gerade noch ausschalten kann, wenn sich eine Kundin oder ein Lieferant nähert. Oft ist sie dann aber so erregt von den Neuigkeiten, dass sie ihrer Wut über den Krieg freien Lauf lässt. Manche pflichten ihr bei, andere geben durch ihr Schweigen und sorgenvolle Blicke zu verstehen, dass sie darüber nicht sprechen wollen. Nur wenige widersprechen. Dazu gehört weiter ihre Kundin und Freundin Ingeborg Rietzel, deren Mann als Major in Weißrussland stationiert ist. In seinen Feldpostbriefen schwärmt er von der deutschen Kampfmoral und prangert die Verbrechen der »Untermenschen« auf der anderen Seite an. Ingeborg liest manchmal sogar aus Hans-Jürgens Briefen vor, um Elfriede den Wind aus den Segeln zu nehmen und die »Feindpropaganda« zu entlarven. Dabei betont sie stets, dass sie es gut mit ihr meine, nennt Elfriede »meine Liebe« und drückt ihr zur Bekräftigung zärtlich die Hand.

Anders verläuft das Gespräch, als Ingeborgs Mann auf Urlaub kommt und das Ehepaar Rietzel sich mit Elfriede im Gasthof *Zum Adler* zum Bier verabredet. Als Hans-Jürgen Rietzel im vollmundigen Propagandaton der Militärs verkündet, dass der Vormarsch der Deutschen zwar immer wieder gebremst werde, aber letztlich unaufhaltsam sei, sagt Elfriede, wie hart es schon ihre Heimatstadt Osnabrück getroffen habe und was ihre Schwester durchstehen müsse. Auch ihr Schwager in Hamburg sei ausgebombt. »Das ist doch schrecklich, und es wird ja immer noch schlimmer.«

Hauptmann Rietzel ist anzusehen, dass er davon nichts hören will. Unwirsch wirft er sich auf dem Stuhl zurück und schüttelt den Kopf. »Du hast ja keine Ahnung«, fährt er Elfriede an. »Das ist doch nur Fliegenschiss im Vergleich zum großen Kriegsgeschehen, Fliegenschiss, nichts weiter. Im Feld sterben Hunderttausende für ihr Vaterland.«

»Das macht die Sache auch nicht besser.«

»Was willst du damit sagen?«

»Dass dieser Krieg ein großes Unglück ist und nur Verderben über die Welt bringt. Die hohen Herren in Berlin, die die Kommandos geben, müssten mal selbst im Schützengraben …«

»Jetzt hör aber mal auf, ja! Man könnte ja meinen, dein Bruder hat dir seine feigen Parolen eingetrichtert.«

»Dazu brauche ich meinen Bruder nicht. Ich habe selbst Augen und Ohren. Für mich ist das jedenfalls kein Fliegenschiss, wenn unsere Städte zerbombt werden.«

An dieser Stelle springt ihr sogar Ingeborg bei. »Da hat sie natürlich recht, ich verstehe gar nicht, worüber ihr euch streitet. Natürlich findet keiner, dass Krieg was Schönes ist.«

Ingeborg blickt daraufhin ernst in die Runde und hebt versöhnlich ihr Bierglas. »Prost, ihr Lieben.«

Ihr Mann folgt mit leichtem Zögern ihrem Beispiel, und auch Elfriede nimmt ihr Glas und trinkt einen Schluck. Da kommt ihr plötzlich wieder in den Sinn, was Ingeborg neulich erzählt hat. Dass ihr Mann schon mal jemanden angezeigt hat, der in einer Gastwirtschaft Hetzreden gegen den Führer führte. Am Ende blüht ihr Ähnliches, wenn sie so arglos ihre Meinung hinausposaunt. Nein, das will sie auf keinen Fall riskieren, sie muss sich mehr zurückhalten, gerade diesem Mann gegenüber.

Wenn sie mit ihrer Freundin allein ist, macht sie aber auch weiterhin kein Hehl aus ihrem Zorn über die Kriegstreiber und nimmt dabei in Kauf, dass Ingeborg ihr vorhält, nur die Lügen der Feinde nachzuplappern.

Monica dagegen untermauert noch, was Elfriede bei *Voice of America* hört. Auch die adligen Offizierskreise aus dem Umfeld ihres Mannes hätten von »schlimmen Sachen« erzählt. Aber angesichts der bevorstehenden Hochzeit wolle sie sich nicht allzu sehr damit belasten. Sie lädt

Elfriede ein, am ersten Juliwochenende des Jahres 1942 auf Schloss Nieder-Schönbrunn zu kommen. Doch Elfriede lehnt dankend ab. »Da passe ich nicht hin. Die vornehmen Herrschaften würden doch gleich merken, dass ich bloß 'ne kleine Flickschneiderin bin und nicht weiß, wo man sich die Serviette hinsteckt.« Außerdem sei sie vollauf beschäftigt.

Monica von Finckenstein, die vorläufig noch ihre Stadtwohnung in Dresden behält, wird ihr später von der *Traumhochzeit* berichten. Phantastisch sei es gewesen, wunderschön. Der Bräutigam sei zwar mit seinem steifen Knie an einer Krücke zum Altar gehumpelt, aber damit habe er als Hauptmann der Reserve wenigstens demonstriert, dass in diesem Krieg auch der Graf seine Knochen nicht schone, und trotz der Krücken habe er eine gute Figur gemacht. Vor allem aber hätten alle ihr Brautkleid bewundert, sagt sie. Wie eine Märchenprinzessin habe sie sich gefühlt.

Allzu lange aber wird es Monica nicht vergönnt sein, auf dem Schloss zu leben. Gut drei Jahre nach der Hochzeit muss sie Nieder-Schönbrunn mit ihrem Mann schon wieder verlassen. Für immer.

Der Krieg kehrt sich auch jetzt schon gegen seine Verursacher. Hitlers Welteroberungspläne geraten ins Stocken. Der *Feind* schlägt zurück und lässt die *Herrenmenschen* zittern. Deutsche Städte versinken in Schutt und Asche, sogar Wüstenfuchs Rommel, der schon zum Sturm auf Kairo und Palästina geblasen hat, muss nach einer britischen Gegenoffensive unter Feldmarschall Montgomery den Rückzug antreten.

Zum Wendepunkt wird die Schlacht um Stalingrad. Am Anfang läuft alles noch fast nach Plan. Im Juli 1942 beginnt die 6. Armee der deutschen Wehrmacht die Offensive unter dem Namen *Fall Blau* mit dem Ziel, die sowjetischen Ölfelder im Kaukasus einzunehmen. Von hoher strategischer Bedeutung ist dabei die Stadt Stalingrad am Westufer der Wolga. Am 23. August um 18 Uhr erreichen Voraus-Abteilungen der 16. Panzer-Division den Norden der umkämpften Stadt, müssen aber gleich in Verteidigungsstellung übergehen, weil die Rote Armee mit großer Wucht zurückschießt. Daraufhin bombardieren mehr als sechshundert deutsche Kampfflugzeuge die Stadt, die auf Befehl Stalins nicht evakuiert werden soll. Zehntausende von Zivilisten sterben. Kinder und Frauen, die überlebt haben, müssen beim Ausheben von Schützengräben helfen. Jeden Schützengraben, jedes Haus, jede Straßenkreuzung verwandelt die Rote Armee in eine Festung. Trotzdem gelingt es den deutschen Verbänden Anfang November – im Zuge des *Unternehmens Hubertus* –, bis zu neunzig Prozent der Stadt einzunehmen. »Die Russen sind am Ende ihrer Kraft«, jubelt Hitler.

Aber dann wendet sich das Blatt. Auf sowjetischer Seite läuft das *Unternehmen Uranus* an. Truppen der Roten Armee kesseln die deutschen Eroberer großräumig ein. Darauf igelt sich die 6. Armee ein und wartet auf Hilfe von außen. Doch vergebens. Auch das *Unternehmen Wintergewitter* zur Zerschlagung des sowjetischen Kessels scheitert. Zehntausende deutsche Soldaten verbringen Weihnachten 1942 unter freiem russischem Himmel bei Minusgraden und leerem Magen. Die meisten sehen ihre Heimat nie wieder.

Geschwächt durch hohe Verluste, Hunger und Kälte, geben sich die Reste der 6. Armee schließlich Anfang Februar geschlagen. Nicht einmal das Oberkommando der deutschen Wehrmacht kommt mehr umhin, die Niederlage einzugestehen. In einer Sondermeldung am 3. Februar wird im Großdeutschen Rundfunk vermeldet, die deutschen Soldaten hätten »bis zum letzten Atemzug« gekämpft, sich am Ende aber der sowjetischen Übermacht und widrigen Umständen beugen müssen. Der Bericht des Reichsrundfunksenders gipfelt in der Behauptung, alle Soldaten der 6. Armee hätten den heldenhaften Tod auf dem Schlachtfeld gefunden. Damit wird unterschlagen, dass 91000 Wehrmachtssoldaten in sowjetische Kriegsgefangenschaft gekommen sind.

Elfriede hat diese Nachricht bereits im deutschsprachigen Programm der BBC gehört. Als sie Ingeborg davon bei ihrem nächsten Besuch erzählt, explodiert die Freundin und schreit sie an, dass sie aufhören soll. »Gemeine Lügen sind das, nichts als Lügen.« Sie plappere nur nach, was die Feindsender in die Welt hinausposaunten und ihr »werter Herr Bruder« in seinen Hetzbüchern schreibe. Außerdem flüstere ihr wohl ihre vornehme Freundin den Quatsch ein, diese eingebildete Gräfin. Doch der Wutausbruch hält nicht lange vor. Schon bald bricht Ingeborg in Tränen aus, nimmt Elfriede in den Arm und sagt schluchzend, dass man jetzt nicht auch noch Krieg gegeneinander führen dürfe. »Wir Frauen müssen doch zusammenhalten.«

Sie könne schon nicht mehr schlafen, wenn sie an ihren armen Mann denke. Elfriede mag es nicht, wenn sich die Freundin so an sie drängt, um mit ihr »ein bisschen zu schmusen«. Doch jetzt lässt sie es bereitwillig geschehen, froh, dass sich ihre Besucherin wieder beruhigt hat. Dabei hat sie Ingeborg noch gar nicht erzählt, dass sie am Vorabend mal wieder in *Im Westen nichts Neues* gelesen hat.

> Wir sehen Menschen leben, denen der Schädel fehlt; wir sehen Soldaten laufen, denen beide Füße weggefetzt sind; sie stolpern auf den splitternden Stümpfen bis zum nächsten Loch; ein Gefreiter kriecht zwei Kilometer weit auf den Händen und schleppt die zerschmetterten

Knie hinter sich her; ein anderer geht zur Verbandsstelle und über seine festhaltenden Hände quellen die Därme; wir sehen Leute ohne Mund, ohne Unterkiefer, ohne Gesicht (...); die Sonne geht auf, die Nacht kommt, die Granaten pfeifen, das Leben ist zu Ende.

Sie hat ja damals im Lazarett in Duisburg selbst gesehen, wie Menschen aussehen, die durch die Hölle gegangen sind. Aber darüber kann sie mit ihrer Freundin natürlich nicht sprechen. Auch nicht über diesen Professor Fetscher, der in seiner Praxis nach wie vor Untergetauchte behandelt und ihnen bei der Flucht hilft. Sie gehört zu den wenigen, die davon wissen und manchmal auch seine Adresse weitergeben.

Das Verhältnis zu Ingeborg hat sich sowieso eingetrübt. Vor einigen Tagen ist die Freundin mit einem alten Baumwollkleid einer verstorbenen Tante zu ihr gekommen und hat sie gebeten, ihr daraus ein schönes Sommerkleid zu machen. Auch ein Jackett ihres Mannes hat sie mitgebracht. Das Futter habe sich gelöst, ob Elfriede es nicht wieder in Ordnung bringen könne. Vielleicht komme Hans-Jürgen ja schon bald wieder auf Urlaub. Elfriede hat daraufhin auf den großen Kleiderhaufen in der Ecke gezeigt und bedauernd darauf hingewiesen, dass sie in den nächsten zehn Wochen keinesfalls dazu kommen werde. »Tut mir leid, aber ich versinke in Arbeit.«

Ingeborg war anzusehen, wie die Antwort sie aufwühlte. »Gut, dann nehme ich die Sachen eben wieder mit«, erwiderte sie in frostigem Ton. »Ich versteh ja, dass die Gräfin bei dir Vorrang hat. So viel wie deine blaublütige Herzensfreundin kann ich natürlich nicht bezahlen.«

»Das ist doch Unsinn«, entgegnete Elfriede. »Monica muss auch warten.«

Aber Ingeborg hörte gar nicht mehr zu. Sie packte die Sachen in ihre Tasche zurück und stürmte wortlos aus dem Raum. Später ist davon zwar nicht mehr die Rede, Elfriede spürt aber, dass die Freundin ihren Groll nicht überwunden hat. Diesmal immerhin kommt es zu einem versöhnlichen Abschluss.

Kurz nachdem Ingeborg gegangen ist, betritt Antonie Wentzel die Werkstatt. Elfriede hat inzwischen jedes Vertrauen zu ihrer Vermieterin verloren. Sie weiß aus der Klageschrift ihres Mannes, dass sie Heinz mit Informationen über seine angeblich untreue Frau versorgt – zum großen Teil mit Falschinformationen. Sie fühlt sich von dieser Frau verleumdet und ausspioniert, mag sie auch noch so freundlich auf sie einreden. Auch jetzt kommt sie wieder auf Katzenpfötchen zu ihr geschlichen und erkundigt sich mit samtweicher Stimme, was denn gerade für ein Geschrei in der Werkstatt gewesen sei. Als Elfriede erklärt, dass eine Kundin wegen ihres Mannes an der Ostfront etwas nervös sei, zeigt Antonie Wentzel sofort Verständnis und lamentiert über den »schrecklichen Krieg«. Wie nebenbei kommt sie gleich auf die schlechte Versorgungslage zu sprechen und beglückwünscht Elfriede ein weiteres Mal zu ihren guten Geschäften in diesen schweren Zeiten. Besonders gelohnt habe sich ja wohl das Brautkleid für *die Gräfin*. »Ob Sie mir wohl nochmal ein bisschen Speck und ein paar Kartoffeln geben können?«, schließt sie fast nahtlos an. »Vielleicht auch zwei, drei Eier? Wir können es dann ja mit der Miete verrechnen.«

Je länger diese Frau mit der leicht gebückten Haltung auf sie einredet, desto wütender wird Elfriede. Ihre Antwort klingt denn auch bei weitem nicht so höflich wie die Frage. »Die Miete habe ich Ihnen doch schon bezahlt«, erwidert sie barsch. »Ich kann doch jetzt nicht alle meine

Lebensmittel weggeben. Wer weiß, wie es weitergeht. Und für Geld kriegt man doch heute schon kaum mehr was im Laden.«

Sie sieht, wie ein Zucken um die Mundwinkel der Vermieterin läuft, die offenbar einen inneren Kampf mit sich ausficht, um nicht die Beherrschung zu verlieren. »War ja nur 'ne Frage«, sagt Antonie Wentzel schon nicht mehr so ganz freundlich. »Dann noch einen schönen Tag.«

»Ihnen auch.«

Ohne die Antwort abzuwarten, huscht Antonie Wentzel aus dem Raum.

Das Verhältnis zu ihrer Vermieterin hatte sich ein Jahr zuvor ohnehin eingetrübt, als sie gemeinsam mit drei anderen Mietern aufgrund feuchter, schimmeliger Wände eine Mietpreisminderung verlangte und schließlich auch vor Gericht durchsetzte. Elfriede war vor Gericht als Wortführerin aufgetreten und hatte sich damit den Zorn der unterlegenen Hausbesitzerin zugezogen. Sie hatte danach zwar alles unternommen, um wieder zu einem geregelten und höflichen Miteinander zurückzukehren, aber doch deutlich gespürt, dass Antonie Wentzels Groll wie die Glut eines erloschenen Feuers weiter vor sich hin schwelte – mochte sie auch noch so umgänglich tun. An manchen Tagen tat ihr die alleinstehende Frau, die mit ihrem großen Haus verheiratet zu sein schien, sogar etwas leid, und sie nahm sich vor, etwas freundlicher zu sein. Aber dann siegte doch wieder der Argwohn.

24. Neue Affären

New York. Zwischen den Wolkenkratzern zucken Blitze, gefolgt von krachenden Donnerschlägen. Die Bürgersteige sind wie leergefegt. Selbst der Broadway, wo das Leben sonst in der Abenddämmerung pulsiert, ist fast verwaist. Es beginnt zu regnen; das Tröpfeln wird zum Wolkenbruch. Endlich Regen, verbunden mit einem kühlen Wind, endlich hat sich die drückende Schwüle gelöst und in einem Gewitter entladen.

Auch in den Beziehungen Remarques kracht es bisweilen. Doch auf Donnerschläge folgen Versöhnungsszenen, die wiederum zu neuen Verstimmungen führen. Ein entnervender Teufelskreis. Nach Natascha Paley tritt eine weitere Frau in sein Leben: die Schauspielerin Sandra Rambeau. Die kurze, aber leidenschaftliche Affäre bringt ihn vollends aus dem Häuschen. Nachmittags Natascha, abends Sandra. »Wie das noch werden soll weiß Gott«, vertraut er seinem Tagebuch an.

Auch mit Sandra kommt es oft zum Streit, Anfang September 1943 steigert sich der Zwist bei einem Essen in einem Nachtclub in New York sogar zu einer tätlichen Auseinandersetzung: »Während ich aß, haute Sandra mir eine rein, zerkratzte mir das Gesicht. Aß ruhig weiter.«

Natürlich ist auch in solchen Situationen Alkohol im Spiel. Oft weiß er schon am nächsten Tag nicht mehr, was er am Vorabend geredet hat. Umso genauer erinnert er sich an die eher seltenen Begegnungen am helllichten Tag, vor allem wenn er, wie am 17. August 1943, auf eine so schöne Frau wie die Schauspielerin Sylvia Fairbanks trifft. Die Witwe von Douglas Fairbanks sen. nimmt ihn mit in ihr Appartement im Hotel Savoy Plaza und führt ihm eine zahme weiße Ratte vor, die auf den Namen *Richard* hört und im Badezimmer frei herumlaufen darf. »Reizendes Tier mit Persönlichkeit«, notiert er einen Tag später. Reizend findet er aber auch Sylvia Fairbanks, der er Schallplatten und eine byzantinische Münze aus seiner Sammlung mitbringt. Das trägt Früchte. »Hübscher Nachmittag; die schöne Sylvia, die nachgab; Lachen und Küsse.«

Aber Flirt und Sex bleiben folgenlos. Flüchtig sind auch die Begegnungen mit seiner Ehefrau in New York. Oft enden sie damit, dass Jutta Zambona sich darüber beklagt, dass er sie vernachlässigt und zu wenig unterstützt. An Schreiben ist in diesen turbulenten wodka- und whiskydurchspülten Tagen kaum mehr zu denken. Mit seinem Roman *Arc de Triomphe* kommt er nur schleppend voran. Er teilt zwar dem Ehepaar Werfel stolz mit: »Die erste Niederschrift meines Buches ist fertig.« Doch das Ergebnis befriedigt ihn nicht: »An die 650 Seiten; – ungefähr 600 zu viel.« Gleichwohl bietet ihm der Roman in manchen Passagen die Möglichkeit, eigene Erfahrungen in den Gedanken und Gefühlen seiner Hauptfigur Ravic zu spiegeln. Dies betrifft auch die Frage, welche Bedeutung die Liebe für den Entwurzelten hat.

> Nach Hause – was für ein anderes Zuhause gab es für den, der nirgendwohin gehörte, als das stürmische im Herzen eines anderen für eine kurze Zeit? War das nicht der Grund, dass die Liebe, wenn sie in das Herz der Heimatlosen einschlug, sie so schüttelte und sie so ganz besaß – weil sie nichts anderes hatten? Hatte er

> nicht deshalb versucht, ihr aus dem Wege zu gehen? Und war sie ihm nicht nachgekommen und hatte ihn erreicht und niedergeschlagen? Es war schwerer, sich auf dem schlüpfrigen Eis der Fremde wieder aufzurichten als auf der vertrauten Erde des Gewohnten.

Von einer Veröffentlichung, so scheint es ihm, ist das Manuskript allerdings noch weit entfernt. Wenn Marlene Dietrich mal wieder anruft, um sich – mit Blick auf die ihr nachgebildete Hauptfigur Joan Madou – ungeduldig nach dem Fortgang zu erkundigen, muss er sich immer neue Ausflüchte ausdenken. Ach, es ist zum Verzweifeln. Da ist es auch nur ein schwacher Trost, wenn er sich hin und wieder einen frühen Cézanne oder ein anderes kostbares Gemälde leistet. Doch so viele Bilder lassen sich in seinem Appartement gar nicht aufhängen, zumal sie Einbrecher anlocken könnten. Überm Kamin im Eckzimmer hängt schließlich schon die *Bahnunterführung von Arles*. Den van Gogh möchte er trotzdem nicht in seiner Nähe missen. Aber natürlich bewahrt ihn das Bild nicht vor Anfällen von Schwermut und Selbsthass. Auch Frauen, Suff und Partys können nicht darüber hinwegtrösten, dass sein Luxusleben leerläuft und die seelische Krise auf einen körperlichen Zusammenbruch zusteuert. Herz und Leber senden bereits besorgniserregende Alarmsignale, und einer Sehnervenentzündung ist selbst mit den stärksten Tabletten nicht beizukommen.

Daran ändert sich nichts, als er im September New York den Rücken kehrt und sich wieder für einige Wochen in Beverly Hills einquartiert. Entwurzelt, heimatlos und arbeitsunfähig, stürzt er sich auch in Kalifornien von einer Promiparty in die nächste, Saufgelage mit Hollywoodgrößen, immer wieder erschüttert durch Nachrichten aus

Europa. Nach einer Party mit Orson Welles und Charly Chaplin notiert er zum Beispiel am 24. September 1943 in seinem Tagebuch:

»Neapel brennt, Venedig das erstemal bombardiert. Hannover bombardiert. Russen vor Smolensk. Alliierte 15 Mi. vor Neapel. Mussolini irgendwo in Süddeutschl. Man will kaum hinsehen, glaubt, es ginge dann schneller.«

Ziemlich makaber wird es, als ein Hauptmann Winkler bei einer Abendgesellschaft in Beverly Hills von seiner vierjährigen Haftzeit im Konzentrationslager erzählt und die Schauspielerin Hedda Hopper verlangt, dass der KZ-Überlebende seine Narben zeigt. »Das geschah für Neugierige oben in einem Badezimmer«, notiert er später. »Hinterher wurden Bücher verkauft und es gab Punsch u. Bier. Scheußlich: was in Deutschland geschah. Und: ein entsetzlich geschändeter Mensch lectured in Hollywood vor einer Art Party.«

25. Die Festnahme

Dresden, 18. August 1943. Plötzlich standen sie in der Tür. Sie hatte mit einer Kundin gerechnet, als sie hörte, wie jemand die Treppe heraufkam. Aber schon das Klopfen klang anders – nicht höflich zurückhaltend, sondern energisch und laut.

Schon bei ihrem Anblick fährt ihr der Schreck in die Glieder: Sie tragen nicht die berüchtigten schweren Ledermäntel, es ist ja ein warmer Augusttag; aber auch die beigefarbenen Staubmäntel scheinen der Kleiderkammer einer Behörde zu entstammen. Gestapo, schießt es ihr durch den Kopf. Gestapo. Sie machen sich nicht einmal die Mühe, zur Begrüßung die Hüte abzunehmen, sondern kommen gleich zur Sache.

»Heil Hitler«, sagt der eine scharf. »Frau Scholz?«

Sie umklammert krampfhaft das Maßband, das sie gerade in der Hand hält, und legt auch nicht die Kreide ab. Denn natürlich erwarten diese Besucher nicht, dass man ihnen die Hand reicht.

»Das ist richtig«, antwortet sie, bemüht, die Fassung zu bewahren. »Aber was …«

»Staatspolizei«, unterbricht sie der hagere Wortführer, indem er ebenso wie sein Kollege eine Plakette vorzeigt. »Uns liegt eine Anzeige gegen Sie vor. Wir haben den Auftrag, Sie abzuholen.«

»Abholen? Was – was denn für eine Anzeige?«

»Es geht um Wehrkraftzersetzung, Näheres werden Sie

gleich auf der Wache erfahren. Also, kommen Sie, bringen wir es hinter uns.«

Sie spürt, wie ihr Herz zu rasen beginnt, ihre Hände zittern. »Aber ich …« Sie muss neu ansetzen: »Aber ich kann doch hier nicht alles stehen und liegen lassen.«

»Was Sie können oder nicht können, gnädige Frau, das überlassen Sie ab jetzt bitte uns. Und die Räumlichkeiten hier werden wir dann sowieso absperren, da kommt erst mal keiner mehr rein, keine Sorge. Also, Abmarsch.«

Als sie in die kalten graublauen Augen des Mannes blickt, weiß sie, dass Widerworte zwecklos sind. Sie meint ein Grinsen zu erkennen, als ihr Blick den stiernackigen Begleiter streift.

In einem verzweifelten Aufbäumen gegen das Unabänderliche sammelt sie ihre Kräfte zu einer letzten Frage: »Aber wie lange wird das denn dauern? Da muss ich mich doch …«

»Das hängt auch von Ihnen ab, wie lange das dauert. Aber ich habe keine Lust, mich hier weiter von Ihnen löchern zu lassen. Also: Abmarsch. Mein Kollege könnte schon mal das Kundenverzeichnis mitnehmen, damit wir nicht gleich wiederkommen müssen.«

»Die Kundenbücher? Was – was wollen Sie denn damit?«

»Sie stellen schon wieder so eine Frage, die Ihnen nicht zusteht. Also, bitte!«

»Aber das geht doch nicht. Sie können doch nicht einfach …«

»Wollen Sie uns Vorschriften machen, Gnädigste?«, fährt sie der Hagere mit erhobener Stimme an. »Also: Wird's bald? Wir können auch anders.«

Die Drohung steht im Raum wie ein unsichtbares Erschießungskommando, und Elfriede spürt, dass sie nachgeben muss, um die Eindringlinge nicht noch mehr zu reizen. »Ja, natürlich. Das verstehe ich«, stammelt sie. »Warum auch nicht. Ich habe doch nichts zu verbergen.«

Daraufhin torkelt sie, panisch vor Angst, zu ihrem Schreibtisch in der Ecke und zieht das geforderte Kundenbuch aus einer der Schubladen.

Der bisher stumme Gestapo-Mann steht schon hinter ihr und nimmt es ihr wortlos ab.

»Dann kann's ja endlich losgehen«, kommandiert der andere.

»Kann ich mich nicht erst umziehen?«

»Das brauchen Sie nicht. Sie sind hübsch genug.«

Sie müht sich, das verächtliche Grinsen zu ignorieren.

»Aber meine Medizin, ich brauch doch meine Tabletten und Tropfen, meine Spritze.«

»Bei uns brauchen Sie keine Medizin. Wir haben da unsere eigene Behandlungsmethode.«

Sie ahnt, was gemeint ist. Sie hat das Gefühl, immer tiefer in diesen Abgrund zu geraten, der sich da auftut. Wie betäubt legt sie Maßband und Kreide auf den Zuschneidetisch und signalisiert, dass sie bereit ist.

Bevor die Gestapo-Männer die Tür öffnen, zieht der Stiernackige eine Handfessel aus der Manteltasche. »Hier haben wir noch ein Armband für Sie«, sagt der andere. »Damit Sie keine Dummheiten machen.«

Sie lässt sich die Fessel ergeben anlegen und widerstandslos hinausdrängen. Unten wartet ein schwarzer Borgward mit Fahrer. Sie muss sich die Rückbank mit dem Stiernacken teilen. In dem Auto hat sich die Hitze gestaut, sodass ihr sofort der Schweiß ausbricht.

Während der Fahrt spricht niemand. Das Ziel ist dem Fahrer selbstverständlich bekannt: das Polizeigefängnis in der Schießgasse 7.

Das Polizeigebäude liegt nur wenige Schritte von der Frauenkirche entfernt im Herzen der Dresdner Altstadt und hat mit seinen Türmen, Erkern und Torbogen etwas von einem Schloss. Der Borgward parkt aber nicht vor dem repräsentativen Haupteingang, sondern auf dem Innenhof, und Elfriede wird durch eine Metalltür, die sich erst nach einem Klingelzeichen öffnet, in ein weiß gekalktes Treppenhaus geschleust. Der Weg führt nicht nach oben, sondern in den Keller. In eine kleine Zelle. Der Hagere befreit sie von der Handfessel und teilt ihr mit, dass sie sich für die Vernehmung bereithalten soll.

Als sich die Zellentür mit einem Klicken hinter den Gestapo-Männern schließt, ist ihr, als würde ihr Mageninhalt zum Eisklumpen erstarren. Sie friert in ihrem Sommerkleid. Dabei ist es draußen spätsommerlich warm. Doch in dem kleinen, hell erleuchteten Raum mit dem Holztisch und der Pritsche herrscht ewiger Winter.

Sie stützt die Ellenbogen auf die Tischkante und vergräbt ihr Gesicht unter den bebenden Händen, als könne sie sich so ein wenig aus der beklemmenden Umgebung befreien. Aber dadurch rast ihr Herz umso stärker. Alles in ihr schreit. Doch kein Laut dringt durch ihre Lippen.

Was wollen die von ihr? Wehrkraftzersetzung – was soll das sein? Vielleicht ist es ja gar nicht so schlimm. Wenn sich nur bald alles aufklären würde! Das Warten ist unerträglich. Immer horcht sie auf Schritte, Stimmen, Türenschlagen, aber ihre Tür bleibt geschlossen. Wie spät ist es eigentlich? Nachmittags? Abends? Vielleicht schon Nacht? Ihr ist, als sei sie aus der Zeit gefallen. Und immer wieder quälen sie die gleichen Gedanken: Wem hat sie das zu verdanken? Was genau werden sie ihr vorhalten?

Mit wachsender Angst denkt sie daran, wie die Schmerzen anwachsen, wenn sie ihre Medikamente nicht bekommt. Es geht schon los. Es beginnt mit einem Kribbeln im Rücken und steigt auf in die Nackenpartie, auch der Druck unter der Schädeldecke wächst. Mit Entsetzen muss sie daran denken, dass sie ihr auch noch zusätzlich Schmerzen zufügen könnten. Man hat ja schon manches über die Gestapo gehört – von quälenden Verhören unter Folter. Aber wozu sich alle möglichen Schreckensszenarien ausmalen? Sie zwingt sich, an Schönes zu denken. Eine Blumenwiese über der Elbe, diese schöne Weide mit den tief hängenden Zweigen, eine Pappelallee mit Pferdekutsche. Aber die Kutsche verwandelt sich unversehens in einen Gefangenentransporter, und das beklemmende Gefühl kehrt zurück.

Irgendwann öffnet sich die Tür. »Kommen Sie, Sie werden erwartet.« Zu ihrer Überraschung steht eine Frau in Uniform vor ihr. Sie springt auf und lässt sich bereitwillig wieder die Fessel anlegen. Erleichtert, dass es endlich weitergeht.

Im Vernehmungszimmer begrüßt sie ein untersetzter Mann im grauen Anzug mit »Heil Hitler«. Er ignoriert scheinbar nachsichtig, dass sie nur nickt und ein gehauchtes »Guten Tag« nachschiebt.

»Setzen Sie sich.«

Während ihr die Handfessel abgenommen wird, beobachtet sie, wie ihr Gegenüber in einer Akte blättert. Am Rande des Schreibtischs hockt ein auffallend blasses Männchen, das diensteifrig seinen Füllfederhalter in ein Tintenfass steckt und sie erwartungsvoll anstarrt – offenbar der Protokollant.

»Elfriede Scholz, geboren am 25. 3. 1903 in Osnabrück als Tochter der Eheleute Peter Franz und Anna Maria Remark, geborene Stallknecht. Ist das richtig?«

Sie nickt.

»Sind Sie die Schwester dieses Schreiberlings, der sich Erich Maria Remarque nennt?«

»Ja.«

»Standen Sie in Kontakt?«

»Nein.«

»Geht's vielleicht etwas genauer? Wie lange haben Sie ihren Bruder nicht gesehen?«

»Ach, schon seit vielen Jahren nicht mehr – seitdem er aus Deutschland weg ist.«

»Und Sie haben auch keine Briefe gewechselt oder telefoniert oder so was?«

»Nein. Nichts.«

»Wie stehen Sie denn zu Ihrem Bruder? Ich meine, der hat ja mit diesem hetzerischen Machwerk viel Geld gemacht und sich von unsern Feinden feiern lassen. Die Gesinnung, die dahintersteht, ist Ihnen ja wohl nicht fremd.«

»Ich weiß nicht, was Sie meinen.«

»Ich glaube, das wissen Sie sehr gut. Sie sind doch nicht blöd. Aber wir haben Sie natürlich nicht wegen ihres ehrenwerten Bruders geholt, wir betreiben ja keine Sippenhaft. Es liegt eine Anzeige gegen Sie vor. Hauptmann Hans-Jürgen Rietzel, der für uns an der Ostfront im Felde steht, hat Sie vor einigen Tagen bei seiner zuständigen Dienststelle wegen staatsfeindlicher Äußerungen angezeigt. Was haben Sie dazu zu sagen?«

»Hauptmann Rietzel? Ich habe mit Herrn Rietzel schon lange gar nicht mehr gesprochen.«

»Aber mit seiner Frau – mit Ingeborg Rietzel.«

»Ja, natürlich. Das ist ja meine Kundin – außerdem sind wir befreundet.«

»Befreundet, interessant! Ja und da haben Sie offensichtlich Frau Rietzel mit Ihren Auffassungen zum Kriegsverlauf und zum Führer bombardiert.«

»Was heißt bombardiert? Wir haben natürlich auch über den Krieg gesprochen. Unsere Männer sind schließlich beide Soldaten.«

»Richtig, auch Ihr Mann steht für Deutschland im Feld, Obergefreiter Heinz Scholz, seit dem 1. Dezember 1940 bei der Kriegsmarine.«

»Richtig, vorher war er Musiker, Schlagzeuger in einer Tanzkapelle. So haben wir uns kennengelernt.«

»Beim Tanzen oder was?«

»Ja.«

»Aber inzwischen hat Herr Scholz schon wieder die Scheidung beantragt – nach so kurzer Zeit. Schon seltsam oder?«

»Das hat rein private Gründe.«

»Geht's etwas genauer?«

»Eifersucht, ganz grundlos.«

»Sie sollen da was mit einem Amerikaner gehabt haben, so einem Studenten.«

»Ach, das ist doch lange vorbei. Der Amerikaner ist schon längst nach Amerika zurück, und vorher war es auch schon lange aus. Theo, so heißt der Student, hat sich bei einem Verwandtenbesuch im Allgäu mit einer andern verlobt.«

»Wie traurig für Sie. Aber trotzdem sind Sie noch mit dem Kerl tanzen gegangen.«

»Nur noch selten, und das war auch ganz harmlos.«

»Das sagen Sie, Ihr Mann hat scheinbar anders darüber gedacht. Während der den Kopf für sein Vaterland hinhält, hopsen Sie mit dem Ami nach dieser Hottentotten-Musik rum.«

»Die durfte zuletzt schon gar nicht mehr gespielt werden.«

»Ach, erzählen Sie uns doch keine Märchen. Wir wissen ganz gut, was in Dresden so gespielt wird. Aber darum geht es hier erst mal nicht.«

Der Vernehmungsbeamte legt eine Kunstpause ein und starrt Elfriede Scholz einige lange Sekunden durchdringend an.

»Könnten die Probleme, die Ihr Mann mit Ihnen hatte, nicht auch mit Ihrer Gesinnung zu tun haben?«

»Wie bitte?«

»Ach, spielen Sie hier nicht die Naive. Sie wissen genau, wovon ich spreche. Es ist sicher nicht schön für einen deutschen Mann, der für sein Volk und Vaterland ins Feld zieht, wenn seine Angetraute ihm zu Hause in den Rücken fällt.«

»Ich bin meinem Mann nicht in den Rücken gefallen.«

»Natürlich nicht. Aber mit ihren Sprüchen haben Sie die Ehre der deutschen Soldaten und unseres Führers auf das Übelste beleidigt und in den Schmutz gezogen.«

»Wie kommen Sie denn darauf?«

»Wie ich darauf komme? Das fragen Sie? Na, da will ich Ihnen mal vorlesen, was uns Frau Rietzel über Sie mitgeteilt hat.«

Der Mann blättert in seinen Akten und liest:

»Sie hat wiederholt geäußert, dass sie schon lange nicht mehr an den Endsieg glaubt und Deutschland endlich kapitulieren müsse. Unsere Soldaten seien doch nur Schlachtvieh. Der Führer habe sie alle auf dem Gewissen. Wenn sie eine Gelegenheit hätte, würde sie dem Führer selbst eine Kugel durch den Kopf jagen und gerne die Folgen tragen. Dann sei das deutsche Volk wenigstens von diesem Mann befreit.«

Der Gestapo-Mann legt seufzend das Blatt zur Seite und blickt ihr forschend in die Augen. »Schlimm, schlimm. So haben Sie also bei ihren Kundinnen gegen den Führer und unsere Soldaten gehetzt.«

»Um Himmels willen, nein! Das ist Unsinn, eine böswillige Unterstellung! Ich, ich weiß doch, dass wir in dieser Lage alle zusammenhalten müssen.«

»Soso. Das klingt hier aber anders. Und es geht noch weiter: »Sie sagt, sie wünsche allen Frauen, die noch an den Endsieg glaubten, dass ihre Männer fielen, und allen Männern, die aus Fanatismus für ihr Vaterland kämpften, dass ihre Familien durch Bombenterror ums Leben kämen.«

Er legt das Blatt Papier angewidert in die Mappe zurück. »Ungeheuerlich! Wissen Sie, was darauf steht?«

»Nein, aber das ist doch alles auch gar nicht wahr.«

»Klar, dass Sie das jetzt bestreiten. Aber so einfach kommen Sie nicht raus aus der Kiste.«

»Ich bin unschuldig, Frau Rietzel …«

»Sie wollen doch wohl nicht sagen, dass Frau Rietzel lügt. Frau Rietzel ist eine vertrauenswürdige Person, die im Gegensatz zu Ihnen treu zu ihrem Vaterland und zu unserem Führer steht. Und wenn Sie schon mit ihr solche ungeheuerlichen hetzerischen Reden geführt haben, da werden Sie anderen Leuten noch unverblümter Ihre Hassparolen aufgetischt haben. Glauben Sie mir, das werden wir Ihnen alles haarklein nachweisen. Haarklein! Und dann Gnade Ihnen Gott, wenn Sie darauf bauen, dass Sie sich mit Trick siebzehn aus der Affäre ziehen oder so. Die einzige Chance, die Sie haben, ist, dass Sie mit uns kooperieren. Geben Sie zu, dass Sie diese Dinge gesagt haben, und vor allem: Sagen Sie uns, mit wem Sie im Bunde stehen. Denn auf solche Gedanken kommt natürlich niemand allein.«

»Aber, aber das ist doch alles gar nicht wahr. Das ist …«

»Zum Beispiel dieser amerikanische Student. Ist doch kein Zufall, dass Sie sich einen Ausländer suchen.«

»Theos Familie stammt aus Deutschland. Die haben ihn hierhergeschickt, weil sie immer noch an ihrer alten Heimat hängen.«

»Heimat! Ein großes Wort. Scheint *Ihnen* ja gar nichts zu bedeuten. Sie haben Ihre Heimat doch auf ganz schändliche Weise verraten.«

»Aber das sind doch alles gemeine Lügen.«

»Gemeine Lügen? Wissen Sie was? Wer hier lügt, das sind Sie, Gnädigste! Aber wir werden die Wahrheit schon noch aus Ihnen rausholen, glauben Sie mir.«

»Wenn Sie mich umbringen wollen, dann machen Sie es doch gleich. Diese Schmerzen halte ich sowieso nicht mehr aus.«

Plötzlich bricht der innere Damm. Die Tränen schießen ihr nur so aus den Augen, sie schüttelt sich vor Schluchzen.

»Die Heulerei hilft Ihnen auch nicht. Ist ja ekelhaft, dies Geflenne, dieser Rotz! Und hören Sie mir bloß mit Ihren Schmerzen auf – da werden Sie noch einiges mehr aushalten müssen, wenn Sie nicht zur Vernunft kommen. Glauben Sie nicht, dass wir Ihnen hier Schmerztabletten und Massagen verabreichen. Glauben Sie das bloß nicht. Wir sind schließlich kein Sanatorium. Also, wollen Sie mir nicht endlich die Wahrheit sagen?«

Elfriede benötigt mehrere Anläufe, um aus ihrem Weinkrampf herauszukommen. Immer wieder erstirbt ihre Stimme unter Schluchzen und Beben. Schließlich gelingt es ihr doch, die Fassung zurückzugewinnen. »Das, was ich gesagt habe, ist die Wahrheit«, sagt sie. »Aber vielleicht – vielleicht hat mich Frau Rietzel einfach nur falsch verstanden.«

»Wie meinen Sie das?«

»Na ja, ich hab ihr wohl schon gesagt, dass ich mir Sorgen mache und Angst habe, wie das alles endet, mein Mann ist schließlich auch im Krieg, jetzt sogar an die Westfront versetzt und vielleicht – ja vielleicht habe ich auch mal auf die hohen Herren geschimpft, die das alles eingefädelt haben. Aber …«

Der Gestapo-Mann blickt auf den Protokollanten: »Haben Sie das notiert?« Dann faltet er wie nach einem überstandenen Kraftakt die Hände und fixiert wieder Elfriede: »Na, das hört sich doch schon etwas anders an. Da können Sie ja gleich reinen Tisch machen. Dann haben Sie's hinter sich. Also, was genau haben Sie denn über die hohen Herren und über unsern Führer gesagt?«

Sie schüttelt verzweifelt den Kopf. »Nichts, was mir hier unterstellt wird. Das war ganz harmlos, wie man so redet. Nichts Schlimmes. Das war einfach nur die Angst, die da über mich gekommen ist.«

»Freilich, nur die Angst und alles ganz harmlos. Ich glaube, Sie haben den Ernst der Lage immer noch nicht begriffen, Frau Scholz. Aber mir reicht das jetzt erst mal.«

Darauf greift der Gestapo-Mann zum Telefonhörer. »Bringen Sie Frau Scholz zurück in ihre Zelle. Die braucht noch etwas Bedenkzeit.«

Bedenkzeit. Ein viel zu schönes Wort für das, was folgt. Elfriede kann keinen klaren Gedanken fassen. Die Schmerzen werden wegen der fehlenden Medikamente immer schlimmer. Aber auch wenn sie sich dagegen aufbäumt und angestrengt überlegt, will ihr nichts einfallen, wie sie sich aus dieser Lage befreien könnte. Die Anschuldigungen sind natürlich nicht ganz zu entkräften. Hat sie doch nie ein Hehl daraus gemacht, was sie von diesem Krieg hält – immer geglaubt, dass andere genauso denken mussten oder zumindest durch Fakten zu überzeugen waren; vor allem hat sie nicht im Traum erwartet, dass man sie wegen ihrer Reden anzeigen würde. Dass Ingeborg alles ihrem Mann erzählt und der sie denunziert, empfindet sie als fast so schlimm wie die daraus resultierende Verhaftung. Ingeborg war doch ihre Freundin. Wie konnte sie ihr das antun? Natürlich hätte sie mehr Rücksicht darauf nehmen müssen, dass diese »Freundin« alles nachplappert, was Hitler und Göring in die Welt posaunen, und vielleicht sogar selbst daran glaubt. Vor allem hätte sie wohl bedenken müssen, dass Ingeborg ihre Schilderungen von Massenerschießungen in Russland als Angriff gegen ihren Mann versteht, der in Russland stationiert ist.

Verborgen bleibt ihr, dass Hans-Jürgen Rietzel in den Tagen der Denunziation einen Sprung auf der Karriereleiter gemacht hat: Der Hauptmann ist am 10. August 1943 zum Kommandeur der schweren Artillerie, Abteilung 808, ernannt worden. Ingeborg dürfte stolz gewesen sein. Aber bei aller Liebe zu ihrem Hans-Jürgen war doch für Elfriede immer spürbar gewesen, dass sie sich auch zu ihr hingezogen fühlte, sogar körperlich – mehr als ihr recht war. Vielleicht hätte sie diese Frau dieses eine Mal nicht so brüsk zurückweisen dürfen? Vielleicht rächte Ingeborg sich jetzt für die Zurückweisung?

Doch solche Fragen führen zu nichts. Ihre angeblich wehrkraftzersetzenden Sprüche über den Führer und seine Soldaten sind in der Welt, mögen sie auch schärfer formuliert sein, als sie das jemals gewagt hätte. Aber vielleicht würden andere Kundinnen sie in Schutz nehmen.

Doch alles Entlastende der weiteren Ermittlungen bleibt ihr verborgen. Wäre sie informiert worden, hätte sie erfahren, dass keine ihrer anderen Kundinnen die Anschuldigungen bestätigte, und die Gestapo befragte alle hundert Frauen, die auf der Kundenliste standen. Alle sagten nur das Beste über die tüchtige Schneidermeisterin, und sie schüttelten den Kopf, als man ihnen die angeblichen Zitate vorlegte. Nur eine weitere Frau stellte sich gegen sie: ihre Vermieterin.

Genüsslich liest ihr der Vernehmungsbeamte bei einem weiteren Verhör vor, wie Antonie Wentzel über ihre Mieterin herzog. Dass es sie immer schon empört habe, wie Elfriede über die Soldaten, die Regierung und den Führer sprach – ähnlich respektlos und feindselig wie ihr Herr Bruder. Auch *Männerbesuch* habe sie oft gehabt – dabei sei sie doch schließlich verheiratet gewesen. Kein Wunder, dass der betrogene Ehemann die Scheidung beantragt habe. Zorn flammt in der Gefangenen auf, als sie das hört. Ihr ist schon länger klar gewesen, dass man dieser Frau nicht trauen kann – aber, dass sie so weit gehen würde …

Ihre Gedanken drehen sich im Kreis und verheddern sich; überlagert durch die immer wiederkehrenden Schmerzen und das Gefühl der Lähmung, das die Beine heraufkriecht. Nach einem umfassenden Geständnis, hat man ihr erklärt, werde sie die nötige Medizin bekommen. Aber was kann ihr die Medizin noch nützen, wenn sie ein Schuldeingeständnis ablegt? Gar nicht daran zu denken, was sie dann mit ihr anstellen.

Noch eine weitere Brücke baut ihr die Gestapo einige Tage nach der Festnahme: Vielleicht, wird ihr gesagt, könne man Gnade vor Recht ergehen lassen, wenn sie ein klares Wort zu ihrem Bruder sage – eine Art öffentliche Erklärung, die dann eventuell auch die Zeitungen abdruckten. Dabei lassen die Gestapo-Leute keinen Zweifel daran, wie so ein »klares Wort« aussehen müsste. Sie soll sich von Erich Maria Remarque distanzieren, ihren Abscheu über diesen Sauhund bekunden, der ihr Bruder ist. Aber das kommt für sie nicht infrage. Nein, so tief will sie nicht sinken.

Ob Heinz wohl schon von ihrer Verhaftung weiß? Wahrscheinlich hat Antonie Wentzel ihn auch darüber in Kenntnis gesetzt – und sicher so, dass sie als verdammenswerte Vaterlandsverräterin dasteht. Das Schlimme ist, dass sie im Dresdener Polizeigefängnis mit niemandem sprechen kann, dem sie vertraut. Immerhin kann sie zehn Tage nach der Festnahme Briefe schreiben. Zuerst schreibt sie ihrer Freundin Monica, dann am 1. September 1943 ihrer Schwester:

Liebe Erna!

Du wirst schon von Fr. Wentzel gehört haben, dass ich hier bin. Deinen Winterstoff habe ich Dir durch Frau Wentzel schicken lassen, da ich nicht weiß, wie lange ich hier bin. Vielleicht macht ihn Dir Carolas Schneiderin. Im übrigen habe ich eine Bitte an Dich. Schreibe bitte sofort an meinen Mann. Seine Feldp. Nr. habe ich z. Zt. nicht. Daher schreibe an Heinz Scholz, Gotha in Thüringen bei Rudolf, Hohe Str. 21. Das ist seine Patentante, seine Eltern sind auch da, total bombengeschädigt in Hamburg. Daher, schreibe bitte ungefähr so. Ich bäte ihn herzlichst, mit seinen Wünschen noch ungefähr ein ¼ Jahr zu warten, da ich augenblicklich krank sei. Was übrigens der Wahrheit entspricht. Nach Ablauf dieser Zeit käme ich seinen Wünschen weitgehend entgegen. Gib als Absender bitte Deine Adresse an. Ich will auf keinen Fall, dass er weiß, wo ich bin. Später kann ich es dann erzählen. Aber warum soll er sich an der Front Gedanken machen. Ich hoffe, du verstehst mich, warum ich es so wünsche. Sollte ich lange hierbleiben müssen, so würde ich Dich gegebenenfalls bitten, eines Tages meinen Dresdner Haushalt aufzulösen. Da ich mit Miete doch jeden Monat 200 M zahlen muss. Und ohne Arbeit wird das nicht ewig gehen. Aber darüber schreibe ich noch, wenn ich etwas Genaues weiß. Für heute kann ich nur bitten, für mich zu beten und lieb an mich zu denken. Grüße Deinen Ludwig von mir und schreibe an Istwan. Für Dich herzliche Grüße

D. Elfriede

Schreibe bald wieder.

26. Alles inklusive

Los Angeles, 6. Oktober 1943. Wieder so eine verrückte Nacht. Es beginnt mit einem Cocktail in der Hotelbar. Danach zum Dinner bei Elsie Mendl, dieser klugen wie schönen Schauspielerin, die sich vor allem einen Namen als Innenarchitektin gemacht hat, verheiratet mit dem Attaché der britischen Botschaft in Paris, Sir Charles Ferdinand Mendl, aber eigentlich lesbisch. Auch Charles isst mit. Nach dem Essen leeren die drei die letzte Flasche Cognac, die sich noch in der Hausbar findet, zum Glück hat Erich Maria Remarque vorgesorgt und eine Flasche Wodka mitgebracht. Danach fährt er mit seinem Leihwagen, einem Chevrolet, zurück ins Hotel, trifft vor dem Eingang June und Billy, zwei gute Freunde, und die drei beschließen, noch auf einen Gute-Nacht-Trunk ins *Mocambo* zu gehen. Als die drei gerade mit einem Abschiedschampagner anstoßen, kommt Remarques Ex-Geliebte Hedy Lamarr mit ihrem Mann John Loder zur Tür herein. Da kann man natürlich nicht gleich Goodbye sagen. Die schöne, aus Wien stammende Hedy Lamarr ist nicht nur Filmschauspielerin, sondern auch Erfinderin, erst 1942 hat sie eine Funksteuerung für Torpedos entwickelt, die gleich von der US-Navy eingesetzt worden ist. Das gibt Gesprächsstoff. Die muntere Runde kommt ins Plaudern, es wird noch mehr Champagner bestellt und viel gelacht.

Erst weit nach Mitternacht kehrt Remarque ins Hotel zurück. Vor dem Eingang stehen zwei junge, dünn bekleidete Frauen mit einem Mann, der offenbar nicht zu ihnen gehört. Eines der Mädchen hustet, wischt sich die Nase und kreuzt bibbernd die Arme vor der Brust. Die beiden lassen Remarque wissen, dass sie auf ein Taxi warten. Er bietet ihnen an, sie zu fahren.

»Oh, gern. Das ist aber nett.«

»Wo soll's denn hingehen?«

Sie verraten ihm, dass sie noch vorhaben, in ein türkisches Dampfbad zu gehen.

»Noch so spät?«

Sie lachen. »Warum nicht? Nachts ist es da am schönsten. Komm doch mit.«

Warum nicht? Theoretisch besteht zwar immer noch diese dämliche Ausgangssperre, aber bald ist die Nacht sowieso vorbei. So steuert er mit den beiden Mädchen das *La Cienega* an, das tatsächlich noch geöffnet hat. Sie werden von einem schwulen Masseur begrüßt, der Englisch mit deutschem Akzent spricht – im Schweizer Tonfall. Remarque erkennt das sofort und spricht den Mann darauf an.

»Ja, richtig, ich bin Schweizer. Aus Rorschach.«

»Ah, Rorschach, da sind wir ja fast Nachbarn. Ich lebe in der Nähe von Ascona, jedenfalls steht da mein Haus.«

»Oh, am Lago Maggiore. Wie nobel.«

»Lange nicht mehr da gewesen.«

»Traurig, aber hier ist es auch schön. Du solltest mal unsere Hot Rooms testen.«

»Allein?«

»Allein. Zu zweit, zu dritt. Alles inklusive, hahaha.«

Und dann geht er mit den beiden Frauen schwitzen, um sich danach kalt abzuduschen. Daraufhin lassen sich seine Begleiterinnen massieren, während er Schweizer Zeitungen liest. Selbstverständlich bringt Remarque, Gentleman zu jeder Tages- und Nachtzeit, die beiden nach Hause.

Als eine bereits gegangen ist, lädt ihn die andere ein, noch einen Cognac mit ihr zu trinken. Er habe schließlich die Massage bezahlt. Da würde sie sich jetzt gern revanchieren. »Sie wollte«, wird er später in sein Tagebuch schreiben. »Ich gab ihr meine letzten 20 Dollar u. wollte nicht.«

»Du siehst, dass nicht alles einen Zweck haben muss oder auf Berechnung beruht«, sagt er ihr. »Aber du darfst nicht allzu sehr darauf vertrauen.«

»Du bist wirklich ein komischer Kerl, aber süß. Würdest du denn bleiben, wenn ich das Geld nicht annehme?«

Die Frage lässt ihn nicht kalt, wie das Tagebuch verrät: »Reizend betroffen. Blieb schließlich. Gegen 8 Uhr zum Hotel.«

27. Gefangen

Dresden, 2. September 1943. Schon einen Tag nachdem sie den Brief an ihre Schwester geschrieben hat, wird Elfriede gemeinsam mit einer anderen Inhaftierten zu einem Gefangenentransporter geführt, der sie nach Berlin bringen soll. Nur auf Nachfrage erfährt sie, dass das Untersuchungsgefängnis Alt-Moabit Ziel der Fahrt ist. Die beiden Frauen dürfen kein Wort miteinander wechseln. Die ersten Blätter der Straßenbäume färben sich gelb, Bauern mähen das letzte Korn des Sommers, ihre Pferdefuhrwerke werden von Militärkolonnen überholt; aber Elfriede Scholz hat keinen Blick für all dies. Die Fahrt wird für sie zu einer Qual, jede Erschütterung überträgt sich wie ein Stromstoß in ihre Gelenke. Als der Gefängnishof in Moabit erreicht ist und sie aussteigen soll, kann sie nicht mehr allein gehen. Sie wird mit einer Trage abgeholt, gleich ins Lazarett gebracht. Zum Glück wird sie dort ärztlich versorgt, erhält sogar den Großteil ihrer benötigten Medikamente.

Die Schmerzen werden etwas erträglicher, die Angst bleibt. Diese furchtbare, dumpfe Angst, die sich wie ein Krebsgeschwür in ihren Gedärmen einnistet. Neue Verhöre, diesmal im Auftrag des Oberreichsanwalts beim Volksgerichtshof. Denn vor dem Volksgerichtshof soll ihr der Prozess gemacht werden. Immer noch fehlt es an Menschen, denen sie sich anvertrauen kann. Nicht einmal ein Verteidiger ist ihr bisher beigeordnet worden. Sie erhält weder Besuch von ihrem kranken Vater noch von ihrer

Schwester oder einer Freundin. Aber vielleicht auch ganz gut, dass niemand sie in diesem erbärmlichen Zustand sieht. Sie ertappt sich immer häufiger bei Selbstgesprächen. Seit zwei Wochen trägt sie nun schon das gleiche dünne Sommerkleid wie bei ihrer Festnahme, nicht mal Unterwäsche durfte sie mitnehmen. Sie fühlt sich schmutzig und verschwitzt; sie weiß, dass sie furchtbar aussieht mit ihren verquollenen Augen, so abgemagert, blass und ungepflegt. Da würde Heinz sich sofort bestätigt sehen, so einer Frau den Laufpass zu geben. Nein, vermutlich würde sie sich schämen, wenn sie Besuch bekäme. Aber selbst auf Post wartet sie an den meisten Tagen vergebens.

Schließlich ein Brief von Monica Gräfin von Finckenstein. Die frisch verheiratete Freundin teilt ihr mit, dass sie leider nicht zu Besuch kommen kann, aber alles in ihrer Macht Stehende tun wird, um zu helfen. Was das sein könnte, bleibt offen. Selbstverständlich. Was geschieht, muss streng geheim bleiben. Und tatsächlich geschieht etwas. Monica Gräfin von Finckenstein bittet ihren Mann, Kontakt zu Professor Rainer Fetscher aufzunehmen, dem Kopf der Dresdner Widerstandsgruppe, dessen Adresse Elfriede schon an Hilfesuchende weitergegeben hat. Der Mediziner ist mit Monicas Vater, einem sächsischen Regierungsrat, befreundet. Um ihren Vater nicht zu gefährden, kann sie daher nicht direkt mit Fetscher sprechen. Doch die Mission ihres Mannes verläuft nicht sehr erfolgreich. Fetscher weist darauf hin, dass auch ihm in einem solchen Fall – nach der Festnahme – die Hände gebunden sind.

Monica wendet sich daraufhin an einen in Berlin lebenden Onkel namens Erich Ackermann mit der Bitte, seine Kontakte zum Berliner Widerstand zu nutzen und eine »Dame der Berliner Gesellschaft« einzuschalten, die

Einfluss auf Hitler hat. Aber auch dieser Rettungsversuch nimmt sich wenig erfolgversprechend aus.

Elfriede erfährt von alldem nichts. Sie bittet ihre Freundin Monica, einen Blick in ihre Werkstatt und Wohnung in der Dresdner Langemarckstraße zu werfen und möglichst die wertvollsten Kleider und Stoffe von ihren Kundinnen, die dort noch lagern, in Sicherheit zu bringen – darunter auch Kleider, die der Freundin gehören. Monica von Finckenstein schickt daraufhin eine Cousine zu Antonie Wentzel, um sich nach den Sachen zu erkundigen. Die Vermieterin gibt sich kooperativ. Sie teilt mit, dass es ihr möglich sei, Werkstatt und Wohnung, die von der Gestapo verplombt worden sind, öffnen zu lassen. Als die Cousine dann aber Einblick nimmt, stellt sich heraus, dass manches fehlt, was auf Elfriedes Inventarliste steht. Da bisher ausschließlich Antonie Wentzel Zugang zur Wohnung hatte, liegt der Verdacht nahe, dass die Vermieterin sich auf Elfriedes Kosten bereichert hat.

Elfriede ist entsetzt, als sie davon in einem weiteren Brief der Freundin erfährt. Schweren Herzens entschließt sie sich, ihrer Vermieterin zu schreiben. Die soll nicht das Gefühl haben, dass sie sich ungestört über ihre Sachen hermachen kann. Sie gibt sich daher betont zuversichtlich und teilt mit, dass sie nun sicher bald entlassen werde. In ihrem bemüht heiteren Tonfall lässt sie sich sogar zu einem Scherz hinreißen. »Sie haben sich ja nun wohl lange genug von mir erholt«, schreibt sie und hofft, dass sie die Wentzel damit nicht noch mehr gegen sich aufbringt. Schon als sie noch im Polizeigefängnis in Dresden saß, hatte sie zwei mitinhaftierte Frauen, die kurz vor der Entlassung standen, beim Hofgang gebeten, einmal in der Langemarckstraße vorbeizuschauen und Antonie Wentzel ihre Grüße auszurichten.

Von ihren Angehörigen hat sie immer noch keine Post bekommen – weder von ihrem Vater noch von ihrer Schwester. Dass Heinz ihr nicht schreibt, wundert sie nicht. Sie hat Erna ja gebeten, ihrem Mann nichts von der Verhaftung zu verraten, sondern ihm nur mitzuteilen, dass sie krank sei, die Scheidung also noch warten müsse. Aber warum ist immer noch kein Brief von Erna gekommen? Sie schreibt ihrer Schwester erneut.

Berlin, den 10. Okt. 1943

Meine liebe Erna!

Warum bekomme ich so gar nichts von Dir zu hören. Solange ich eingesperrt bin, bin ich ohne ein Lebenszeichen von draußen. Ich bin in einem dünnen Sommerkleid und dünnen Schuhen und friere fürchterlich. Ich weiß auch nicht, wie ich zu warmen Sachen kommen soll, da meine Wohnung von der G. Sta. Po. versiegelt ist. Deshalb bitte ich Dich von Herzen, schicke mir doch von Dir etwas Warmes zum Anziehen. Einen warmen Schlüpfer und vielleicht eine warme Jacke. Sieh mal zu, was Du entbehren kannst. Wann ich verurteilt werde, weiß ich noch nicht. Jedenfalls werde ich versuchen, durch meinen Anwalt die Lebensversicherung regeln zu lassen. Denn ob ich Dich mal wiedersehe, ist noch fraglich. Schreibe mir bitte bald, meine liebe Erna. Wir zwei haben doch immer zusammengehalten. Lass mich im Unglück nicht allein. Sollte mir etwas zustoßen, gehört alles, was mir gehört, Dir, das weißt Du ja. Du kannst mich auch mal besuchen, eine Stunde Sprecherlaubnis gibt es meistens. Ich muss das dann hier beim Staatsanwalt beantragen. Aber schreibe bald, denn dadurch, dass die Briefe durch die Zensur gehen, dauern sie ohnehin recht lange.

Was macht Ludwig? Hörst Du regelmäßig von ihm, und wo liegt er jetzt? Hast Du Post von meinem Mann? Antworte ihm wieder so ähnlich wie damals. Er darf nicht wissen, wo ich bin. Wozu einen kämpfenden Soldaten aufregen.
Für heute viele liebe Grüße

Deine
Schwester Elfriede

Erst am 21. Oktober wird der Brief vom Untersuchungsgefängnis an Erna Brames weitergeleitet. Kurze Zeit später wendet sich auch Monica Gräfin von Finckenstein an Elfriedes Schwester. Ihr Hauptanliegen ist es, Erna Brames vor Elfriedes Vermieterin zu warnen.

24.10.43

Sehr geehrte Frau Brames,

Ihre Schwester schreibt mir heute aus Berlin-Moabit und bittet mich, Ihnen Ihre neue Anschrift zu schicken, da sie nur einmal in 14 Tagen schreiben könne. Sie sorgt sich um Sie und bittet Sie herzlich, ihr doch bald zu schreiben, wie es Ihnen geht. Die Arme ist natürlich in einem bedauernswerten Zustand, scheint wieder durch ihr altes Leiden gepackt zu sein und liegt dort im »Lazarett«. Sie schreibt, sie sei sehr mit den Nerven runter, was man sich ja denken kann.
Ich wäre Ihnen außerordentlich dankbar, wenn Sie mir einmal mitteilen könnten, was Sie von der Sache wissen. Wie Sie wissen, sind Elfriede und ich befreundet. Es war mir bisher nicht möglich, auch nur das Geringste zu erfahren, wo man einhaken könnte, um ihr zu helfen, weiß nicht einmal, wen sie zum Anwalt hat. Es ist ja auch heutzutage in solchen Prozessen so gut

wie nichts zu machen, man muss hoffen, dass sie Nerven und Sinne so weit zusammenhält, dass sie keine für sie belastenden Dinge sagt. Durch Frau Wenzel kann ich nichts erreichen, da ich mit Frau Wenzel nicht verhandele. Ich möchte Sie auch dringend bitten, recht vorsichtig zu sein, vor allem, was Sie Frau Wenzel gegenüber äußern im Interesse Ihrer Schwester, denn Frau Wenzel ist jemand, vor dem man sich in Acht nehmen muss. Einzelheiten kann ich Ihnen schriftlich nicht erklären.
Folgendes wird Sie interessieren, ich bitte dabei um Ihre Stellungnahme und gegebenenfalls um Ihren Eingriff. Ich ließ mich durch jemand erkundigen, was mit den Sachen wird, die bei Elfriede liegen, auch schon, um zu verhindern, dass auf der Langemarckstraße allerlei Sachen auf »mysteriöse« Weise verschwinden, wie das früher war. Nun hat Frau Wenzel derjenigen Dame gegenüber »erklärt«, ich möchte ihr Bescheid geben, was ich noch dort hätte, da sie die Wohnung öffnen lassen würde und mir die Sachen herausgeben würde. Ich möchte Sie sehr herzlich bitten, sofort Erkundigungen einzuziehen und dem Anwalt von Elfriede Bescheid zu geben, der Ihnen ja wohl bekannt sein wird, damit man verhindert, dass Frau Wenzel die Situation ausnützt gegenüber Elfriede, die ja momentan ganz wehrlos ist. Ist die Wohnung denn plombiert?? Die Sache eilt, deshalb ist es ratsam, Sie tun bald irgend etwas! – Wenn ich unabhängig wäre, würde ich versuchen, mich einmal mit Ihnen persönlich in Verbindung zu setzen, das ist mir leider nicht möglich, da ich hier nicht abkommen kann.
Ich würde ja Elfriede unbedingt raten, die Wohnung aufzugeben, sobald das möglich ist, denn dort wird sie ihres Lebens nicht mehr froh. Vielleicht können Sie sie auch in der Weise beeinflussen. Meine (in der Nachbarwohnung lebende) Cousine erzählte mir, sie hätte mit angehört, wie Frau Wenzel Ihnen erklärt habe, wieso es zu den »Meinungsverschiedenheiten« zwischen ihr und Elfriede gekommen sei.

Bitte seien Sie vorsichtig und zurückhaltend und glauben Sie nicht rückhaltlos, ich weiß sehr viel belastendes, das ich Ihnen aber nicht schreibe, das aber 100 %ig gegen Fr. W. spricht.
Verzeihen Sie, dass ich Sie nun doch mit diesen Sachen behellige, ich sehe aber keine Möglichkeit, von mir aus etwas zu unternehmen, da ich wie gesagt, nicht einmal weiß, welchen Anwalt Elfriede hat. Er sollte mich zwar benachrichtigen, wie Elfriede schreibt, hat das aber noch nicht getan. Ich werde auch Elfriede über diese Sache schreiben, damit sie orientiert ist und vielleicht von sich aus Schritte unternehmen kann.
Elfriedes Anschrift ist:
E. Scholz. Berlin NW 40, Alt Moabit 12 a
Untersuchungshaftanstalt Station III
Zelle 68. Lazarett
Hoffentlich kommt die Sache zu einem guten Ende!
Wer kümmert sich denn jetzt um Elfriedes Sachen? Es sind noch viele Stoffe da, die gepflegt werden müssen und ihre Pelze usw.! Das sind doch alles Werte, die für sie erhalten werden müssen! Es ist zu dumm, dass ich hier nicht abkommen kann! –
Ich wäre Ihnen dankbar, wenn Sie mir bald einmal schreiben könnten. Haben Sie von Elfriede eigentlich eine Liste über ihr Eigentum bekommen oder der Anwalt, damit man prüfen kann, was alles da ist oder ist alles plombiert worden? In dem Hause sind die tollsten Sachen möglich und deshalb muss man sehr vorsichtig sein.
Für heute seien Sie herzlich gegrüßt.

Gräfin Finckenstein

28. Im Zug

10. Oktober 1943. Im Erste-Klasse-Abteil auf dem Weg von Los Angeles nach Chicago. Im *Southwest Chief* von der West- zur Ostküste. Wüste. Prärie. Wald. Abgeerntete Weizenfelder. Der Herbst hat die vorbeifliegende Landschaft in zarte Pastelltöne getaucht. Das Laub der Bäume leuchtet rot und golden in der Abendsonne, Nebel wallt über den Wiesen, Dunst über Flüssen und Seen. In der Ferne weidet eine Rinderherde. Ganz dicht an den Bahngleisen stehen Rehe, die ruhig aufblicken, wissend, dass der Zug keine Gefahr für sie ist.

Heimatliche Gefühle beschleichen Erich Maria Remarque beim Blick aus dem Fenster. Er muss an Deutschland denken, sehnt sich zurück, weiß aber natürlich, dass die Idylle in seiner Heimat erheblich gestört ist. Die Zeitungen haben über weitere Luftangriffe auf deutsche Städte berichtet. Wie es wohl Erna und Elfriede geht? Und seinem Vater.

Ihm gegenüber sitzt sein Freund Erich G. Rotsch, der in einem fort niest und sich geräuschvoll die Nase putzt. Remarque graut vor diesem explosiven Schnupfen, er fürchtet, sich anzustecken. Trotzdem spielt er mit Erich, um sich die Zeit zu vertreiben, *Gin Rummy*, die amerikanische Romméversion für zwei Personen. Natürlich geht es dabei um Geld. Remarque hat Glück, am Ende hat er 38 Dollar gewonnen.

Am letzten Abend in Beverly Hills war er noch mit Luise Rainer essen, der deutschen Schauspielerin, die in

Hollywood fast ebenso groß herausgekommen ist wie Marlene Dietrich und sogar schon einen Oscar gewonnen hat. Davor hat er noch den Werfels einen letzten Besuch abgestattet. Franz Werfel lag immer noch krank im Bett. Um die Gesundheit des Schriftstellerfreundes steht es offenbar nicht zum Besten.

Endlich Chicago. Es ist tief in der Nacht. Schon in wenigen Minuten geht es weiter. Die beiden Erichs müssen laufen, um den Anschlusszug zu kriegen. Schnaufend erreichen sie ihr Abteil, bevor der Schaffner zur Abfahrt pfeift. Dann können sie sich wieder in die bequemen Polster sinken lassen und gleich darauf schlafen legen, während der Zug mit gemütlichem Rumpeln in Richtung Manhattan rollt.

Am nächsten Morgen gegen 11 Uhr ist der Zielbahnhof New York erreicht. Am Bahnsteig wartet schon Jutta, die ihn zum *Ambassador* in der Park Avenue begleitet. Das Appartement in dem Riesenhotel ist hübsch, aber leider etwas laut. Kinderlärm schallt von außen herein. Die Schlafzimmerfenster gehen zu einem Schulhof hinaus, wie er bemerkt.

Jutta, die er immer noch *Peter* nennt, ist enttäuscht, dass er so wenig Zeit für sie hat. Aber in New York warten schließlich noch zwei andere Frauen auf ihn.

29. Angeklagt

Berlin. Endlich Besuch, endlich ein vertrautes Gesicht. Mitte Oktober kommt Elfriedes Schwager Ludwig in die Untersuchungshaftanstalt. In Uniform. Ludwig Brames, als Soldat in Albanien stationiert, hat einen dreiwöchigen Fronturlaub gewährt bekommen. Gleich nach seiner Ankunft in Osnabrück ist er nach Berlin gereist. Vor dem Treffen mit seiner Schwägerin spricht er mit einem Beamten der Reichsstaatsanwaltschaft, der ihm auch Einblick in die Akten gewährt. Der Justizbeamte macht kein Hehl daraus, dass sich Elfriede in einer ernsten Lage befindet: Wenn die beiden Zeuginnen bei ihrer Aussage blieben, drohe die Todesstrafe. Brames ist alarmiert, nimmt sich aber vor, bei seinem Gespräch mit Elfriede Optimismus zu verbreiten.

Eine Stunde dürfen die beiden, bewacht von einer Justizbeamtin, im Besuchszimmer miteinander sprechen. Elfriede weint, als Ludwig ihr plötzlich gegenübersteht. »Elfriede, du Ärmste! Was machen die hier mit dir?«

Anfangs fällt es ihr schwer, die richtigen Worte zu finden. Ludwig ist schließlich Soldat und darf sich nicht mit einer Wehrkraftzersetzerin gemein machen, und auch sie selbst muss darauf achten, dass sie nicht noch tiefer in diesem Sumpf versinkt. Aber nach und nach überwindet sie ihre Bedenken. Sie klagt, dass ihr Unrecht geschieht, dass ihr die Worte im Mund umgedreht werden. »Das habe ich doch alles gar nicht gesagt, ich hab doch nur gesagt, dass mir dieser Krieg Angst macht.«

Ludwig versucht sie zu beruhigen und zu trösten. »Das wird sich bestimmt alles aufklären, ganz sicher. Wegen so einer Sache wird man doch nicht verurteilt. Glaub mir, bald bist du wieder draußen und kannst deine Nähmaschine schnurren lassen. Hier sitzt du wenigstens im Trockenen und musst keine Angst vor feindlichem Beschuss haben. Ich soll dich auch schön von Erna grüßen.«

»Danke, danke, dass du das sagst. Das tut gut. Man kommt sich hier ganz verloren vor, wie eine Schwerverbrecherin kommt man sich vor. Immerhin hat mich neulich der Gefängnisgeistliche besucht. Der hat mir auch gesagt, dass ich den Kopf nicht hängen lassen soll.«

»Na siehst du. Wird bestimmt alles gut. Nur die Hoffnung nicht verlieren.«

Und dann sagt Ludwig Brames, dass es auch an der Front nicht leicht sei. »Alles ist knapp und immer diese Angst vor Fliegerangriffen.« Aber auch da müsse man die Nerven bewahren, und jetzt habe er erst mal drei Wochen Urlaub. »Mal sehen, wie es in Osnabrück aussieht. Soll ganz schön gerumst haben.«

»Schrecklich. Hoffentlich ist es bald vorbei.«

»Bestimmt. Bald schlagen wir mit Hitlers Wunderwaffe zurück.«

»Schön, wer noch an Wunder glauben kann. Aber du hast recht: Man darf den Kopf nicht hängen lassen.«

Die beiden sprechen auch über praktische Dinge. Was man ihr schicken kann. Was sie am dringendsten braucht. Wie es mit ihrer Wohnung in Dresden weitergehen soll. Ludwig sagt, dass Erna eine Vollmacht von ihr benötigt, um für sie tätig zu werden, und Elfriede verspricht, ihr die Vollmacht so bald wie möglich zu schicken. Das sachliche Gespräch hilft ihr, allmählich zur Ruhe zu kommen. Beim Abschied schafft sie es sogar zu lächeln.

Nach dem Besuch fühlt sie sich wie von einer schweren Last befreit. Endlich keimt wieder Hoffnung in ihr auf. Aber die Zuversicht hält nicht lange vor. Wenige Tage später wird ihr die Anklageschrift zugestellt.

Der Oberreichsanwalt beim Volksgerichtshof — Berlin, den 15. Oktober 1943

– 1 J 580/43 –
Polizeihaft!

Anklageschrift

Die Damenschneidemeisterin Elfriede Maria Scholz geschiedene Wilke, geborene Remark aus Dresden, am 25. März 1903 in Osnabrück geboren,
am 18. August 1943 festgenommen und seitdem zur Zeit im Polizeigefängnis in Dresden in Polizeihaft, nach ihren Worten nicht bestraft, bisher ohne Verteidiger,

klage ich an,

vom Mai bis August in Dresden fortgesetzt und öffentlich es unternommen zu haben, die Wehrkraft des deutschen Volkes zu zersetzen und zugleich den Feind des Reiches zu begünstigen,
indem sie gegenüber einer Kundin, deren Ehemann, wie sie wusste, als Offizier im Felde stand, sowie auch diesem selbst und ihrer Vermieterin gegenüber wiederholt gegen den Führer hetzte, wo sie insbesondere äußerte, sie glaube nicht an unseren Endsieg, wir könnten sowieso nicht mehr weiter und müssten doch kapitulieren; unsere Soldaten seien nur noch Schlachtvieh; der Führer

habe sie alle auf dem Gewissen; wenn sie die Gelegenheit hätte, würde sie dem Führer selbst eine Kugel durch den Kopf jagen und gerne die Folgen tragen, das deutsche Volk sei dann wenigstens von diesem Manne befreit;
sie wünsche den Frauen, die noch für den Krieg seien, dass ihre Männer fielen, und den Männern, die aus Fanatismus für ihr Vaterland kämpften, dass ihre Familien hier durch Bombenterror ums Leben kämen,
Verbrechen nach § 5 Abs. 1 Nr. 1 KSSVO., §§ 91b, 73 StGB.

Wesentliches Ergebnis der Ermittlungen

I.

Die Angeschuldigte wuchs als Tochter eines Werkmeisters im Elternhaus in Osnabrück auf. Nach dem Besuch der Bürgerschule (Domschule) war sie zwei Jahre lang gelähmt, erlernte dann das Schneiderhandwerk und war kurze Zeit in den Niederlanden als Hausangestellte tätig. Mit Rücksicht auf eine Erkrankung an Knochenerweichung kam sie nach Deutschland zurück, wo sie sich in Osnabrück als Schneiderin selbständig machte. Von 1927 an arbeitete sie in Leipzig als Hausschneiderin, sodann in Berlin in mehreren Putzmachergeschäften und schließlich in Dresden, wo sie sich 1933 oder 1934 mit dem Kaufmann Paul Wilke verheiratete. Die kinderlos gebliebene Ehe wurde nach zwei Jahren geschieden. Seit dem Jahre 1941 ist die Angeschuldigte mit dem Musiker Heinz Scholz verheiratet, der sich seit Dezember 1939 bei der Wehrmacht befindet. Auch diese Ehe ist bisher kinderlos. Die Angeschuldigte hatte bis zuletzt als Schneiderin gute Einnahmen, bezog dazu

monatlich noch 193 RM Kriegsfürsorgeunterstützung und hatte nur für sich zu sorgen.
Um Politik will sich die Angeschuldigte schon mit Rücksicht auf ihre Krankheit nicht gekümmert haben. Sie war früher und ist auch jetzt politisch nicht organisiert.

II.

Zu den Kundinnen der Angeschuldigten in Dresden gehört seit etwa drei Jahren auch die Ehefrau Ingeborg Rietzel, deren Ehemann als Offizier im Felde steht. Beide Frauen besuchten sich auch mehrmals gegenseitig in ihrer Wohnung. Das bisher gute Einvernehmen zwischen ihnen wurde jedoch von Frühjahr 1943 an dadurch gestört, dass die Angeschuldigte der Ehefrau Rietzel gegenüber wiederholt staatsfeindliche und defaitistische Reden führte, ohne sich davon durch den energischen Widerspruch der Ehefrau Rietzel abhalten zu lassen. So schimpfte sie im Mai 1943, als sie sich über die politische Lage unterhielten, auf den Führer und äußerte sinngemäß folgendes:

»Was der uns für ein Glück gebracht hat. Die ganzen Leute, die zur Front kommen, sind doch nur Schlachtvieh, die er alle auf dem Gewissen hat. Wenn mir die Gelegenheit geboten würde, dann würde ich ihm selbst eine Kugel durch den Kopf jagen. Ich würde mich gern dafür opfern. Die Folgen würde ich gerne tragen. Das deutsche Volk wäre dann wenigstens von diesem Manne befreit.«

Bei einer anderen Gelegenheit sagte die Angeschuldigte etwa Anfang August 1943 zu der Ehefrau Rietzel:

> »Warum geht Ihr Mann denn überhaupt noch ins Feld? Wir haben ja sowieso im Herbst Frieden!«

Als die Ehefrau Rietzel ein ungläubiges Gesicht machte, erklärte die Angeschuldigte ferner:

> »Oder meinen Sie etwa, dass dieser Idiot – (gemeint war der Führer) – es fertigbringt, zu verhindern, dass unsere ganzen Städte kaputtgeworfen werden?
> Wir können sowieso nicht mehr weiter und müssen über kurz oder lang doch kapitulieren. Es wird bestimmt auch nicht so schlimm werden, wenn unsere Feinde hier hereinkommen. Ich habe die Welt bereist und kenne die anderen Völker genau. Deutschland ist in der ganzen Welt aus eigener Schuld am verhasstesten.«

Am 10. oder 11. August 1943 fragte die Angeschuldigte den Ehemann Rietzel, der gerade auf Urlaub war, ob er gern wieder ins Feld gehe. Er bejahte dies, und als er hinzufügte, dass die Front draußen fest stehe und hier im Inland scharf durchgegriffen werden müsse, damit sich kein »1918« wiederhole, erwiderte die Angeschuldigte:

> »Dann gehen Sie ja doch nur aus Selbsterhaltungstrieb wieder an die Front.«

Die Angeschuldigte äußerte zu den Eheleuten Rietzel noch, dass sie sämtliche Leute, die noch heute zur Regierung stünden, an Hand der Führerreden, die sich doch größtenteils nicht bewahrheitet hätten, eines Besseren belehren werde. Dabei erzählte sie auch, dass sie

alle Führerreden aus den Zeitungen zu diesem Zwecke herausgeschnitten habe.
Die Ehefrau Rietzel bemühte sich wiederholt, die Angeschuldigte zu bekehren. Alle ihre Belehrungen und Vorhaltungen blieben jedoch ohne Erfolg. Nachdem sie zunächst nichts gegen die Angeschuldigte unternommen hatte, unterrichtete sie schließlich ihren Ehemann, insbesondere von den schwerwiegendsten Äußerungen der Angeschuldigten über die deutschen Frauen, deren Männer fallen müssten, und die Männer im Felde, deren Familien durch den Bombenterror vernichtet werden müssten. Der Ehemann erstattete darauf Meldung bei seiner zuständigen Dienststelle.
Die Angeschuldigte fiel auch der Hausbesitzerin Toni Wentzel, ihrer Vermieterin, dadurch auf, dass sie alles ablehnte, was sich auf den nationalsozialistischen Staat bezog, und mehrfach zum Ausdruck brachte, dass sie nicht an den deutschen Endsieg glaube.

III.

Die Angeschuldigte hat zugegeben, dass sie manchmal die Maßnahmen unserer Regierung kritisiert und oft defaitistische Reden geführt habe. Sie will dazu durch ihre Erziehung und unter dem Einfluss ihres Bruders, des Verfassers des Buches »Im Westen nichts Neues«, gekommen sein. Im übrigen hat sie die ihr zur Last gelegten Äußerungen mehr oder weniger bestritten oder ihnen jedenfalls eine harmlose Bedeutung zu geben versucht. Die Angeschuldigte wird jedoch durch die bestimmten und glaubhaften Bekundungen der Eheleute Rietzel und der Hausbesitzerin Wentzel überführt.

Die Äußerungen der Angeschuldigten sind in besonders hohem Maße geeignet gewesen, den Willen des deutschen Volkes zur wehrhaften Selbstbehauptung zu zersetzen und die Feindpropaganda zu unterstützen. Dessen ist sich die Angeschuldigte bei ihrem Bildungsgrad und den Belehrungen durch die Eheleute Rietzel auch voll bewusst gewesen. Der Fall wiegt umso schwerer, als die Angeschuldigte ihre zersetzenden Äußerungen offensichtlich planmäßig gegenüber einer Soldatenfrau und deren im Felde stehenden Ehemann geführt hat. Sie hat nach Lage der Sache auch ohne weiteres einverständlich damit gerechnet, dass ihre Hetzreden auf diese Weise auch anderen Personen bekannt werden würden.

Beweismittel

I. Die Einlassung der Angeschuldigten Bl. 5/10
II. Die Zeugen:
1.) die Ehefrau Ingeborg Rietzel in Dresden-Blasewitz, Sebastian-Bachstraße 14, Bl. 4/5R.
2.) die Hausbesitzerin Toni Wentzel, in Dresden-A., Langemarckstraße 42, Bl. 11/R.

Ich beantrage,
gegen die Angeschuldigte Elfriede Scholz eine Hauptverhandlung vor dem Volksgerichtshof anzuordnen und der Angeschuldigten einen Verteidiger zu bestellen.

In Vertretung

Weyersberg
(Reichsanwalt Albert Weyersberg)

Ein neuer Tiefschlag. Unfassbar, auf einmal schwarz auf weiß zu lesen, was man ihr vorhält. Dieser kalte, vernichtende Ton! Nach der Lektüre ist sie wie gelähmt. Zu allem Überfluss wird ihr mit der Anklageschrift auch der Termin der Verhandlung vor dem Volksgerichtshof mitgeteilt. Schon in drei Tagen soll ihr dort der Prozess gemacht werden. Sie rechnet wieder mit dem Schlimmsten. Alle Hoffnung ist mit einem Schlag zerstoben. Flach atmend schließt sie die Augen und versinkt in sich selbst. Das darf doch alles nicht wahr sein! Ein einziger Alptraum. Aber dann reißt sie sich aus der Lethargie, bittet um Briefpapier und schreibt ein weiteres Mal ihrer Schwester.

Berlin, den 26. Okt. 1943

Meine liebe gute Schwester, und mein lieber Ludwig.

Anbei die von Euch gewünschte Vollmacht. Ich möchte sie durch diesen Brief noch dahingehend erweitern, dass Euch, im Falle, wir uns nicht wiedersehen, auch meine Lebensversicherung gehören soll. Durch meine Verhaftung war ich nicht mehr in der Lage, das vorher richtig in Ordnung bringen zu lassen.

Ludwigs Besuch hat mich sehr froh gemacht. Aber dieser Lichtblick dauerte nicht lange, denn heute kam meine Anklageschrift und auch meine Terminzustellung. Ihr dürft bei dem Termin nicht dabei sein. Ich glaube es jedenfalls nicht. Ob wir uns nachher sprechen können, weiß ich nicht. Ihr könnt es ja mal versuchen. Ich bin nun doch dafür, dass ihr die Wohnung kündigt, und die Sachen abholt. Alle Wäsche in den Fächern ist mein Eigentum, nur die mit Hotel Bristol gezeichnete nicht. Die gehört Fr. Wentzel. Alle Lampen bis auf die Deckenlampe im Salon sind ebenfalls mein. Alle Gardinen restlos. Ferner die beiden Nähmaschinen, der Zuschneidetisch, die beiden Sessel im Herrenzimmer, der Teewagen mit allem, was draufsteht. Das Silber, das zwischen der Wäsche liegt. Es ist nicht viel, aber doch meins. Dann alles in den Schränken. Nur im Salon in dem Sekretär gehört die Wäsche in den beiden unteren Fächern mir. Die oberen Fächer mit Büchern sind Eigentum v. Fr. Wentzel. Dann einige Bücher aus dem Bücherschrank, die Du leicht finden wirst. Alle Decken, die aufgelegt sind. Die Steppdecke aus dem Bett, die Kissen, der Liegestuhl. Alles, was im Schrank ist. Und eine Quittung über alles, was ich Fr. Wentzel gezahlt habe, liegt im Schreibtisch. Damit Du einen Überblick hast. Mein Scheckbuch liegt auch im Schreibtisch. Mit dem Abheben kannst Du ja warten bis nach dem Termin. Er ist Freitag, den 27. morgens um 9 Uhr. Den Pelzmantel lass ich Dir nach Os. schicken. Im Nebenhaus bei Fr. Wilke steht auch noch ein Koffer voll Wäsche, den kannst Du so, wie er ist, abholen. Ferner sind noch 125 M. zu kassieren, bei Weißke. Adres. steht im Maßbuch. Es ist bei Fr. Wentzel. Geht dort bitte selber hin, es sind sehr nette Leute. Nun Schluss, ihr Lieben, ich bete, dass wir uns wiedersehen.

Auch was herumsteht an Leuchtern, Vasen, Bildern gehört mir.

Schon zwei Tage vorher hat sie die Vollmacht geschrieben, die sie dem Brief beilegt.

Berlin, den 24.10.43

Vollmacht!

Ich bevollmächtige meine Schwester, Frau Erna Brames, wohnhaft Osnabrück, Wörthstr. 93, die Anzüge meines Mannes und seine Wäsche an seinen bombengeschädigten Bruder aus-

zuhändigen. Ebenso hat sie Vollmacht, über mein gesamtes Eigentum nach eigenem Ermessen zu verfügen. Auch über meine Ersparnisse, um davon laufende Rechnungen, Versicherungen u.s.w. zu bezahlen.

Elfriede Scholz

30. Fenster in die Unendlichkeit

New York, 23. Oktober 1943. Erich Maria Remarque besucht die Galerie M Knoedler in der Nähe der Madison Avenue in der 57. Straße, um sich eine Ausstellung mit den Bildern großer Meister anzusehen – Werken von Cézanne, Renoir, van Gogh, Gauguin, Degas und Daumier, Toulouse-Laurec und Pissaro. Die Werke mit den zarten, leicht verwischten Farben sind ihm vertraut, denn es sind seine eigenen Bilder. Er hat sie der renommierten New Yorker Galerie für vier Wochen als Leihgabe zur Verfügung gestellt – dreizehn Gemälde und zweiunddreißig Bilder auf Papier. Darunter die provenzalische Landschaft, die Totenschädel und das Aquarell des *Mont Sainte Victoire* von Cézanne, die *Drei Tänzerinnen* von Degas, Daumiers *Don Quichotte* und vor allem van Goghs *Bahnunterführung von Arles*.

Eigentlich hat er sich schon darauf gefreut, die Bilder in dieser Galerie in aller Ruhe auf sich wirken zu lassen – nur begleitet von Natascha Paley. Doch schon am Portal des prunkvollen Gebäudes im Stil der italienischen Renaissance eilt Galerie-Chef Charles Henschel mit ausgebreiteten Armen auf ihn zu und begrüßt ihn mit höchster Wertschätzung. Und kaum hat er mit seiner Begleiterin das Foyer betreten, empfängt ihn der Applaus von etwa drei Dutzend elegant gekleideten Besuchern.

»Herzlich willkommen, lieber Herr Remarque«, wiederholt Charles Henschel jetzt noch einmal mit erhobener Stimme und augenzwinkerndem Blick in die Runde seiner Ehrengäste. »Es ist uns eine große Ehre, Sie hier zu Gast zu haben. Wir haben uns erlaubt, ein paar nette und kluge Menschen einzuladen, die sich mit uns über Ihren Besuch und natürlich Ihre Bilder freuen. Ich hoffe, Sie verzeihen uns diese Überraschung.«

Remarque ist alles andere als begeistert, aber viel zu überrumpelt, um sein Befremden in eine geistreiche Erwiderung zu kleiden. »Danke. Zu viel der Ehre« ist alles, was er sich abringt. Aber mehr wird von ihm auch nicht erwartet. Der Leiter der Galerie drückt ihm und Natascha sofort einen Champagnerkelch in die Hand, lässt einschenken und bringt einen Toast auf den »großartigen Schriftsteller und Kunstkenner« aus, dem er diese »wunderbare Ausstellung« zu verdanken habe.

Unter den Ehrengästen sind auch bekannte Gesichter. Unter anderem entdeckt er Jutta Zambona, die ihn mit leicht säuerlicher Miene anfunkelt, um sich gleich wieder abzuwenden. Vermutlich ist sie nicht darauf eingestellt, dass Natascha ihn begleitet. Mit offenem Lächeln kommt dagegen ein beleibter Herr mit Stirnglatze auf ihn zu, den er zuletzt vor vielen Jahren bei der Filmpremiere von »Im Westen nichts Neues« in Berlin gesehen hat: George Grosz. Der Maler lebt bereits zehn Jahre in New York, und seine Werke sind in Deutschland ähnlich verfemt wie die von Otto Dix. »Sie dürfen wirklich sehr stolz sein, dass auch ihre Bilder in Deutschland als ›entartete Kunst‹ präsentiert werden«, sagt Remarque.

»Bin ich auch. Da ist man doch in guter Gesellschaft«, erwidert Grosz. »Leider haben sie die Bilder jetzt eingemottet oder verscherbelt. Das ist natürlich nicht so toll. Ihre Bücher lassen sich ja nicht so leicht aus dem Verkehr ziehen, und Ihre Bilder haben Sie ja zum Glück gerettet.«

»Ja, da bin ich sehr froh.«

»Schon Wahnsinn, was Sie mit ihren Büchern verdienen, dass Sie sich diese Kunstwerke leisten können.«

»Ich hoffe, Sie reihen mich nicht in Ihre Galerie raffgieriger Kapitalisten ein.«

»Keine Angst. Im Moment treibt mich ein anderes Thema um – ein Thema, mit dem Sie ja schon groß rausgekommen sind: dieser fürchterliche Krieg.«

Damit ist das Stichwort zu einem lebhaften Geplänkel über die Rolle der emigrierten Künstler zum Kriegseinsatz der Amerikaner gefallen, an dem sich auch Alma Werfel beteiligt, die ebenfalls zu den Ehrengästen zählt. Die Spötterin erwähnt, dass Marlene Dietrich neuerdings für Kriegsanleihen wirbt und immer noch ihren französischen Lover Jean Gabin anhimmelt, der selbst in den Krieg ziehen will. »Da musst du dich jetzt natürlich ranhalten, wenn du nicht als Schwächling dastehen willst.«

»Quatsch, ich bin Schriftsteller und kein Soldat wie dieser Prolet mit dem Akkordeon.«

»Thomas Mann beweist doch mit seinen Rundfunkansprachen, dass man sich auch als Zivilist nützlich machen kann.«

»Thomas Mann! Der ist auch ein anderes Kaliber als ich. Aber dafür hat er keine Ahnung von Malerei – und die führt uns schließlich hier zusammen.«

Damit gelingt es Remarque, wieder den Bogen zurück zur Ausstellung zu schlagen. George Grosz bemerkt, dass die ausgestellten Werke der Impressionisten ihn zwar nicht gerade vom Hocker reißen, aber natürlich meisterhaft gemacht sind. Die Kunstkritiker seien ja schier aus dem Häuschen gewesen.

In einer Besprechung der New York Times wird schon der Ausstellungsraum als eine Art Kathedrale beschrieben, wo Besucher »bedächtigen Schrittes und mit gedämpften Stimmen« die Kunstwerke andächtig auf sich wirken lassen.

Im Katalog ist nachzulesen, dass Erich Maria Remarque seit 1933 Kunstwerke sammelt, seither im Austausch mit Malern, Kunstkritikern und Kunsthändlern steht und sich große Kenntnisse und Verdienste erworben hat – vor allem im Bereich der Impressionisten. Der Schriftsteller Glenway Westcott rühmt seinen Kunstverstand und sein sicheres Urteil und preist den Charme und Charakter, den seine Sammlung als Ganzes auszeichnet. »Er war ein Deutscher, und jetzt wird er ein Amerikaner, während seine Gemäldesammlung französisch ist«, schreibt Westcott. »Für die kleinen Alltagswelten dieser Bilder lohnt es sich weiterzuleben, wenn der Krieg vorüber ist.« Mit Blick auf die ausgestellten Werke der Impressionisten lässt Westcott sogar einen deutschen Satz aus Goethes *Faust* in seine englischsprachige Huldigung einfließen: »Verweile doch, du bist so schoen.«

Es ist bereits Remarques zweite *Loan Exhibiton* in Amerika, schon das County Museum of Art in Los Angeles zeigte einen Teil seiner Sammlung.

Im Sommer 1940 hatte er seine Bilder, die noch in der Schweiz lagerten, über London in die USA verschiffen lassen, um sie wieder in seiner Nähe zu haben. Viele Wochen musste er auf ihre Ankunft warten, unruhige Wochen voller Angst und Ungeduld. »Bilder noch nicht da. Wahrscheinlich ersoffen«, schrieb er am 29. August 1940 entnervt in sein Tagebuch. »Nur halb versichert. Oder noch weniger. Nimm dich in die Hände, Soldat.«

Dabei fürchtet er nicht nur den finanziellen Verlust. Die Bilder sind Teil seines Lebens, viel mehr als Investitionsobjekte: Wegbegleiter. Er ist daher äußerst erleichtert, als sie endlich in Kalifornien eintreffen. »Gestern morgen zum Customhouse. Bilder, Teppiche. Kamen dann nachmittags«, notiert er am 13. September 1940. »Wir packten aus. Begannen zu hängen. Plötzlich war ein Stück Porto Ronco da. Der van Gogh, die Cézannes. (...) Gefühl von Heimat mit den Dingen.«

Sofort verwandelt er sein angemietetes Haus in Westwood, Los Angeles, in eine Gemäldegalerie. Die Ankunft der Meisterwerke feiert er, als seien vertraute Familienangehörige nach langer Zeit zurückgekehrt. Ein Toast auf Cézanne und Kollegen! Stolz präsentiert er all seinen Freunden und Bekannten daraufhin die Sammlung – auch Josef von Sternberg, Marlene Dietrich und deren Tochter Maria.

Immer wieder betont er, dass seine Bilder nicht nur als Privatbesitz im Verborgenen stehen, sondern so oft wie möglich in der Öffentlichkeit gezeigt werden sollen.

Er gilt schon lange als einer der bedeutendsten Kunstsammler der Welt; rund hundert wertvolle Gemälde sind in seinem Besitz, darunter dreißig Aquarelle von Cézanne. Neben Bildern sammelt er auch Kunsthandwerk und alte Teppiche – vornehmlich aus Vorder- und Zentralasien, darunter Stücke, die schon dreitausend Jahre vor Christi geknüpft wurden.

Und seine Sammlung wächst. Da der befreundete Kunsthändler Walter Feilchenfeldt weiter in der Schweiz lebt, hat er in den Vereinigten Staaten neue Kontakte aufgebaut. Jetzt ist es vor allem der Kunsthändler Sam Salz, der ihm Gemälde großer Impressionisten anbietet, die in den Kriegsjahren preiswert zu haben sind. Ende Oktober zeigt ihm Sam Salz zum Beispiel »zwei herrliche Degas« und ein Werk von Manet. Doch leider sitzt ihm in diesem Jahr das Geld nicht so locker. Er hat seit längerem nichts mehr verdient. »Abends etwas über Geld nachgedacht«, hat er vor einiger Zeit in sein Tagebuch geschrieben. »Wird Zeit, etwas zu machen. Soviel, wie ich ausgebe, kann ich nie verdienen, – wenn ich das für *Peter* einschließe. Steuern zu hoch, u. überhaupt. Dachte, der Krieg sei früher zu Ende.«

Aber er muss ja nicht alle Bilder besitzen, die ihm gefallen. Er kann sich auch so daran erfreuen. Sie eröffnen ihm Einblicke in eine Welt, die jenseits seiner oberflächlichen Kontakte, jenseits der Partys und Besäufnisse und jenseits des Krieges liegen. In seinem letzten, unvollendeten Roman *Das gelobte Land* wird er viele Jahre später schreiben:

> Wir saßen vor den stillen Bildern, neben mir der sterbende Sommer, und schwiegen, und die Bilder waren Fenster in die Unendlichkeit. Sie waren das Beste, was Menschen geschaffen hatten, in einer Zeit des Schlimmsten, dessen Menschen fähig waren.

Schon in seinem Roman *Liebe deinen Nächsten* hat er eine Hymne auf die tröstende Kraft der Malerei angestimmt. Bei einem Besuch des Louvre in Paris schwärmt der Emigrant Marill: »Besser vor einem Delacroix, einem Rembrandt oder einem van Gogh zu trauern, als vor einem Schnaps oder im Kreise ohnmächtiger Klage und Wut.« Und dem jungen Ludwig Kern und seiner Freundin Ruth scheint es bei dem sonntäglichen Louvre-Besuch, »als säßen sie in einem verzauberten Turm, und die Bilder seien Fenster zu fernen Welten – zu großen Gärten ernster Lebensfreude, zu weiten Gefühlen, zu großen Träumen und zu einer unzerstörbaren Landschaft der Seele, jenseits von Willkür, Angst und Rechtlosigkeit«.

Als Kunstsammler und Impressionismus-Experte will Remarque Zeichen gegen die Kulturpolitik der Nationalsozialisten setzen, die bestrebt sind, auch die Werke der Impressionisten aus deutschen Museen zu verbannen. Wichtige Repräsentanten der deutschen Kunstszene sind inzwischen nach Amerika emigriert, und viele haben sich in New York angesiedelt. Remarque fehlt es daher nicht an Gesprächspartnern, mit denen er sich über Kunstfragen austauschen kann.

Die Gunst der Stunde macht es ihm möglich, einen der bedeutendsten Maler der Zeit näher kennenzulernen: Salvador Dalí. Denn auch der Spanier, der vor General Franco geflüchtet ist, hat mit seiner Frau Gala Zuflucht in New York gefunden. Remarque trifft sich mit den Dalís zum Lunch und nächtlichen Umtrunk und plaudert mit ihnen über Kunst und das aktuelle Weltgeschehen, das weitere besorgniserregende Nachrichten bereithält.

Dass auch seine Schwester Elfriede in den Sog des NS-Terrors geraten ist, bleibt ihm verborgen.

31. Der Prozess

Berlin, 29. Oktober 1943. In den Fenstern brechen sich die Strahlen der Oktobersonne; in einem breitet der schwarz-rot-goldene Reichsadler seine Schwingen durch eine Bleiverglasung. Unter dem lichtdurchfluteten Glasmosaik steht die Inschrift: *Einigkeit und Recht und Freiheit.* Doch ein beherrschender Wandschmuck führt den Anwesenden vor Augen, dass solche Sprüche und Symbole der nationalen Vergangenheit ihre Gültigkeit verloren haben: Hinter dem Richtertisch hängt die Hakenkreuzfahne.

Der Volksgerichtshof tagt in der Aula eines früheren Gymnasiums, das einmal Königliches Wilhelms-Gymnasium hieß und tausend Schüler unterrichtete. Berlin-Tiergarten, Bellevuestraße 15. Was in diesem Gerichtssaal zählt, wird deutlich, als der Vorsitzende Richter mit seinen Beisitzern den Saal betritt. Die Anwesenden erheben sich nicht nur wie im Gericht üblich, sie folgen auch dem Beispiel der einziehenden Männer in den roten Roben und recken den Arm zum Hitlergruß.

Elfriede Scholz ist die Einzige, die ihren Arm nicht hebt, ihre Hände ruhen gefaltet in ihrem Schoß – geradezu trotzig, wie es scheint. Haft und Krankheit haben Spuren hinterlassen. Sie ist hohlwangig, bleich, die Lippen sind farblos und spröde, aber fest zusammengepresst mit einem Ausdruck fiebriger Entschlossenheit.

Erst vor wenigen Minuten hat ein Wachtmeister sie von ihrer Fessel befreit, sodass sich ihre Handgelenke noch ganz taub anfühlen. Der übrige Körper ist nach der Gestapohaft und den Tagen und Nächten im kalten Berliner Frauengefängnis so ausgelaugt, so schlapp, dass ihr jede Bewegung schwerfällt. Das ist aber für Elfriede Scholz nicht der ausschlaggebende Grund, den *Deutschen Gruß*, wie dieses martialische Armerecken seit einigen Jahren genannt wird, zu verweigern. Alles in ihr sträubt sich, dem selbsternannten Führer und seinem Reich so demonstrativ Respekt zu zollen.

Ihr bleibt nicht verborgen, mit welch missbilligendem Blick der Vorsitzende Richter sie mustert. Ihr ist, als würde sie von seinen kalten Augen durchbohrt.

Sie kennt dieses Gesicht, hat den hageren Mann mit den abstehenden Ohren, der Stirnglatze und der Geiernase schon oft in der Zeitung gesehen. Es ist Roland Freisler, der Präsident des Volksgerichts – ein Richter der Partei, der nicht eben für seine Gnade bekannt ist. Ihre Verteidigerin hat sie bei der ersten und einzigen Begegnung am Vorabend darauf vorbereitet, dass sie sich auf das Schlimmste gefasst machen muss, wenn der Chef persönlich den Vorsitz führt. In der Tat hat Freisler schon in der Vergangenheit Wehrkraftzersetzung und Defätismus mit dem Tode bestraft. »Die Schärfe unserer Urteile gegen die Defätisten, aus Schwäche, Feigheit, Unzulänglichkeit, ist Schutz der Gesunden und Starken, dass keiner schwach wird«, verkündete er in einem Fachblatt für Juristen. »Auch draußen an der Front kann der Feigling sich nicht mit Schwäche entschuldigen. (...) Und gerade Schwäche wirkt seuchenhaft.« Richter des Volksgerichtshofs, die mildere Urteile sprechen, pflegt der Parteijurist verächtlich zu verspotten. Solche Kollegen sind für ihn bestenfalls »Vertreter der alten Schule«.

Nach militärisch knapper Begrüßung fordert Freisler noch im Stehen Kammergerichtsrat Hans Robert

Prietzschk als Vertreter des Oberreichsanwalts auf, eine Kurzfassung der Anklageschrift zu verlesen.

Als alle wieder Platz genommen haben, nimmt der promovierte Jurist die Personalien der Angeklagten auf und fragt in mürrischem Ton auch nach ihrem Geburtsnamen.

»Remark.«

»In meiner Akte ist der Name am Ende mit ›k‹ geschrieben. Ist das richtig?«

»Ja.«

»Soviel ich weiß, schreibt sich Ihr werter Herr Bruder mit *q*. Wieso das denn?«

»Das ist die Schreibweise unserer französischen Vorfahren. Die hat er irgendwann übernommen.«

»Französische Vorfahren! Da ist er wohl noch stolz drauf, wie?«

»Ich weiß es nicht.«

»Elender Vaterlandsverräter! Aber egal. Heute geht es nicht um Ihren Bruder, sondern um Sie. Dieser ehrlose Lump hat gegen die Helden des vergangenen Krieges gehetzt, und Sie machen es ihm heute nach und hetzen gegen die Männer, die sich jetzt so heldenhaft unseren Feinden entgegenstellen. Aber dafür werden Sie büßen. Ihr Bruder ist uns leider entwischt, Sie entwischen uns nicht.«

Sie schluckt, meint auf dem Gesicht eines SA-Obergruppenführers, der als Beisitzer fungiert, ein Grinsen zu erkennen. In dem Moment wird ihr bewusst, dass nur Männer vor ihr sitzen – die meisten in Uniform. Ganz am Rand hat ihre Pflichtverteidigerin Ilse Schmelzeisen-Servaes Platz genommen, die ebenso bekümmert wie verloren wirkt.

»Kommen wir zur Sache«, fährt Freisler in schneidigem Kommisston fort. »Sie haben gehört, was Ihnen vorgehalten wird. Was sagen Sie dazu?«

»Das ist falsch. Das stimmt alles nicht.«

»Was ist falsch? Dass Sie gegen den Führer gehetzt und die deutschen Soldaten als Schlachtvieh bezeichnet haben, die unser Führer auf dem Gewissen hat? Wollen Sie etwa bestreiten, dass Sie diese Ungeheuerlichkeiten gesagt haben? Und noch schlimmere Dinge?«

»Ja, oder besser nein, das habe ich auf keinen Fall gesagt.«

»Wir werden hier aber gleich zwei Frauen hören, die ganz genau dies bezeugen – ehrenwerte deutsche Damen. Wollen Sie behaupten, dass die sich das alles aus den Fingern gesogen haben, oder was?«

»Ich weiß es nicht. Vielleicht haben Sie mich ja missverstanden.«

»Missverstanden! Das sagen hier alle. Natürlich. Alle fühlen sich plötzlich missverstanden, wenn man ihnen hier ihr widerliches Gerede vorhält. Aber Sie haben bei Ihren Vernehmungen immerhin gestanden, dass Sie Zweifel am deutschen Endsieg haben. Ist das richtig?«

»Das könnte man vielleicht so ausdrücken. Aber das war nicht bös gemeint.«

»Natürlich nicht.«

»Ich habe nur gesagt, dass ich mir Sorgen mache, wie alles weitergehen soll. Ich wusste ja, dass Frau Rietzel anders darüber denkt. Vielleicht habe ich gehofft, dass sie mir die Sorgen ausredet. Dass sie mir Mut macht.«

»Ach, hören Sie auf! Das glaubt Ihnen ja kein Mensch. Erklären Sie uns lieber, welche Sorgen *Sie* sich gemacht haben, Ihnen ging es doch gut.«

»Wie man's nimmt, ich konnte nicht klagen, ja. Aber der Krieg kommt ja immer näher. Überall fallen doch jetzt Bomben auf deutsche Städte. Auch mein Schwager in Hamburg ist gerade ausgebombt worden, immer mehr

Frauen werden zu Witwen, und Mütter verlieren ihre Söhne. Da ist doch klar, dass man sich Sorgen macht und nicht mehr an all das glauben kann, was so in der Wochenschau gesagt wird.«

»Na sehen Sie, da geht es schon wieder los. Wie kommen Sie denn dazu, sich ein Urteil über diese Dinge anzumaßen? Sie haben doch gar keine Ahnung, Sie Flickschneiderin. Wahrscheinlich haben Sie Ihr Wissen aus diesem ekelhaften Buch Ihres Bruders, dieser Hetzschrift? Haben Sie das Machwerk gelesen?«

»Ja, ich hab es gelesen, und es kann schon sein, dass ich dadurch etwas beeinflusst bin. Da macht einem jeder neue Krieg doppelt Angst, und man kann sich vorstellen, was mit den armen Menschen an der Front passiert – den vielen jungen Männern, die ihr Leben verlieren oder Arme und Beine …«

»Hören Sie auf! Ich verbiete Ihnen, Ihre defaitistische Propaganda hier weiterzubetreiben, verstehen Sie mich! Aber dass Sie hier so losplappern, lässt natürlich tief blicken. Damit überführen Sie sich ja selbst und lassen durchblicken, welch Geistes Kind Sie sind. Sie sind wirklich keinen Deut besser als ihr verkommenes Bruderherz!«

Sie starrt zu Boden und beginnt zu zittern, spürt, dass sie zu weit gegangen ist, die Kontrolle verloren hat.

»Von diesem pazifistischen Geschwätz ist dann ja wohl auch kein weiter Weg mehr zu dem, was Ihnen zur Last gelegt wird. Oder? Sie sind ja angeblich so weit gegangen, dass Sie den Wunsch geäußert haben, unserm Führer eine Kugel durch den Kopf zu jagen.«

»Um Himmels willen, nein. Das habe ich nie gesagt. Das ist …«

»Klar, dass Sie das jetzt bestreiten, aber wir werden gleich zwei Zeuginnen hören, die keinen Grund haben, die Unwahrheit zu sagen. Aber noch mal zu Ihrem Bruder. Sie haben doch sicher nicht nur sein Buch gelesen, sondern auch direkt mit ihm zu tun gehabt.«

»Ja, aber das ist lange her.«

»Wie lange?«

»Ach, bestimmt schon 13 Jahre. Seit 1930 haben wir uns nicht mehr gesehen.«

»Sie meinen, seitdem dieser Schreiberling in die Schweiz gegangen ist, um in Ruhe seinen Judaslohn zu verprassen. Haben Sie ihn da nicht mal besucht in seiner schicken Villa am Lago Maggiore?«

»Nein, nie.«

»Aber Briefe haben Sie doch bestimmt mit ihm gewechselt.«

»Ja, aber nur wenige.«

»Und was hat er so geschrieben? Hat er versucht, Sie aufzuwiegeln gegen unsern Führer?«

»Das kann man so nicht sagen. Da ging es gar nicht um Politik.«

»Worum denn?«

»Ach, vor allem um die Familie und was wir so machen – ich als Schneiderin und er als Schriftsteller.«

»Schriftsteller! Ein schöner Schriftsteller ist das, der seine Heimat derart gewissenlos in den Schmutz zieht.«

»Das sehe ich nicht so. Seine Romane sind ja nicht gegen Deutschland gerichtet, sie beschreiben doch nur, was er erlebt hat und welche Gefahren er auf seine Heimat zukommen sieht.«

»Und diese *Gefahren*« – er zieht das Wort angewidert in die Länge – »sehen Sie wahrscheinlich auch.«

»Zum Teil schon, ich sagte ja bereits, dass mir der Krieg Angst macht, und ich bin auch der Meinung, dass man alles tun muss, damit …«

»*Alles tun muss?* Was maßen Sie sich eigentlich an, Sie Feindsliebchen? Geht das schon wieder los?! Ich entziehe Ihnen das Wort. Hier ist kein Platz für Ihr Propagandagewäsch, haben Sie mich verstanden! Wir werden jetzt mal die beiden Frauen hören, die Sie mit Ihren Hetzreden aufstacheln wollten.«

Ingeborg Rietzel wird als Zeugin aufgerufen. Die junge Frau würdigt die Angeklagte keines Blickes. Elfriede Scholz kann es immer noch nicht fassen, dass ihre frühere Freundin sie mit ihren Aussagen so schwer belastet. Sie versucht, ihr in die Augen zu blicken. Doch die Augen der Zeugin sind wie gebannt auf Roland Freisler gerichtet.

»Sie sind mit der Angeklagten befreundet?«, wird sie von Freisler gefragt.

Ingeborg Rietzel nickt ein wenig zögerlich und antwortet: »Das kann man so sagen: Ich war ihre Kundin und auch mit ihr befreundet.«

»Trotzdem haben Sie sich jetzt zu dieser Aussage entschieden. Das verdient Respekt.«

»Ja, ich betrachte es als meine Pflicht, hier die Wahrheit zu sagen.«

»Sehr ehrenwert.«

Freislers Ton nimmt plötzlich einen ungewohnt freundlichen Klang an, der in Elfriedes Ohren falsch, ölig und schmeichlerisch klingt. Doch die einstige Freundin fühlt sich offenbar geehrt, geht darauf ein und wiederholt alles, was bereits in der Anklageschrift steht. Ja, sagt sie, die Angeklagte sei tatsächlich eine verstockte Gegnerin des Führers und der Reichsregierung. »Absolut unbelehrbar.« Elfriede erstarrt in ihrer Fassungslosigkeit: Wie kann Ingeborg sie nur so ungeniert dem Tode ausliefern? Vor gar nicht so langer Zeit hat diese Frau doch noch ihren Arm um sie gelegt.

Danach soll Antonie Wentzel aussagen. Doch die Hausbesitzerin, die noch am Vortag per Telegramm auf die Dringlichkeit ihrer Aussage hingewiesen wurde, ist bis jetzt nicht eingetroffen. Daher wird der Prozess unterbrochen und eine andere Verhandlung eingeschoben. Elfriede wird gefesselt in einen kleinen Haftraum im Kellergewölbe geführt. Wie betäubt lässt sie sich auf einen Stuhl sinken und starrt die Wand an. Freislers Anschuldigungen hallen in ihr nach – und Ingeborgs Zeugenaussage, die ihr jede Hoffnung geraubt hat. Was kann sie jetzt noch von ihrer Vermieterin erwarten, wenn die einstige Freundin sie schon so belastet?

Ihr Schwager Ludwig hat in der Verhandlungspause Gelegenheit, mit Elfriedes Pflichtverteidigerin zu sprechen, die nach ihren Worten erst eine halbe Stunde vor Verhandlungsbeginn offiziell zugelassen worden ist. Die Anwältin Ilse Schmelzeisen-Servaes gibt sich zuversichtlich. Mit einer Todesstrafe sei nicht zu rechnen, sagt sie. Sie werde alles tun, die Glaubwürdigkeit der Belastungszeuginnen zu erschüttern. »Davor kann selbst Herr Freisler die Augen nicht verschließen.«

Dann ist Antonie Wentzel endlich eingetroffen. Angst und Unsicherheit sind der einundsechzig Jahre alten Zeugin in dem grauen Wintermantel ins Gesicht geschrieben, während sie von einem Gerichtsdiener in den Sitzungssaal geführt wird. Sie rückt mechanisch ihren Hut zurecht, der genauso grau ist wie der Mantel, und blickt nur kurz nach rechts und links, um die Augen gleich wieder auf ihre Schuhspitzen zu richten.

»Frau Antonie Wentzel?« Es hat den Anschein, als würde sie schon diese in harschem Ton geäußerte Frage Freislers erschrecken. Sie nickt und lenkt ihren Blick auf den Vorsitzenden Richter, als wäre sie selbst die Angeklagte. Dabei umklammert sie ihre schwarze Lederhandtasche wie einen Rettungsring. »Wir hatten Sie eigentlich schon früher erwartet«, fährt Freisler fort.

»Ja, tut mir leid, der Zug …«

»Egal, damit wollen wir jetzt keine Zeit mehr verlieren. Wir sind sowieso schon viel zu spät dran. Setzen Sie sich erst mal.«

Kaum hat die kleine rundliche Frau mit dankbarem Nicken Platz genommen, kommt der Gerichtspräsident zur Sache. »Sie wissen, dass es hier um Frau Elfriede Scholz geht, Ihre Mieterin.«

Die Antwort besteht nur aus einem gehauchten »Ja«.

Dabei dreht sich die Zeugin fast mechanisch in Richtung der Angeklagten und lässt ihre Augen über Elfriede schweifen, die den Eindruck gewinnt, dass sich verborgene Gewissensqualen in dem bekümmerten Blick spiegeln. Wird sie vielleicht doch noch den Mut aufbringen, von der belastenden Zeugenaussage abzurücken? Schließlich ist die Anzeige nicht von ihr ausgegangen. In Elfriede wallt erneut diese verzweifelte Hoffnung auf, die ihre Hände beben lässt.

Aber dann ergreift wieder Freisler das Wort, und Antonie Wentzel nimmt die starre Haltung einer Befehlsempfängerin ein. »Sie wissen, was der Angeklagten vorgeworfen wird?«

»Ja, das ist mir bekannt.«

Antonie Wentzel wirkt jetzt auf Elfriede nur noch wie eine ältliche Schülerin, die Angst hat, zusammengestaucht zu werden, und daher bestrebt ist, dem Lehrer alles recht zu machen. Schon bei der nächsten Frage wiederholt die Zeugin brav, was sie laut Anklageschrift schon gegenüber der Gestapo gesagt hat. Dass die Angeklagte am Endsieg gezweifelt, den Krieg einen einzigen Wahnsinn genannt und zur Fahnenflucht aufgerufen hat. Antonie Wentzel bestätigt auch, dass sich die Angeklagte wiederholt abfällig über die Grundwerte der nationalen Erhebung geäußert und den Führer als »Lumpen« bezeichnet hat, den sie am liebsten umbringen würde.

»Unerhört«, bellt Freisler dazwischen. »Und hier spielt sie das Unschuldslamm. Dabei hat sie immer wieder unter Beweis gestellt, was sie in Wirklichkeit ist: ein Volksschädling. Würden Sie mir in dieser Bewertung zustimmen, Frau Wentzel?«

»Ja, das kann man vielleicht so ausdrücken.«

Elfriede verfolgt die Zeugenvernehmung wie erstarrt. Mit ohnmächtiger Wut hört sie, wie ihre Vermieterin sie belastet – vielleicht ja auch, um sich noch ungehemmter an ihren Hinterlassenschaften bereichern zu können. Als sie versucht, ihre Verteidigerin flüsternd darauf hinzuweisen, welche Hintergedanken diese Frau vermutlich bei ihren Aussagen hat, herrscht Freisler sie an: »Was unterstehen Sie sich, mit Ihrem Gequatsche die Verhandlung zu stören! Ich glaube, Sie haben den Ernst Ihrer Lage noch nicht begriffen.«

»Ich wollte doch …«

»Was Sie wollten ist mir vollkommen egal. Sie haben hier nur zu reden, wenn Sie gefragt werden. Haben Sie mich verstanden?«

Elfriedes Versuch, ihre Verteidigerin über Antonie Wentzel aufzuklären, hätte ohnehin nichts geändert. Denn die Anwältin kommt kaum mehr zu Wort. Schon als sie den Antrag stellt, die beiden Zeuginnen zu vereidigen, straft Freisler sie mit höhnischem Grinsen und verkündet, dass das überflüssig sei: »Frauen mit so treuen und blauen Augen wie die Zeugin Rietzel sprechen immer die Wahrheit.«

Auch an einem Plädoyer der Verteidigung zeigt Freisler kein Interesse. Dafür sei keine Zeit mehr, sagt der Gerichtspräsident.

Am Ende ist es nicht mehr überraschend, welches Urteil der Präsident des Volksgerichtshofs nach gut einer Stunde Verhandlungsdauer verkündet.

Das Urteil

Im Namen des Deutschen Volkes

In der Strafsache gegen die Damenschneidermeisterin Elfriede Scholz, geb. Remark aus Dresden, geboren am 25. März 1903 in Osnabrück, zur Zeit in Polizeihaft, wegen Wehrkraftzersetzung, hat der Volksgerichtshof, 1. Senat, auf Grund der Hauptverhandlung am 29. Oktober 1943, an welcher teilgenommen haben als Richter:
Präsident des Volksgerichtshofs, Dr. Freisler, Vorsitzer
Landgerichtsdirektor Dr. Schulze-Weckert,
SA-Obergruppenführer Lasch,
SA-Oberführer Hall,
Generalarbeitsführer von Mangold,

als Vertreter des Oberreichsanwalts: Kammergerichtsrat Prietzschk,

für Recht erkannt:
Frau Elfriede Scholz, Remark hat in monatelangen maßlos hetzenden defaitistischen Äußerungen gegenüber einer Soldatenfrau sich bis zu Erklärungen verstiegen,
sie möchte dem Führer eine Kugel durch den Kopf jagen,

unsere Soldaten seien Schlachtvieh, der Führer habe sie auf dem Gewissen,
sie wünsche den kämpfenden Soldaten, daß ihre Frauen durch Bombenterror umkommen,
und den sieggläubigen Frauen, daß ihre Männer draußen fallen.
Als ehrlose fanatische Zersetzungspropagandistin unserer Kriegsfeinde ist sie für immer ehrlos.
Sie wird mit dem

Tode

bestraft.

Gründe

Frau Elfriede Scholz ist ihrer Vermieterin, der Vgn, (Vorgenannten) Frau Toni Wentzel, in vielen Gesprächen als eine Frau aufgefallen, die nicht an unseren Sieg glaubt, die das auch sagt und höhnisch bei irgendwelchen Rückschlägen fragt, ob sie (Frau Wentzel) immer noch an den Sieg glaube. Das hat die Vgn., Frau Toni Wentzel, mit ruhiger Bestimmtheit glaubwürdig bekundet.
Darüber hinaus hat Frau Scholz monatelang auf die Vgn., Frau Ingeborg Rietzel defaitistisch zersetzend eingewirkt. Sie kannte Frau Rietzel als ihre Kundin – sie ist nämlich Damenschneiderin – und hatte sich mit ihr angefreundet. So kamen sie manchmal in der Wohnung von Frau Rietzel, manchmal auch in der Wohnung von Frau Scholz zusammen. Wie die Vgn. Frau Rietzel bekundet hat, zeigte sie auch ihr gegenüber ihr höhnisches und ironisches Wesen besonders in Bemerkungen über

den Kriegsausgang, sie glaube nicht an den Sieg, und ob denn etwa Frau Rietzel immer noch an den Sieg glaube. Einzelne besonders markante zersetzende und defaitistische Äußerungen hat Frau Rietzel noch genau in Erinnerung. So, dass ihr Frau Scholz einmal sagte: »Was hat uns der für ein Glück gebracht? Die ganzen Leute, die zur Front kommen, sind doch nur Schlachtvieh, die er alle auf dem Gewissen hat. Wenn mir die Gelegenheit geboten würde, dann würde ich ihm selbst eine Kugel durch den Kopf jagen. Die Folgen würde ich gern tragen. Das deutsche Volk wäre dann wenigstens von diesem Manne befreit. Ich würde mich gern opfern.«

Oder: »Will dieser Idiot noch alle unserer Städte kaputtwerfen lassen, ehe er Frieden macht?«

Oder: »Ich habe die Welt bereist und viele Völker gesehen. Wenn die Feinde herein kommen, wird es gar nicht so schlimm werden. Die sind viel besser, als uns immer gesagt wird, und Deutschland ist durch eigene Schuld in der ganzen Welt verhasst.«

Oder: »Ich wünsche den Frauen, die noch für den Krieg sind (das hieß in dem Zusammenhang: noch an den Sieg glauben), dass ihre Männer draußen fallen. Und den Männern, die draußen noch fanatisch kämpfen, dass Frau und Kind ihnen daheim durch die Bomben getötet werden.«

Frau Elfriede Scholz gibt nur zu, aus allgemeinem Pessimismus heraus sich zweifelnd über den Kriegsausgang geäußert zu haben. Aber sie habe das nur getan, um selbst Stärkung zu bekommen. Sie habe nämlich gewusst, dass Frau Rietzel eine gläubige Nationalsozialistin ist; ebenso wie sie wusste, dass der Mann der Frau Rietzel aktiver Offizier und mit Leib und Seele Sol-

dat und gläubiger Nationalsozialist ist. Sie habe sich gedacht, von ihnen beiden könne sie aufgerichtet werden. Im übrigen habe sie nicht so geredet, wie es Frau Rietzel bekundet hat.
In Wirklichkeit hat sie sich aber defaitistisch und zersetzend geäußert und auch gar nicht die Absicht gehabt, sich von Frau Rietzel zum Nationalsozialismus bekehren zu lassen, sondern im Gegenteil versucht, den Glauben von Frau Rietzel zu zerstören. Frau Rietzel hat nämlich alle oben wiedergegebenen Bekundungen und das höhnisch-ironische Wesen der Frau Scholz soeben vor dem Gericht mit solcher überzeugender Bestimmtheit und mit dem Eindruck einer durchaus glaubwürdigen Persönlichkeit im Bewusstsein ihrer Verantwortung als Zeugin ohne jede Gehässigkeit dargelegt, dass kein Zweifel daran bestehen kann: es ist so gewesen, wie sie ausgesagt hat. Außerdem passt die Grundeinstellung der Äußerungen der Frau Scholz, wie sie Frau Rietzel darstellt, ganz in die Grundeinstellung von Frau Scholz, die Vgn. Frau Wentzel bekundet hat. Beide Vgn. kannten sich noch gar nicht, als sie das erste Mal in dieser Sache vernommen wurden und so aussagten.
Wenn Frau Scholz ihren Pessimismus zum Teil auch mit dem Einfluss ihres Bruders, des Verfassers des berüchtigten Machwerks »Im Westen nichts Neues« auf sie begründen will, so kann sie das doch nicht entschuldigen, zumal sie nach eigener Angabe ihren Bruder seit 13 Jahren nicht gesehen hat. Vielmehr ist sie eine schamlose Verräterin an ihrem eigenen, unserem deutschen Blut, an unserer Front, an unserem Leben als Volk, eine defaitistisch hetzende Propagandaagentin unserer Kriegsfeinde (§§ 5 KSSVO, 91, b StGB.) Für eine so ehrvergessene für immer jeder Ehre bare Frau kann es, wenn

wir uns nicht selbst aufgeben wollen, nur eine Strafe geben: die Todesstrafe.

Weil Frau Scholz verurteilt ist, muss sie auch die Kosten tragen.

gez. Dr. Freisler gez. Dr. Schulze-Weckert.

32. Betteln um das bisschen Leben

Elfriedes Pflichtverteidigerin ist in dem Prozess nur am Rande zu Wort gekommen. Doch schon einen Tag nach dem Todesurteil, am 30. Oktober 1943, reicht Ilse Schmelzeisen-Servaes beim Oberreichsanwalt ein Gnadengesuch ein.

Die Rechtsanwältin betont, dass die »gemeinsten Redensarten«, die ihrer Mandantin zur Last gelegt worden sind, nur von Ingeborg Rietzel bestätigt wurden. »Vollkommen unverständlich sei«, warum die noch sehr junge Frau trotz der wehrkraftzersetzenden Äußerungen erstens weiterhin freundschaftlich mit der Verurteilten verbunden war und zweitens auch weiterhin bei ihr arbeiten ließ. Bei der »unstreitig 100 %igen bejahenden Einstellung der Zeugin zum Nationalsozialismus und dem heutigen Kriegsgeschehen« sei dies nicht zu erklären. Es läge daher die Schlussfolgerung nahe, dass Ingeborg Rietzel »die Bemerkungen der Verurteilten zunächst nicht so aufreizend aufgefasst hat«. Außerdem bestehe die Möglichkeit, dass die sehr jugendliche Zeugin »manches, besonders in der letzten Zeit, in der sie persönlich verärgert über die Verurteilte war, anders und schärfer aufgefasst hat, als es gemeint war«. Daraus folgt für die Anwältin: »Hätte sie (Ingeborg Rietzel) diese Auffassung schon vorher gehabt, würde lange eine Anzeige erstattet sein.«

Dass die Verurteilte die »gemeinen Redensarten über den Führer bestreitet«, muss nach den Worten der Verteidigerin auch darum ernst genommen werden, weil Elfriede Scholz lange bekannt war, wie das Ehepaar Rietzel politisch dachte. Sie habe auch gewusst, dass Hans-Jürgen Rietzel schon »wegen zersetzender Äußerungen in einer Gastwirtschaft vor einem Jahr einmal Anzeige erstattet« habe. Bei der »unzweifelhaft vorhandenen Intelligenz« der Verurteilten könne von unbedachtem »Daherreden ja nicht die Rede sein«. Vor allem aber müssen die Aussagen der Hauptbelastungszeugin nach den Worten der Verteidigerin bezweifelt werden, weil fast hundert andere Kundinnen, die befragt worden sind, gar nichts Belastendes gegen Elfriede Scholz vorgebracht hätten. Keine einzige der befragten Frauen – »zum großen Teil aus Offizierskreisen stammend« – habe »irgendeine zersetzende Äußerung« bekundet.

Dass Elfriede Scholz Zweifel am deutschen Endsieg geäußert habe, rechtfertige jedenfalls nicht die Todesstrafe – zumal auch die Hauptbelastungszeugin Ingeborg Rietzel selbst nicht frei von Zweifeln gewesen sein soll, wie eine Verwandte nach dem Verhandlungstermin bestätigt habe.

Breiten Raum im Gnadengesuch nimmt der Hinweis auf den schlechten Gesundheitszustand der Mandantin ein:

»Die Verurteilte ist von Natur pessimistisch infolge einer schweren Erkrankung. Sie leidet seit Jahren an einer Knochenerweichung und kann nur durch die Einnahme von Präparaten, die sie dauerhaft einnehmen muss, ihre Arbeitskraft erhalten. Außerdem hat sie eine perniti̇öse Anämie, infolge deren sie nur durch Leberspritzen am Leben erhalten wird. Dass sie an allem zweifelt, ist einmal sicher auch durch diese schweren Erkrankungen mit bedingt.«

Zu berücksichtigen sei aber auch, dass Elfriede Scholz »die Schwester des berüchtigten Remark ist, dessen Gedankengänge sie in ihrer Jugend naturgemäß oft gehört hat«, führt die Verteidigerin aus. »Da sie klug ist, hat sie sie nicht ohne weiteres übernommen, aber sie hat sich dadurch auch nicht einwandfrei zu einer positiven politischen Auffassung durchgerungen. Sie steht seit 13 Jahren mit dem Bruder überhaupt nicht mehr in Verbindung, sodass jetzt ein unmittelbarer Einfluss allerdings nicht mehr in Frage kommen kann.«

Strafmildernd ist nach den Worten der Verteidigerin auch zu berücksichtigen, dass Elfriedes Schwester Erna durch den Bombenangriff auf Osnabrück stark in Mitleidenschaft gezogen worden ist und hilfesuchend nach Dresden kam. Auch ihr Schwager in Hamburg habe bei einem Bombenangriff sein gesamtes Hab und Gut verloren. Dies sei Elfriede sehr nahegegangen, und es habe sie zusätzlich erregt, dass Hauptmann Rietzel während eines Fronturlaubs bei einem Gespräch mit Elfriede und seiner Frau alles heruntergespielt habe – dass dies »im Verhältnis zum großen Kriegsgeschehen nur eine Bagatelle sei«. Das sei zwar »objektiv genommen, unzweifelhaft richtig«, von ihrer Mandantin aber verständlicherweise als »persönlich aufreizend« empfunden worden.

Abschließend weist die Verteidigerin in ihrem Gnadengesuch darauf hin, dass der Ehemann der Verurteilten »seit drei Jahren an der Front steht und Soldat bleiben will«.

Ingeborg Rietzel lag in der Nacht nach dem Prozess noch lange wach. Die junge Frau wälzte sich in ihrem Bett und konnte keinen Schlaf finden. Draußen tobte ein Sturm, Böen peitschten den Regen gegen das Schlafzimmerfenster. Es war, als würden die entfesselten Elemente den inneren Aufruhr nach außen tragen, in den sie ihre Aussage vor Gericht gestürzt hatte. Immer mehr trat ihr zu Bewusstsein, welche Schuld sie auf sich geladen hatte. Die Freundin dem Tod auszuliefern! Welch unermessliche Schuld! Sie verfluchte sich dafür, und sie verfluchte ihren Mann, dass der sie mit dieser Anzeige unter Zugzwang gesetzt hatte. Wie Elfriede sie angestarrt hatte! Was konnte sie jetzt noch tun? Alles zurücknehmen? Wohl kaum. Ihre Gedanken drehten sich im Kreis.

Elfriede wird wenige Tage nach dem Urteil in das Frauengefängnis Berlin Barnimstraße, nordöstlich des Alexanderplatzes, überführt. Schon Rosa Luxemburg war hier interniert. Die rot geklinkerte Haftanstalt verfügt auch über eine Mutter-Kind-Abteilung, denn immer wieder kommt es vor, dass Gefangene im Gefängnis gebären. Ein Kind bekommen zu haben ist jedoch kein Grund, nach einem Todesurteil mit dem Leben davonzukommen. Diese Erfahrung muss auch die 1925 geborene Studentin Liane Berkowitz machen, die einer Widerstandsgruppe angehörte und wegen ihrer Proteste gegen eine NS-Propagandaausstellung verhaftet und zum Tode verurteilt worden ist. Sie bringt im April 1943 im Gefängnis ihre Tochter Irina zur Welt und wird im August 1943 – zwei Tage vor ihrem 20. Geburtstag – hingerichtet. Die kleine Irina stirbt wenig später im Krankenhaus Eberswalde im Alter von sechs Monaten.

Elfriede Scholz hofft, dass ihr das Schlimmste erspart bleibt. Ihre Verteidigerin teilt mit, dass sie ein Gnadengesuch eingereicht habe. Man müsse nun abwarten. Doch das Warten wird zu einer nervlichen Zerreißprobe. Schlimm sind vor allem die Nächte, in denen sie keinen Schlaf findet und sich, gepeinigt von Todesängsten, auf ihrer Pritsche hin und her wirft. Tagsüber muss sie Socken für Wehrmachtssoldaten stricken – wie andere Gefangene, die körperlich so geschwächt sind, dass sie für wehrwichtige Arbeiten im Außenbereich nicht infrage kommen.

Mitte November erhält sie schließlich Besuch von ihrer Schwester. Lange hat sie auf diesen Besuch gewartet, sich danach gesehnt, sich endlich mit Erna aussprechen zu können, doch jetzt ist sie kaum mehr imstande, einen zusammenhängenden Satz herauszubringen. Angst und Verzweiflung brechen mit derartiger Wucht aus ihr heraus, dass sie die meiste Zeit weint. Erna Brames bemüht sich, ihrer Schwester Mut zu machen, aber es will ihr nicht gelingen. Sie ist schockiert, in welchem Zustand sie Elfriede in diesem kargen Besuchszimmer vorfindet. »Es war ein so erschütterndes Bild, was ich in meinem Leben nicht wieder vergesse«, wird sie drei Wochen später ihrem Cousin Alois schreiben. »Dieses Betteln um das bisschen Leben. Ich kann nur sagen, furchtbar.«

Eindringlich bittet Elfriede ihre Schwester, Kontakt zu einem ihr bekannten Rechtsanwalt in Berlin aufzunehmen. Justizrat Wilhelm Schön erscheint Elfriede als letzte Rettung. Erna Brames gibt die Bitte an ihren Mann weiter, der noch Fronturlaub hat, und der ruft auch sofort bei dem Juristen an. Doch Schön teilt mit, dass ihm leider die Hände gebunden sind. Da er nicht Elfriedes Verteidiger sei, würde man ihn erst gar nicht zu ihr lassen.

Auf dem Rückweg von Berlin fährt Erna Brames in Dresden vorbei, um Elfriedes Haushalt aufzulösen. Elfriede hat ihr eine Aufstellung der Lebensmittel mitgegeben, die noch in der Langemarckstraße sein müssen. Doch Erna muss feststellen, dass manches fehlt. Von den dreißig bis vierzig Eiern, die nach der Bestandsaufnahme eines Gestapo-Mannes im Keller lagerten, findet sich zum Beispiel nur noch ein einziges. Monica Gräfin von Finckenstein hat zuvor schon herausgefunden, dass Kleidungsstücke, Pelze und Stoffe aus der Werkstatt entwendet worden sind. Für den Diebstahl kommt, wie es den Anschein hat, nur die Vermieterin Antonie Wentzel infrage. Sie hat als Einzige Zugang zu Elfriedes Werkstatt und Wohnung.

Erna informiert Elfriedes Rechtsanwältin darüber und bittet sie, ihre Schwester zu besuchen und ein Gnadengesuch für sie einzureichen. Sie weiß nicht, dass dies bereits geschehen ist. In der Zwischenzeit hat Reichsjustizminister Georg Thierack längst über das Gnadengesuch entschieden: »Mit Ermächtigung des Führers« habe er beschlossen, »vom Begnadigungsrecht keinen Gebrauch« zu machen, lässt der Minister am 13. November 1943 mitteilen.

Unterdessen informiert Ludwig Brames den Ehemann darüber, dass Elfriede zum Tode verurteilt worden ist, und bittet ihn, ein Gnadengesuch einzureichen. Weitere Informationen zur Festnahme und dem gegenwärtigen Aufenthaltsort Elfriedes erhält Heinz Scholz vom Dresdener Polizeipräsidenten. Daraufhin beklagt sich Scholz bei Elfriedes Schwester, dass sie ihn falsch unterrichtet habe, und besteht auf Herausgabe seiner persönlichen Sachen. Zu allem Überfluss »schreibt Elfriedes Mann mir noch die gemeinsten Briefe«, teilt Erna später ihrem Cousin Alois mit.

Heinz Scholz hat schon vor dem Prozess von Antonie Wentzel erfahren, dass seine Frau verhaftet worden ist. Der Hauptgefreite sorgt sich, dass er in die Sache hineingezogen werden könnte. Schließlich wendet er sich an den Volksgerichtshof, um Näheres zu erfahren – und sich von seiner Frau zu distanzieren. Dabei betont er, dass er schon vor längerer Zeit die Scheidung eingereicht habe.

M.A. Obergefr. Scholz, Heinz E.-Ort, d. 23.11.43
22742 D.

Aktenzeichen: 1 J. 580/43 Volksgerichtshof

Berlin, Bellevuestraße 15

Sehr geehrte Herren!

Durch Zufall erfahre ich durch die Hauswirtin meiner Ehefrau und später durch Schwager und Schwägerin davon, dass meine Gattin straffällig und zum Tode verurteilt worden ist.
Seit September 1941 habe ich die Scheidung meiner am 13.5.41 geschlossenen Ehe meiner Gattin brieflich vorgeschlagen. Zuletzt gesehen haben wir uns im Februar 42 auf Helgoland (wo ich kommandiert war), um die Scheidung zu besprechen. Damals willigte meine Gattin ein, sich scheiden zu lassen, stellte aber später diese Worte wieder in Abrede. Schließlich habe ich mühevoll Beweismaterial gesammelt und im April 43 die Klage eingereicht. Seit dieser Zeit läuft der Prozess vor dem Landgericht Dresden, Zivilkammer, Aktenzeichen 6 O.H. 41/43 Scholz gegen Scholz. Unser Briefwechsel seit September 41 handelt ausschließlich von der Scheidung, über das Leben meiner Gattin weiß ich seither gar nichts. Der Briefwechsel findet sich folgerichtig hier in meinen Händen.
Mein in einem Rüstungswerk tätiger jüngerer Bruder, der nicht Soldat ist, hat einmal in Köln und dann am 27./28.6. in Hamburg Totalbombenschaden gehabt. Da er durch seine Berufsarbeit keine Zeit zum Beschaffen von Garderobe findet, bot ich ihm an, ihm meine Zivil-

kleidung zur Verfügung zu stellen. Ich schrieb meiner Gattin nach Dresden, erhielt aber im September d.J. die Antwort meiner Schwägerin, Frau Erna Brames. Osnabrück, Wörthstraße 93, dass meine Gattin schwer krank sei. Sie schreibe in ihrem Namen und wolle sich um den Versand der Kleidungsstücke an die Hauswirtin in Dresden wenden. Diese aber antwortete mir, meine Ehefrau sei verhaftet und sie könne über die Sachen nicht verfügen. Auf diesem Wege erhielt ich Kenntnis über die Dinge. Am 7.11. schrieb mir mein Schwager, meine Gattin sei zum Tode verurteilt und bat mich, ein Gnadengesuch einzureichen.
Wollen Sie mir bitte Nachricht geben, aus welchen Gründen meine Gattin verurteilt worden ist. Schließlich kann ich kein Gnadengesuch einreichen, ohne die Urteilsbegründung zu kennen. Ich selbst bin im Zivil- und Militärleben (Soldat seit 1.12.40) gerichtlich unbestraft und kann mir nicht vorstellen, wie jemand so verantwortungslos handeln kann, dass er eine solche Strafe verdient. Ich bitte Sie, mir Auskunft über die ganze Angelegenheit zu geben und mir mitzuteilen, auf welchem Wege und an wen, ein Gnadengesuch zu richten ist.
Das Einzigste, was mir bekannt ist, ist mir durch den Polizeipräsidenten Dresden per Brief vom 15. d.M. mitgeteilt worden auf mein Befragen. Hier erfuhr ich, dass meine Gattin in Berlin verhaftet und am 2.9. in die Untersuchungshaftanstalt Brl. Alt-Moabit eingeliefert worden sei. Am 30.10. sei sie ins Frauengefängnis Berlin Barnimstraße überführt worden.
Mehr weiß ich nicht. Mein Schwager, der mich um das Einreichen des Gnadengesuchs bat, hat gleichfalls nichts näheres geschrieben. Er war der Annahme, ich sei bereits behördlich unterrichtet worden.

Ich danke Ihnen für Ihr Bemühen im Voraus verbindlich und grüße Sie mit

Heil Hitler!
Heinz Scholz,
M.A. Obergefreiter
F.P. Nr. 22742 D.

33. Natascha in den Knochen

New York im November 1943. Remarque sitzt im Hotel *Ambassador* und schreibt in sein Tagebuch: »Verfliegende Tage. Schlaf. Liebe, abwesendes Träumen. Vergesse alles. Vernachlässige alles.«

In seinem Appartement stehen die Bilder, die von der Ausstellung zurückgekommen sind, »wie bei einem Kunsthändler herum«, wie er notiert. Manchmal kommen Besucher, die bewundernde Blicke auf die Kunstwerke werfen. Meistens aber ist Natascha zu Gast, und die klagt vor allem darüber, dass das Schlafzimmer mit Bücherkisten vollgestellt ist. Sie kann aber auch nett sein, wie dem Tagebuch zu entnehmen ist.

> Gestern Natascha. Mit ihr eine Stunde richtig geschlafen. Zauberei. Abends mit Wodka, Wein, Kaviar, den Natascha besorgte u. Fasanen, die sie geschenkt bekommen und im Colony's hatte braten lassen, zu Terence Philipp. Bis morgens. Alles mögliche getrunken u. gelesen. Gedichte von Yeats, Th. Hardy. Ziemlich blau.

»Liebe u. November u. irgendwo Krieg«, lautet das Resümee dieser Tagebucheintragung, die wieder von luxuriösen Verabredungen mit Cognac und Champagner erzählt. Die Beziehung zu Sandra Rambeau hat sich abgekühlt, im Tagebuch ist kaum mehr von der Schauspielerin die Rede. Ende Oktober noch hat die New Yorker Klatschpresse über seine Beziehung zu Sandra berichtet – sehr zum Ärger Nataschas. »Hatte was in der Zeitung gelesen über Sandra und mich«, notiert Remarque am 29. Oktober. Sie habe sich furchtbar darüber aufgeregt und sei danach ungenießbar gewesen: »Natascha wollte ohne mich gehen. (…) Sie wollte nicht, dass ich sie raufbrachte.« Sie findet, dass er wieder mal zu viel getrunken hat, und weigert sich, die Nacht mit ihm zu verbringen. Als er sie noch mal fragt, antwortet sie brüsk mit »Nein« und sagt: »Wir verstehen uns einfach nicht, scheint mir.« Darauf Remarque: »Don't we?«

Der zieht schließlich resigniert ab und schreibt in sein Tagebuch: »Das Ganze wahrscheinlich Eifersucht. Trotzdem. Ich ging zurück. Traf Zuckmayer.« Zurück in der Bar, beobachtet er, wie geizig reiche Damen sein können. »Sah die Millionärin Thelma fassungslos über eine Rechnung von etwa 31 Dollars. Nahm sie, sie zu zahlen.« Zufällig trifft er in der Bar auch Sandra, mit der er den Rest der Nacht verbringt. Aber schon am nächsten Tag quälen ihn Gewissensbisse. »Natascha in den Knochen«, notiert er und schickt ihr »einen Haufen weißer Chrysanthemen«. Ohne Worte. Aber sie verzeiht ihm auch so, und bald schon scheint Sandra vergessen, und Natascha beherrscht wieder voll und ganz seine Tage und Nächte.

Zwischendurch trifft er sich mit John Lardner, einem Reporter des *New Yorker*, der ihn zu seiner Einstellung zum Krieg und seinem literarischen Schaffen interviewt, nebenbei aber auch neugierige Fragen zu seinen Liebschaften stellt. Als der Reporter gegangen ist, bereut es Remarque, sich auf das Gespräch eingelassen zu haben: »Wird irgendeinen Quatsch schreiben.«

34. Warten

In Berlin heulen wieder die Sirenen. Die Menschen flüchten in die Luftschutzbunker, aber nicht für alle findet sich darin ein Platz. Ganze Stadtteile versinken bei den Bombenangriffen zwischen dem 18. und 26. November 1943 in Schutt und Asche, mehrere Tausend Menschen sterben, Hunderttausende werden obdachlos. In der Nacht vom 22. auf den 23. November wird unter anderem die Gedächtniskirche zerstört. Ein Bombenangriff der Royal Air Force vernichtet auch einen Großteil der Aktenbestände des Volksgerichtshofs – darunter Teile der Akte Scholz.

Elfriede Scholz wird dennoch am 25. November vom Frauengefängnis in Moabit zur Hinrichtung nach Berlin-Plötzensee transportiert. Die Luftangriffe dauern an, aber Elfriede machen die Bomben der Briten keine Angst. Sie weiß, dass sie ohnehin sterben muss – dass das Gnadengesuch abgelehnt wurde, die Hinrichtung schon für den frühen Morgen des nächsten Tages angesetzt ist. Der Himmel ist grau. Regenwolken verschmelzen mit Rauchwolken. Wie betäubt starrt sie auf ausgebrannte Häuser und Bombenkrater, die hinter dem vergitterten Fenster vorbeifliegen. Sie sieht es, ohne zu begreifen, was sie sieht, und hat es im nächsten Moment schon vergessen.

In der Nacht erhält sie ein letztes Mal Gelegenheit, mit dem Gefängnisseelsorger Peter Buchholz zu sprechen. Der katholische Pfarrer, der 1888 in Königswinter bei Bonn geboren ist und sich seinen rheinischen Tonfall bewahrt hat, trägt den gleichen Namen wie der Pfarrer, der sie getauft hat, und er ist freundlich zu ihr. Der weißhaarige Mann mit der Brille ist wie bei einer Trauerfeier mit einem schwarzen Anzug bekleidet. »Christus spricht: Ich bin die Auferstehung und das Leben. Wer an mich glaubt, der wird leben, auch wenn er stirbt; und wer da lebt und glaubt an mich, der wird nimmermehr sterben.« Peter Buchholz spricht in ruhigem, fast väterlichem Ton auf Elfriede ein und legt ihr beim Segen seine Hand auf den Kopf. Nach den Aufregungen und Enttäuschungen der vergangenen Tage ist sie erschöpft und bereit, mit dem Leben abzuschließen. So ist sie empfänglich für die tröstenden Worte und Gesten des Priesters und die Heilige Kommunion und betet in der Überzeugung, bald vor einen Richter zu treten, der ihr mehr Gerechtigkeit zuteil werden lässt als dieser Schreihals im Volksgerichtshof. Ein letzter Brief an Schwester und Schwager. Sie lässt sich schicksalsergeben, aber mit hämmerndem Herzen die Haare hochbinden, die Hände auf dem Rücken fesseln, und dann beginnt das Warten, das kein Ende nehmen will. Die Hinrichtung ist auf 4 Uhr festgesetzt, aber niemand kommt, um sie zu holen. Der Morgen graut, es wird Tag. Sie wartet weiter gefesselt darauf, dass man sie zu ihrem Henker führt. Aber nichts geschieht. Schließlich wird sie darüber informiert, dass ihr Hinrichtungstermin verschoben wird. Einen neuen Termin erhält sie nicht. Denkbar, dass sie schon in einer Stunde abgeholt wird, vielleicht aber auch erst in ein paar Tagen oder Wochen. Dass der Hinrichtungsbefehl bei einem Bombenangriff verbrannt ist, sagt man ihr nicht – vermutlich ist es nicht einmal im Gefängnis bekannt. Wegen der fortdauernden Luftangriffe ist es auch ihrer Verteidigerin nicht möglich, sie in Plötzensee zu besuchen. Resignation, aufflackernder Lebenswille und Verzweiflung wechseln in rascher Folge. Warum hat sich ihr Vater nicht gemeldet? Er hat ihr am 23. November einen kurzen Brief geschrieben, der aber wegen der Luftangriffe nicht bei ihr angekommen ist. »Leider kann ich Dich nicht besuchen, da es mir meine Gesundheit nicht erlaubt«, schreibt Peter Franz Remark aus Bad Rothenfelde. »Du weißt ja, wie schwer krank ich gewesen bin. Außerdem bin ich im 77ten Lebensjahr. Wir werden fleißig für Dich beten und senden Dir herzliche Grüße.«

Doch die Grüße erreichen sie nicht. Sie fühlt sich von aller Welt verlassen und grübelt darüber nach, was sie noch tun kann, um ihr Erbe zu regeln. In den langen Stunden dieser Angst und Ungewissheit bittet sie um Briefpapier, um in der Todeszelle Menschen zu schreiben, die ihr wichtig sind. Zunächst schreibt sie einen weiteren Brief an ihre Schwester.

Berlin, den 29 11.43

Meine liebe Erna!

Nun sind so langsam alle Felle weggeschwommen, und ich rechne täglich mit meiner Hinrichtung. Habt Ihr denn eigentlich kein Gnadengesuch gemacht? Ich hatte fest damit gerechnet. Ebenso habe ich nichts mehr von dem Anwalt gehört. Ich hatte am Montag vor dem Termin schon Ludwig gebeten hinzugehen und bei Deinem Besuch bei mir versprachst Du es mir doch ganz fest. Es wäre vielleicht die Rettung gewesen. Warum hast Du es nicht getan. Warum Ludwig nicht? Ich grüble darüber nach. Nun konnte ich auch die Sache mit der Lebensversicherung nicht regeln, und wie mir hier die Beamten sagen, gehört alles, was ich hinterlasse, demnach meinem Mann, da ich kein ordentliches Testament hinterlasse. Ich will ihn in

anhängendem Brief bitten, Dir mein persönliches Eigentum zu lassen und vielleicht die Hälfte der Lebensversicherung. Ich hoffe, Ihr zankt Euch nicht deshalb.
Eine Bitte aber habe ich. Alles, was noch bei Fr. Wentzel ist, dort fortzuholen. Töpfe, Gläser, Pfanne, Tassen und viele Lebensmittelvorräte. 30 Eierkissen. Ich mache es Euch zur Pflicht. Die Fr., die Mitschuldig ist an meinem Tod, soll sich nicht bereichern an mir. Droht vielleicht mit Klage. Gebt Herrn Hoffmann (Gestapo-Beamter) als Zeugen an.
Auch die Gardinen zurück. Ich finde sonst keine Ruhe. Die Bettwäsche, die auf den Betten war, ist auch mein Eigentum. Auch dieser Brief kann zeugen.
Im Keller ist noch ein Schrankkoffer von meinem Mann. 3 Zentner Briketts lagern noch in der Küche. Die soll sie zahlen. Die Lampe auf dem Flügel ist auch mein Eigentum. Im übrigen steht noch ein großer Koffer voll Wäsche bei Fr. Wilke. Sie hat ihn aus der Waschanstalt geholt. Lass ihn gelegentlich schicken. So liebe Erna, nun Dir u. Ludwig aller Wahrscheinlichkeit nach die letzten lieben Grüße. Eure dankbare Elfriede. Grüße Vater u. seine Fr., Istvan, Monika v. Finkenstein, Fr. Wilke u. alle Bekannten noch v. mir.

Auf dem Briefbogen bleibt kein Platz mehr für ihren eigenen Namen. Gern hätte sie auch Theo geschrieben, aber sie weiß seine amerikanische Adresse nicht. Die Adresse von Karla ist ihr ebenfalls nicht bekannt. Sie weiß nicht mal, wo die alte Freundin hingeraten ist – ob sie ein Leben als Karl oder Karla führt, ob sie überhaupt noch lebt. Nichts ist in diesen Zeiten sicher. Wie es wohl Erich gehen mag? Sie hat seit Jahren nichts mehr von ihm gehört, weiß aber, dass er in Amerika lebt und viel Geld mit seinen Büchern und Filmen verdient.

Immer wieder muss sie an Heinz denken. Der Schmerz

über seine Vorhaltungen und die beantragte Scheidung sitzt tief, aber sie denkt darüber nach, ob sie ihrem Mann nicht auch Unrecht getan hat. Den Trauring trägt sie nach wie vor. Gern würde sie sich noch einmal mit ihm aussprechen. Ihm zumindest schreiben. Aber auch seine Adresse und Feldpostnummer hat sie nicht, doch es besteht ja vielleicht die Möglichkeit, dass Erna den Brief an Heinz weiterleitet. Die hat ja Kontakt zu ihm gehabt. So schreibt sie:

Mein lieber Heinz!

Nun trennt uns das Schicksal auf eine Weise, wie wir es nie für möglich gehalten hätten. Du hast inzwischen wohl von Erna das Furchtbare gehört. Hast Du noch ein Gnadengesuch eingereicht an das Volksgericht? Aber das erfahre ich wahrscheinlich nie mehr. Ich habe Erna meine persönlichen Sachen hinterlassen. Es ist Dir doch recht so. Die Lebensversicherung in Höhe von 5000 M teilt Euch bitte. Ich hoffe, Ihr achtet meine Wünsche.
Hoffentlich hat Fr. Wentzel alle Deine Sachen ordentlich herausgegeben. Von meinen Sachen hat sie sich nach berühmtem Muster allerhand gutgemacht. Sie ist halt ein schlechter Mensch. Nur um mich aus der Wohnung loszuwerden, hat sie gegen mich ausgesagt.
Wenn du gern ein Bild oder etwas haben willst, so schreibe es Erna. Ich hatte im vorigen Jahr welche machen lassen, u. Erna kann Abzüge bestellen bei Fiedler, Sedanstr. 11, Dresden. A. (Altstadt). Der Priester schickt meinen Trauring an Erna, wenn Du ihn haben willst, so brauchst Du es nur zu sagen. Und nun lass Dir sagen, lieber Heinz, dass ich Dich sehr lieb gehabt habe, und Dich um dieser Liebe willen bitte mir zu verzeihen, wenn ich Dir mal wehgetan habe. Ich denke jetzt nur in Liebe an Dich. Diese Monate der Qual haben

mich sehr geändert. Vielleicht ist es gut, dass Du mich nicht mehr siehst, so behalten wir einander in guter Erinnerung. In Gedanken küsse ich Dich noch einmal wie in den wenigen Tagen, da wir in unserer Ehe zusammen sein konnten.

Deine Elfriede

Erna wird Dir den Brief nachschicken.

Elfriede bleibt verborgen, dass ihre Schwester bereits im Briefwechsel mit Heinz steht. Dabei zeigt sich der Obergefreite nicht von seiner nettesten Seite. Er klagt über die Verteilung der Lebensversicherungssumme, macht Ansprüche auf die Besitztümer seiner Frau in der Dresdner Wohnung geltend. »Der scheint ja ziemlich rabiat zu sein«, schreibt seine Schwägerin denn auch Elfriede am 7. Dezember. Im Übrigen zeugt Ernas Brief zwei Wochen vor Weihnachten von beklemmender Angst und Sorge.

Osnabrück, d. 7. 12. 43

Meine liebe, liebe Elfriede!

Leider habe ich noch immer nichts von Dir gehört. Aber Du wirst sicherlich nicht schreiben dürfen. Ich mache mir wahnsinnig viel Sorge, wie Du die Terrorangriffe überstanden hast. Kannst Du Dir wohl denken wie meine Gedanken bei Dir waren als ich hörte die Bomber seien über Berlin gewesen? Wenn ich doch nur Nachricht bekäme, wie es Dir geht. Manchmal meine ich bei meinem vielen Grübeln und Denken ich würde schwermütig. Lachen kann ich nicht mehr. Dass ich von Scholz so einen schlechten Brief bekommen habe, schrieb ich Dir ja bereits. Ich bin ja schon mal froh, dass Du mir da-

mals schon die Vollmacht geschickt hast, so habe ich doch was in Händen. Der scheint ja ziemlich rabiat zu sein. Aber Du weißt ja dass ich alles nach Deinen Wünschen getan habe und noch tun werde. Die Hauptsache ist mir, Du bleibst gesund und wir sehen uns wieder.
Gestern bekam ich einen Brief von Gräfin v. Finckenstein. Sie fragte nach Deiner Adr. Habe sofort wieder geschrieben. Sie sorgt sich auch um Dich. Alles was sie für Dich tun könnte, würde sie selbstverständlich machen. Sie hat auch viel Hoffnung. Nun will ich gleich noch einige Päckchen packen für Kundinnen. Ich bin ja froh, wenn ich alles richtig abschicken kann. Nur den Wollstoff für Frau Holzhammer und ein zertr. Seidenkleid in grün für Frau Weiske kann ich nicht finden. Ich habe alles schon durchgesucht. Ich habe nur ein grünes Seidenkleid gefunden, das gehörte aber Gräfin Finckenstein. Es lag auch bei ihren Sachen.
Nun liebe Elfriede werde ich morgen ein kleines Päckchen für Dich packen. Ich hoffe, zu Weihnachten, das Fest der Liebe, darf ich Dir auch eine Kleinigkeit schicken. Da soll doch jeder eine kleine Freude haben. Und für mich wäre es Weihnachten ein trauriger Gedanke wenn Du von mir nicht einen kleinen Liebesgruß hättest. Ich glaube, dieses Jahr ist für mich der traurigste Weihnachten meines Lebens. Ich wollte wohl auf alles verzichten, wenn ich nur bei Dir sein dürfte. Aber meine Gedanken und Gebete begleiten Dich immer. Immer, immer wieder möchte ich Dir sagen, behalte Mut. Bete nur tüchtig, denn darin findest Du bestimmt etwas Trost.
Ich gehe Sonntags immer für Dich zur Kommunion, und so viele Dir Unbekannte schließen Dich in ihr Gebet mit ein.
Nun wünsche ich Dir für heute alles Gute und recht herzliche Grüße

von Deiner Schwester Erna

Elfriede wird diesen Brief nie erhalten.

Immerhin endet am 3. Dezember einstweilen ihre Zeit in der Todeszelle in Plötzensee. Sie wird zurück ins Frauengefängnis in der Barnimstraße gebracht und schöpft wieder etwas Hoffnung. Dazu trägt auch ihre Rechtsanwältin bei, die sie drei Tage später besucht und ankündigt, dass sie ein weiteres Gnadengesuch einreichen wird. Einen Tag darauf schon, am 7. Dezember 1943, löst Ilse Schmelzeisen-Servaes ihr Versprechen ein. Bewegt durch das Gespräch mit ihrer Mandantin, durch die sie erst jetzt von der Aussetzung des Hinrichtungstermins erfahren hat, formuliert sie ein zweites Gnadengesuch an den Führer des Deutschen Reiches, vertreten durch den Oberreichsanwalt beim Volksgerichtshof in Berlin. Dabei führt sie vor allem den »nervenzermürbenden Zustand« an, in dem sich Elfriede Scholz befunden habe, während sie in Plötzensee tagelang auf ihre Hinrichtung wartete. »Die Verurteilte bittet, diesen furchtbaren Zustand einer ständigen Erwartung der Hinrichtung als Strafe und Sühne zu werten und ihr anzurechnen, und daher noch einmal zu prüfen, ob aus diesem Grunde im Gnadenwege eine Umwandlung in eine Freiheitsstrafe erfolgen kann.«

Außerdem weist die Verteidigerin darauf hin, dass sich Monica Gräfin von Finckenstein bei ihr gemeldet hat, um die Verurteilte zu entlasten. Vor allem habe Elfriedes Freundin und Kundin noch einmal die Zweifel an der Glaubwürdigkeit der Hauptbelastungszeugin bekräftigt. Elfriede selbst dagegen habe bei ihrem letzten Gespräch von Ingeborg Rietzel immer noch in freundlichem Ton gesprochen und ihre belastenden Aussagen »nur als unreif und unüberlegt« bezeichnet. Dabei habe die Freundin »jegliches menschliche Empfinden« vermissen lassen, als sie nach der Urteilsverkündung gegenüber Elfriedes Schwager Ludwig ihre »Befriedigung« über das Todesurteil ausgedrückt habe.

Zum anderen stellt die Verteidigerin die Zuverlässigkeit Antonie Wentzels in Frage, indem sie darauf hinweist, dass sich die Hausbesitzerin mit großer Wahrscheinlichkeit am Eigentum ihrer Mieterin nach deren Festnahme bereichert hat.

Etwa zur gleichen Zeit richtet auch Heinz Scholz ein Gnadengesuch an den Oberreichsanwalt. Elfriede erfährt davon nichts.

Der Oberreichsanwalt nimmt die beiden Gnadengesuche zwar offiziell zur Kenntnis, macht sich aber erst gar nicht die Mühe, die Entscheidung darüber mitzuteilen. Stattdessen wird am 11. Dezember ein neuer Vollstreckungstermin verfügt. Demnach soll die Hinrichtung am 16. Dezember stattfinden. Dieser Termin wird auch dem Reichsjustizminister mitgeteilt – verbunden mit dem Hinweis, dass die Vollstreckung des Todesurteils bereits auf den 25. November angesetzt war, aber nicht stattfinden konnte, da »die Vollstreckungsunterlagen durch Feindeinwirkung in der Nacht zum 24. November 1943 vernichtet worden« sind. Zwei Tage später wird der Berliner Scharfrichter Wilhelm Röttger mit der Hinrichtung beauftragt. Ilse Schmelzeisen-Servaes erhält die Erlaubnis, der Exekution beizuwohnen, dazu wird ihr eine Einlasskarte übersandt.

Elfriede Scholz erfährt auch hiervon nichts. Am Morgen des 15. Dezember wird sie erneut von der Barnimstraße zum Gefängnis in Plötzensee transportiert. Sie ahnt, was das zu bedeuten hat.

35. Opernbesuch

New York am 22. November 1943. Russische Gestalten bevölkern die Bühne, stürmische, leidenschaftliche Klänge begleiten den Aufstieg und Fall eines durchtriebenen Zaren. Die Metropolitan eröffnet ihre Opernsaison mit *Boris Godunow* von Modest Mussorgski nach dem gleichnamigen Drama von Alexander Puschkin. Ein herausragendes Ereignis im Kulturleben New Yorks, dem die Spitzen der Gesellschaft beiwohnen. Auch Erich Maria Remarque besucht die Premiere. Neben ihm in der Loge sitzt Natascha, die als Nichte des letzten russischen Zaren das Bühnengeschehen mit besonderem Interesse verfolgt. Doch Natascha gähnt schon bald, und auch ihr Begleiter ist nicht sonderlich begeistert. Remarque findet die Inszenierung schwach und betrachtet aus der Ferne das Treiben der New Yorker Society, die sich wieder mal selbst feiert.

Manchmal lässt er sich aber auch von der gleichen New Yorker Society einladen und feiert mit. Am 25. November zum Beispiel ist er Gast bei Milicent Hearst, der Frau des Medienmagnaten und Multimilliardärs William Randolph Hearst. Bei ihr trifft er eine alte Bekannte wieder: »Garbo da, im Abendkleid – fast ergreifend schön.«

Aber die Diva gibt sich unnahbar.

Da geht es bei den Festen und Darbietungen der deutschsprachigen Emigranten anders zu. Besonders großen Gefallen findet Remarque an einem Konzert mit Wiener Liedern, das er Anfang Dezember gemeinsam mit Natascha besucht. »Saßen da wie umbraust auf einer Klippe.« Doch in diesen Wochen nimmt er vor allem Anteil am Schicksal berühmter Freunde, die – fernab der Heimat – am Ende ihres Lebens stehen: Der große Regisseur Max Reinhardt liegt in New York im Sterben, und der Schriftstellerkollege Franz Werfel erleidet einen neuen Herzinfarkt.

So pendelt er weiter heimatlos und zerrissen hin und her zwischen feuchtfröhlichen Partys, Vergnügungen der oberen Zehntausend und der Einsamkeit des Emigrantendaseins, zwischen wechselnden Liebschaften und der Erinnerung an den Krieg. Nach dem Kriegseintritt der Vereinigten Staaten drängt sich ihm zunehmend die Frage auf, ob er sich nicht stärker im Propagandafeldzug gegen die Nazis engagieren sollte – Marlene Dietrich hat sich schließlich schon für die Truppenbetreuung gemeldet. Die amerikanische Regierung ist auf jeden Fall interessiert daran, prominente Emigranten aus Deutschland in ihren Kampf gegen Nazi-Deutschland einzubinden. Bereits im Dezember 1942 hat der amerikanische Vizepräsident Henry Wallace den Autor von *Im Westen nichts Neues* nach Washington eingeladen, um ihn für die Propagandaschlacht gegen die Nazis zu gewinnen. Außer Remarque hat der Vizepräsident auch Thomas Mann und Albert Einstein angesprochen. Doch anders als Thomas Mann, der sich von 1940 bis 1945 mit Radio-Reden von US-Studios aus an die »deutschen Hörer« wendet, zeigt sich Remarque zurückhaltend. Er will seine Unabhängigkeit nicht verlieren und sagt, dass der Krieg Sache der Militärs bleiben sollte. So erteilt er dem amerikanischen Geheimdienst zunächst eine Absage.

Ein Jahr später wird er sich immerhin bereit erklären, für das »Office of Strategic Services (OSS) eine Denkschrift zu verfassen – über »Praktische Erziehungsarbeit in

Deutschland nach dem Krieg«. Darin empfiehlt er den Siegermächten, den Deutschen schonungslos den Spiegel vorzuhalten, sodass ihnen deutlich wird, welche Verbrechen sie vor und während des Krieges begangen haben. Eine umfassende Erziehungsarbeit mit Hilfe von Radiosendungen, Büchern, Filmen und Broschüren sei nötig, um den Nährboden für Nationalismus und Militarismus so gründlich wie irgend möglich auszutrocknen. Ausdrücklich weist er auf die Folterkammern der Gestapo hin, den »schändliche(n) Kampf von 60 Millionen Deutschen gegen 500 000 Juden«, die Konzentrationslager, die Geiselerschießungen hinter den Frontlinien und die Ermordung von Tausenden Zivilisten. Sehr weitsichtig sieht er bereits die Gefahr der Verdrängung und die Versuche, die persönliche Schuld auf staatliche Zwänge und den Befehlsnotstand abzuwälzen. »Wer wird einen deutschen General anklagen und ihm den Prozess machen, der nur seine Pflicht tat?« Die Denkschrift ist das Plädoyer eines Humanisten und Aufklärers, nicht eines Parteiideologen. »Um die Kinder zu erziehen, muss man die Lehrer erziehen«, fordert Remarque. Ohne »scharfe Kontrolle« sei all dies nicht machbar. Er warnt die Siegermächte jedoch eindringlich vor Maßnahmen, die von Hass geleitet sind. »Ein besiegtes Land wird leicht zu einem Land der Hassenden. Kleine Fehler können sehr schnell zu Propaganda-Waffen werden. (…) Und Hass ist eines der Fundamente des Krieges.«

Erst einmal aber ist es ihm wichtiger, seinen Roman zu Ende zu bringen, mit dem er schon seit sechs Jahren beschäftigt ist: *Arc de Triomphe*. Im Herbst 1943 erinnert ihn auch Marlene Dietrich wieder daran, die er zu seiner Überraschung im *El Morocco* in New York trifft. In dem mondänen Nachtclub ist sie zu Gast mit ihrem Geliebten. Jean Gabin trägt bereits die Uniform der französischen Freiwilligen, um als Marinesoldat in den Krieg gegen Deutschland zu ziehen. Noch zeigt sich *das Puma* im eng anliegenden Schwarzen, bald wird auch Marlene Uniform tragen. Erst einmal aber zelebriert sie den Abschied von ihrem uniformierten Franzosen. Eine Szene, die einem ihrer Filme entstammen könnte, wie Remarque findet. In einem Brief an Alma und Franz Werfel schreibt er:

> Marlene sah ich einmal zufällig. Sie soll hier den dritten Akt: Abschied vom in den Krieg ziehenden Geliebten bis zum letzten ausgespielt haben. (…) Der Gestank der Publicity, des Kleinbürger-Exhibitionismus und der falschen Gefühle, der verlogenen Schmerzen, dieser ganze Muff steigt einem in die Nase wie aus einem alten Kramladen.

Selbstverständlich ist bei solcher Schelte ein hohes Maß an Eifersucht mit im Spiel. Kalt lässt ihn Marlene jedenfalls noch lange nicht. Bei einer Befragung des FBI zur Überprüfung der Zuverlässigkeit Marlenes hat er erst kürzlich über seine Ex-Geliebte gesagt: »Sie ist zu neunzig Prozent gut und zu zehn Prozent schrecklich.« In seinen Tagebuchnotizen herrscht allerdings der Eindruck vor, dass er *dieses Weib* eher zu neunzig Prozent schrecklich findet

36. Ruhig und gefasst

Am Ende ging alles ganz schnell. Es ist der 16. Dezember 1943. Um elf Uhr erscheint der Vollstreckungsleiter in Gestalt von Oberstaatsanwalt Hans Volk, begleitet von Anstaltsarzt Dr. Schmidt und dem Justizbeamten Karpe, in ihrer Zelle. Der Mann in dem schwarzen Anzug eröffnet ihr in kühlem Ton, auch das zweite Gnadengesuch sei abgelehnt worden. »Die Vollstreckung des Urteils ist für 13 Uhr anberaumt worden.« Elfriede ist darauf vorbereitet und nimmt die Mitteilung »ruhig und gefasst« entgegen, wie der Oberstaatsanwalt protokolliert.

»Möchten Sie ihren Angehörigen noch eine Nachricht zukommen lassen?«

Sie nickt und bekommt einen Stift und ein Blatt Briefpapier mit vorgedrucktem Briefkopf, der schon die Ortsangabe »Berlin-Plötzensee, Königsdamm 7« enthält. Unter »Name des Briefschreibers« trägt sie »Scholz« ein. Sie schreibt ihrer Schwester:

den 16. 12. 43

Liebe Erna!

Jetzt bin ich zum 2ten Mal in Plötzensee und heute Mittag um 1 Uhr bin ich nicht mehr. Alles was ich hinterlasse, gehört Dir. Auch die Lebensversicherung. Heinz hat es wohl nicht verdient, dass ich noch lieb an ihn denke. Aber ich verzeihe ihm alles, ihm und allen anderen. Dir und Ludwig und den Eltern einen letzten lieben Gruß. Eure Elfriede.

Kaum hat sie den Brief abgegeben, fesselt ihr ein Gefängnisbeamter wie beim letzten Mal die Hände auf dem Rücken und bindet ihr die Haare hoch. Sie weiß, was das zu bedeuten hat. Jetzt kann sie nur noch hoffen, dass es bald vorbei ist. Sie versucht, ruhig und tief zu atmen und schließt die Augen, sodass sie den Gefängnisbeamten nicht mehr sieht, der die Aufgabe hat, über sie zu wachen – vielleicht um zu verhindern, dass sie ihrem Leben selbst ein Ende setzt, was allerdings so gut wie unmöglich ist. Der Mann schweigt, sie hört nur seinen Atem und gelegentliches Räuspern. Nach einiger Zeit erscheint Gefängnisseelsorger Buchholz. Sie hat sich dieses Gespräch mit dem freundlichen Pfarrer ausdrücklich gewünscht. Der Seelsorger sagt, dass sie keine Angst vor dem Tode haben muss. Dass sie gewiss sein kann, vom Vater im Himmel in die ewige Seligkeit aufgenommen zu werden. Sie gibt sich den tröstlichen Worten dankbar hin, spricht mit dem Pfarrer das Vaterunser und empfängt ein zweites Mal die Heilige Kommunion. Der Priester legt ihr die Hostie in den Mund, betet mit ihr den Rosenkranz. »Gegrüßet seist du, Maria, voll der Gnade. Der Herr ist mit dir. Du bist gebenedeit unter den Frauen, und gebenedeit ist die Frucht deines Leibes, Heilige Maria, Mutter Gottes, bitte für uns Sünder, jetzt und in der Stunde unseres Todes. Maria, du Schmerzensreiche …«

Gern würde sie zum Gebet die Hände falten. Aber die sind ihr ja auf dem Rücken gebunden.

Peter Buchholz scheint es, als habe sie sich mit ihrem Schicksal abgefunden – vielleicht sogar ihren »inneren Frieden« gefunden, wie es so schön heißt. Verantwortlich für die vermeintliche Ruhe und Gefasstheit sind aber wohl auch lähmende Angst und Entsetzen. Sie hat mittlerweile zur Genüge erfahren, dass jedes Aufbäumen gegen das Bevorstehende sinnlos ist, alles sogar noch schlimmer macht. So lässt sie sich ergeben abführen, als schließlich ein zweiter Gefängnisbeamter kommt, um sie abzuholen.

Niemand spricht ein Wort, als sie durch den langen Gang aus Haus III herausgeführt wird. Auf dem Weg zum sogenannten Hinrichtungsschuppen geht es einige Meter über den Hof. Der Dezemberhimmel ist immer noch grau, jetzt sieht es nach Schnee aus. Elfriede saugt die kühle Luft ein und richtet den Blick auf den grob gemauerten Flachbau, der vor ihr liegt. Die Gefängnisbeamten führen sie in eine Art Vorraum, an einem Schreibtisch sitzen Männer mit ernsten Gesichtern. Einige erwarten sie stehend, darunter Scharfrichter Wilhelm Friedrich Röttger mit seinen drei Gehilfen.

Röttger, ein großer, stämmiger Mann mit Stirnglatze, ist 1894 in Hannover-Linden geboren und im September 1942 zum Scharfrichter des Vollstreckungsbezirks IV ernannt worden, wozu auch die Hinrichtungsstätten in Plötzensee und Brandenburg-Görden gehören. Der gelernte Schlosser, der im Nebenberuf ein großes Fuhrgeschäft für den Berliner Zentralvieh- und Schlachthof betreibt, ist wohlhabend und gilt als »besserer Herr«. Immerhin erhält er für sein Henkeramt auch ein Jahresfixum von 3000 Reichsmark zuzüglich 65 Mark für jede Hinrichtung. Der Familienvater ist bei seinen Nachbarn beliebt und bekannt für seinen Schalk. Dass er im großen Stil Hinrichtungen vollzieht, wissen nur wenige. Zum Henker von Plötzensee wird Röttger nur einmal pro Woche. Dann aber kommt es vor, dass er während einer »Schicht« gleich mehr als dreißig Menschen tötet. Nicht immer mit dem Fallbeil. Während der »Plötzenseer Blutnächte« im September 1943 ist das Fallbeil durch den Strang ersetzt worden. Nachdem bei einem Bombenangriff vier zum Tode verurteilte Häftlinge geflohen waren, wurde angeordnet, die übrigen 250 Todeskandidaten so schnell wie möglich zu hängen, »um Platz zu schaffen«. In den Nächten vom 7. bis 12. September mordete Röttger mit seinen Gehilfen im Minutentakt. Da infolge der Bombenangriffe das elektrische Licht ausgefallen war, arbeiteten die Henker bei Kerzenschein.

Mittlerweile sind die Vollstrecker wieder zum Fallbeil zurückgekehrt. Das hohe Metallgestell ist für Elfriede zunächst noch nicht sichtbar. Ein schwarzer Vorhang trennt den Schreibraum von der Hinrichtungsstätte. Erst einmal muss der Form Genüge getan werden. Die Personalien werden geprüft. Auch das geht sehr schnell.

»Ist es richtig, dass Sie Elfriede Scholz sind, geboren am 25. März 1903 in Osnabrück?«, wird sie vom Vollstreckungsleiter gefragt.

Sie nickt und schließt die Augen.

Daraufhin nickt der Oberstaatsanwalt dem Scharfrichter zu. »Scharfrichter, walten Sie Ihres Amtes!«

Der zweiteilige Vorhang wird geöffnet.

Das Gestell mit der großen blitzenden Klinge ist unübersehbar, als Elfriede Scholz von den Gehilfen des Scharfrichters in den hinteren Raum geführt wird. Dahinter bricht trübes Dezemberlicht durch zwei vergitterte Fenster, die wie Kirchenfenster aussehen. An der Decke ist ein dicker Balken mit mehreren Eisenhaken angebracht. Doch Elfriede dürfte keine Zeit gehabt haben, einen Blick auf diesen fest installierten Galgen zu richten. Was mag in ihr vorgegangen sein? Glaubt man dem Protokoll, behielt sie ihre Gefühle für sich, war »ruhig und gefasst«.

Die Scharfrichtergehilfen lassen ihr auch keine Zeit, auf die Grausamkeit des Ortes zu reagieren. Sie drängen die Verurteilte zum Fallbeilgerät, führen ihren Kopf durch eine Aussparung und schließen über ihrem Hals einen Bügel. Im nächsten Moment legt der Scharfrichter einen Hebel um und lässt das Fallbeil herabsausen. Elfriedes Kopf fällt in einen bereitstehenden Weidenkorb, die Augen jetzt weit aufgerissen. Der Torso bäumt sich auf, die Beine zucken. Aus dem Torso spritzt Blut und läuft in einen Gully.

»Herr Staatsanwalt, das Urteil ist vollstreckt«, teilt Scharfrichter Röttger mit.

»Die Vollstreckung dauerte von der Vorführung bis zur Vollzugsmeldung 8 Sekunden«, wird es im Protokoll des Oberreichsanwalts beim Volksgerichtshof heißen. Doch es fällt auf, dass während der Kriegszeit laut Protokoll angeblich keine Hinrichtung länger als 8 Sekunden dauerte – und alle Todeskandidaten »ruhig und gefasst« waren. Es soll aber auch vorgekommen sein, dass Delinquenten in Panik gerieten. Um sie am Schreien zu hindern, stopften ihnen die Gehilfen des Henkers ein Handtuch in den Mund.

37. Der Leichenöffner

Sie wurde schon erwartet. Knapp dreißig Minuten nach der Hinrichtung rollte ein Anatomiediener ihren Leichnam auf einer Bahre in den Sektionsraum des Anatomischen Instituts der Friedrich-Wilhelms-Universität in der Berliner Charité. Damit es schneller ging, war die Tote in einem speziellen Fahrzeug der Anatomie mit Blaulicht vom Gefängnis zum fünf Kilometer entfernten Krankenhaus befördert worden. Um keine Zeit zu verlieren, war der Fahrer des Anatomischen Instituts – es handelt sich um den Kraftwagenführer Fritz Pachaly – schon bei der Hinrichtung zugegen. Er hatte Elfriedes Leichnam gleich nach der Vollstreckung in eine schmucklose Leichenkiste gelegt. Wie später bekannt wurde, kam es wohl auch vor, dass sich Pachaly an den Köpfen der Enthaupteten zu schaffen machte, um ihnen die Goldzähne aus dem Mund zu ziehen. Walter Strelow, der als Gerichtsbeamter an vielen Vollstreckungen teilnahm, sagte dazu in einer eidesstattlichen Erklärung vor dem Kriegsverbrechertribunal in Nürnberg: »Bei den vielen Hinrichtungen, denen ich beigewohnt habe, habe ich stets Gelegenheit gehabt, den Pachaly, ohne dass er etwas bemerkte, dabei zu beobachten, wie er alsbald die Köpfe der Hingerichteten daraufhin ansah, ob diese Goldzähne hatten. (...) Ich habe im Jahr 1944 selbst gesehen, dass Pachaly mit einer zahnärztlichen Zange einen Goldzahn aus dem Kopf einer Leiche zog.«

Ein dreiköpfiges Ärzteteam, zwei Studenten, eine

Schwester und zwei Krankenpfleger sind in dem hell erleuchteten Sektionsraum versammelt. Die Krankenpfleger legen den verpackten Leichnam auf den Seziertisch. Als einer der beiden das weiße Laken zurückschlägt und der kopflose Frauenkörper mit dem blutigen Hals sichtbar wird, zuckt einer der Studenten zusammen und kämpft gegen einen Brechreiz an: Es ist das erste Mal, dass der junge Mann in dem weißen Kittel an einer Obduktion teilnimmt. Alle anderen reagieren gelassen, fixieren den ausgemergelten Körper mit professionellen Blicken. Elfriede Scholz ist für sie kein Mensch mehr, der gerade noch gelebt hat, sondern Forschungsgegenstand.

Für Hermann Stieve ist es längst Routine, hingerichtete Frauen zu sezieren. Der Professor für Anatomie und Histologie hat sich den weiblichen Geschlechtszyklus zum Hauptforschungsgebiet erkoren und untersucht vor allem Funktion und Verhalten des Eierstocks. Sein besonderes Interesse gilt der Frage, inwieweit der Eisprung durch äußere Umstände und Ereignisse beeinflusst wird. Zum Beispiel durch Schrecksituationen, Angst und Schockzustände. Dass der Volksgerichtshof mehr und mehr Todesstrafen verhängt, kommt dem renommierten Mediziner entgegen. »Durch die Hinrichtungen erhält das Anatomische und anatomisch-biologische Institut einen Werkstoff, wie ihn kein anderes Institut der Welt besitzt«, schwärmte Stieve schon 1938. »Ich bin verpflichtet, diesen Werkstoff entsprechend zu bearbeiten, zu fixieren und aufzubewahren.«

Stieve lässt sich Frauenkörper aus dem Gefängnis Plötzensee und dem Konzentrationslager Ravensbrück liefern, und die Zusammenarbeit mit den Henkern klappt offenbar hervorragend. Die Organentnahme für wissenschaftliche Untersuchungen genießt höchste Wertschätzung und wird unterstützt. Die Gefängnisleitung ist zudem daran interessiert, dass die Leichen der Hingerichteten so schnell wie möglich »entsorgt« werden – vor allem an warmen Sommertagen. Bei der Festlegung des Hinrichtungstermins nimmt man daher auch Rücksicht auf die Bedürfnisse der Obduzenten. In einer Notiz der Generalstaatsanwaltschaft heißt es über eine Besprechung mit Hermann Stieve:

> »Als Ergebnis der Besprechung trage ich hiermit folgendes vor: Erwünscht ist, namentlich auch wegen der Störungen, die nachts durch Luftangriffe stattfinden können, die Vollstreckung von Todesurteilen in Plötzensee auf den Abend zu verlegen und zwar auf 20 Uhr Professor Stieve war hiermit einverstanden und erklärte, dass die Leichen dann noch am selben Abend zur Anatomie abgeholt werden könnten (...). Ein späterer Zeitpunkt sei für das Anatomische Institut aber nicht tragbar, weil sonst die Bearbeitung der Leichen zu Forschungszwecken sich zu spät in die Nacht hinein ausdehnen würde, so dass die beteiligten Ärzte nicht mehr mit den Verkehrsmitteln nach Hause kommen könnten.«

Bisweilen bemühte sich Stieve, schon vor dem Hinrichtungstermin Informationen zu sammeln. Manche der zum Tode verurteilten Frauen sollen von den Gefängnisärzten nach ihrer Regel befragt worden sein. Um verwertbare Forschungsergebnisse zu erzielen, sei ihnen dann kurz vor dem Eisprung der Hinrichtungstermin genannt worden. Stieve kommt auf diese Weise zu der Erkenntnis, dass Schockzustände einen Eisprung auslösen können, der vom Zyklus abweicht. Der Professor macht auch nach dem Krieg kein Hehl daraus, worauf sich seine Forschungsergebnisse stützen. In der Zeitschrift *Das deutsche Gesund-*

heitswesen schildert er am 15. September 1946 den Fall einer 22 Jahre alten Frau, deren Monatsblutung »infolge starker nervöser Erregung« elf Monate lang ausgeblieben war. »Im Anschluss an eine Nachricht, die die Frau stark erregt hatte« (Todesurteil), sei eine sogenannte Schreckblutung eingetreten, schreibt Stieve. »Am folgenden Tag starb die Frau plötzlich durch äußere Gewalteinwirkung.«

Bei der Frau handelte es sich um die Widerstandskämpferin Cato Bontjes van Beek, die als Malertochter in der Künstlerkolonie Worpswede aufgewachsen ist und am 5. August 1943 um 19.42 Uhr enthauptet wurde – nach Absprache mit Hermann Stieve gerade noch rechtzeitig, um am selben Abend seziert zu werden.

Ob ein Vierteljahr später bei der Obduktion von Elfriede Scholz Auffälligkeiten protokolliert wurden, ist nicht überliefert. Vermutlich wurde aber registriert, dass sie bereits einmal entbunden hat und an Anämie litt. In Stieves Obduktionsliste, die später die Medizinhistorikerin Sabine Hildebrandt publizierte, erscheint ihr Name unter der Nummer 105.

38. Das Erbe

Erna erfährt von alldem nichts. Das Gefängnis Plötzensee teilt der Schwester in Osnabrück lediglich mit, Elfriede sei »amtlich bestattet« worden. Die Grabstätte sei nicht bekannt. So wird in den meisten Fällen verfahren. Nur ausnahmsweise erhalten Angehörige auf besonderen Wunsch eine Urne mit der Asche der Hingerichteten ausgehändigt. Leichname werden grundsätzlich nicht freigegeben, wenn »das Todesurteil wegen Hochverrats, Landesverrats oder eines anderen, ausweislich des Urteils aus politischen Beweggründen begangenen Verbrechens verhängt worden« ist, wie es in einer Rundverfügung des Reichsjustizministers heißt. Diese Praxis entspricht einer Anweisung des Geheimen Staatspolizeiamts: »Es muss unter allen Umständen verhindert werden, dass mit den Leichen hingerichteter Hoch- und Landesverräter irgendein Kult getrieben wird, bzw. Märtyrerfriedhöfe geschaffen werden.«

Diese Gefahr besteht bei Elfriede Scholz nicht. Das Gefängnis Plötzensee gibt dennoch keine Auskunft über den Verbleib ihres Leichnams. Vieles spricht dafür, dass die meisten Leichname von der Anatomie aus in das Krematorium Berlin-Wilmersdorf transportiert und dort verbrannt worden sind. Die einzelnen Urnen sollen daraufhin zum großen Teil auf dem Parkfriedhof Marzahn anonym beigesetzt worden sein, während der Luftangriffe auch in Massengräbern am Rande des Friedhofs.

Anstelle der Urne mit den sterblichen Überresten ihrer Schwester erhält Erna Brames von der Reichsanwaltschaft eine Kostenrechnung für die Hinrichtung. Die »Kosten der Vollstreckung« werden in dem Schreiben auf 300 Reichsmark beziffert, die Haft- und Transportkosten – für jeden Hafttag in Plötzensee 1,50 Reichsmark – auf 195,68 Reichsmark zuzüglich 12 Pfennig Porto für die Übersendung der Kostenrechnung. Erna Brames wird somit aufgefordert, den Betrag von 495,80 Reichsmark zu überweisen.

Immerhin darf sich Erna Brames als Erbin die Wertsachen abholen, die Elfriede im Gefängnis hinterlässt. Das Frauengefängnis Barnimstraße listet unter anderem auf: eine goldene Armbanduhr mit Metallband, ein goldenes Kettchen mit Anhang, einen goldenen Ring mit schwerem Stein, ein goldenes Armband, ein weiteres Armband mit blauen Edelsteinen, einen goldenen Ehering, Bargeld in Höhe von 68,49 Reichsmark sowie die Handtasche und Kleidungsstücke der Hingerichteten.

Außerdem hat Elfriede ihrer Schwester die Hälfte ihrer Lebensversicherung in Höhe von 5000 Reichsmark vermacht. Die andere Hälfte erhält Heinz Scholz. Anfangs wehrt sich der Soldat noch dagegen, das Erbe seiner Frau anzunehmen. Am 3. Januar schreibt er zwar seiner Schwägerin Erna: »Mich bewegt das Schicksal Elfriedes zutiefst. Und selbst das Moment der Scheidung tritt hinter diesem Eindruck vollständig zurück.«

Gleichzeitig äußert er die Bitte:

»Der mir zugesprochene Halbteil der Lebensversicherung soll eine anderweitige Verwendung finden. Ich verzichte hierdurch auf das Geld und bitte Sie, einmal eine Messe für das Seelenheil Elfriedes lesen zu lassen, zum anderen den Rest des Geldes bombengeschädigten Osnabrücker Bürgern zur Verfügung zu stellen. Bitte wollen Sie die Güte haben und mir darüber amtliche Quittungen zu senden.«

Drei Wochen später bereut er seine Entscheidung und bittet seine Schwägerin, ihm zumindest 2000 Reichsmark von Elfriedes Lebensversicherung auf sein Konto bei der Kreissparkasse Eutin zu überweisen. In dem Brief vom 26. Januar 1944 gibt sich der Soldat zerknirscht und reumütig:

»Es bereitet mir Gewissensbisse, dass ich Elfriedes letztwillige Verfügung nicht eingehalten habe. Vor allem sehe ich nach Kenntnis des Verurteilungsgrundes, den ich erst am 14. 1. d. J. erfahren habe, dass ich gar nicht im Sinne Elfriedes gehandelt habe. Sie, geehrte Frau Brames, haben gewiss meinem persönlichen Wunsch, eine Messe für Elfriede lesen zu lassen, entsprochen. Wie weit Sie nach meinen Weisungen mit dem restlichen Geld verfügt haben, weiß ich nicht. Sollten Sie es bereits in meinem Sinne verwandt haben, soll es so bleiben. (…) Nehmen Sie als Ihre Schwester meine Anteilnahme von Herzen entgegen. Wollen Sie das Ihrem Gatten bitte ebenso sagen. Ich nehme alles zurück und entschuldige mich. Ich hoffe, nun bald von Ihnen zu hören und bleibe mit freundlichen Grüßen

Heinz Scholz.«

Gleichzeitig ist Scholz weiter bemüht, das Scheidungsverfahren zum Abschluss zu bringen. Er bittet den Volksgerichtshof am 27. Januar 1944 »höflich«, ihm zu diesem Zweck die Sterbeurkunde seiner hingerichteten Frau zu schicken. Auch seinen Anteil am Erbe hat er weiter im Blick. Da seine Schwägerin nicht sofort reagiert und das Geld überweist, setzt er am 1. Februar 1944 nach. Zunächst gibt sich der Marinesoldat betont einfühlsam:

»Ich teilte Ihnen schon mit, dass mich nach Kenntnisnahme der Urteilsbegründung und Hergang des ganzen Sachverhalts dies alles sehr verärgert hat. Denunzieren ist wohl das Widerlichste, was ich mir vorstellen kann.«

Doch die Folgerung, die er daraus zieht, lässt seine wahren Absichten durchschimmern:

»Sie verstehen deshalb, dass ich das Geld nun doch besser selbst verwerten kann. Das ist keine Raffgier, nur möchte ich im letzten Willen der Verstorbenen handeln, und sie hat sicher nicht gewollt, dass ihre erarbeitete Versicherung in meinem (vormals geäußerten) Sinne angewendet wird. Meine Konto-Nr. bei der Kreissparkasse Eutin war 5185. (...) Anbei sende ich Ihnen eine Vollmacht, die Sie dazu berechtigt, bei der Versicherung die Auszahlung der Versicherungssumme von 2000,– RM (zweitausend Mark) an meine Konto-Nr. zu erwirken.«

Noch einmal entschuldigt sich Scholz für seine voreiligen Anschuldigungen gegen Schwager und Schwägerin, denen er unterstellte, sich Elfriedes Hinterlassenschaften angeeignet zu haben:

»Leider habe ich mich damals in bloßer Unkenntnis der Dinge, dazu verleiten lassen, mit Ihrem Herrn Gemahl in wenig schöner Weise zu korrespondieren. Ich weiß heute, dass Frau Wentzel sich so benommen hat, dass mir dazu brieflich die Worte fehlen, dies zu verdammen. Wohin die fehlenden Dinge gewandert sind, ist mir ebenfalls klar. Im einzelnen werde ich mich mit Ihnen gegebenenfalls ausführlich über die Sache unterhalten müssen. Bei aller Feindschaft, die zwischen Elfriede und mir bestanden hat, kann ich immer wieder nur sagen, dass das Urteil viel zu hart ist, und ich meiner Elfriede niemals etwas derartiges in Gedanken gewünscht habe.«

Für Erna Brames ist dies nur ein schwacher Trost. Zur Trauer um den Tod ihrer Schwester kommt für sie als offizielle Erbin der Ärger mit Elfriedes Kundinnen. Manche vermissen Kleidungsstücke, die sie Elfriede zum Umarbeiten überlassen haben. Manches deutet darauf hin, dass sich Elfriedes Vermieterin die Kleidungsstücke angeeignet und verkauft oder gegen Lebensmittel getauscht hat. Darauf geht auch Heinz Scholz in einem weiteren Brief vom 9. März 1944 ein:

»Welchen Ärger Sie noch außer allem Leid mit der Kundschaft haben, kann ich leicht ermessen. Die Gesinnung und Handlungsweise von Frau Wentzel ist mir hinreichend bekannt. Manchmal zweifelt man tatsächlich daran, dass es noch Gerechtigkeit auf dieser Welt gibt. Die Schlechtigkeit feiert Triumphe und man steht ohnmächtig allem gegenüber. Doch ich glaube daran, dass auch solchen Menschen auf Erden noch Schicksalsschläge erteilt werden, die ihnen vielleicht zu denken geben.«

Heinz Scholz überlebt den Krieg. Der Obergefreite gerät am 25. August 1944 in französische Kriegsgefangenschaft, wird am 22. Oktober 1947 entlassen und heiratet im darauffolgenden Jahr ein weiteres Mal. Sein Traum, Nachkommen in die Welt zu setzen, erfüllt sich auch diesmal nicht. Die Ehe bleibt kinderlos. Bis Anfang der fünfziger Jahre trommelt Scholz wieder als Schlagzeuger. Doch der Niedergang des Tanzcafés und das Aufkommen der Musikbox machen es immer schwerer, davon zu leben, sodass er sich schließlich von der Tanzmusik verabschiedet und seinen Lebensunterhalt als Lagerarbeiter bei den Phoenix-Gummiwerken in Hamburg-Harburg verdient. Elfriede wird er um mehr als ein halbes Jahrhundert überleben. Erst im Jahre 2000 stirbt Heinz Scholz.

Drei Jahre später stirbt auch Elfriedes Freundin Monica von Finckenstein – 85 Jahre alt. Die Gräfin kam nach ihrer Flucht aus Schlesien zunächst nach Hamburg, ließ sich 1958 scheiden, arbeitete unter anderem in Düsseldorf in der Film- und später in der Werbebranche, bis sie Geschäftsführerin der Frankfurter Museumsgesellschaft wurde und in dieser Funktion zahlreiche Konzerte organisierte. Am 12. Oktober 1944 brachte Monica von Finckenstein eine Tochter zur Welt und zwei Jahre später noch einen Sohn, der jedoch schon sechs Wochen nach der Geburt starb.

39. Schicksalsschläge

Heinz Scholz sollte recht behalten. Am 23. Februar 1950 wird Antonie Wentzel vor dem Landgericht Dresden am Münchner Platz der Prozess gemacht. Die frühere Hausbesitzerin ist inzwischen 67 Jahre alt und lebt als Fürsorgeempfängerin in einem Altenheim in Roßthal bei Dresden. Ihr Haus ist bei einem der Bombenangriffe auf Dresden Mitte Februar 1945 vollständig zerstört worden. Gleichwohl muss sich die kinderlose Frau für ihre belastende Aussagen gegen Elfriede Scholz verantworten.

Als Zeuge geladen ist unter anderem Elfriedes Schwager Ludwig Brames, der mittlerweile von Erna geschieden ist und in der DDR lebt. Brames sagt aus, dass Elfriede schon bei seinem Besuch in der Haftanstalt Berlin-Moabit Antonie Wentzel als »treibende Kraft« für die Anzeige bezeichnet hat. Damit habe sie sich offenbar dafür gerächt, dass Elfriede Scholz und andere ihrer Mieter vor Gericht erfolgreich eine Mietherabsetzung gegen sie eingeklagt hatten. Auch nach der Urteilsverkündung habe Elfriede an dieser Einschätzung festgehalten. Elfriede habe betont, Antonie Wentzel habe sie vor einer Todesstrafe retten können, wenn sie ihre Aussage nicht aufrechterhalten hätte, denn auf sie sei es angekommen. Bei dem kurzen Gespräch nach der Verhandlung habe die Verurteilte ihrem Schwager außerdem gesagt: »Vergesse nie, was man mir angetan hat und sorge dafür, dass sie sich einmal verantworten müssen.«

Die Angeklagte beteuert dagegen, sie habe niemals gewollt, dass Elfriede Scholz bestraft würde. Zu ihrer Hausgehilfin habe sie sogar gesagt: »Was kann ich bloß tun, um Frau Scholz aus den Krallen der Gestapo zu befreien.« Zunächst habe sie es nach der Vorladung des Volksgerichtshofs auch abgelehnt, zur Zeugenaussage nach Berlin zu fahren. Doch dann sei sie durch ein Telegramm dazu gedrängt worden. Schon die Gestapo habe sie durch Einschüchterungsversuche zu ihrer Aussage genötigt.

Dabei habe sie Elfriede immer wieder gewarnt. Die nämlich habe kein Blatt vor den Mund genommen, um aller Welt zu sagen, wie sie Hitler und sein System verabscheue. Sie solle nicht so unvorsichtig sein, habe sie ihr geraten, wenigstens die Fenster solle sie schließen, beteuert Antonie Wentzel. »Das ist ja gerade Selbstmord, was Sie da treiben«, habe sie gesagt. Doch Elfriede habe alle Mahnungen in den Wind geschlagen. Frühere Hausangestellte der Angeklagten bestätigen vor Gericht, wie mutig Elfriede Scholz in ihrer Parterrewohnung bei offenem Fenster ihre Meinung über die Nazis gesagt habe – allen Mahnungen der Vermieterin zum Trotz. Da habe Frau Wentzel gar keine andere Wahl gehabt, als die Vorwürfe gegen ihre Mieterin vor Gestapo und Gericht zu bestätigen.

Die frühere Hausbesitzerin führt zudem ins Feld, dass sie selbst die Nationalsozialisten abgelehnt und dies auch offen gesagt habe. »Da mein Mann 1933/34 ebenfalls von den Nazis verfolgt und eingesperrt worden war, kam ich mit Frau Scholz gut aus und wir unterhielten uns öfters über die politische Lage und den Krieg«, sagte Antonie Wentzel laut Vernehmungsprotokoll schon bei ihrer ersten Vorladung am 25. November 1948. Auch nach der Festnahme habe Elfriede ihr noch einen freundlichen Brief aus dem Gefängnis geschickt und Grüße ausrichten lassen, versichert Antonie Wentzel. Ein Freund und eine ehemalige Mieterin bestätigen die nazikritische Haltung der Angeklagten, die auch freundschaftliche Beziehungen zu jüdischen Frauen gepflegt haben will. Noch während der Verhandlung habe Elfriede Scholz bei ihrer Aussage dazwischengerufen, dass sie – Antonie Wentzel – doch selbst Nazigegnerin sei.

Die Zweite kleine Strafkammer des Landgerichts Dresden kommt dennoch zu der Überzeugung, dass Antonie Wentzel ihre Mieterin aus »Habgier und Rachsucht« schwer belastet hat und damit zur »treibenden Kraft« des Todesurteils geworden ist. Das Gericht wertet die Denunziation daher nach der Direktive 38 des Alliierten Kontrollrats zur Bestrafung von Kriegsverbrechern und Nationalsozialisten als »Verbrechen gegen die Menschlichkeit«, verurteilt die Angeklagte zu fünf Jahren Zuchthaus und verfügt zudem die Einziehung des Vermögens der Verurteilten.

»Die heutige Hauptverhandlung zeigte einmal ganz einwandfrei die Schuld zweier Frauen, die mit voller Überzeugung eine aufrechte und ehrliche Kämpferin gegen den Nationalsozialismus den Nazi-Schergen auslieferten«, heißt es in der Urteilsbegründung des DDR-Gerichts, die nicht ganz frei von ideologischen Überhöhungen ist, aber auch Entlastendes würdigt. »Ein wertvolles Menschenleben ist ausgelöscht worden, weil sie es gewagt hat, die Wahrheit zu sagen, die Wahrheit, die skrupellose Menschen wie die Angeklagte nicht vertragen konnten.« Die Angeklagte habe nicht einmal Reue gezeigt, als vor Gericht der letzte Brief Elfriedes verlesen wurde, »der von einer bewunderungswürdigen Kraft und einer Heldenhaftigkeit zeugt«. Das Urteil gegen Elfriede Scholz ist nach Auffassung des Gerichts ein »Terrorurteil«, das sich nicht nur gegen Elfriede

Scholz richtete. »Es richtete sich ebenso (…) gegen ihren Bruder, den Verfasser des Werkes ›Im Westen nichts Neues‹, den Freisler nicht ›erwischen‹ konnte, wie er sich zynisch ausdrückte.«

Antonie Wentzel, die betont, dass sie zur Aussage vor Gericht gezwungen wurde und selbst entsetzt über das Todesurteil war, legt Revision gegen ihre Verurteilung ein. Mit Erfolg. Das Oberlandesgericht Dresden sieht es als fraglich an, ob Antonie Wentzel tatsächlich die treibende Kraft der Anzeige war. Doch auch bei einer Neuverhandlung vor dem Landgericht Dresden im Januar 1951 wird das Strafmaß von fünf Jahren Zuchthaus bestätigt. Nach einer erneuten erfolgreichen Revision wird der Fall an die 1. Kleine Strafkammer des Landgerichts Chemnitz verwiesen und am 17. August 1951 noch einmal verhandelt – jedoch mit ähnlichem Ergebnis. Anstelle einer fünfjährigen Zuchthausstrafe wird Antonie Wentzel jetzt »nur« noch zu einer fünfjährigen Gefängnisstrafe verurteilt, »unter teilweisem Wegfall des entehrenden Charakters der Strafe«. Nach einer weiteren Revision zieht das Oberlandesgericht Dresden schließlich am 12. Dezember 1951 den vorläufigen Schlussstrich, indem es das Urteil des Landgerichts Chemnitz für rechtens erklärt.

Auf Drängen ihres Verteidigers wird Antonie Wentzel dann aber schon anderthalb Jahre später vorzeitig aus der Haft entlassen. Der 1. Strafsenat des Bezirksgerichts Dresden beschließt am 14. August 1953, die Reststrafe gegen eine zweijährige Bewährungszeit auszusetzen. Antonie Wentzel sei keine Anhängerin der Nationalsozialisten gewesen, heißt es in der Begründung. Sie habe Elfriede Scholz »freundschaftlich davor gewarnt, allzu offen ihre Meinung zu äußern (…) und auch nach der Verhaftung der Frau Scholz versucht, sich einer Vernehmung über diese zu entziehen«. Auf die Vorladung durch den Volksgerichtshof habe sie erst nach einem zweiten »dringenden Telegramm« reagiert. »Sie geriet damals in schwere innere Konflikte«, bescheinigt ihr das Gericht. Die vorzeitige Entlassung begründet die Strafkammer aber auch mit dem Alter der Verurteilten: Antonie Wentzel ist 71, als sie das Gefängnis verlassen darf.

Die andere Denunziantin ereilt noch während des Krieges ein »Schicksalsschlag«: Elfriedes einstige Freundin Ingeborg Rietzel kommt am 12. Februar 1945 bei einem Bombenangriff auf Dresden ums Leben.

Einen ähnlichen Tod findet Elfriedes Richter: Am 3. Februar 1945 trifft Roland Freisler im Gebäude des Volksgerichtshofs in Berlin, als er gerade mit Akten auf dem Weg in den Luftschutzkeller ist, ein Bombensplitter. Ein Arzt, der von der Straße herangerufen wird, versucht ihn zu retten, kann aber nur noch seinen Tod feststellen. Bei dem Arzt handelt es sich um Dr. Rolf Schleicher. Der Oberstabsarzt ist gerade auf dem Weg zum Reichsjustizminister, um sich dort für seinen Bruder Rüdiger einzusetzen. Der nämlich ist am Tag zuvor zum Tode verurteilt worden. Als nach dem Bombenangriff nach einem Arzt gerufen wurde, hatte sich Rolf Schleicher sofort gemeldet und wenig später in das Gesicht eines Toten geblickt, das ihm nur allzu gut bekannt war: das Gesicht des Mannes, der das Todesurteil gegen seinen Bruder erwirkt und verkündet hatte. Schleicher weigerte sich daraufhin, den Totenschein auszustellen, und verlangte, bei Reichsjustizminister Georg Thierack vorgelassen zu werden. Der Wunsch wurde ihm erfüllt. Der Reichsjustizminister ermutigte den Arzt zu einem Gnadengesuch und versprach, das Urteil noch einmal prüfen zu lassen. Schleichers Bruder wurde dennoch hingerichtet – in der Nacht vom 22. auf den 23. April 1945 von einem Erschießungskommando gemeinsam mit 16 weiteren Todeskandidaten. Jetzt musste es noch schneller gehen, die Russen kamen täglich näher.

Es war die letzte Exekution, die auf ein Urteil Freislers zurückging, der sich mit 2600 Todesurteilen einen Namen als Richter Gnadenlos oder Hinrichter gemacht hatte.

Der Mann, dessen Akte Freisler bei seinem Tod gerade in der Hand hielt, kam übrigens mit dem Leben davon: Fabian von Schlabrendorff, vor dem Volksgericht angeklagt wegen eines gescheiterten Anschlags auf Hitler, wurde in einem neu angesetzten Verfahren im März 1945 freigesprochen, weil er nachweislich gefoltert worden war. Nach dem Krieg diente Schlabrendorff selbst der Rechtsprechung – von 1967 bis 1975 sogar als Richter am Bundesverfassungsgericht.

Der Henker in Freislers Diensten überlebt den Krieg ebenfalls. Wilhelm Röttger flüchtet nach dem Krieg in seine Heimatstadt Hannover. Dort wird er 1946 in einem Krankenhaus entdeckt und verhaftet. Röttger hat von 1942 bis 1945 mehr als 5000 Menschen hingerichtet, mehr als jeder andere Scharfrichter der NS-Zeit. Kurz nach seiner Festnahme stirbt Röttger unter ungeklärten Umständen.

Auch Hermann Stieve überlebt den Krieg. Der Anatomieprofessor wird für sein Tun von niemandem zur Rechenschaft gezogen. Der Mediziner kann in Ost-Berlin seine Hochschultätigkeit fast nahtlos fortsetzen, verehrt als Koryphäe der Frauenheilkunde. Als Stieve 1952 nach einem Schlaganfall stirbt, rühmt das Jahrbuch der Bayerischen Akademie der Wissenschaften das »einzigartige Untersuchungsgut, wie es in dieser Zahl, Güte und Vollständigkeit noch keinem Forscher zur Verfügung stand«. Und die Deutsche Akademie der Wissenschaften zu Berlin, die bedeutendste Forschungseinrichtung der DDR, hebt in ihrem Nachruf hervor, dass Stieve 30 Jahre lang »den Medizinstudenten in mustergültiger Weise die anatomischen Kenntnisse grundlegend vermittelte«. Das Neue Deutschland schreibt: »Groß waren seine Taten, in seinem Werk wird er weiterleben.«

Solche Ehren werden Elfriede Scholz nicht zuteil. Ihr Tod bleibt lange von der Öffentlichkeit unbemerkt – zunächst auch von ihrem Bruder.

40. Aus Regen das Haus

Erst 1946 erfährt Erich Maria Remarque von Elfriedes Hinrichtung. Am 11. Juni 1946 notiert er in seinem Tagebuch:

> Die ersten Nachrichten aus Deutschland. Vor wenigen Tagen Brief von meiner Schwester Erna. Lebt nahe Leipzig, allein. Mann in Gefangenschaft. Mein Vater scheint noch zu leben. Sie sah ihn 1944. Meine Schwester Elfriede 1943 wegen staatsfeindlicher Bemerkungen, gefangen, von einem Volksgerichtshof verurteilt, im Dez. 1943 hingerichtet.

Am 3. Juli 1946 kommt er noch einmal auf Elfriede und die Umstände ihres Todes zurück: »Elfriedes Mörder: Volksgerichtshof Berlin, Vorsitz Roland Freisler.«

Remarque lebt in New York und ist weiter mit Natascha Paley liiert – eine Beziehung, die ähnlich spannungsgeladen ist wie die gemeinsame Zeit mit Marlene Dietrich. In seinem Tagebuch beklagt er, dass seine Liebste launisch und nervös ist, ihm vorwirft, dass er zu viel säuft, faul ist und sie vernachlässigt. Die beiden streiten sich, dass die Fetzen fliegen, schließen Frieden, feiern ihre Versöhnung mit Liebesschwüren und viel Alkohol, zanken sich erneut, wollen sich endgültig trennen und finden doch wieder zusammen – zumindest für kurze Zeit. Das alte Spiel.

Einige Monate zuvor hat sich Remarques einstige Geliebte Lupe Velez das Leben genommen – »angeblich wegen unglücklicher Liebe u. weil sie ein Kind trug von einem französ. Schauspieler«, schreibt er in sein Tagebuch. »Wenig zu sagen. Sie war so voller Leben.«

Aber es geschieht auch Erfreuliches. Endlich ist sein Roman *Arc de Triomphe* erschienen – im Dezember 1945 in New York in englischer Sprache und im Mai 1946 in Zürich auf Deutsch. Die Kritiken in Deutschland sind nicht gut, ablehnend bis vernichtend, aber die Verkaufszahlen deuten auf einen neuen Bestseller hin – besonders in den USA. Bald schon beginnt sich United Artists für den Stoff zu interessieren und plant eine Verfilmung mit Starbesetzung. Ingrid Bergman, Charles Boyer und Charles Laughton sollen die Hauptrollen spielen. Marlene Dietrich ist für keine Rolle vorgesehen. Die Diva, die sich gerade von ihrer großen Liebe Jean Gabin getrennt hat, ist sowieso bitter enttäuscht von dem Buch. Die Schauspielerin Joan Madou, die Remarque angeblich nach ihrem Vorbild gestaltet hat, gefällt ihr überhaupt nicht. Kein Wunder: Joan Madou ist bei all ihren Liebesbeteuerungen eigensüchtig, sprunghaft, treulos und gefühlsbestimmt – so ähnlich wie Remarque seine Marlene am Ende der Beziehung gesehen hat. »Kennst Du das?«, schreibt er im April 1944 an Alma Mahler-Werfel.

> Dass man so geniert ist vor sich selbst, jemanden mal ernst genommen zu haben, der nichts weiter ist als ein schönes Flittchen. Dass man es nicht über sich bringen kann, es ihm zu sagen, sondern immer noch lieber ein bisschen zu nett ist, obschon es einen ankotzt.

Doch auch diese Hasstirade ist nur ein vorübergehender Wutausbruch, dem bald wieder ein leidenschaftlicher, wenn auch kurzatmiger Flirt mit dem *Puma* folgt.

Materiell leidet Remarque nach wie vor keine Not. Obwohl er in den teuersten Hotels logiert, seine Frauen mit Champagner und Juwelen verwöhnt und seine Smokings bei den nobelsten Schneidern New Yorks fertigen lässt, versiegt der Geldstrom nie. Der Welterfolg von *Arc de Triomphe* macht es ihm auch möglich, Anfang 1946 in den Vereinigten Staaten eine Steuerschuld von 60 000 Dollar zu begleichen.

Da fällt es für ihn finanziell kaum ins Gewicht, ein wenig für die notleidenden Familienmitglieder und Freunde in Deutschland zu tun. Seinem Vater schickt er nicht nur Lebensmittel- und Kleiderpakete nach Bad Rothenfelde, sondern auch Geld. Außerdem lädt er den kranken, alten Mann ein, sich in seinem Haus im Tessin zu erholen. Seine Stiefmutter Anna Henrika Bahlmann lebt nicht mehr. Sie hat sich am 26. September 1945 im Strudel einer Nachkriegsdepression im Mühlenteich bei Bad Rothenfelde ertränkt. »Todesursache: Zunehmende Melancholie«, heißt es in der Sterbeurkunde.

Weit mehr berührt ihn Elfriedes gewaltsamer Tod. Er quält sich mit dem Gedanken, dass sie seinetwegen sterben, im Zuge einer Strafaktion für den Landesverrat des geflüchteten gewissenlosen Bruders büßen musste. Doch wie schon so oft, findet er bald eine vertraute Therapie, um die Seelenqualen in produktive Bahnen zu lenken. Er verarbeitet Trauer und Schuldgefühle, indem er sich verstärkt einem Buchprojekt zuwendet, einem Roman über die Verbrechen des Nazis. »Gedanken an neues Buch«, hat er bereits am 7. Juli 1945 in seinem Tagebuch notiert. »Ersten

Teil schon letzten Herbst geschrieben. Will neu anfangen.« Bereits im Januar 1945 hat er in einem Interview mit der New York Times gesagt: »Der Roman, an dem ich jetzt arbeite, ist zeitlich festgelegt, von der Gegenwart bestimmt. Die Handlung spielt in einem Konzentrationslager.«

Nach der Nachricht von Elfriedes Hinrichtung rollt er das Romanprojekt nun neu auf und fährt, aufgewühlt von der Todesnachricht, fort, mit dem Energieschub der Erschütterung und Empörung zu schreiben und zu recherchieren. Im Dezember 1946 schließt er mit einem New Yorker Verlag einen Vertrag. *Spark of Life*, soll der Roman heißen, *Der Funke Leben*. Die Widmung wird lauten: »To the memory of my sister Elfriede« (»Dem Andenken meiner Schwester Elfriede«).

Ein beträchtliches Problem liegt darin, dass er die Zustände in den Konzentrationslagern nicht aus eigener Anschauung kennt. Er ist auf Erfahrungsberichte von Überlebenden angewiesen. Die stürmen in seinem New Yorker Exil aber fern von Europa nicht einfach so auf ihn ein wie Broadwaytratsch und Partyflachheiten. Er ist daher froh, als sich ihm das niederländische Ehepaar Sussmann anvertraut, das unter anderem in Bergen-Belsen interniert war. Doch das Gespräch verläuft enttäuschend. »Gestern Abend Ehepaar Sussmann«, notiert er am 27. Juli 1946. »Erzählten von Konzentrationslager in Holland u. Belsen. Erwartete Details für Buch. Keine kamen, die ich nicht wusste. Waren im Austauschlager Belsen, nicht im politischen.«

Außerdem arbeitet er parallel noch an einem anderen Roman: der Geschichte eines heimkehrenden Wehrmachtssoldaten, die einmal den Titel *Zeit zu leben und Zeit zu sterben* tragen wird. Dadurch gerät die Arbeit an *Spark of Life* ins Stocken, sodass er den für den 1. Januar 1948 vereinbarten Abgabetermin nicht einhalten kann.

Immerhin erfüllt sich in dieser Zeit ein lang gehegter Wunsch: Am 15. August 1947 wird ihm nach entnervenden Anhörungen endlich gemeinsam mit seiner Noch-Ehefrau Jutta Zambona die amerikanische Staatsbürgerschaft verliehen. Den neuen Pass nutzt er schon bald, um seine Wahlheimat Amerika wieder zu verlassen. Im Mai 1948 geht er, begleitet von Natascha Paley, in New York an Bord der *America* und kehrt nach neunjährigem Exil nach Europa zurück. Auf einen verwüsteten Kontinent. Nach kurzem Aufenthalt in Frankreich reist er – ohne Natascha – mit seinem in einer Pariser Garage geparkten alten Lancia weiter an einen Ort, wo die Welt noch in gewohnter Ordnung zu sein scheint: nach Porto Ronco am Lago Maggiore. Es regnet. »Bellinzona im Regen. Blühende Rosen. Im Regen der Lago Maggiore. Regen, Regen, wohlbekannt. Aus Regen das Haus.«

Als er am 1. Juni sein Haus am See betritt, ist er erstaunt, wie wenig sich hier verändert hat: »Alles, wie ich es verlassen hatte: Zahnpasta, Briefe, Bleistifte, Papier: am selben Ort«, notiert er. »Ein Rip van Winkle; Dornröschenschlaf. Man wacht auf; – es ist zehn Jahre später. Sonderbare Wirkung. Rührung und Gespensterei.«

Etwas allerdings ist anders: Er wird nicht nur vom vertrauten Hausmeisterehepaar Rosa und Josef Kramer begrüßt, die seit Mitte der Dreißigerjahre für ihn Villa und Garten in Ordnung halten, sondern auch von seinem Vater. Der ist seiner Einladung gefolgt und schon im März von Bad Rothenfelde angereist, um in der milden Luft des Bergseeklimas Linderung für seine Atemwegserkrankung zu finden. »Mein Vater. Gebrechlich, seines Beines wegen, aber sonst frisch«, notiert er, aber seine Begeisterung über den alten Herrn hält sich in Grenzen: »Kaffee auf der Terrasse. Der Alte, der schon vorher in mein Schlafzimmer gekommen war, geisterte herum. Sehe schon die Schwierigkeit. Er will Unterhaltung; Menschen. (…) Was mit ihm machen?«

Sein Vater geht ihm von Tag zu Tag mehr auf die Nerven. Der achtzig Jahre alte Mann ist stolz auf den reichen und erfolgreichen Sohn, stört ihn aber bei seiner Arbeit am *Funken Leben*, die er hier mit aller Kraft vorantreiben will. Da ist er nun endlich in seinem eigenen Haus und doch nirgendwo ungestört: »Suche einen Platz zum Arbeiten. Habe noch keinen gefunden. Der Alte sitzt überall.« Und: »Die Abende mit dem Alten sind tödlich.«

Das Zusammensein mit seinem Vater ist für ihn anstrengend und alles andere als anregend. Schließlich mietet er für den »Alten« ein Zimmer in einer nahe gelegenen Pension, sodass er in seinem Haus wieder ungestört ist. Doch bald schon vermisst er Menschen, mit denen er sich intellektuell auseinandersetzen kann. Als er dann am 22. Juni 1948 still und fast allein seinen 50. Geburtstag feiert, beschleichen ihn Zweifel, ob der Umzug von New York ins beschauliche Tessin wirklich gut überlegt war. Auch gelegentliche Treffen mit Natascha in Rom und Paris hellen seine Stimmung nicht nachhaltig auf. Hinzu kommt, dass ihn eine schwere Krankheit mit Schwindelattacken, Übelkeit und Ohrensausen niederwirft, die sogenannte Menière-Krankheit. Es ist der erste Anfall, dem noch schlimmere Attacken folgen.

Immerhin trifft er am Lago Maggiore bald Menschen, die seine Arbeit an dem KZ-Roman wirklich befruchten, Menschen, die ihm vom Grauen der deutschen Internierungslager berichten. Besonders aufschlussreich, was Leo Kok (1893–1992) zu erzählen hat, ein niederländischer Pianist und Komponist, der 1944 als Widerstandskämpfer in Paris verhaftet und nach Buchenwald deportiert wurde.

Der engagierte Musiker, der in Ascona ein kleines, aber feines Antiquariat betreibt, berichtet, wie Hitlers Folterknechte ihm die Finger zertrümmerten und welch alptraumhafte Szenen sich im »Kleinen Lager« unter den arbeitsunfähigen todkranken Häftlingen abspielten. Damit liefert ihm Kok wertvollen Stoff für seinen Romanschauplatz, passendes Personal und Interieur für die literarische Nachgestaltung der Hölle auf Erden.

Dann überlagern wieder Beziehungsprobleme die Arbeit an dem Buch. Anstatt weiter an seinem Roman zu schreiben, vermerkt er seitenlang in seinem Tagebuch, wie ihn die Konflikte mit Natascha Paley in Atem halten. Es wird auch nicht besser, als er Anfang 1949 nach New York zurückkehrt. Die Krise verschärft sich sogar. Am 8. August 1949, mittlerweile wieder in Europa, bilanziert er entnervt: »Das Aas hat mich tatsächlich Monate vom Arbeiten abgehalten.«

So kommt er mit seinem Manuskript kaum voran und kann wieder einen Abgabetermin nicht einhalten. Zu allem Überfluss lehnt die Zeitschrift *Cosmopolitan* einen bereits geplanten Vorabdruck ab – auch mit Hinweis auf die Thematik. Remarque schließt daraufhin einen Vertrag mit dem Berner Scherz Verlag – ohne jedoch den Verleger darüber zu informieren, worum es in dem Buch geht.

Nachdem er sich endgültig von Natascha Paley getrennt hat, gelingt es ihm schließlich, konzentriert weiterzuarbeiten und die erste Fassung im November 1950 fertigzustellen. Als er dann aber den schon 1946 erschienen Bericht *Der SS-Staat* von Eugen Kogon liest, beschließt er, seinen Roman gründlich umzuarbeiten. Anders als im *SS-Staat* sei es ihm allerdings nicht um »die rauchenden Schlote der Krematorien« gegangen, wird er 1952 in einem *Spiegel*-Gespräch sagen. »Es ging mir darum, zu zeigen, wie ein

Mensch wieder hochkommt, nachdem nur noch das Zucken seiner ausgehungerten Hand ihn von den Toten unterschied.«

Doch die Resonanz der Verlage ist weiterhin nicht gerade ermutigend. Sein amerikanischer Verlag *Appleton* hält ihm vor, dass er zu spät geliefert hat, und kürzt ihm mit Hinweis auf enttäuschende Vorbestellungszahlen den Vorschuss, sein Schweizer Verlag zeigt sich entsetzt über den Inhalt. Das Buch lasse sich »augenblicklich in deutscher Sprache nicht veröffentlichen«, wird ihm mitgeteilt. In der Begründung orakelt der Scherz Verlag, »dass (bei Erscheinen dieses Buches) eine Flut von Angriffen auf Sie und uns erfolgt, die zu einem Boykott nicht nur dieses Buches, sondern aller ihrer Werke und unserer Verlage führen wird«. Der Verlagschef beteuert, getäuscht worden zu sein, und hebt den Vertrag mit Remarque auf.

Acht Monate vergehen, bis Remarques deutsch-amerikanischer Agent Felix Guggenheim einen anderen deutschsprachigen Verlag für den KZ-Roman *Der Funke Leben* erwärmen kann. Es ist der Kölner Verlag Kiepenheuer & Witsch. Dann aber erscheint ein Vorabdruck von *Spark of Life* in dem US-Magazin *Collier's*, und die deutsche Presse reagiert ablehnend. »Dass die Welt und wir selbst die Hölle der deutschen Konzentrationslager nicht vergessen werden und sollen, ist oft genug gesagt worden«, schreibt zum Beispiel der Donau-Kurier. »Welcher Greul die übrige Welt fähig war und ist, haben wir inzwischen ebenfalls kennengelernt.«

Der Verleger Joseph Caspar Witsch hält trotz solcher Unkenrufe an der geplanten Veröffentlichung fest, verlangt aber kleine Änderungen – unter anderem soll Remarque die Widmung für seine Schwester streichen. Eine explizite Begründung fehlt. Vermutlich soll nicht der Eindruck entstehen, Remarque wolle mit dem Buch eine persönliche Rechnung begleichen. Um die Veröffentlichung nicht noch weiter hinauszuzögern, lässt sich der Autor auf die Änderungswünsche ein; froh, überhaupt einen deutschsprachigen Verlag gefunden zu haben. »Ich halte es für wesentlich zu betonen, dass das Buch weniger eine Anklage ist als eine Bestätigung des Lebenswillens und ein Triumph des Geistes«, schreibt er dem Verlag am 5. Juni 1952.

So erscheint *Der Funke Leben* ein halbes Jahr nach der amerikanischen Übersetzung endlich auch auf Deutsch. Ohne die monierte Widmung für Elfriede. Das Echo in den heimischen Feuilletons ist geteilt. Die einen werfen ihm vor, Deutschland wieder einmal vor aller Welt mit seiner längst überwundenen schlimmen Vergangenheit zu konfrontieren, die anderen loben, dass der Roman das Interesse an den Verbrechen der NS-Zeit wachhält.

Im Ausland wird der Roman freundlicher aufgenommen – und kein Verleger in Amerika oder Frankreich hindert den Autor daran, den Roman seiner ermordeten Schwester zu widmen. Erst in der von Tilman Westphalen neu herausgegebenen Auflage im Jahr 1988 erscheint die Widmung auch in Deutschland, allerdings zunächst auf Englisch.

Noch stärker inhaltlich als *Der Funke Leben* ist Remarques Roman *Zeit zu leben und Zeit zu sterben*, der 1958 in Deutschland erscheint, auf das Schicksal seiner Schwester bezogen. Darin geht es um den Soldaten Ernst Gräber, der sich während eines Fronturlaubs im Februar 1944 in seiner Heimatstadt in Elisabeth verliebt, die Tochter eines Arztes, der wegen »wehrkraftzersetzender Äußerungen« ins KZ gekommen ist. In der Zeitung sieht Gräber daraufhin das Foto eines »Menschen mit aufgerissenem Mund«, bei dem es sich um den Vorsitzenden des Volksgerichtshofs handelt. Der Soldat, der an der Erschießung russischer Partisanen beteiligt war, liest auch den dazugehörigen Text: »Viele Leute waren hingerichtet worden, weil sie nicht mehr an den Sieg Deutschlands geglaubt hatten. Man hatte ihnen mit einem Beil die Köpfe abgehackt. Die Guillotine war längst abgeschafft worden im Dritten Reich. Sie war zu menschlich. Gräber zerknüllte die Zeitung und warf sie fort.«

41. Gewissensqualen

Wie sehr ihn das Schicksal seiner Schwester bewegt, lässt er schon in einer Tagebucheintragung vom 20. August 1950 erkennen, in der er sich vorwirft, zu wenig für seine Familie getan zu haben:

> Was hast du großer Liebender mit all deiner Hingabe deiner Familie gegeben? Deine Schwester ist tot; sie hätte gerettet sein können; du wolltest nicht alle in der Schweiz zu ernähren haben müssen. Du warst beschämt über deine Familie. Du machtest aus deinem Vater (der es bei der Marine nur zum Maat gebracht hatte) einen Kapitän, du erhöhtest ihr social standing. Und du kümmertest dich wenig um sie. Wolltest sie verbergen. Dein Vater war noch dankbar für das wenige, was du gabst. Du wolltest nie wirklich geben. Denk an Dein Gerede über Wohltätigkeit. Was hast du schon getan?

Diese Zeilen sind Ausfluss der Gespräche, die er während einer seelischen Krise mit der Psychoanalytikerin Karen Horney führt, die bis zu ihrem Tod im Jahre 1952 in den Sommermonaten am Lago Maggiore ein Haus mietet. Remarque hat die alte Dame über deren Tochter, die Schauspielerin Brigitte Horney, kennengelernt. Sie liefert ihm entscheidende Impulse zur Selbsterforschung, die ihren Ausdruck in langen, selbstkritischen Tagebucheintragungen findet. Zum Beispiel vom 14. August 1950:

> Die zwei Dinge in meinem Leben: mehr zu scheinen, als ich bin, – vielmehr scheinen zu wollen, – und die fast ›morbid depency in love‹ – zusammen mit übergroßer Empfindlichkeit, Schauspielerei, Renommisterei, Weltmann, Kavalier, homme à femme sein wollen, – gleichzeitig Gefühl, ein Schwindler zu sein, – als Schriftsteller nichts zu taugen, entlarvt zu werden eines Tages. (…) Die Tage auf Treppen, wenn ich meine Eltern verfluchte; die Träume, dass sie ruiniert waren u. ich dann reich von ferne kam u. zeigte, dass ich es weitergebracht hatte u. sie retten konnte, kühle Satisfaktion. (…) Die Sucht nach bekannten, berühmten Menschen u. Frauen: sich mit ihnen zu schmücken, dadurch, dass man sie kennt. (…) Meine Angeberei mit Namen; im Gespräch; überall, wissend, dass es sogar unklug ist, es trotzdem tuend; dasselbe, dasselbe. Immer beweisen wollen, dass man ›lovable‹ ist.

Die Auseinandersetzung mit seinen Wurzeln führt ihn im Sommer 1952 nach zwanzig Jahren erstmals zurück in seine Heimatstadt. Ein grauer Himmel hängt über Feldern und Wiesen, als er sich zum Auftakt einer Werbetour für sein neues Buch *Der Funke Leben* mit einem Taxi von Rotterdam nach Osnabrück chauffieren lässt. Wie er sich gefühlt habe, als er nach zwanzig Jahren zurückgekehrt sei, wird er von einem Studenten gefragt. »Dass es regnete.«

Er wirft einen Blick auf die Katharinenkirche, die jetzt »ohne Turmbekleidung« ist, besichtigt einstmals vertraute Häuser und Straßen, sucht nach manchem, was nicht mehr steht, und stellt fest, dass der Wiederaufbau längst begonnen hat. Es hält ihn nur kurz in Osnabrück. »Alles nur im Vorbeifahren gesehen«, notiert er in seinem Tagebuch.

Er fährt gleich weiter nach Bad Rothenfelde, wo sein Vater und seine Schwester Erna mit neuem Mann und Stiefsohn Klaus leben. »Mein Vater scheinbar in guter Verfassung«, notiert er. Aber schon bald geht es mit dem alten Herrn rapide bergab. Knapp zwei Jahre nach dem Besuch ist Peter Franz Remark tot, und der berühmte Sohn reist am 11. Juni 1954 erneut nach Bad Rothenfelde, um an der Beerdigung teilzunehmen. Nach der Trauerfeier sieht er sich im verwaisten Zimmer seines Vaters um und stellt fest:

> Er hatte nicht ein einziges Buch von mir, – ich habe nie daran gedacht, ihm welche zu geben. Wollte ihm das letzte zum Geburtstag mitbringen. Zu spät. Vieles zu spät. Warum bin ich nicht früher gefahren, ihn zu sehen. Hätte es können. Warum habe ich so viele Dinge nicht getan?

Als er noch einmal nach Osnabrück fährt, verfinstert sich der Himmel, und ein Gewitter zieht auf. Blitze lösen sich aus blau-schwarzen Wolken, krachende Donnerschläge begleiten die Autofahrt, Sturmböen fegen über das Land und treiben den Regen vor sich her. Es gießt wolkenbruchartig, die Scheibenwischer werden der vom Himmel stürzenden Wassermassen kaum Herr. Remarque wird dieses Gewitter später in einer Tagebuchnotiz als himmlischen Gruß seines Vaters interpretieren:

> Das Gewitter ging mit. Ich fühlte, dass es von ihm kam. Er stand, schwebte groß am Horizont. Wollte nicht, dass ich ginge. Wollte nicht allein bleiben. Fühlte es überall. Fühlte es in Osnabrück. Ging durch die Straßen. Mond wieder da. Sah nach Hakenstraße, Süsterstraße. Etwas

beendet. Ganz. Fühlte, dass etwas von meinem Vater in mich übergegangen war.

Einige Tage später geht er im Zuge seiner Forschungsreise durch die eigene Seele auch auf seine Probleme im Bett ein: »Das Impotenz-Gefühl, die Impotenz-Angst im Sex. Die Schwindelversuche auch dort. Lust wird zu Ehrgeiz u. Arbeit deswegen.«

Trotz solcher Selbstreflexionen stürzt er sich im Frühling 1951 erneut in die Beziehung zu einer Frau aus der Glitzerwelt der großen Namen: Wie einst Greta Garbo lernt er jetzt bei einem Spaziergang Paulette Goddard näher kennen, die Ex-Frau Charly Chaplins. Er verabredet sich mit der Schauspielerin zum Essen, verbringt eine Nacht mit ihr, schreibt ihr Briefe. Bald schon folgt sie ihm nach Europa, obwohl er selbst eigentlich noch gar nicht so entflammt ist und die Zweifel überwiegen: »Paulette plötzlich entschlossen, Montag nach Paris zu fliegen«, notiert er am 24. Mai 1951. »Leise legt sich da eine Schlinge um den Hals. Ich würde lieber allein gehen, sein, bleiben.«

Doch bald wird er dem sanften Druck nachgeben und sich trotz der eindringlichen Mahnungen Marlene Dietrichs an eine weitere Frau binden. Dabei ist er auf dem Papier immer noch mit Jutta Zambona verheiratet. Erst im Mai 1957 lässt er sich von der früheren Tänzerin ein zweites Mal scheiden, um im Februar 1958 die letzte Ehe einzugehen. Mit Paulette Goddard.

Immer wieder kehren seine Gedanken zu Elfriede zurück. Ihr grausames Schicksal lässt ihm keine Ruhe. Als er von seinem Osnabrücker Freund Hanns-Gerd Rabe erfährt, dass dessen Sohn »im Kriege abgeschossen worden ist«, schreibt er am 20. Juni 1967:

> … meine jüngste Schwester, was Du vielleicht nicht weißt, wurde im Krieg durch den Volksgerichtshof umgebracht, weil sie 1942 (hier irrt Remarque, es war 1943) nicht an den deutschen Sieg glaubte. So haben wir beide Verluste erlitten, die wohl nie wieder verwunden werden, die einem das Treiben gewisser Zeitgenossen umso unverständlicher erscheinen lassen. Die ewig Gestrigen sterben nie.

Mit Hilfe seines Anwalts und Freundes Robert M.W. Kempner (1899–1993) versucht er, die Verantwortlichen ihrer Hinrichtung zur Rechenschaft zu ziehen. Kempner, Sohn jüdischer Eltern, hat nach seinem Jurastudium als Staatsanwalt in Berlin und im preußischen Innenministerium gearbeitet, bis ihn die Nazis 1933 »wegen politischer Unzuverlässigkeit in Tateinheit mit fortgesetztem Judentum« hinauswarfen. Daraufhin war er zunächst nach Italien und später in die USA emigriert, wo er während des Krieges Remarque kennenlernte. Nach 1945 arbeitete Kempner als Ankläger bei den Nürnberger Prozessen und ließ sich später als Rechtsanwalt in Frankfurt am Main und Philadelphia nieder.

Im Auftrag Remarques bemüht sich Kempner in den Sechzigerjahren, Informationen über Elfriedes Verhaftung und ihren Prozess vor dem Volksgerichtshof zu sammeln und Ermittlungen gegen noch lebende Beteiligte einzuleiten. Doch vergebens.

Am 25. September 1970 wird Kempners Antrag einer strafrechtlichen Verfolgung von der Generalstaatsanwaltschaft beim Kammergericht Berlin endgültig abgelehnt. Die Justizbehörde hält es nicht einmal für nötig, den früheren SA-Obergruppenführer Kurt Lasch, der als Laienrichter am Volksgerichtshof neben Freisler gesessen hatte, zu vernehmen. Lasch, vom Haupt-Entnazifizierungsausschuss als »Mitläufer« eingestuft, bleibt in seinem Rentnerdasein unbehelligt.

Erich Maria Remarque erfährt von der Einstellung des Verfahrens nichts mehr. Er stirbt am selben Tag im Alter von 72 Jahren, mehrere Herzanfälle sind seinem Tod im Krankenhaus von Locarno vorausgegangen.

In einem Nachruf schreibt Robert Kempner in der FAZ vom 2. Oktober 1970: »Am Tage des Todes meines Freundes erhielt ich von der Generalstaatsanwaltschaft beim Kammergericht in Berlin die Nachricht, die justitielle Ermordung seiner Schwester Elfriede durch den berüchtigten Volksgerichtshof während des Krieges (1943) würde strafrechtlich nicht verfolgt werden … Remarque, ein Fanatiker des Rechts, hätte sich über den Bescheid empört, dessen Begründung schwer verständlich erscheint. Der Tod ist seiner Empörung zuvorgekommen.«

Fast sechzig Jahre müssen vergehen, bis das Todesurteil gegen Elfriede Scholz auch in Deutschland offiziell als Unrecht gewertet wird. Erst am 25. August 1998 tritt das »Gesetz zur Aufhebung nationalsozialistischer Unrechtsurteile in der Strafrechtspflege« in Kraft, das Menschen wie Erich Maria Remarques Schwester rehabilitiert.

Bereits 1975 stirbt Remarques erste Frau Jutta Zambona, der laut Testament 50 000 Dollar aus dem Erbe Remarques zugefallen sind. Remarque hatte schon zu Lebzeiten dafür gesorgt, dass seine Ex keine finanzielle Not leiden musste.

Den kompletten Nachlass und die Weltrechte an Remarques Werk erbt seine Witwe Paulette Goddard, die damit im Alter von 60 Jahren sehr reich wird. Anfangs lebt die schöne Frau vorwiegend in New York, wo sie unter anderem dafür sorgt, dass Remarques Drama *Die letzte Station* unter dem Titel *Full Circle* uraufgeführt wird.

Nach einer Brustkrebserkrankung und schweren Operation zieht sie sich immer mehr zurück. Ihre letzten fünf Lebensjahre verbringt sie in Porto Ronco, wo sie nur noch wenige Besucher empfängt, viel trinkt und sich mit Tabletten betäubt. Schon in New York hat sie mit Alkoholexzessen und Suizidversuchen von sich reden gemacht. Im Jahr 1977 übergibt sie den schriftlichen Nachlass und die Bibliothek Remarques der New York University zur Einrichtung einer Stiftung. Im November 1979 lässt sie 30 impressionistische Gemälde aus der Sammlung Remarques durch Sotheby's in NewYork versteigern und erlöst damit 3,1 Millionen Dollar. Weitere Gemälde schickt sie zur Auktion nach London und verkauft auch zahlreiche Orient- und Perserteppiche. Aufgewachsen in ärmlichen Verhältnissen, traut sie mehr dem Geld auf ihrem Bankkonto als dem schwer abschätzbaren Wert von Kunstschätzen. Am 23. April 1990 stirbt die Witwe in der Casa Monte Tabor, ihr gesamtes Vermögen – es wird auf 20 Millionen Dollar geschätzt – hinterlässt sie der New York University. Paulette Goddard ist auf dem Friedhof in Porto Ronco an der Seite Remarques beigesetzt.

42. Epilog: Gegen das Vergessen

Kurz vor ihrem 25. Todestag am 11. Dezember 1968 wurde in Osnabrück eine Straße nach Elfriede Scholz benannt. Der Bruder in Porto Ronco, durch einen Schlaganfall, Herzanfälle und Morbus Menière schon sehr geschwächt, war gerührt. In einem kurzen Brief »an die Herren vom Rat der Stadt Osnabrück« schrieb er:

Ich bin tief ergriffen über diese generöse und noble Geste und möchte Ihnen dafür von Herzen meinen Dank aussprechen.
Mit allen guten Wünschen
Ihr Erich Maria Remarque.

Er selbst wurde in Osnabrück erst nach seinem Tode im Jahre 1971 durch die Umbenennung des Karlsrings in Erich-Maria-Remarque-Ring geehrt – eine Ehrung, die heftigen Streit nach sich zog. Denn bei weitem nicht alle Osnabrücker waren damit einverstanden, dass der verlorene und nicht uneingeschränkt beliebte Sohn plötzlich Karl den Großen aus dem Straßenverzeichnis verdrängen sollte. In Einsprüchen und Leserbriefen entlud sich ein Sturm der Entrüstung, der die Gerichte beschäftigte. Erst im September 1975 wurde die Änderung des Straßennamens auch juristisch für einwandfrei erklärt.

Im Oktober 1964 war Remarque immerhin schon die Justus-Möser-Medaille der Stadt Osnabrück verliehen worden. Er hatte reserviert darauf reagiert, um Verständnis darum gebeten, dass er für die Ehrung nicht extra nach Osnabrück kommen könne, und seine angeschlagene Gesundheit ins Feld geführt. Daraufhin besuchte ihn an einem regnerischen Oktobertag eine elfköpfige Delegation in Porto Ronco, um ihm die Medaille zu überreichen: Oberbürgermeister, Stadtdirektor, Ratsherren, ein Reporter, ein Fotograf und sein Freund Hanns-Gerd Rabe. »Rührend und langweilig«, schrieb er in sein Tagebuch.

> Was soll man mit elf Leuten, mit denen man nichts zu reden hat, tun. Gaben ihnen Gänseleber, Lachs und Champagner. (…) Waren am Tag vorher 15 Std. gereist, durch dicken Nebel, ohne was zu sehen. Ich war nachmittags sehr müde. Mir graute vor dem Abend. Hatte alle zum Essen eingeladen bei Feldpausch; oben im Extra-Esszimmer. Feldpausch hatte alles gut arrangiert; Kerze, Silber, zum Schluss eine Torte mit den Namen meiner Bücher und einer Marzipan-Darstellung des Osnabrücker Wappens. (…) Der Bürgermeister nahm das Marzipan-Wappen mit. Ich war sehr froh, als es vorbei war, – müde und gelangweilt. Und gerührt.

Am 25. April 1967 kam dann auch noch das Große Verdienstkreuz der Bundesrepublik Deutschland dazu, diesmal reiste Friedrich Buch, Botschafter in der Schweiz, zu Remarque ins Tessin – im Auftrag des amtierenden Bundespräsidenten Heinrich Lübke. Die Auszeichnung wurde ihm nicht nur für sein literarisches Werk, sondern auch für seine »menschliche und politische Haltung« verliehen, wie die Zeitungen berichteten. Die Begründung fiel eher dürftig und ein bisschen kühl aus. Ein Jahr später übersandte ihm der heimgekehrte Emigrant Willy Brandt zu seinem 70. Geburtstag am 22. Juni 1968 ein Glückwunschtelegramm, das von größerer Wertschätzung zeugte. Der damalige Außenminister, der schon die Ordensverleihung angeregt hatte, rühmte Remarque mit den Worten: »Ich grüße Sie als einen der großen Repräsentanten der deutschen Literatur. Trotz der Bitternisse des Exils sind Sie nach Beendigung des Krieges für Versöhnung und Verständnis mit ihrem Heimatland aufgetreten. Ihre Stimme hatte und hat der Welt viel zu sagen. Das heutige Deutschland schuldet Ihnen Dank.«

Auch Elfriede wurden weitere Ehrungen zuteil. Die Gemeinde Wallenhorst im Kreis Osnabrück benannte ebenfalls eine Straße nach ihr, in Dresden erinnert in der Bergstraße (vormals Langemarckstraße) ein Stolperstein an die Hingerichtete, und in Berlin wurde vor dem Haus in der Suarezstraße 31, in dem sie einst gelebt hatte, eine Gedenktafel angebracht. Obwohl ihre sterblichen Überreste spurlos verschwunden sind, wurde ihr sogar eine Art Grabstein gesetzt. Im Dezember 2018 errichtete die Erich Maria Remarque-Gesellschaft gemeinsam mit dem Förderkreis Hasefriedhof-Johannesfriedhof für Elfriede auf dem Hasefriedhof in Osnabrück neben dem Grab ihrer Mutter Anna einen Gedenkstein mit der Aufschrift »Für Menschlichkeit, Toleranz und das Recht des einzelnen auf eine eigene Meinung« – der Satz, den ihr Bruder in seinem KZ-Roman *Ein Funke Leben* dem Häftling 509 in den Mund gelegt hatte.

Der Dramatiker Rolf Hochhuth gedachte ihrer im April 2000 sogar in Gestalt eines Gedichtes.

Elfriede Scholz, geb. Remark

– Schneiderin, sagt zu zwei Frauen in Dresden,
Hitler werde seinen Krieg verlieren.
Reste seiner 6. Armee verwesten
Längst in Stalingrad – Denunzieren

Heftiger noch »Volksgenossinnen«
Als männlichen Mitläufern eingefleischt:
Viel mehr starben an Denunziantinnen;
Urtrieb in zwei Freundinnen erheischt.

Anzeige durch Hauptmann Rietzel: Ehrenpflicht!
Freisler frohlockt, dem Elfriede »überstellt«:
»Ihr Bruder ist uns entwischt – Sie nicht!«
Köpft sie. Selbst er hätte kaum »T.U.« gefällt.

Stände nicht Remarques Schwester vor Gericht,
von hundert (!) ihrer Kundinnen entlastet. Geisel,
weshalb Freisler sie dem Scharfrichter überweist,
für den deutsch Meistgelesenen des Jahrhunderts!

Freisler, was althochdeutsch Schrecklicher heißt,
schrieb über Hutten, doch niemand, wen wundert's,
hat ihm als Autor einen Blick geschenkt.
Mit Henker Röttgers Fallbeil rächt er das Buch

– normale Richter hätten Zuchthaus verhängt –
das die Welt kennt, ihr Bruder geschrieben:
»Im Westen nichts Neues« – das rote Tuch,
da neun von zehn Lesern Hitler lieben.

Zweimal (!) ging die Schwester zur Guillotine:
Beim ersten Gang fehlte das »Vollzugs«-Formular.
Aufs neue warten: Drei Wochen in der Todeszelle.
Im Nacken, fürs Beil, schon geschoren das Haar.

Anhang

Zwei Lebensgeschichten in Daten

Erich Maria Remarque

22.6.1898	Geburt von Erich Paul Remark in Osnabrück als zweiter Sohn von Peter Franz Remark und Anna Maria Remark, geb. Stallknecht.
6.9.1900	Geburt der Schwester Erna.
1904–1912	Besuch der Volksschule (Domschule, Johannisschule) in Osnabrück.
1912–1915	Katholische Präparandie (dreiklassige Vorstufe zum katholischen Lehrerbildungsseminar für Volksschullehrer) in Osnabrück.
1915	Freundschaft mit Fritz Hörstemeier und dem Kreis der »Traumbude«.
1915–1919	Königliches Katholisches Schullehrer-Seminar in Osnabrück.
Juni 1916	Publikation von *Von den Freuden und Mühen der Jugendwehr* (erste Veröffentlichung).
21.11.1916	Einberufung zur Armee.
12.6.1917	Verlegung an die Westfront.
31.7.1917	Verwundung durch Granatsplitter.
25.8.1917	Verlegung vom Feldlazarett ins St.-Vinzenz-Hospital in Duisburg, dort später Posten in der Schreibstube.
9.9.1917	Tod der Mutter.
31.10.1918	Entlassung aus dem Hospital.

5.1.1919	Offizielle Entlassung aus der Armee, Verzicht auf Orden und Ehrenzeichen.
25.6.1919	Lehramtsprüfung als Volksschullehrer.
1.8.1919	Lehrer in Lohne bei Lingen (bis 31.3.1920).
4.5.1920	Lehrer in Klein-Berßen (bis 31.7.1920).
20.8.1920	Lehrer in Nahne bei Osnabrück (bis 20.11. 1920).
1920	Veröffentlichung des Künstlerromans *Die Traumbude* im Dresdener Verlag der Schönheit.
20.11.1920	Abschied vom Schuldienst, danach Gelegenheitsjobs als Grabsteinverkäufer, Klavierlehrer, Organist.
Frühjahr 1921	Erste Theaterkritiken, außerdem Arbeiten für »Echo Continental« – ab 10.3.1921 unterzeichnet mit Erich Maria Remarque.
Sommer 1921	Zahlreiche Publikationen in über vierzig Zeitschriften und Zeitungen.
29.4.1922	Umzug nach Hannover, Redakteur und Werbetexter der Continental-Gummiwerke.
1.1.1925	Redakteur bei »Sport im Bild« in Berlin.
14.10.1925	Heirat mit Ilse Jutta Zambona.
1926	Kauf des Adelstitels »Freiherr von Buchwald«.
10.11.1928	Beginn des Vorabdrucks von *Im Westen nichts Neues* in der Vossischen Zeitung.
15.11.1928	Fristlose Kündigung bei »Sport im Bild«.
29.1.1929	Erste Buchausgabe von *Im Westen nichts Neues* im Ullstein Verlag.
Anfang 1930	Beginn der engen Freundschaft mit Ruth Albu (bis 1932), die ihn dazu anregt, Gemälde und Kunstschätze zu kaufen.
4.1.1930	Scheidung von Jutta Zambona.
29.4.1930	Filmpremiere von *All Quiet on the Western Front* (Regie: Lewis Milestone) in Los Angeles.
4.12.1930	Deutschlandpremiere des Films.
11.12.1930	Verbot des Films in Deutschland.
30.4.1931	*Der Weg zurück* erscheint.
20.8.1931	Kauf der Villa »Casa Monte Tabor« in Porto

	Ronco im Tessin, Übersiedlung von Berlin nach Porto Ronco.
23.8.1932	Strafbefehl wegen Devisenvergehens durch das Amtsgericht Berlin-Mitte über eine Geldstrafe in Höhe von 30000 RM oder 60 Tage Gefängnis.
Nov. 1932	Besuch in Berlin (bis Ende Januar 1933).
Mai 1933	Der jüdische Journalist Felix Manuel Mendelssohn kommt auf Remarques Grundstück ums Leben.
10.5.1933	Öffentliche Bücherverbrennung in Deutschland – auch Remarques Werke sind betroffen.
Nov. 1935	Görings Staatssekretär Paul Körner sucht Remarque in Porto Ronco auf, um ihn zur Heimkehr zu bewegen, Remarque sagt Nein.
Dez. 1936	Erste Buchausgabe von *Drei Kameraden* erscheint.
29.6.1937	Remarque und Jutta Zambona erhalten Pass der Republik Panama.
Sep. 1937	Beginn der engen Beziehung zu Marlene Dietrich.
22.1.1938	Zweite Heirat mit Jutta Zambona in St. Moritz.
20.5.1938	Filmpremiere von *Drei Kameraden* (Regie: Frank Borzage).
4.7.1938	Ausbürgerung aus dem Deutschen Reich.
23.3 1939	Ankunft in New York, weiter nach Los Angeles.
Juni/Juli 1939	In Paris.
26.7.1939	Mit Marlene Dietrich und deren Familie in Cap d'Antibes (bis Ende August).
Sep. 1939	Mit der »Queen Mary« nach New York, weiter nach Los Angeles, Bekanntschaft mit Orson Welles, Igor Strawinsky, Arthur Rubinstein, Lion Feuchtwanger, Bertolt Brecht, Cary Grant.
19.6.1940	Erste Begegnung mit Paulette Goddard.
28.9.1940	Erste Begegnung mit Greta Garbo.
Dez. 1940	Ende der engen Beziehung mit Marlene Dietrich.
12.1.1941	Beginn der engen Beziehung zu Natascha Paley.
31.3.1941	Erste Buchausgabe von *Liebe deinen Nächsten* in USA.

14.4.1941	Beginn der engen Beziehung zu Greta Garbo (bis 25. Mai).
Aug. 1942	Beginn der Freundschaft mit Franz Werfel und Alma Mahler-Werfel.
Sep. 1942	Erstes Treffen mit US-Regierungsvertretern wegen möglicher propagandistischer Arbeit gegen Nazi-Deutschland.
28.10.1942	Übersiedlung von Los Angeles nach New York, Wiederaufnahme der Beziehung zu Natascha Paley.
20.8.1943	Hotel Ambassador wird zur Absteige in New York.
18.10.1943	Eröffnung der »Loan Exhibition« mit Remarques Kunstschätzen in den Knoedler Galleries in New York (bis 13. November).
Dez. 1945	Erste Buchausgabe von *Arc de Triomphe* in New York.
11.6.1946	Remarque erfährt erstmals von der Hinrichtung seiner Schwester und beginnt mit der Arbeit an dem KZ-Roman *Der Funke Leben*.
7.8.1947	Erwerb der US-Staatsbürgerschaft (zusammen mit Jutta Zambona).
19.5.1948	Nach neun Jahren Exil in den USA Rückkehr nach Europa – via Paris nach Porto Ronco.
9.11.1948	Schwerer Anfall infolge der Menière'schen Krankheit.
4.5.1951	Beginn der engen Beziehung zu Paulette Goddard.
Jan. 1952	Erste Buchausgabe von *Der Funke Leben* in Amerika (*Spark of Life*) mit Widmung für Elfriede.
Juli 1952	Deutsche Erstausgabe von *Der Funke Leben* bei Kiepenheuer & Witsch.
10.7.1952	Erster Besuch Osnabrücks nach mehr als 20 Jahren, danach bei Vater und Schwester Erna im nahen Bad Rothenfelde; Weiterreise nach Hannover, Berlin und München.
9.6.1954	Tod des Vaters in Bad Rothenfelde.

12.6.1954	Teilnahme an der Beerdigung in Osnabrück.
20.5.1957	Zweite Scheidung von Jutta Zambona.
25.2.1958	Heirat mit Paulette Goddard in Connecticut/USA.
2.7.1958	Rückkehr nach Porto Ronco.
Dez. 1963	Verleihung der Möser-Medaille durch die Stadt Osnabrück.
25.4.1967	Großes Verdienstkreuz der Bundesrepublik Deutschland.
Aug. 1967	Herzanfall.
25.9.1970	Tod in Klinik in Locarno.
15.2.1978	Schwester Erna stirbt in Bad Rothenfelde.
23.4.1990	Paulette Goddard stirbt in Porto Ronco.

Elfriede Remark

25.3.1903	Elfriede Maria Remark wird als viertes und jüngstes Kind der Eheleute Remark in Osnabrück geboren. Zwei Jahre gelähmt.
1910–1917	Besuch der Domschule.
Nov. 1917	Dienstmädchen in Duisburg, danach ähnliche Stellen in Rheydt und Den Haag.
1919	Rückkehr nach Osnabrück, Erkrankung an perniziöser Anämie und Knochenerweichung bzw. Osteoporose.
1.10.1919	Lehre als Schneiderin bei der Schneidermeisterei Stappenbeck in Osnabrück.
30.9.1922	Gesellenprüfung mit der Gesamtnote »sehr gut« am 8. November 1922.
14.8.1923	Geburt der Tochter Ingeborg im Fürsorgeheim in der Turnerstraße 10 in Osnabrück.
4.12.1923	Tod der Tochter, laut Todesurkunde durch Herzschwäche.
1924	Umzug nach Berlin in die Suarezstraße 31, Anstellung als Putzmacherin.

Ende 1924	Briefwechsel und Telefonate mit Erich Maria Remarque, hilft Bruder bei der Wohnungssuche.
Anfang 1925	Enger Kontakt zu ihrem Bruder in Berlin.
1926	Umzug nach Leipzig, Arbeit als Hausschneiderin.
1927	Rückkehr nach Berlin.
1929	Umsiedlung nach Dresden, beschäftigt und zur Untermiete bei Schneidermeister Wilhelm Marschewski in der Bautzener Straße.
1930	Enge Freundschaft mit dem Kunststudenten und Maler Max Rosenlöcher (bis 1933).
13.4.1932	Einziger erhaltener Brief von Elfriede Remark an ihren Bruder Erich in Porto Ronco.
1933	Lebt zusammen mit einem Cellisten der Dresdner Philharmonie. Meisterprüfung als Damenschneiderin.
1934	Heirat mit dem Kaufmann Paul Wilke, nach zwei Jahren (ca. 1936) Scheidung.
ab 1936	Eigene Werkstatt als selbstständige Damenschneidermeisterin in der Langemarckstraße 42 in Dresden, dort auch wohnhaft.
ab 1937	Freundschaft mit Monica Gräfin von Finckenstein, geb. Schönberg, die sie oft besucht; Elfriede schneidert ihr 1942 ein Hochzeitskleid.
ca. 1937	Elfriede lernt einen amerikanischen Studenten kennen, der an der Technischen Hochschule Dresden Maschinenbau studiert (muss 1941 Deutschland verlassen).
ab 1939	Enge Freundschaft mit dem Tanzmusiker (Schlagzeuger) Heinz Scholz.
1.12.1940	Heinz Scholz wird zur Kriegsmarine eingezogen.
13.5.1941	Heirat mit Heinz Scholz in Dresden.
Sep. 1941	Heinz Scholz strebt die Scheidung an.
Febr. 1942	Letztes Zusammentreffen mit Heinz Scholz auf Helgoland.
Apr. 1943	Heinz Scholz reicht beim Landgericht Dresden die Scheidung ein.

Aug. 1943	Hauptmann Hans-Jürgen Rietzel erstattet gegen Elfriede Scholz Anzeige wegen »staatsfeindlicher Äußerungen« bei seiner zuständigen Dienststelle, als Zeugin nennt er seine Frau Ingeborg Rietzel, eine Kundin und Freundin Elfriedes.
18.8.1943	Verhaftung von Elfriede Scholz, Überführung ins Polizeigefängnis Dresden, Verhöre durch die Gestapo. Die Gestapoleitstelle Dresden ermittelt gegen Elfriede Scholz und vernimmt Ingeborg Rietzel sowie Elfriedes Vermieterin Antonie Wentzel. Beide belasten Elfriede, die jedoch die Aussagen bestreitet, die ihr zur Last gelegt werden. Die Vernehmung von weiteren fast 100 Kundinnen bestätigt die Anschuldigungen nicht. Es kommen keine weiteren Belastungszeugen hinzu.
2.9.1943	Elfriede Scholz wird von Dresden in das Untersuchungsgefängnis Berlin Alt-Moabit überführt.
Okt. 1943	Antonie Wentzel schreibt Heinz Scholz, dass seine Frau verhaftet worden ist.
15.10.1943	Der Oberreichsanwalt beim Volksgerichtshof formuliert die Anklageschrift gegen Elfriede Scholz: Die Rede ist von »Wehrkraftzersetzung« und »Feindbegünstigung«.
26.10.1943	Elfriede Scholz wird die Anklageschrift zugestellt.
27.10.1943	Elfriede Scholz erteilt ihrer Schwester Erna eine Vollmacht über ihr gesamtes Vermögen.
29.10.1943	Prozess vor dem 1. Senat des Volksgerichtshofs, geleitet von VGH-Präsident Roland Freisler. Antonie Wentzel und Ingeborg Rietzel wiederholen ihre belastenden Aussagen. Freisler verhängt wegen »Wehrkraftzersetzung« und »Feindbegünstigung« die Todesstrafe und dauernden Ehrverlust.
30.10.1943	Gnadengesuch der Verteidigerin Ilse Schmelzeisen-Servaes an den Führer des Deutschen Reiches.

	Elfriede Scholz wird in das Frauengefängnis Berlin-Barnimstraße überführt.
13.11.1943	Der Reichsminister der Justiz Georg Thierack weist das Gnadengesuch zurück und besteht auf Vollstreckung des Todesurteils.
23.11.1943	Heinz Scholz schreibt an den Volksgerichtshof und bittet um nähere Informationen. Dabei weist er ausdrücklich auf den vor dem Landgericht laufenden Scheidungsprozess hin.
25.11.1943	Elfriede Scholz wird zur Hinrichtung nach Berlin-Plötzensee überführt. Die Hinrichtung wird vorbereitet, sie erhält ein letztes Mal Gelegenheit, mit dem Gefängnisgeistlichen Peter Buchholz zu sprechen und in der Nacht einen Abschiedsbrief an ihre Schwester Erna und ihren Schwager Ludwig zu schreiben. Doch gegen 4 Uhr am nächsten Morgen wird die Hinrichtung ausgesetzt, weil der Vollstreckungsbefehl bei einem Bombenangriff am Vortag vernichtet wurde.
3.12.1943	Elfriede Scholz wird von der Hinrichtungsstätte Plötzensee wieder zurück in das Frauengefängnis in der Barnimstraße gebracht.
6.12.1943	Die Verteidigerin besucht Elfriede Scholz im Frauengefängnis und schreibt am nächsten Tag ein neues Gnadengesuch.
11.12.1943	Das Gnadengesuch wird erneut zurückgewiesen. Gleichzeitig setzt der Oberreichsanwalt beim Volksgerichtshof, Ernst Lautz, den Termin für die Hinrichtung auf den 16. Dezember fest.
16.12.1943	Elfriede Scholz wird um 13.04 Uhr in Plötzensee durch das Fallbeil hingerichtet.
27.1.1944	Elfriedes Schwester Erna erhält von der Gerichtskasse Moabit eine Kostenrechnung über die Gebühr der Todesstrafe sowie die Kosten der Hinrichtung in Höhe von 495,80 Reichsmark.

Abkürzungen

RC	Remarque Collection in der Fales Library an der New York University.
UW	Das unbekannte Werk, Band 5, Erich Maria Remarque, Briefe und Tagebücher, Köln 1998.

Anmerkungen

Kapitel 1

Der erste Teil des Kapitels basiert auf Tagebucheintragungen und Briefen Erich Maria Remarques, die in E.M. Remarque, *Das Unbekannte Werk* (im Folgenden zitiert als UW), Band 5, erschienen sind. Der zweite Teil des Kapitels stützt sich auf Dokumente des Bundesarchivs Abt III, Außenstelle Berlin-Zehlendorf, AZ R 3017/6700, sowie Briefe von Elfriede Scholz, die sich in der Sammlung Klaus Rudolphs finden.

Alle Dokumente sind veröffentlicht in der Publikation des Erich Maria Remarque-Archivs *Elfriede Scholz, geb. Remark. Im Namen des deutschen Volkes. Dokumente einer justitiellen Ermordung*, herausg. von Claudia Glunz u. Thomas F. Schneider.

Kapitel 2

Die Schilderung der Kindheit und Jugend von Erich und Elfriede Remark stützt sich ebenfalls auf die genannten Quellen, zudem sind Publikationen des Remarque-Archivs sowie die Remarque-Biografie *Als wäre alles das letzte Mal* von Wilhelm von Sternburg berücksichtigt.

S. 16f.: Die Erinnerung des früheren Klassenkameraden Heinrich Unland ist zitiert nach der *Spiegel*-Titelgeschichte über E M. Remarque v. 9.1.1952 (*Weltbürger wider Willen*).

S. 20f.: Remarque-Schilderung des Jugendwehr-Manövers, in UW, Bd. 4 (Kurzprosa und Gedichte), S. 19.

S. 22: Remarque, Im Westen nichts Neues, S. 232f.

S. 23ff.: Remarque-Tagebuchnotizen (TB) v. 20.8.1918, 24.8.1918, 4.10.1938 u.v. 13.10.1938, UW, Bd. 5, S. 253–258.

S. 27: Hanns-Gerd Rabe, Remarque und Osnabrück, in Osnabrücker Mitteilungen VII, S. 218, u.W.v. Sternburg, S. 97.

S. 32: Interview in Der Spiegel v. 9.1.1952, zit. n.W.v. Sternburg, S. 116.

S. 32f.: Remarque-Brief an Stefan Zweig in UW, Bd. 5, S. 49f.

S. 33–37: Die Passagen über Remarque in der Werbeabteilung von Continental stützen sich auf die Zeitschriftenbeiträge *Der Contibube – Erich Maria Remarque als Comicautor* von Eckart Sackmann und Gerd Lettkemann in Deutsche Comicforschung 2 (2006), S. 60–67, und *Vor dem Ruhm – Erich Maria Remarque in Hannover* von Klaus Pohlmann in Niedersächsische Wirtschaft (17.1.2019).

Kapitel 3

S. 40: Zum 50. Todestag Remarques ist *Die Traumbude* im Herbst 2020 nach zahlreichen Veröffentlichungen im Ausland erstmals in Deutschland als Einzelausgabe erschienen. In seinem Nachwort verteidigt der Herausgeber Thomas F. Schneider den Roman gegen Kritiker und den Autor selbst: »Der ›Künstlerroman‹ *Die Traumbude* ist aus der Rückschau betrachtet kein Irrweg, sondern das Dokument einer nach Orientierung suchenden Persönlichkeit und der Ausdruck einer tiefen künstlerischen und philosophischen Überzeugung, die Erich Maria Remarque in seinem gesamten Leben und in seinem gesamten Werk nicht aufgegeben hat.«

S. 42: Brief an Edith Doerry v. 18.12.1924 in UW, Bd. 5, S. 58.

Kapitel 4

Elfriede Remarks Tätigkeit und Aufenthalt in Berlin ist in unterschiedlichen Quellen dokumentiert, ihre Begegnung mit Karla ist dagegen fiktiv. Sie spiegelt jedoch die liberale Atmosphäre der Reichshauptstadt in den zwanziger Jahren des vergangenen Jahrhunderts wider.

Kapitel 5

S. 54f.: Zur Herkunft Jutta Zambonas: »Erich Maria Remarques Muse kam aus Hildesheim« von Anna Eunike Röhrig, Hildesheimer Allgemeine Zeitung, 5.11.2005.

S. 54: L. Riefenstahl aus Riefenstahl, Memoiren, S. 100f., zit. nach W.v. Sternburg, S. 131.

S. 55f.: Der Auszug aus Remarques Reportage über ein Autorennen in Italien vom 5.1.1928 ist zitiert nach Archivmaterial der Firma Continental.

Kapitel 6

S. 58f.: Zitate aus E.M. Remarque, *Im Westen nichts Neues*, S. 81, S. 233 u.S. 143.

S. 59: Werbetext aus Vossischer Zeitung zit. nach W.v. Sternburg, S. 160.

S. 60f.: Zitate aus dem Anhang zu E.M. Remarque, Im Westen nichts Neues. Mit Nachwort und Materialien, Köln 2014, S. 309f. u. 310.

S. 62f.: Remarque-Brief v. 1.6.1929, UW, Bd. 5, S. 77.

S. 63f.: a.a.O., S. 78; Brief v. 12.2.1929, UW, Bd 5, S. 73; Brief v. 7.6.1929, UW, Bd. 5, S. 80.

S. 67: Ruth Albu zit. nach W.v. Sternburg, S. 196.

S. 68f.: Remarque-Brief an E. Ludwig v. Juni 1931, UW, Bd. 5, S. 101; Remarque-Stellungnahme, zit. n. W.v. Sternburg, S. 225f.

Kapitel 7

S. 79f.: Der einzige erhaltene Brief von Elfriede Remark an ihren Bruder liegt in einer Fotokopie im Remarque-Archiv vor. Er wurde für dieses Buch entschlüsselt und transkripiert und bildet den inhaltlichen Kern dieses Kapitels, das sich darüber hinaus auf einen Aufsatz von Hans Jürgen Sarfert stützt, der in *Elfriede Scholz, geb. Remark* abgedruckt ist: *In Dresden denunziert. Elfriede Scholz, Schwester von Erich Maria Remarque.* S. 11–15, erstmals erschienen in Dresdner Hefte 35. Beiträge zur Kulturgeschichte. Themenheft: Dresden 1933–1945. Die Begegnung zwischen Elfriede und Otto Dix dagegen ist fiktiv. Da Dix in dieser Zeit eine Professur in Dresden hatte und Elfriede in Künstlerkreisen verkehrte, ist es gut denkbar, dass es zu einem Kontakt der beiden gekommen ist. Verbürgt ist Dresdens herausragende Stellung als Modemekka in dieser Zeit.

Kapitel 8

S. 86: Emil Ludwig zitiert nach W. von Sternburg, S. 240.

S. 87: Remarque-Briefe vom 25. August 1932 u. 22.5.1932 UW, Bd. 5, S. 102f.u.S. 106.

Kapitel 9

Dieses Kapitel schildert den Lebensweg Elfriedes nach den in den genannten Quellen (H.J. Sarfert, Remarque-Archiv) überlieferten biografischen Eckpunkten teilweise in fiktiver Form – orientiert an der historischen Situation in Dresden.

Kapitel 10

S. 100: Tagebuchnotiz Thomas Manns in Th. Mann, Tagebücher 1933–1954, Frankfurt am Main 1977, S. 77.

S. 101: TB vom 19.8.1936, UW, Bd. 5, S. 273.

S. 101f.: Die Ausführungen zu Remarques Interviews mit Emigranten stützen sich auf das Nachwort von Thomas Schneider zu *Liebe deinen Nächsten*, S. 529ff.

S. 102ff.: Der Besuch des Staatssekretärs Paul Körner in Porto Ronco wird u.a. von Robert Kempner und Paulette Goddard geschildert, vgl. auch W.v. Sternburg, S. 244.

S. 105f.: Tatsächlich mühten sich die Nationalsozialisten zwischen 1933 und 1939 massiv, Einfluss auf Hollywoodproduktionen zu nehmen. Als Verbindungsmann fungierte der Diplomat Georg Gyssling im deutschen Konsultat in Los Angeles. Verbürgt sind die Bemühungen der NS-Kulturfunktionäre zum Beispiel bei der Verfilmung des in Deutschland verbotenen Remarque-Romans *Der Weg zurück* bei Universal Pictures im Jahre 1937. Die deutsche Regierung drohte über Gyssling mit dem Boykott aller Hollywood-Filme, sollten die anti-nazistischen Elemente nicht aus dem Drehbuch entfernt werden. Mit Erfolg. Die Universal-Studiobosse gaben dem Druck der Nazis nach. Das Drehbuch von *The road back* wurde entschärft, einzelne Szenen wurden gegen den Willen des Regisseurs James Whale durch einen eigens beauftragten Regisseur neu gedreht. Durch hinzugefügte Comedy-Szenen wurde die Tendenz auf Wunsch der Nazis zusätzlich verwässert. Regisseur James Whale war darüber so empört, dass er die Zusammenarbeit mit Universal Pictures, angewidert durch deren Feigheit, aufkündigte. (vgl. Ben Urwand, Der Pakt. Hollywoods Geschäfte mit Hitler, 2017 und Wikipedia)

S. 107: Remarque-Interview zit. nach Julie Gilbert, S. 165.

S. 107 ff.: TB vom 2. u. 3.11.1936, UW, Bd. 5, S. 274.

S. 109 f.: Begründung der Remarque-Ausbürgerung in Remarque-Jahrbuch VII, Bramsche 1997, S. 14–24.

S. 110: TB vom 8.7.1938, zit. n. W. v. Sternburg, S. 278.

Kapitel 11

Elfriedes Ehe mit Paul Wilke ist überliefert, über die genauen Umstände der Trennung ist dagegen nichts bekannt. Die szenische Gestaltung des Kapitels ist daher fiktiv.

Kapitel 12

S. 124 ff.: Die erste Begegnung zwischen Remarque und Marlene Dietrich, zit. nach Maria Riva, Meine Mutter Marlene, S. 530.

S. 126: Remarque-Liebesbrief in Fuld/Schneider (Hg.), Sag mir, dass du mich liebst, S. 37.

S. 127 f.: TB in UW, Bd. 5, S. 287 f. und 290.

S. 128: TB v. 18.9.1938, RC.

S. 129 f.: TB in UW, Bd. 5, S. 295 u. 292 f.

S. 130 f.: TB v. 2.10.1938, RC.

S. 131 f.: TB v. 6.1.1939, 31.1.1939 u. 4.2.1939, RC.

S. 133: TB v. 27.4.1939, RC.

Kapitel 13

Von der Beziehung zwischen Elfriede Scholz und einem amerikanischen Studenten ist in einem Brief Monica von Finckensteins aus dem Jahre 1996 die Rede, der in der Dokumentation des Remarque-Zentrums (*Elfriede Scholz, geb. Remark*) auf S. 160–163 abgedruckt ist. Details dieser Freundschaft sind jedoch nicht bekannt. Die geschilderte Beziehung ist daher frei gestaltet.
Die Wanderausstellung *Freiheit kontra Hitlerjugend* über Jugendgruppen in Sachsen zwischen 1933 und 1945 informierte auch über die *Swing-Jugend* in Dresden:

In Dresden bildeten sich ähnlich wie in Leipzig Jugendcliquen jenseits der Hitlerjugend. In einem HJ-Bericht von 1941 heißt es: »In Dresden, besonders in Arbeitervierteln, werden seit längerer Zeit Zusammenrottungen Jugendlicher festgestellt, die sich selbst den Namen ›Mob‹ zugelegt haben und meist Jungen und Mädels im Alter von 15 bis 19 Jahren erfassen (›Hechtmob‹, ›Alaunmob‹, ›Fleischermob‹ usw.). Es handelt sich um Gruppen von 20 bis 40 Jugendlichen, die sich allabendlich an bestimmten Treffpunkten, Straßenecken, Anlagen, Eisdielen usw. zusammenfinden und durch ihr disziplinloses, flegelhaftes Benehmen auffallen.«
Im Dresdner Stadtteil Löbtau fand sich im Sommer 1944 die Woitzer-Broadway-Bande aus mehr als 20 Lehrlingen zwischen 14 und 15 Jahren zusammen. Nachdem die Pöbeleien gegenüber der HJ zu immer mehr Beschwerden führten, kam es im November 1944 zu Verhaftungen. Um ein Exempel zu statuieren, fand noch Mitte Januar 1945 ein Prozess gegen elf Mitglieder der Gruppe statt. Die Staatsanwaltschaft führte dazu aus: »Die Angeklagten haben eine der Staatsführung feindliche Bande gebildet und hierbei insbesondere die Verordnung zum Schutze der Jugend übertreten, durch Drohungen und Tätlichkeiten die Arbeit der HJ gestört und Arbeitssabotage betrieben.«
Die Jugendlichen wurden zu Haftstrafen von vier Monaten bis hin zu »unbestimmter Dauer« verurteilt. Noch wenige Tage vor Kriegsende, am 3. Mai 1945, informierte die Dresdner Untersuchungshaftanstalt den Oberstaatsanwalt, dass einer der verurteilten Jugendlichen

bei dem alliierten Bombenangriff auf Dresden am 13./14. Februar 1945 geflohen sei, und mahnte Maßnahmen zur Wiederergreifung des Flüchtigen an.
(Quelle: Schulmuseum, Werkstatt für Schulgeschichte, Leipzig)

Weitergehende Informationen in dem Buch: Sascha Lange, Meuten, Swings & Edelweißpiraten. Jugendkultur und Opposition im Nationalsozialismus, Mainz 2015.

Kapitel 14

Das Kapitel stützt sich auf die Marlene-Dietrich-Biografie Maria Rivas sowie zahlreiche Tagebuchnotizen Remarques.
S. 148 f.: Zitat aus *Arc de Triomphe*, S. 202.

Kapitel 15

Das Kapitel ist frei gestaltet, orientiert sich aber an den überlieferten Dokumenten zur Denunziation und Verurteilung von Elfriede Scholz. Darin ist unter anderem die Rede davon, dass Ingeborg Rietzel zu Elfriedes Freundin wird – ebenso wie Monica von Schönberg.

Die Passagen zur Tanzmusik während des Nationalsozialismus stützen sich auf etliche Aufsätze und Artikel zum Thema, insbes. Wolfgang Beyer und Monica Ladurner, Im Swing gegen den Gleichschritt, Salzburg 2011. Die Oberaufsicht lag bei der Reichskulturkammer, die Jazzmusik als »entartet« abqualifizierte und Musikkapellen überwachte und »arisierte«. Dagegen regte sich aber auch Widerstand. Aufhorchen ließ vor allem die »Swing-Jugend«, eine oppositionelle Jugendkultur, die in vielen deutschen Großstädten während der Zeit des Nationalsozialismus ihre Begeisterung für amerikanische Swing-Musik offen zum Ausdruck brachte. Die Anhänger organisierten Tanzveranstaltungen und engagierten Jazzbands. Auf Swing-Hits dichteten sie Spottverse, in denen sie sich über Nazis, Soldaten und besonders über die Hitlerjugend lustig machten. Sie gaben sich englische Vornamen wie Johnny und Bobby und grüßten sich untereinander mit »Swing Heil« statt mit »Sieg Heil«. Eine Hochburg der Bewegung war Hamburg. Der zuständige

Referent im Propagandaministerium forderte daher am 18. August 1941 eine »Sofort-Aktion«, um »eine weitere Verbreitung der Swing- und Hot-Seuche in Hamburg und über Hamburg hinaus zu verhindern«. Propagandaminister Joseph Goebbels stimmte zu. Er schrieb in sein Tagebuch: »Das sind ja schöne Früchtchen, die sich da unsere reichen Reeder heranzüchten. Ich gebe der Gauleitung in Hamburg und der zuständigen Staatspolizei den Wink, hier einmal energisch durchzugreifen.« (Vgl. Lustvolle Improvisation statt Gleichschritt, von Volker Ullrich in Deutschlandfunk Kultur v. 18.8.2016.)

Kapitel 16

Das Kapitel stützt sich auf Tagebucheintragungen Remarques sowie Maria Rivas Biografie über ihre *Mutter Marlene*.

S. 161f.: TB v. 4.9.1939 in UW, Bd. 5, S. 313, und v. 5.9. und 6.9.1939, RC.

S. 161: TB v. 23.3.1939 in UW, Bd. 5. S. 300.

S. 163f.: TB v. 10.9.1939 in UW, Bd. 5, S. 315, und v. 15.9.1939, RC, sowie v. 23.11.1939, RC.

Kapitel 17

Die kurze Ehe zwischen Elfriede und Heinz Scholz ist in ihren Eckpunkten dokumentiert in der Publikation des Erich Maria Remarque-Archivs über *Elfriede Scholz, geb. Remark*. Weitergehende Informationen über Heinz Scholz verdankt der Autor dessen Neffen Harald Scholz, der zu diesem Thema am 15.8.2007 auch einen Vortrag gehalten hat: »Angeklagt wegen Wehrkraftzersetzung – eine Frau vor dem Volksgerichtshof«. Die Entwicklung der Beziehung vor dem Hintergrund von Krieg und Nationalsozialismus ist indessen frei gestaltet.

Kapitel 18

Die Schilderung der Affäre zwischen Erich Maria Remarque und Greta Garbo speist sich im Wesentlichen aus Tagebuchnotizen Remarques – ebenso die Reaktion Marlene Dietrichs.

S. 164: TB v. 5.4.1941, RC.
S. 165: TB v. 3.4.1941, RC.
S. 122: s.o.
S. 123: s.o.

Kapitel 19

Elfriedes Dialoge mit ihrer Vermieterin, ihrem Mann und Theo sind frei gestaltet. Sie orientieren sich jedoch an den überlieferten Daten.

Kapitel 20

Die Schilderung der Prominenten-Party in New York stützt sich auf detaillierte Tagebuchnotizen Remarques.
S. 195: TB v. 19.8.1942 in UW, Bd. 5, S. 369.
S. 197: TB v. 13.8.1942, RC.

Kapitel 21

Dass Elfriede Scholz ihren Mann im Februar 1942 auf der Insel Helgoland besucht hat, ist überliefert. Der Ablauf der Reise und der Begegnung ist dagegen frei gestaltet, jedoch an der historischen Situation Helgolands orientiert.

Kapitel 22

Die Schilderung der sommerlichen Szenen aus dem New York des Jahres 1943 speisen sich aus Briefen und Tagebuchnotizen Remarques.
S. 209: Brief v. 24.–26.7.1943, UW, Bd. 5, S. 127.
S. 210f.: TB v. 22.3.1943, UW, Bd. 5, S. 380.
S. 211: Brief v. 28.5.1942, UW, Bd. 5, S. 122.
S. 211f.: TB v. 6.7.1943, UW, S. 380f.

Kapitel 23

Die Szenen dieses Kapitels stützen sich im Wesentlichen auf die genannte Dokumentation des Remarque-Archivs, insbesondere den Brief von Monica von Finckenstein vom 15.10.1996. Darüber hinaus sind Fakten zur Entwicklung des Zweiten Weltkriegs mit der Schlacht um Stalingrad eingeflossen.

S. 220f.: E.M. Remarque, Im Westen nichts Neues, S. 122.

S. 223: Dass Elfriede Scholz gegenüber ihrer Vermieterin vor Gericht eine Mietpreisminderung durchgesetzt hat, kam am 23.2.1950 im Prozess gegen Antonie Wentzel vor dem Landgericht Dresden zur Sprache (vgl. Urteilsbegründung).

Kapitel 24

Auch die Szenen dieses Kapitels speisen sich im Wesentlichen aus Remarques Briefen und Tagebuchnotizen.

S: 224: TB v. 13.10.1943, UW, Bd. 5, S. 383.

S. 224: TB v. 4.9.1943, RC.

S. 225: TB v. 18.8.1943, RC.

S. 225: Brief v. 24.7.1943, UW, Bd. 5, S. 12.

S. 225f.: E.M. Remarque, Arc de Triomphe, Gütersloh 1962, S. 296.

S. 227: TB v. 24.9.1943, UW, Bd. 5, S. 381.

S. 227: TB v. 25.9.1943, UW, Bd. 5, S. 382.

Kapitel 25

Festnahme, Verhöre und die Gedanken der Gefangenen sind frei gestaltet, jedoch orientiert an den überlieferten Fakten und Dokumenten zum Fall *Elfriede Scholz, geb. Remark.*

S. 241f.: Elfriedes Brief an ihre Schwester Erna, Sammlung Rudolph.

Kapitel 26

S. 245: TB v. 13.10.1943, UW, Bd. 5, S. 383.

Kapitel 27

Elfriedes Überführung ins Untersuchungsgefängnis in Berlin stützt sich auf die genannte Dokumentation des Remarque-Archivs und Briefe.

S. 249 f.: Elfriedes Brief an ihre Schwester Erna v. 10.10.1943, Sammlung Rudolph.

S. 250 ff.: Brief von Monica v. Finckenstein an Erna Brames v. 24.10.1943, Sammlung Rudolph.

S. 251 f.: Antonie Wentzel hat am 28.11.1948 nach ihrer ersten Vorladung im Polizeipräsidium Dresden ausgesagt, dass Elfriede Scholz ihr aus der Haft heraus einen Brief geschickt hat, in dem sie schrieb, dass sie wohl bald entlassen werden würde; »ich hätte mich ja wohl nun lange genug von ihr erholt«. Außerdem habe Frau Scholz mitgefangene Frauen gebeten, sie (A. Wentzel) nach ihrer Entlassung von ihr zu grüßen. Das Vernehmungsprotokoll ist Teil einer Dokumentensammlung zum Prozess gegen Antonie Wentzel im Jahre 1950, die bei der Bundesbeauftragten für die Unterlagen des Staatssicherheitsdienstes (BStU) in Dresden archiviert ist, AZ 3534/20 Z. In dem Vernehmungsprotokoll berichtet A. Wentzel auch, dass sie bei ihrer Gestapo-Vernehmung gesagt habe, Elfriede Scholz habe häufig »Männerbesuch« empfangen.

Kapitel 28

Die Zugfahrt von Los Angeles nach New York spiegelt sich in Remarques Tagebucheintragungen wider.

S. 234: TB v. 13.10.1943, UW, Bd. 5, S. 383.

Kapitel 29

Der Besuch von Ludwig Brames bei seiner Schwägerin Elfriede Scholz im Untersuchungsgefängnis ist u. a. verbürgt durch einen Brief Elfriedes und seine Zeugenaussage im Verfahren gegen Antonie Wentzel am 14.12.1948 im Polizeipräsidium Leipzig (BStU, AZ 3534/20Z, 000 019).

S. 257–262: Anklageschrift des Oberreichsanwalts v. 15.10.1943, Bundesarchiv Abt. III, Berlin-Zehlendorf, R 3017/6700. Manche darin enthaltene Daten sind falsch oder ungenau. So war Elfriede nicht *nach* dem Besuch der Domschule gelähmt, sondern *davor*, und Heinz Scholz war nicht seit Dezember 1939 bei der Wehrmacht, sondern erst seit dem 1.12.1940.

S. 263 f.: Brief von Elfriede Scholz an Schwester und Schwager v. 26.10.1943, Sammlung Rudolph.

S. 264 f.: Vollmacht von Elfriede Scholz v. 24.10.1943, s.o.

Kapitel 30

Der Ausstellungsbesuch ist durch eine Tagebuchnotiz Remarques vom. 23.10.1943 dokumentiert: »Nachmittags endlich zur Ausstellung meiner Bilder. Viele Leute da zu meinem Erstaunen. Gute Besprechungen sogar.« (RC)

S. 268 f.: Die Besprechung in der New York Times v. 19.10.1943 ist zit. nach Remarques Impressionisten, S. 109.

S. 269: Das Vorwort von Glenway Westcott ist zitiert nach dem Katalog zu Remarques »Loan Exhibition« der Knoedler Gallery, New York, 1943.

S. 269: TB v. 29.8.1940, RC, zit. nach Remarques Impressionisten, S. 58.

S. 270: TB v. 13.9.1940, RC, a.a.O., S. 60.

S. 271: TB v. 29.10.1945, RC, u. TB v. 4.3.1943, RC, zit. n. W. v. Sternburg.

S. 271: E.M. Remarque, Das gelobte Land, S. 148.

S. 271: E.M. Remarque, Liebe deinen Nächsten, S. 410 f.

Kapitel 31

Die Verhandlung gegen Elfriede Scholz vor dem Volksgerichtshof in Berlin stützt sich auf die Erinnerungen, die die Prozessbesucherin Claire Lehmkuhl am 25.5.1948 in einem Brief an E.M. Remarque zu Papier brachte (RC, R-C, 38 3002). Der Brief ist veröffentlicht in der Dokumentation des Remarque-Archivs zum Fall Elfriede Scholz. Zudem orientiert sich die Prozessschilderung an den überlieferten Dokumenten zum Prozess gegen die Belastungszeugin Antonie Wentzel am 23.2.1950 vor dem Landgericht Dresden. Neben der Urteilsbegründung liegen u.a. die Vernehmungsprotokolle von Antonie Wentzel und Ludwig Brames vor, die sich allerdings in wesentlichen Punkten widersprechen. So erklärte Antonie Wentzel zunächst, sie sei vom Gericht als Zeugin vor Ingeborg Rietzel befragt worden. Später musste sie einräumen, dass sie erst verspätet in Berlin eingetroffen war und daher erst gegen 12 Uhr aussagen konnte. Zuverlässiger erscheinen die Aussagen von Ludwig Brames, der u. a. berichtet, dass Freisler den Bruder der Angeklagten anprangerte. In einem Schreiben des Kriminalamts Dresden an die Deutsche Verwaltung des Innern vom 21.10.1948 ist zudem davon die Rede, dass der Prozess gefilmt worden ist. Dies würde dafür sprechen, dass dem Fall aufgrund des berühmten Bruders der Angeklagten ein hoher Propagandawert eingeräumt wurde. Doch für Filmaufnahmen finden sich keine weiteren Hinweise (vgl BStU, AZ 3534/20 Z).

Der Volksgerichtshof ist bereits im April 1934 von den Nationalsozialisten eingerichtet worden – ursprünglich zur Aburteilung von Hoch- und Landesverrat. Die unabhängige Justiz ist in den Augen Hitlers zu schlapp und unfähig, konsequent gegen die »Feinde des Volkes« vorzugehen. 1936 wurde der Volksgerichtshof in ein sogenanntes ordentliches Gericht umgewandelt, über die Ernennung der Richter aber entschied Adolf Hitler persönlich, und die Strafprozessordnung war an diesem Gericht in wesentlichen Punkten außer Kraft gesetzt. So hatten die Angeklagten kein Recht, ihre Verteidiger selbst zu wählen, und die Beweisführung war der Maxime untergeordnet, mit den Angeklagten kurzen Prozess zu machen. Ein Senat setzte sich aus zwei Berufsrichtern und drei ehrenamtlichen Volksrichtern zusammen, zumeist Parteifunktionären. Am 1. Januar 1943 hatte der Volksgerichtshof 47 Berufsrichter und 95 ehrenamtliche Richter, darunter 30 Offiziere, vier Polizeioffiziere und 48 SA-, SS- und HJ-Führer. An der Spitze stand ein Präsident. Nach den Worten des dritten Präsidenten Otto Georg Thierack, der von Mai 1936 bis August 1942 im Amt war, hat der Volksgerichtshof vor allem eine »volkshygienische Aufgabe«. Es komme darauf an, die »Seuchengefahr«, die von den Angeklagten ausgehe, zu bekämpfen, betonte Thierack, »den gesunden Körper unseres Volkes unter allen Umständen unversehrt und kräftig zu erhalten«.

Thieracks Nachfolger wurde Roland Freisler. Der 1893 in Celle geborene Jurist war während des Ersten Weltkriegs in russische Kriegsgefangenschaft geraten, während der Revolution Bolschewik geworden und zwei Jahre als Kommissar freiwillig in der Sowjetunion geblieben. Bereits 1925 aber war Freisler dann der NSDAP beigetreten und nach der Machtergreifung schnell zum Staatssekretär im Justizministerium aufgestiegen. Mit seiner Ernennung zum Präsidenten des Volksgerichtshofs erwarb sich Freisler bald den Ruf eines »Blutrichters«. Denn mehr als 2000 seiner Verfahren endeten mit der Todesstrafe. In einer Grußadresse an Hitler verkündete Freisler: »Der Volksgerichtshof wird sich stets bemühen, so zu urteilen, wie er glaubt, dass Sie, mein Führer, den Fall selbst beurteilen.«

S. 274: Roland Freislers Ansicht über Wehrkraftzersetzung und Defätismus ist zitiert nach Helmut Ortner, Der Hinrichter, S. 144.

S. 283–287: Urteil des 1. Senats des Volksgerichtshofs Berlin v. 29. Oktober 1943, Bundesarchiv Abt. III, Außenstelle BerlinZehlendorf.

Kapitel 32

S. 288 ff.: Das Gnadengesuch der Rechtsanwältin Ilse Schmelzeisen-Servaes vom 30.10.1943 ist wie die anderen Gerichtsakten beim Bundesarchiv archiviert – ebenso die Antwort des Reichsjustizministeriums.

S. 291 f.: Elfriedes Rückverlegung in das Frauengefängnis Barnimstraße ergibt sich aus Briefen und Gerichtsakten (Bundesarchiv).

S. 262: Der Brief von Erna Brames (an ihren Vetter Alois) vom 8.12.1943 findet sich im Remarque-Archiv (R.A.1112004) und ist in der genannten Dokumentation veröffentlicht (S. 79 f.).

S. 294 ff.: Der Brief von Heinz Scholz an den Volksgerichtshof vom 23.11.1943 gehört zu den Gerichtsakten im Bestand des Bundesarchivs.

Kapitel 33

Die New-York-Impressionen speisen sich ausschließlich aus Remarques Tagebuchnotizen.

S. 297 f.: TB v. 30. 11. 1943, RC, 21.10.1945, RC, 29.10.1943 RC u. 29.10.1943, RC.

Kapitel 34

Die Schilderung der Überführung und Haft in die Hinrichtungsstätte Plötzensee stützt sich auf Briefe und Dokumente des Remarque-Archivs sowie Informationen der Gedenkstätte Deutscher Widerstand in Berlin.

S. 301: Brief von Peter Franz Remark v. 23.11.1943 an Elfriede Scholz in Sammlung Rudolph.

S. 301 f.: Brief von Elfriede Scholz an ihre Schwester Erna vom 29.11.1943 in Sammlung Rudolph.

S. 303 f.: Brief von Elfriede Scholz an ihren Mann Heinz vom 29.11.1943 in Sammlung Rudolph.

S. 304 f.: Brief von Erna Brames vom 7.12.1943 an Elfriede in Sammlung Rudolph u. Bundesarchiv.

S. 306 f.: Zweites Gnadengesuch der Verteidigerin Ilse Schmelzeisen-Servaes vom 7.12.1943, Bundesarchiv Abt. III, Außenstelle Berlin-Zehlendorf, R 3017/6700.

Kapitel 35

Remarque schildert den Opernbesuch in einer Tagebucheintragung vom 30.11.1943, RC.

S. 308: TB v. 28.12.1943, UW, Bd. 5, S. 384.

S. 309: TB v. 10.12.1943, RC.

S. 309 f.: E.M. Remarque, Praktische Erziehungsarbeit in Deutschland nach dem Krieg, UW, Bd. 4, Kurzprosa und Gedichte, S. 394–403.

S. 311: Remarques Brief an Alma u. Franz Werfel v. März/April 1944, UW, Bd. 5, S. 129.

S. 311: Remarque-Zitat aus FBI-Akte 65–42 237.

Kapitel 36

Die Schilderung der Hinrichtung stützt sich auf das Vollstreckungsprotokoll v. 16.12.1943 (Bundesarchiv, R 3017/6700), die Erinnerungen des Gefängnisgeistlichen Peter Buchholz (Buchholz-Briefe an Erna Brames v. 17.12.1943 u. 24.1.1944, Remarque-Archiv) sowie allgemeine Informationen zum Ablauf der Hinrichtungen in Plötzensee in Johannes Tuchel, Hinrichtungen im Strafgefängnis Berlin-Plötzensee 1933 bis 1945 und der Anatom Hermann Stieve, Berlin 2019.

S. 312 f.: Der letzte Brief von Elfriede Scholz vom 16.12.1943 in Sammlung Rudolph u. Bundesarchiv.

Kapitel 37

Das Kapitel über die Obduktion und die Praxis des Anatomieprofessors Hermann Stieve basiert in erster Linie auf den Forschungsergebnissen von Sabine Hildebrandt, The women on Stieve's list. Victims of national socialism whose bodies were used for anatomical research, in Clinical Anatomy 26 (2013). Darüber hinaus wurde die Publikation J. Tuchels (s.o.) berücksichtigt.

S. 317: Die eidesstattliche Erklärung Walter Strelows vom 19.11.1946 ist zitiert nach J. Tuchel, S. 37.

S. 319: Das Protokoll der Besprechung in der Generalstaatsanwaltschaft mit H. Stieve ist zit. nach J. Tuchel, S. 32 f.

S. 320: Stieves Obduktionsliste laut Hildebrandt, S. 11.

Kapitel 38

Der Umgang der NS-Behörden mit den Leichen der Hingerichteten ist dokumentiert in Tuchel, Hinrichtungen im Strafgefängnis Plötzensee.

S. 321: Anweisung der Gestapo zit. n. Tuchel, S. 27.

S. 322: Die Kostenrechnung der Reichsanwaltschaft für die Hinrichtung von Elfriede Scholz (19.1.1944) ist in der genannten Akte des Bundesarchivs archiviert und in der Dokumentation des Remarque-Archivs auf S. 118 f. publiziert.

S. 322: Der Vorstand des Frauengefängnisses in der Barnimstraße listete am 12.1.1944 in einer detaillierten Aufstellung für den Oberreichsanwalt beim Volksgerichtshof die Hinterlassenschaft von Elfriede Scholz auf (Bundesarchiv, AZ R 3017/6700).

S. 322f.: Brief v. Heinz Scholz an Erna Brames vom 3.1.1944, Sammlung Rudolph.

S. 323: Brief v. Heinz Scholz an Erna Brames vom 26.1.1944, ebenda.

S. 323f.: Brief v. Heinz Scholz an Erna Brames vom 1.2.1944, ebenda.

S. 325: Brief v. Heinz Scholz an Erna Brames vom 9.3.1944, ebenda.

Kapitel 39

Der Prozess gegen Antonie Wentzel vor dem Landgericht Dresden im Februar 1950 ist in der Dokumentation des Remarque-Archivs durch einen Bericht des Sächsischen Tageblattes vom 25.2.1950 belegt. (S. 149). Zudem liegen dem Autor die Protokolle der Zeugenbefragung, die Anklageschrift und die Urteilsbegründungen des Landgerichts Dresden und Landgerichts Chemnitz vor (vgl. BStU, AZ 3534/20 Z).

S. 327ff.: Die Schilderung des Verfahrens gegen Antonie Wentzel stützt sich auf die Urteilsbegründungen des Landgerichts Dresden vom 23.2.1950 (AZ KStKs 12/50 2.kl. 5/50) und vom 17.1.1951 (AZ KStKs 12/50 [24] 2.kl. 5/50), zit. nach der Urteilssammlung von Prof. Christiaan Frederik Rüter. Zudem sind Dokumente aus der Akte des BStU (AZ 3534/20 Z) berücksichtigt, darunter Eingaben des Verteidigers und Verlautbarungen der Staatsanwaltschaft.

S. 329f.: Das Urteil gegen Antonie Wentzel gründet sich auf die Kontrollratsdirektive Nr. 38, eine vom Alliierten Kontrollrat am 12. Oktober 1946 erlassene Direktive über die »Verhaftung und Bestrafung von Kriegsverbrechern, Nationalsozialisten und Militaristen und die Internierung, Kontrolle und Überwachung von möglicherweise gefährlichen Deutschen«.

S. 330f.: Beschluss des 1. Strafsenats des Bezirksgerichts Dresden vom 14.8.1953 (BStU AZ 3534/20Z, 229).

S. 330: Im Dresdner Landgericht am Münchner Platz, wo Antonie

Wentzel der Prozess gemacht wurde, ging es auch nach Kriegsende nicht immer rechtsstaatlich zu. Unter der sowjetischen Besatzungsmacht kamen hier unter anderem durch Misshandlungen bei Verhören und infolge katastrophaler medizinischer Versorgung zahlreiche Menschen ums Leben – nicht nur Amtsträger der NSDAP, sondern auch Gegner der sowjetischen Besatzungspolitik und willkürlich Verhaftete. Zur gleichen Zeit nutzte die ostdeutsche Justiz das Landgericht – unter anderem, um das Unrecht während der NS-Zeit aufzuarbeiten. Darüber informiert heute die Gedenkstätte am Münchner Platz – zum Beispiel in ihrem Internetportal: »Seit 1946 führten die deutschen Justizbehörden am Landgericht (seit 1952 Bezirksgericht) Dresden Strafverfahren wegen Verbrechens gegen die Menschlichkeit gegen Personen durch, die sich an nationalsozialistischen Tötungsverbrechen beteiligt hatten. (...) Mit der zunehmenden Stalinisierung trat die strafrechtliche Verfolgung nationalsozialistischer Verbrechen – die mehr oder weniger unter Wahrung rechtsstaatlicher Grundsätze erfolgt war – zurück. Im Vordergrund stand nun die Verfolgung von Kritikern und Gegnern der sozialistischen Umgestaltung und damit die erneute Instrumentalisierung der Justiz zum Zweck staatlichen Machterhalts.« Bereits von 1945 bis 1952 wurden am Münchner Platz 17 Menschen hingerichtet. Die DDR-Justiz setzte später sogar das Fallbeil wieder ein. Nach Informationen der Gedenkstätte wurden im Gefängnistrakt des Landgerichts von Mai 1952 bis Dezember 1956 nachweislich 62 Menschen enthauptet. Etwa die Hälfte davon waren eindeutig Opfer einer politischen Strafjustiz. Näheres zur Geschichte des denkwürdigen Ortes ist in der Gedenkstätte zu erfahren.

S. 331: Der Tod Ingeborg Rietzels ist in der Dokumentation des Remarque-Archivs belegt.

S. 331: Zur Ursache des Todes von Roland Freisler existieren unterschiedliche Versionen. F. v. Schlabrendorff berichtet etwa in seiner Autobiografie, Freisler sei in seinem Beisein durch einen herabstürzenden Balken im Schutzraum erschlagen worden. Wir orientieren uns an der verbreiteten Darstellung in der Fachliteratur, z.B. Helmut Ortner, Der Hinrichter. Roland Freisler. Mörder im Dienste Hitlers.

S. 332: Zum Tod Wilhelm Röttgers vgl. Manfred Overesch: Das besetzte Deutschland 1948–1949. Augsburg 1992, S. 812.

S. 332f.: Zu den Nachrufen zu Hermann Stieve vgl. Tuchel und Wikipedia.

Kapitel 40

Das Kapitel über E.M. Remarque nach dem Tod seiner Schwester stützt sich auf Briefe und Tagebuchnotizen, das Nachwort von Thomas F. Schneider zu *Der Funke Leben* sowie die Biografie W.v. Sternburgs.

S. 334: TB v. 11.6.1946 in UW, Bd. 5, S. 193.

S. 335: Brief vom April 1944, in UW, Bd. 5, S. 129.

S. 336f.: TB v. 7.7.1945, RC.

S. 337: TB v. 27.7.1946, RC.

S. 338f.: TB v. 4.6.1948, UW, Bd. 5, S. 400.

S. 338: TB v. 8.6.1948 u. 7.8.1948, RC.

S. 340: TB v. 8.8.1949 in UW, Bd. 5, S. 408.

Kapitel 41

S. 344: TB v. 20.8.1950 in UW, Bd. 5, S. 437.

S. 344f.: TB v. 14.8.1950 in UW, Bd. 5, S. 429ff.

S. 345f.: TB v. 14.7.1952, UW, Bd. 5, S. 471.

S. 346f.: TB v. 25.6.1954, UW, Bd. 5, S. 498.

S. 347: a.a.O.

S. 347: TB v. 18./19.8.1950, RC, zit. n. W.v. Sternburg, S. 347.

S. 347: TB v. 24.5.1951, RC, zit. n. W.v. Sternburg, S. 349

S. 347f.: Remarque-Brief v. 20.6.1967 in UW, Bd. 5, S. 220

S. 349: Kempner-Nachruf *Remarque, ein Fanatiker des Rechts* in der Frankfurter Allgemeinen Zeitung v. 2.10.1970, publiziert in der genannten Dokumentation des Remarque-Zentrums, S. 158.

S. 349: Am 21.10.1986 hat der Bundesgerichtshof (BGH) die Ermittlungen gegen den Volksgerichtshof endgültig eingestellt. Hitlers Richter, so das BGH-Urteil, seien »bei der Abstimmung nach dem auch damals geltenden Recht unabhängig, gleichberechtigt, nur dem Gesetz unterworfen und ihrem Gewissen verantwortlich gewesen«. Weiter heißt es in dem BGH-Urteil: »Der Richter, der ein Todesurteil fällt, kann sich dadurch nur dann strafbar machen, wenn er das Recht beugt. Dies setzt voraus, daß er bewußte und gewollte Verstöße gegen das Verfahrensrecht oder das sachliche Recht begeht.« In der Nachkriegszeit hätte theoretisch noch die Möglichkeit bestanden, gegen die Richter des »Terrorgerichts« Anklage wegen Totschlags zu erheben. Doch 1960 endete die Verjährungsfrist. Möglich wäre es noch gewesen, gegen die Verantwortlichen wegen Mordes zu ermitteln. Denn dafür gibt es keine Verjährungsfrist. Dies jedoch hätte vorausgesetzt, dass bei den Verantwortlichen »niedere Beweggründe« vorlagen. Doch dieses Motiv ist einem Richter, der behauptet, stets nur die Staatsräson im Auge gehabt zu haben, praktisch nicht nachzuweisen. »Ein überzeugter Nazi hatte, aus seiner Sicht, schließlich eine edle Gesinnung.« (Der Spiegel, 27.10.1986)

S. 250: Julie Gilbert schreibt in ihrer Doppelbiografie über Erich Maria Remarque und Paulette Goddard: »Am Schluss hing Paulette so sehr an der Flasche, dass Warren Alpert (damals noch Miteigentümer und Manager des Ritz-Tower) ihr vorschlug, sich ganz in der Schweiz niederzulassen, um eine Einweisung in die Psychiatrie zu vermeiden.« (S. 628)

S. 349 f.: Zum Erbe Paulette Goddards UW, Bd. 5, Kurzbiografie in Daten sowie W. v. Sternburg, S. 435.

Kapitel 42

S. 351: Remarque-Brief v. 31.12.1968 in UW, Bd. 5, S. 232.

S. 351: Zum Streit um die Straßenumbenennung vgl. W. v. Sternburg, S. 351. und Erich Maria Remarque Jahrbuch XVI/2006, S. 100.

S. 352: TB v. 1.11.1964, UW, Bd. 5, S. 505.

S. 354 f.: Das Hochhuth-Gedicht über Elfriede Scholz ist veröffentlicht in Rolf Hochhuth, Drei Schwestern Kafkas: 100 Gedichte, Frankfurt am Main 2006. Die Abkürzung »T. U.« steht für Todesurteil.

Literatur

Erich Maria Remarque

E.M. Remarque, Im Westen nichts Neues. Mit Nachwort und Materialien, hrsg. u. Nachwort von Thomas F. Schneider, Köln 2014.

E.M. Remarque, Der Weg zurück, hrsg. u. Nachwort von Thomas F. Schneider, Köln 2014.

E.M. Remarque, Drei Kameraden, hrsg. u. Nachwort von Thomas F. Schneider, Köln 2014.

E.M. Remarque, Liebe deinen Nächsten, hrsg. von Thomas F. Schneider, Köln 2017.

E.M. Remarque, Arc de Triomphe, hrsg. u. Nachwort von Thomas F. Schneider, Köln 2014.

E.M. Remarque, Das Gelobte Land, hrsg. u. Nachwort von Thomas F. Schneider, Köln 2010.

E.M. Remarque, Der Funke Leben, hrsg. u. Nachwort von Thomas F. Schneider, Köln 2018.

E.M. Remarque, Das unbekannte Werk, Bd. 5, Briefe und Tagebücher, hrsg. u. Nachwort von Thomas F. Schneider, Köln 2001.

E.M. Remarque, Zeit zu leben und Zeit zu sterben, hrsg. u. Nachwort von Thomas F. Schneider, Köln 2018.

E.M. Remarque, Die Traumbude, hrsg. u. Nachwort von Thomas F. Schneider, Köln 2020.

Wolfgang Beyer und Monica Ladurner, Im Swing gegen den Gleichschritt, Salzburg 2011.

Claudia Glunz und Thomas F. Schneider (Hrsg. im Auftrage des Erich Maria Remarque-Archivs der Universität Osnabrück), Elfriede Scholz, geb. Remark. Im Namen des deutschen Volkes. Dokumente einer justitiellen Ermordung, Osnabrück 1997.

Werner Fuld und Thomas F. Schneider, »Sag mir, dass Du mich

liebst«. Erich Maria Remarque – Marlene Dietrich. Zeugnisse einer Leidenschaft, Köln 2001.

Julie Gilbert, Erich Maria Remarque und Paulette Goddard. Biografie einer Liebe, Düsseldorf und München 1997.

Rolf Hochhuth, Drei Schwestern Kafkas: 100 Gedichte, Frankfurt am Main 2006.

Walter Kempowski, Das Echolot. Ein kollektives Tagebuch, München 1993.

Sascha Lange, Meuten, Swings & Edelweißpiraten. Jugendkultur und Opposition im Nationalsozialismus, Mainz 2015.

Brigitte Oleschinski, Mut zur Menschlichkeit. Der Gefängnisgeistliche Peter Buchholz im Dritten Reich, in Königswinter in Geschichte und Gegenwart, Heft 4, Königswinter 1991.

Helmut Ortner, Der Hinrichter. Roland Freisler. Mörder im Dienste Hitlers, Springe 2012 (Neuauflage).

Sabine Hildebrandt, The Women on Stieve's list. Victims of National Socialism Whose Bodies Were Used for Anatomical Research, in Clinical Anatomy 26 (2013).

Erich Maria Remarque Gesellschaft, Mitteilungen der EMR, Heft 4 (ausschließlich Elfriede Scholz gewidmet), September 1988.

Erich Maria Remarque Gesellschaft, Elfriede Scholz, geb. Remark. Reaktionen auf die Ausstellung, EMR-Aktuell 1, 1998.

Leni Riefenstahl, Memoiren 1902–1945, Frankfurt-Berlin 1996.

Maria Riva, Meine Mutter Marlene, München 1992.

Thomas Schneider (Hg.), Remarques Impressionisten. Kunstsammeln und Kunsthandel im Exil, Göttingen 2013.

Wilhelm von Sternburg, Als wäre alles das letzte Mal. Erich Maria Remarque. Eine Biographie, Köln 1998.

Johannes Tuchel, Hinrichtungen im Strafgefängnis Berlin-Plötzensee 1933 bis 1945 und der Anatom Hermann Stieve, Berlin 2019.

Ben Urwand, Der Pakt. Hollywoods Geschäfte mit Hitler, Stuttgart 2017.

Eckhard Wallmann, Helgoland. Eine deutsche Kulturgeschichte. Hamburg 2018

Artikel und Aufsätze

Robert M.W. Kempner, Remarque, ein Fanatiker des Rechts, Frankfurter Allgemeinen Zeitung v. 2.10.1970.
Rolf Lamprecht, Die Gewalttäter in den roten Roben, Der Spiegel 44/1986, v. 27.10.1986.
Klaus Pohlmann, Vor dem Ruhm – Erich Maria Remarque in Hannover in Niedersächsische Wirtschaft (17.1.2019).
Anna Eunike Röhrig, Erich Maria Remarques Muse kam aus Hildesheim, Hildesheimer Allgemeine Zeitung vom 5.11.2005.
Eckart Sackmann und Gerd Lettkemann, Der Contibube – Erich Maria Remarque als Comicautor in Deutsche Comicforschung 2 (2006), S. 60–67.
Harald Scholz, Angeklagt wegen Wehrkraftzersetzung – eine Frau vor dem Volksgerichtshof, Vortrag v. 15.8.2007.
Der Spiegel, Weltbürger wider Willen (Titelgeschichte v. 9.1.1952), Der Spiegel 2/1952.

Film

Zum Tode verurteilt – Elfriede Scholz, Dokumentarfilm von Kurt Rittig, SWR 2005.

Unveröffentlichte Tagebücher

Die Rechte hierfür liegen bei der New York University, successor-in-interest to the literary rights of The Estate of the Late Paulette Goddard Remarque, arranged by Mohrbooks AG Literary Agency, Zürich.

Danke

Mein besonderer Dank gilt Claudia Junk und Thomas F. Schneider vom Erich Maria Remarque-Friedenszentrum der Universität Osnabrück, deren Veröffentlichungen, Forschungsarbeiten und Archivmaterialien mir die Arbeit an diesem Buch ungeheuer erleichtert haben. Zudem standen mir beide stets mit Rat und Tat zur Seite. Dankbar bin ich auch ein weiteres Mal meinem wunderbaren Lektor Clemens Wlokas, der die Entstehung dieses Buches wieder mit Geduld, Hilfestellungen und Akribie begleitet hat. Sehr dankbar bin ich auch meinem lieben Schwiegersohn Timm Ubben, der mir als Kardiologe mit seinen medizinischen Auskünften und Korrekturen eine wertvolle Hilfe war. In und im Umkreis von Osnabrück standen mir Klaus Rudolph, ein Neffe der Geschwister Remark, Bernd Stegemann von der Erich Maria Remarque-Gesellschaft sowie Rainer Hafke zur Seite. Klaus Rudolph danke ich auch ganz besonders für die Briefe aus der Sammlung seiner Mutter. Einblicke in das Leben des zweiten Ehemanns von Elfriede gewährte mir dessen Neffe Harald Scholz, ehemals Vorsitzender Richter am Oberlandesgericht Ratingen. Die Damenschneidermeisterin Ursula Schünemann gewährte mir Einblicke in das Schneiderhandwerk, Jörg Andres, Leiter des Museums auf Helgoland, und Eckhard Wallmann, Buchautor und ehemaliger Inselpastor, informierten mich über die Lage auf Helgoland im Februar 1942, Karl-Wilhelm Finckenstein lieferte mir Details zu Elfriedes Freundin Monica von Finckenstein, und bei der Entzifferung schwer lesbarer Briefe halfen mir der Springer Stadtarchivar Andreas Lilge und Renate Romberg. Eine sehr wichtige Hilfe! Dankbar bin ich zudem der Leiterin der Gedenkstätte Münchner Platz in Dresden, Birgit Sack, und dem Archivar der Continental AG, Nils Fehlhaber. Mein Dank gilt auch der Züricher Literaturagentur Mohrbooks für die Genehmigung, aus den unveröffentlichten Tagebüchern Remarques zu zitieren. Wie immer danke ich auch meiner lieben Frau Gabriele, die dieses Projekt von der Idee bis zur Fertigstellung mit kritischen Einwänden, aber vor allem ermutigendem Zuspruch geduldig begleitet hat. Für die möglichen Fehler, die mir trotz der vielen Helfer unterlaufen sind, bin ich natürlich selbst verantwortlich.

Der Autor

Heinrich Thies, geboren 1953, ist Autor von Biografien, Romanen, Sach- und Kinderbüchern. Der frühere Redakteur und Chefreporter der »Hannoverschen Allgemeinen Zeitung« wurde mit dem Theodor-Wolff-Preis ausgezeichnet und machte sich einen Namen mit verschiedenen Romanbiografien. Zuletzt erschien seine Doppelbiografie über Marlene Dietrich und ihre Schwester. Bei zu Klampen erschienen von ihm u.a.: »Mein Herz gib wieder her. Lisa und Hermann Löns. Romanbiografie« (2016), »Hilferuf aus dem Folterkeller. Die Hamburger Säurefassmorde. Eine Spurensuche« (2014), »Die verbannte Prinzessin. Das Leben der Sophie Dorothea. Romanbiografie« (2007) und die Krimis »Das Mädchen im Moor« (2010) und »Schweinetango« (2009).

Volker Weidermann
Brennendes Licht
Anna Seghers in Mexiko
186 Seiten. Broschur
ISBN 978-3-7466-3911-6
Auch als E-Book lieferbar

Anna Seghers' Jahre im mexikanischen Exil – fulminant erzählt von Volker Weidermann

1941: Als Anna Seghers die Flucht aus Europa gelingt, ahnt sie nicht, dass die Jahre in Mexiko ihr Leben entscheidend prägen werden. Hier wird sie mit der Veröffentlichung von »Das siebte Kreuz« in den USA über Nacht berühmt und erfährt sowohl den Verlust der Mutter, die sie nicht mehr aus Nazideutschland retten kann, als auch die eigene Endlichkeit, als sie bei einem schweren Verkehrsunfall fast stirbt. In den Jahren 1941 bis 1947 trifft sie in Mexiko-Stadt nicht nur Diego Rivera, Frida Kahlo und Pablo Neruda, sondern auch deutsche Exilkommunisten und Juden, die wie sie mit dem Stalinismus ringen. Inmitten überbordender Farben, gleißenden Lichts und einer Kultur, die den Tod feiert, bleibt die Sehnsucht nach Europa …